旅游空间生产：

理论探索与古镇实践

郭　文　著

教育部人文社会科学研究青年基金项目（11YJCZH047）资助

科学出版社

北　京

内 容 简 介

空间生产理论是当前西方人文地理学“社会、文化转向”的前沿领域。本书将该理论应用于周庄、乌镇和惠山古镇的旅游开发实践，对案例地“旅游空间结构的分化与整合”、“认同结构的差异与偏向”和“空间生产的机理与调控”进行了分析和阐述。在学界首次提出“旅游空间生产”的理论概念，构建了具有普遍解释力的研究框架，将马克思主义“时”、“空”及“时空”特性要素融入研究，提出旅游空间生产三维分析视角；针对案例地旅游开发的“权能城堡”现象，提出“互容共治、双轨同向、差异位育、双美递进”的发展模式，呼吁古镇在实现“社区社会资本化”的同时，应兼顾“资本的社区社会化”。

本书可供人文地理学、旅游管理学、社会学等领域的研究者、大学生、研究生作为教学科研参考，也可作为政府部门、旅游企业经营人员的参考书。

图书在版编目（CIP）数据

旅游空间生产：理论探索与古镇实践/郭文著．—北京：科学出版社，2015.3

ISBN 978-7-03-043745-7

Ⅰ．①旅…　Ⅱ．①郭…　Ⅲ．①乡镇-旅游业发展-研究-中国　Ⅳ．①F592.3

中国版本图书馆 CIP 数据核字（2015）第 051498 号

责任编辑：张　震/责任校对：朱光兰
责任印制：徐晓晨/封面设计：无极书装

科学出版社 出版
北京东黄城根北街 16 号
邮政编码：100717
http://www.sciencep.com

北京凌奇印刷有限责任公司 印刷

科学出版社发行　各地新华书店经销

*

2015 年 3 月第　一　版　开本：720×1000 1/16
2015 年 3 月第一次印刷　印张：20 7/8
字数：410 000

POD定价：　100.00元
（如有印装质量问题，我社负责调换）

作者简介

郭文，男，1978 年生，山西汾西人，博士、博士后。近年来，交叉在旅游（酒店）企业、国家旅游度假区、高校从事管理、教学和学术研究工作。现任教于浙江工商大学旅游与城市管理学院，担任浙江旅游转型与发展协同创新中心副主任。

主要从事旅游空间生产、旅游社区权能建设、社会文化地理以及（新）马克思主义政治经济学研究。在国内最早提出“旅游空间生产”概念，并结合新马克思主义全面系统地建立了旅游空间生产“时、空、时空”三维立体研究体系；在国内较早地提出我国影视基地“共生”和“聚落化”发展模式。

主持国家社会科学基金项目（13CGL076）、教育部人文社会科学研究青年基金项目（11YJCZH047）、教育部高等学校餐饮管理与旅游服务类专业教改课题基金项目（CLJZW201009）、江苏省高校哲学社会科学研究基金项目（2011SJB630054）等 10 余项。在《地理研究》、《地理科学》、《旅游学刊》、《经济地理》、《人文地理》、《中国旅游报》等期刊发表学术论文 50 余篇。出版专著 1 部，主编出版高等院校旅游（酒店）管理专业“十二五”规划教材《旅游学概论》。担任《旅游学刊》等学术期刊匿名审稿专家。

前　言

被西方学界公认的“日常生活批判理论之父”和“现代法国辩证法之父”的亨利•列斐伏尔（Henri Lefebvre）在其著作《空间：社会产物与使用价值》中曾这样描述：“空间作为一个整体，进入了现代资本主义的生产模式：它被利用来生产剩余价值。土地、地底、空中，甚至光线，都纳入生产力和产物之中。都市结构挟其沟通与交换的多重网络，成为生产工具的一部分。城市及其各种设施（港口、火车站）乃是资本的一部分。”

另一位被誉为“思想系统的历史学家”的法国哲学家米歇尔•福柯（Michel Foucault）在《福柯的本质：福柯基本著作选集（1954～1984）》一书中这样写道：“我们现在需要的是这样一种政治哲学，它不是围绕着王权，不是围绕着法律和禁令构造起来的。国家机器当然重要，但是对于权力关系和权力技术的分析不能局限在国家机器的范畴之中。”

上述两段话反映了资本的空间化和空间资本化后矛盾的排解途径，也为本书提供了较好的视角。凡是研究，其目的都在于发现；凡是发现，或多或少都要动摇既有观念。正如米歇尔 • 福柯在《快感的享用》里用足以概括其终身追求和奋斗历程的语言描述的那样：“……在人生中：如果人们进一步观察和思考，有些时候就绝对需要提出这样的问题：了解人能否采取与自己原有的思维方式不同的方式思考，能否采取与自己原有的观察方式不同的方式感知。……今天的哲学——我是指哲学活动，如果不是思想对自己的批判工作，那又是什么呢？如果它不是致力于认识如何及在多大程度上能够以不同的方式思维，而是证明已经知道的东西，那么它有什么意义呢？”

一百年前，埃米尔•迪尔凯姆（Emile Durkheim）遵循着奥古斯特 • 孔德（Auguste Comte）的实证主义思路，提出社会学研究的对象是“社会事实”（social facts）。20世纪70年代末改革开放以来，我国对新自由主义（neoliberalism）[①]的政治经济思想进行了探索性实践，并形成具有中国式的混合型新自由主义实践模式，走上“发展

① 新自由主义是在亚当•斯密古典自由主义思想基础上建立起来的一个新的理论体系，首先是一种政治经济实践理论，即认为通过在一个制度框架内，释放个体企业的自由和技能，能够最大限度地促进人的幸福。

主义现代化”道路。然而，新自由主义在我国“传播无奈”的生境中，本土实践在利用“市场机制”的同时，也带来了因警惕“市场全能”不足而导致的“粗放式增长模式”和“创造性空间不平衡”，各种聚焦于对发展价值判断的“主义”争论趋于白热化。现代旅游作为一种新的以时间换取空间的文化社会体验形态，在上述背景下的市场经济实践中，既是其产物，也不免带来了空间秩序或形态的生产，有超出个体存在的外在性和广泛存在于社会之中的普遍性，具有“社会事实”的基本特征。

本书选取江南水乡周庄、乌镇和惠山三个古镇作为研究案例地，书中“问题意识的形成”和“知识的建构”遵循“一切从田野中来，到田野里去”的学术原则，在现实中发现社会事实，在思考中凝练学术命题，在分析中诠释社会问题，体现了作者对我国市场经济后社区型文化遗产地旅游开发推向纵深发展暴露出的矛盾应有的学术关怀，以及未来理性发展的希冀。

从长远看，研究在时间和空间交织的语境中总是不断创新、嬗变和维系，但是在起初阶段，人们常常对社会事实不容易作出判断——因为习惯了最常用的思维方式最有可能碍于对事实的研究。正如以前人们只把空间当做容器，直到20世纪文化思想的震荡转型，空间的理论才突破线性的历史时间束缚，成为思想界备受关注的问题域一样。这不仅会导致思维范式的差别，更会导致研究结果的异同。无论如何，我们必须意识到，对于新的现象的存在，不是存在于要素中，而是存在于要素结成的结构中。从这个意义上说，新的事实是以先前没有或不太显性的特征为前提的，为了了解和表达新事实的社会性质，需要作出具有解释力的解释。

思想的诞生不可能空穴来风，理论的生命离不开实践的呼唤。从实践观点看，旅游空间具有实践性，是不断生产的；旅游空间主体关系具有社会性，是可以互容的；旅游空间诉求的结果应该具有正义性，是可以构建的。这说明空间既可以作为批判的工具，也可借以一定的方式将此作为追求的结果。在我国当代，旅游空间实践是一个动态过程，具有双面进程，解释旅游现象形成的“社会事实”，并调适由此产生的“问题域”，需要运用空间理论的思想资源，将历代经典的认识或实践观点引入旅游研究领域，形成并构建起“旅游空间生产”的理论框架，这些探索有助于解决“旅游域中的中国问题”。

作　者

2014年10月

目　　录

1 总 论

1.1 研究背景与视角

1.1.1 研究背景

（1）旅游实践存在空间生产的现实研判

从传统社会到现代社会的转型，常常是研究者对人类社会生活变迁的描述和思考的对象（郭文，2010a）。在历史性的社会变迁过程中，现代性及市场机制表现出无所不在的渗透。处于我国现代社会都市中的人们，基于对传统的依恋和对现代的被动性适应，不断地面对经济、社会、环境和精神等方面的多重压力，触发了其灵魂深处的逃避主义功能，不断寻找自己记忆中的“田园牧歌”。

20世纪80年代末，我国古镇旅游正是基于上述背景得以开发并成为新兴旅游业态。随着社会主义市场经济的深入，本书案例地周庄古镇①逐步形成“政府主导+企业开发+社区参与”的开发模式，原住民允许留驻古镇社区，但事实上有60%左右②旅游资源开发权由外地人经营（如手工业店、画室、现代餐饮等小微企业）。1999年以来，乌镇古镇形成了以“政府主导+企业开发”为特点的开发模式，原住民迁出核心区域。2000～2014年，惠山古镇通过一系列探测、论证和开发等“动作”后，形成“政府主导”的开发模式，原住民全部迁出古镇社区。

如火如荼的旅游开发使案例地古镇原有空间所根植的社会环境发生了历史性变化。空间在垂直维度上经历了从“封闭空间”到“流动空间”再到“社会空间”的转变，呈现出古镇原住民生活面向的城市化、人际关系的理性化、社

---

① 周庄古镇是我国“古镇旅游类型”的最早开发地。

② 据社会调查。

会关联的“非共同体化”和空间公共权威衰弱化。古镇作为特殊的人文社区，从一个先前以社会团结为特征的“内源性自生式本体空间”（space is characterized by endogenesis，autochthonous and ontology）逐渐过渡为一个多元要素互构共在的“外源性嵌入式建构空间”（exogenous and embedded construction space）（郭文和黄震方，2013）。作者通过分析认为，在这场转变过程中，“资本的空间化”和“空间的资本化”成为旅游渗透到基层社区社会的重要路径，“占有空间并生产出相应空间形态”成为旅游开发中的鲜明特征，“空间的社会分化”和“原住民的低权能化”成为旅游空间深化的结果，“资本推动、权力协调、权能失衡”成为旅游空间的实践表征，市场逻辑下资本的渗透不仅导致古镇在转型背景下无法形成广泛的“互容利益”，而且产生了多元主体之间以“空间异化、权能层化、认同碎化”的“权能城堡”[①]现象，古镇社区社会分化和整合的不同步与不均衡，导致了“非自由的非公平”、“社会隐蔽性危机”或“社会愤怒”，继而形成一个奇特的由“土地食利集团”、“原住民”和“游客”组成的旅游空间三元结构。由此引发了一系列有关古镇旅游开发的空间价值取向之争，产生了传统与现代生活方式、文化价值与经济价值、当代社会使命与保护发展的诸多矛盾，甚至“去社区化”态势，致使社区分裂为“社区内”和“社区外”两部分，空间在现代“旅游现象”形成的“社会事实”中成为一个交错并置、多重杂糅的问题域（郭文等，2012）。原住民有组织的上访、“非暴力不合作”等抵抗形式成为旅游开发中的常发事态，出现了社区、社会与国家之间结构性紧张以及一些严重的社会问题。

无论旅游学家、地理学者、社会学家，还是社会管理者，一致认为旅游介入古镇社区后，不但给古镇带来了新的价值观，而且撕裂了古镇原本和谐且封闭的意义和价值体系。由此可见，如果处理不好这些问题，将会造成更加恶劣的社会影响，甚至阻碍古镇社区社会和谐稳定和长期目标的实现。如何探索案例地旅游空间生产以“互容共治”理念为导向、以国家和社区社会资本相结合为纽带的创新管理新模式，成为研究关注的科学问题，这极有必要搭建一个合理的研究框架，用新的思维重新审视和优化旅游空间转向问题。

（2）“空间”成为当代社会叙事新方式

在理论界，研究者对时间的青睐一向多于对空间的关照，人们基于对空间

① “权能城堡”是作者提出的一个比喻性说法，指在旅游空间生产中，强权力在“空间占有”和“空间分配”方面，为自己构建了一座隔离弱权力主体原住民的“城堡”，在公共领域具有不同程度的“抽身而出”，与古镇社区世居的原住民联系较弱或根本没有联系，从而使原住民被区隔在这座“城堡”之外，处于空间的边缘。其中，周庄古镇本质为“低质权能陷阱”，乌镇古镇和惠山古镇为“主体间不相容”。

内涵演绎的渐进认识，才把空间问题当成当下学术研究的一个新热点和新视角（郭文等，2012）。19世纪是历史决定论兴起和空间观念相对湮没的时代，历史决定论的动力来自一种时间的阐释性语境对社会存在和社会生成的随意性处置。可以这样认为，在空间成为一种新的理论关注之前，“去空间化”（despatializing）和“去政治化”（depoliticization）笼罩在历史理性的想象中。在20世纪之前，空间概念的主流解释具有形而上学性质，亚里士多德（Aristoteles）的“有限空间”、牛顿（Newton）的“力学绝对空间”和康德（Kant）的“纯直观形式空间”是其典型代表（冯雷，2008），空间被看做是死亡的、刻板的和静止的东西，对空间的剖析充其量只是罗列空间存在的清单。20世纪60年代后，学界滋养了一种批判性的语境，空间认知和研究突破线性的历史时间束缚，开始从沉寂走向苏醒，并成为后现代显学，对空间的理解超越了对其本体论的探讨，人们更加关注空间的社会本体论化和空间的社会实践，关注人们在空间中的主体行为和空间的生产及再生产，空间变为一种社会生活的经验事实，构成了经验现象的表征和知识系统，空间构成浓缩和聚焦现代社会一切重大问题的符码（郭文等，2012）。

空间的批判性语境和后现代思潮的兴起，极大地推动了思想家们重新思考空间在社会理论以及构建日常生活中所起的作用，人们认为空间时代的到来预示着人们正处于一个同时性和并置性的时代，人们所经历和感知的世界是一个点与点之间的连接，团与团相互缠绕的风格，空间意义重大成为共识，空间作为叙事方式成为共谋。与此同时，空间理论研究的转向将空间的科学研究转向对“空间本身的研究”，倡导“空间本身的生产”（production of space）而非“空间中事物的生产”（production in space）。研究者的思考注意力从关注“空间是什么”到关注“空间的演绎路径和逻辑如何”，再到考虑“社会理论中的空间如何”以及“社会构造关系”，重新去解读空间本质的理论论述意义和社会性根源，重新阐述空间如何成为认识经验世界或日常生活世界的一种新的视角。空间理论的社会转向将成为社会理论当代进展的一个重要组成部分。空间，成为分析当代中国的一个重要学术关照。

（3）全球与本土化视野下空间正义诉求

从新马克思主义及相关理论视野出发，去看待“全球现代性”下的旅游空间生产问题，应当把握古镇社区社会“分化”与“整合”的矛盾，并提出相应的解决方案。通过资本逻辑，将现代性与全球化紧密地联系在一起。全球化其实就是在世界范围内流动、扩张的现代性形态，即“全球现代性”。在这一过程中，全球现代性具有整合世界的“同化”作用，同时也具有分裂世界的“中心-边缘”机制。在古镇旅游开发中，不可阻止的全球化和本土化使古镇社区出现持续的“脱嵌”（去传统化）和“再嵌入”（新联结）过程，面对这些事实及其空间转向带来的“流变”、“冲突”、“隔离”、“强权与弱势”、“中心化”与“边缘化”等问题。理论界对内还比较缺少回应和探讨，对外处于理论边陲，常常生搬硬套地将“中国案例作为西方理论的脚注”。由此看来，需要创新研究视角，探索并解决古镇迈向纵深发展中遇到的新问题。

上述问题的解决，需要反思人本主义[①]回归和空间正义性讨论。作为当代西方政治哲学的首要价值，正义也是中国学界近年来的热点论域，重审旅游空间生产的现实境遇，探索旅游空间正义的路径，需要在纷繁复杂的古镇现实中寻找答案，把“人”作为目的和无条件的需要主体来看待，树立正确的旅游空间生产核心价值观，协调处理旅游空间生产效益与旅游空间正义之间的矛盾，这一伦理诉求，有助于解答“旅游发展的中国问题”。

（4）“知识-权力-自我”的逻辑

权力向来都是人们关注和讨论的话题。传统权力观[②]认为“权力”是某个人或组织支配或控制其他人或组织的一种能力。真理是权利和规则的产儿，反过来，真理又决定了权力和规制的正当化。这其实告诉人们一个事实本质：一是“主权正当化的权力”，二是“服从这种权力”。

法国哲学家米歇尔·福柯（Michel Foucault）从另一视角认为：“知识（各种知识、话语、真理、规范……）其实是一种可以构建的话语体系。”他在研究中强调了规则的重要作用，并试图去发掘和揭示隐藏在话语之下的形成规则，他对知识的这一“发明”，说明了“知识”其实是权力之间相互斗争的结果。换言之，权力生产的主要手段是依靠与知识的结盟模式来完成的。其基本逻辑为：知识—（被构造）主体（再构造或传播）—权力（普遍化、隐藏化和深刻化）。可以看出，这一路径成为“权力/知识模式”生成的过程。米歇尔·福柯认为通过这一模式干预，任何机构都可以将权力对象进行客观化处理，并且促成某种知识，促成一种微观政治的论证模式及其“抵抗政治”的可能。“知识-权力-自我”逻辑是多元主义出现的新的政治观，也是本书分析旅游空间正义的一个重要切入点。

① 学界至今对“人本主义”并没有一致的定义。本书认为应该至少包括以下几点：“人的责任”、“此时此地”、“从现象学角度看个体”和“人的成长”。

② 权力观是人们对权力来源、掌权目的、行使权力方式、为谁掌权、为谁服务等问题的认识和态度。“传统权力观”主要指区别于马克思主义权力观的一种权力观类型。

1.1.2 研究视角及理想模式

（1）乡土中国

我国改革开放，尤其是确立市场经济以来，现代化的宏大过程铸就了社会关系的现代意蕴，也赋予了很多“问题性”意义。社会变迁——尽管社会各界对其或是冀求，或是害怕，已经成为社会形态中不可或缺的一部分。多元社会行动主体为了各自诉求的实现而表现出的一致与分歧、和谐与紧张，也成了现代社会重大问题的根源。社会是如何变迁的？其方向和原因何在？由何种力量造就？学界在宏观层面已经有了很多的探索；然而在微观层面，尤其是聚焦于“乡土中国式的基层”，研究不是多了，而是还远远不够。没有人可以否认，乡土中国在我国经济、政治、社会和文化中具有举足轻重的地位。

本书所指的“乡土中国”包含两个方面的意蕴。其一，从行政层级看，主要从我国行政层级中中央、省市、乡镇体系看，乡镇是我国行政等级中最低的一级，属于“基层的单位”；其二，从社会角度看，本书是为了说明研究关注视角更多围绕社会微观方面展开。研究“乡土中国”，“基层”是较好的观察窗口，为研究提供了理想的学术切入点。

（2）旅游视角

从历史的纵向视角看，现代旅游在我国属于晚近发展起来的社会事实。笼统地从“旅游视角”来谈论问题，显得较为宽泛，在此有必要进一步厘清“旅游的什么视角”。2006 年 10 月，在中共十六届六中全会通过的《中共中央关于构建社会主义和谐社会若干重大问题的决定》①中明确提出“要积极推进农村社区建设，健全新型社区管理和服务体制，把社区建设成为管理有序、服务完善、文明祥和的社会生活共同体”。2007 年 3 月，民政部下发民函[2007]79 号文件，决定从全国有条件的县（市、区）中确定一批“全国农村社区建设实验县（市、区）”，开展农村社区建设实验活动。2009 年 12 月，国务院颁发了《关于加快发展旅游业的意见》（国发[2009]41 号）②的文件，明确提出要打造“二业”构想，即把“旅游业培养成为国民经济的战略性支柱产业和人民群众更加满意的现代服务业”。2014 年 8 月，国务院又出台了《关于促进旅游业改革发展的若干意见》（国发[2014]31 号）③的文件。解读上述文件内涵和本质就是要实现旅游业发展的“速度、结构、质量、效益”相统一。通过田野调研和学术判断，作者研究认为案例地旅游开发

---

① 参见 http：//baike.baidu.com/view/2323954.htm。

② 参见 http：//www.china.com.cn/policy/txt/2009-12/04/content_19005236.htm。

③ 参见 http：//baike.baidu.com/view/14738159.htm。

已经成为事实上的古镇社区建设的主要实践载体。案例地旅游的基本面是什么？需要什么样的旅游？其命运是喜还是悲？以“旅游的基层视角”关注这些问题，既是对我国旅游发展在基层的现实审视，也是检验我国基层旅游发展的实践问题。

（3）理想模型

理想模型是研究的表达形式。马克思・韦伯（Max Weber）曾认为一个研究的理想模型（ideal-type）包括三层含义，即概述型（generalizing ideal-type）、个性化的理想型（individualizing ideal-type）和理想型分析（ideal-typical analysis）。其中，理想型分析则是指在某些历史条件下“能够在真实中出现，而且它们已经以历史的重要方式出现过”。据此，本书认为，理想的案例研究点是属于“旅游在研究所框定的社会中的空间生产属于真正的‘社会事实’”。应该明确，研究旅游空间生产需要具备明显的特征，如与先前原生空间比较，资本介入下造成多元行动主体关系的社会化和社会空间的再生产。

在我国经济发达的东部地区，虽然城市社会资本化和流动性极强，历史上乡镇企业也曾一度发达。但经过认真研究和周密考察，本书选取的案例地——周庄古镇、乌镇古镇和惠山古镇是既具有“乡土中国”特性，又因旅游发展引致社会空间生产的理想社会模型，能很好地反映出“旅游空间生产”内涵的要义。本书案例地的选取既有利于观察基层旅游开发状况，也能在分析中认识旅游开发过程中“国家-社会”关系的互动。

1.2 相关说明

1.2.1 释名

（1）突出“两个内涵”

在我国，费孝通（2001）关于社区和社区研究思想的阐述，曾一度代表并引领了我国社区和社区研究的成果与方向。在他的研究中，“社区是以同化的意愿、价值观念为基础的，血缘、邻里和朋友关系是社区成员之间合作的主要纽带，对其成员行为的控制通常是依据传统、习惯或乡规民约”。而在社区概念提出者滕尼斯（Tönnies）看来，社区是“结构”和“情感”的融合，具有道德维度。

本书中“江南古镇”概念，首先根据古镇内在的特有属性，强调案例地的“社区性质”，意为突出其本质内涵，行文中根据需要有时将其表述为“社区型文化古镇”。其次强调“具有文化遗产性质”，出于对古镇作为“遗产”概念的原真性认知。据相关资料记载，大概产生于20世纪70年代的欧洲的“遗产”（heritage）概念，其含义与“继承”（inheritance）紧密相连，意指“从祖先那里继承下来的东西”。20 世纪 20 年代后，该词的内涵不断得到引申，经历了从“特殊的”遗产走向“一般的”遗产系统。本书所理解的“古镇”概念无疑更具有“文化继承”特征，“文化古镇”并非强调现代概念体系中被构建的“地方的级别概念”，而是具有“在一定的时期内一个特定的文化区域”的含义。综述之，“江南古镇”可以理解为“具有社区特征的文化遗产古镇”，概念上趋向于“从祖先那里继承下来的地域”。

（2）关注“三个层次”

20 世纪 80 年代早期，李旭旦先生——我国复兴人文地理的旗手①强调“人文地理学应该在各个分支全面发展的前提下，结合我国的实际需要进行探索”。吴传钧从认识论上认为：“人地系统内部具有一定的结构和功能机制，……在‘地’和‘人’两个系统间……通过非线性相互作用，交错构成人地关系在宏观上产生特定的视角结构和空间结构……而要协调人地关系，要谋求两个系统要素之间在结构和功能上保持相对平衡。”

上述重要经典论述为本书提供了方向论和方法指导。在选择研究主题和内涵分解时，作者曾有过这样的疑问：在旅游已经深化的某一特定时空坐标中，如何用发展的眼光理解案例地“人地关系”的深刻内涵，是“认识旅游空间”还是“解释旅游空间”？抑或两者均是？在对空间研究的理解中，本书将此高度抽象为两大类型：一类是“研究空间中的要素”，另一类是“研究空间本身”。很显然，人们关注视角不同，研究范式、研究方式、研究内容甚至研究的价值导向就会截然不同，简单以孰是孰非划分并非判断之标准。可以肯定的是，学术研究应该立足于社会实践，并能满足社会诉求，体现研究者对研究问题的时代价值判断。

有了上述思考，就应该根据案例地背景选择合适的研究行为。现代旅游发展在满足人们日益增长的需求欲的同时，也带来了旅游社会空间关系的诸多“问题域”。作为现代性的重要表征，旅游及其空间的生产逐步进入人们反思的视野，旅游空间生产和空间批判既是理论逻辑的发展进程，更是实践发展的进程。在指明空间的社会性和生产性的基础上，本书强调“重点关注旅游空间本身，而非旅游空间中的要素”，把空间认识论作为审视旅游社会现象、透视旅游空间结构和旅游社会空间发展的基本方法，立足研究旅游嵌入案例地后引致的社会事实。

本书将上述思考和事实判断提炼为下述框架及研究的三个层次问题（图 1-1）。

---

① 针对“我国地理学以自然的理学为主体，忽视人文地理学研究”的境况，学界于 1979 年年底在广州召开第四次全国地理学大会。著名地理学家吴传钧先生会同李旭旦先生提出“要复兴中国的人文地理学”。业界对将李旭旦先生称为“复兴人文地理的旗手”具有共识。

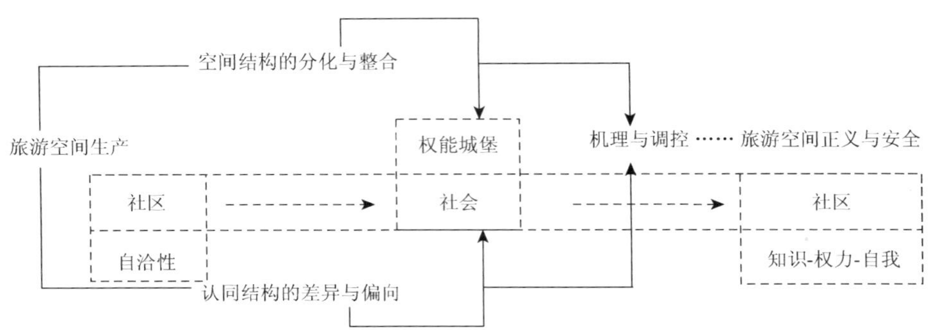

图 1-1　研究的基本框架和三个层次问题

第一层次：建立具有普遍解释力的“旅游空间生产理论”研究框架。针对案例地的诸多“问题域”，超脱具体现象，建立合理的理论分析框架和分析视角。

第二层次：解析旅游空间生产形成的机理及“权能城堡”现象。①古镇旅游“空间结构的分化与整合”。②古镇旅游空间“认同结构的差异与偏向”。以上内容在“资本全球化背景下的地方凝视”、“中国式政治经济体制”等方面进行探索。③旅游空间生产“权能城堡”现象形成的机理。在“资本循环周期中的选择性空间转移”和“不同模式下旅游空间生产权能参与程度”等方面进行探索。

第三层次：探索旅游空间生产实现正义和安全的途径。基于福柯的“知识-权力-自我”逻辑，遵循“知识—（被构造）主体（再构造或传播）—权力（普遍化、隐藏化和深刻化）”的路径，通过对旅游空间生产的合理价值导向、制度安排等，促使案例地旅游空间正义的实现，最终达到旅游空间生产安全。

（3）强调“多维辩证”

“空间生产”是“空间中的生产”和“空间的生产”的结合体。“空间的生产”是对传统空间生产方式向现代空间生产方式[①]转变的回应，是空间的简单阶段发展为复杂阶段的产物，后者对前者是一种否定或扬弃。在特定的时空背景下，由于复杂原因引致，旅游空间实践经常会出现“一种空间演变为另一空间”或“一种空间被另一种空间挤压或占有”的现象。在此过程中，新旧空间可能并行，可能杂糅，时而还会生产出更新的、更复杂的空间形态。“空间”是一个具有“原生性”和“建构性”的多维性存在形态，“空间生产”是具有“时间、空间和时空属性”的范畴体系（图 1-2）。

① 学界也有一种观点认为空间生产方式具有独立历史，经历了“妄想空间的生产”、“空间中的生产”、“空间的生产”到“富有诗意空间的生产”几个阶段。

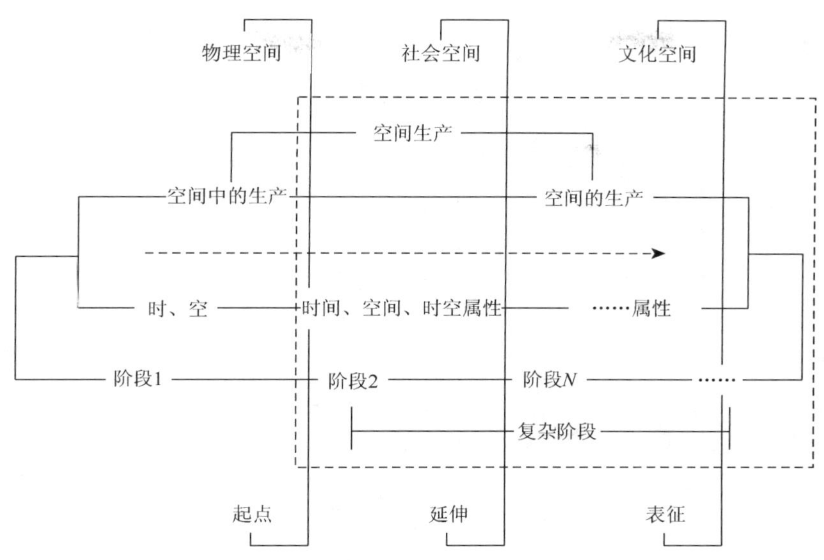

图 1-2　空间生产层次

其内涵可以通过下列几点进一步认识：第一，从认识论角度讲，“旅游空间生产”既具有“旅游空间中的生产”，也具有“旅游空间的生产”内涵，前者是后者的基础，后者是前者的延伸，是认识论的辩证统一体。第二，从内涵角度讲，“旅游空间生产”既具有“纵向时间属性”，又有“横向空间属性”，还具有“时空综合属性”。本书聚焦的范畴主要指空间复杂化阶段的“空间的生产”。第三，从内容角度讲，一方面指研究对象实体分类维度，如“物理-地理空间”、“社会-关系空间”和“文化-心理空间”；另一方面特指旅游开发背景下结成的权力空间、利益空间、中心空间以及边缘空间等社会空间网络①。

空间的生产属性决定了空间具有可塑性，这为旅游发展体现终极关怀的目标建立了连接要道。依据上述论述，我们需要正确理解空间生产的内涵，并能随着空间的变化，从以往“对旅游空间中要素分析”的惯习中解放出来，认识到“旅游空间本身”俨然可以上升为一种需要关注的价值符号。从此角度讲，本书选题标准事实上体现着作者对研究问题的现实判断和方法论思考，隐含着其对旅游空间实践活动及由此引发的复杂社会事实能够良性发展的路径与期盼。

① 作者认为，这一网络包括生产资料所有制的形式，人们在生产关系中的地位及其相互关系和产品分配方式等。这是一种建立在物理空间形态，经社会关系生产到“空间的生产”的新的辩证关系。

1.2.2 逻辑起点

逻辑起点是研究对象（任何一种思想、理论或学说）中最简单、最一般的本质规定。逻辑起点是一个理论或研究的起始范畴，一般具备以下四个条件：其一，有一个最基本、最简单的规定；其二，是构成该理论的研究对象的基本单位；其三，其内涵贯穿于理论发展全过程；其四，其范畴有助于形成完整的科学理论体系。现将其概括为“质之起点”和“内涵贯彻”两点，并作统一说明。

（1）质之起点

抓住关键意义概念，是理论体系延伸到一个或一组命题的关键，这样才容易将整个问题回答清楚。以旅游空间生产的社会事实为视角，从旅游空间本身进行叙事，“空间的社会性”是本书的逻辑起点。在马克思那里，人类的实践活动就是不断将“自在的自然”转化为“人为的自然”的过程。在此过程中，每一个社会中的生产模式，每一个特定的生产关系都会生产出自身独特的空间，这是在空间本体论基础之上的认识论和价值论。把空间本身作为研究对象，确立了空间本身的主角地位，在对宏大的面相和精微细致进行探索过程中，发挥了空间自身辨析效果。在本书中，以“空间的社会性”叙事为前提和起点，反映了旅游嵌入传统社区社会后的结构变化特征、运行动力和内部机理，抓住了“事物的根本”。

如果说逻辑起点是理论体系的概念基础，“旅游空间的社会性”作为旅游空间生产研究基本问题的关键概念，则是阐述旅游社会空间实践的理论基石。在任何理论体系中，具体问题简化为基本问题，才有利于回答最基本的关键问题，才有利于与其对应的“逻辑终点”形成辩证统一体。

（2）内涵贯彻

在理论上，“逻辑起点”是与理论体系构建联系在一起的，知识的内在联系是在知识点之间由此及彼的逻辑推理中显现出来的。“逻辑起点”虽然是最抽象、最基本的，但是理论体系的构建需要使逻辑链条得以延伸，一端是对基本问题的解答，另一端应是对实际工作的指导。也就是说，“起点”的对应端是“终点”。由于空间具有实践性，是动态的和系统的，因而将“资本与旅游空间的辩证关系”视为旅游空间生产的基本审视视角，是对旅游空间生产的社会性的一种创新解释，也是达致逻辑终点的重要路径。在这一逻辑体系中，关注“旅游空间正义”，以空间的视角体现学者的人文关怀和社会责任，实现空间中人们的生活愿景、需求和内心期待，是研究活动从起点到终点的自然逻辑过程。这需要在理性反思空间生产模式的基础上，将旅游空间生产与包容差异、关注抵抗、关心边缘联结起来，并通过学理分析，寻求一种动态平衡。即旅游空间正义的探寻就是要体现如何在保持旅游空间生产效率的情况下，将生产的成果惠及广大民众。

体现逻辑体系的“内涵贯彻”，需要在回答“空间是什么”、“空间里发生了什么”、“空间如何发生的”，再到“未来空间如何修复”等一系列问题过程中，既体现一个理论逻辑的发展进程，又关照逻辑指导下的实践发展进程。可以这样认为，旅游空间生产对旅游空间的社会性分析，强调旅游空间生产的构建性和社会性，以及通过审视视角的切入，体现逻辑起点与终点的辩证统一，有利于在我国当下特定社会时期，面对众多错综复杂的旅游空间问题域和矛盾发挥积极作用，更有利于制定合理的空间发展战略，修复空间生产行为。

1.3　研究目的与意义

1.3.1　研究目的

（1）构建旅游空间生产理论研究框架

申葆嘉（2010）曾经提出“旅游学的研究需要在社会科学学术领域内进行”。本书认为，作为社会科学背景下的旅游研究更应突出“旅游的人文社会学”研究，其本质研究的对象是“旅游的社会事实”。从发展的角度讲，这里所关注的社会事实“是社会发展的历史产物，是由多元行动主体的行动凝聚起来的社会事实”。

基于上述考虑，本书的目的主要在社会科学和人文科学范畴内，探究旅游嵌入案例地古镇社区的结构变化、认同、影响及发展导向，主要体现在本书的第一个层次上面，具体归纳如下。

1）创建旅游空间生产的理论框架。合理解释案例地旅游空间生产内涵，确立旅游空间生产理论研究框架，包括旅游空间生产的内核概念、测量概念、目标概念和结果概念。

2）建立旅游空间生产的分析维度。其一，建立旅游空间生产“纵向维”研究对象，即“原生空间-流动空间-网络空间”框架。其二，建立旅游空间生产“横向维”研究对象，即“物理-地理空间、社会-关系空间、文化-心理空间”框架。其三，建立旅游空间生产“综合认同维”评价指标，测度旅游空间生产过程中原住民对古镇社区空间转向的“权能认同情况”。

（2）探索社区社会管理和建设新模式

学术研究及其抱负需要回归社会本身，这就首先要明白社会需要什么。回答这一问题，也就是回答本书的现实目的。在案例地古镇社区调查中，作者发现存在“旅游空间生产及其核心价值统一的矛盾”、“旅游空间生产与成果如何惠民的现实矛盾”、“旅游空间生产与旅游空间如何正义的矛盾”以及“旅游空间生产与旅游空间如何安全的矛盾”。

据此，本书的现实目的之一就是分析旅游空间生产机理和内涵。包括：①提炼以“旅游空间的实践–旅游空间的表征–表征旅游的空间”（PRS 模型）为基础的框架模型。②旅游空间生产中“空间结构”转向的逻辑。③旅游空间生产中出现“权能城堡”的逻辑。目的之二是在上述基础上，在体制机制、制度等方面进一步探索更加符合案例地，且更具操作性的旅游空间生产新模式。

（3）向国内类似案例地提供启发借鉴

基于目前我国旅游社会空间研究“刚刚起步”的客观现实，作者认为研究应该更多地基于经验本位的多元路径。在现实中，旅游空间的不同生产模式提供了不同的价值导向和意义图式，但可以肯定的是空间的动力学来自于场域结构及其运作原则，忽视空间者终将被空间忽视。当我们认识到“旅游空间本身”是需要重视的知识体系时，极有必要立足旅游空间实践的“本土经验”，自觉充当研究和实践的行动者，在具体的经验中萌发问题意识，以此推动旅游社会空间的本土化研究，形成学术自觉，为国内更多的类似案例地提供启发与借鉴。

1.3.2 研究意义

（1）拓展旅游研究的新视角

研究的目的在于发现未知，而要发现未知就需要创新。在现代全球化背景下，地方参与了资本等要素带来的空间生产，一些社区型文化古镇也成为空间实践的重要场域并带来一些“问题域”。针对转型时期出现的这些新问题，理论界对社区型文化古镇旅游空间生产动力机理及空间修复途径等方面研究成果还比较少。本书针对上述不足从概念体系的界定、研究框架及实现旅游空间正义的途径等方面进行了创新探索，在视角上更加关注将社区型文化古镇看做“空间本身”而非“空间中的事物”。研究对拓展旅游研究新视角，深化人们对旅游空间生产新认识，并形成旅游空间生产的研究分析框架等都具有理论意义。

（2）寻找社区建设的新方式

一个研究是否有价值，不是只看它是否为权力机构提供了参考信息，而且还要看它是否真正关注大多数人的福祉，是否关注那些被忽视的、被边缘化的群体，是否有助于人们更好地了解社会、文化以及我们自己。对于传统的社区社会治理，人们更习惯于将其视为“管理”而非“建设”。本书秉承“给人以启发”的学术宗旨，在古镇社区“建设”方面着墨颇多，尤其是针对旅游空间生产带来的问题域，探索了“互荣共治、双轨同向、差异位育、双美递进”的古镇社区新的治理模式，本书可为案例地及类似旅游目的地旅游空间生产提供参考借鉴。

（3）提供决策咨询的新理念

政府与旅游产业如何互动，历来存有争议。在我国现阶段旅游开发过程中，存在这样的事实，如果只依靠市场来调节旅游活动，不仅不能很好地实现资源的有效配置，反而会出现“市场失灵”。不完善的市场机制导致大量的市场失灵现象发生，这为政府主导旅游业的发展提供了空间，高效率的政府行为如何更好地补充市场缺陷，并协调市场发育，政策的规制显得尤为重要。从另一角度来讲，政府干预不当又会造成空间秩序失序的“政府失灵”现象，同样不利于旅游空间良性生产。如何协调上述两种“失灵现象”，找到一个合适的平衡机制一直是学界和业界探索的课题。本书可为政府、企事业单位、科研机构提供决策咨询，也能对江南社区型文化古镇理性发展和可持续发展作出一些政策制定方面的贡献。

2 研究域进展、选题及设计

2.1 古镇的发展与研究

古镇发展历程和机制演变经历了比较漫长的过程。唐初，“兵之戍边者，大曰军，小曰守捉，曰城，曰镇，而总之者曰道”（欧阳修，1975）。自宋起，随着文化交融和商品经济的发展，“镇”的机制逐渐由“经济性”替代了“军事性”，由于人口不断聚集，生产持续发展，以及集市交易的兴隆，“镇”的职能增加了“税收、管理”等方面的内容；民聚不成县而有税课者，则为“镇”，或以官监之（高承，1989）。阮仪三（2002）认为现代意义上的“镇”可追溯至公元 10 世纪前后的宋代，它是在唐末农村出现大量草市的基础上逐步形成的日常交换商品和社交的场所，是介于城市与乡村之间的自发形成的经济社会空间。

在欧洲，人们对历史性城镇特征的界定为“规模较小，完整地保留着某一时期的历史风貌，或在中心地区保存有完整的历史地区”。联合国教科文组织对江南古镇的定义是“一种介于城市与乡村之间的人类集聚地，并在一定的地域形成完善的、以水为中心的网络体系”。阮仪三等（1998）认为“历史城镇不同于一般城镇，拥有物质、精神和制度文化等深厚的历史积淀，是人类的历史见证和文明结晶，主要用于生产精神产品，丰富人类精神文化生活”。

综上所述，本书认为“古镇”是介于城乡之间，作为一定区域经济、政治、文化和生活服务中心，完整地保留历史特色的古建筑群、古民居、传统习俗和生活方式的区域集合体和人类聚居地。历史文化古镇的景物风貌、民居建筑、民俗文化等都是社会历史发展变化的反映和见证。历史文化古镇以其丰富的自然景观、历史遗址、地方特色民居和与之不可分割的民风民俗等历史文化资源，成为当代旅游业发展中不可替代的一个重要组成部分。之所以具有旅游价值，主要在于它具有不同于当代的历史信息及其文化特质。

2.1.1 古镇的发展

2.1.1.1 国外古镇发展

国际上出于对工业革命时期破坏世界遗产价值的反省，较早萌发了对古镇文化遗产的保护意识。在法国和意大利，古镇旅游是旅游产品的主要支撑。人们将古镇看做是从祖先那里继承下来的一种最朴实的生活方式，因而将最理想的度假地选在那里。来自欧洲以外的旅游者，将各类古镇当做体验纯正欧陆风情的最理想去处（周建明和詹雪红，2005）。

第二次世界大战后至 20 世纪 60 年代，西方城市普遍进行了一场以大拆、大改、大建为主要特征的大规模改造运动，使不少城市损失了一批有价值的历史建筑，也破坏了城市独特的历史风貌。这些大规模的改造运动很快遭到社会各界特别是学者的激烈批判与否定，人们开始认识到历史文化遗产的价值。例如，意大利的威尼斯、法国的夏布利、美国的威廉斯堡等。对古镇进行保护性开发的研究，不仅涉及领域广泛，而且一直是众多学者的关注点。60 年代末至 70 年代，在世界范围内形成了一个保护文物古迹的高潮，文化遗产旅游在西方得到较大发展，大至经历了由个体到整体和由物质实体到精神虚体的发展过程。旅游开发范畴已延伸到遗产文化、社区精神、社会网络、传统习俗、文化信仰等。保护历史文化遗产的国际组织在此期间通过了一系列宪章和建议（表 2-1）。

表 2-1 世界遗产保护公约、宪章及宣言一览表

UNESCO①公约	UNESCO 建议	ICCOMOS②大会采纳宪章	ICCOMOS 研讨会的决议和宣言	其他相关国际决议和宣言
1954 年《武装冲突情况下保护文化财产公约》（UNESCO 于 1954 年 5 月 14 日在海牙通过）	1956 年《关于适用于考古发掘的国际原则的建议》（UNESCO 第九届会议于 1956 年 12 月 5 日在新德里通过）	1931 年《关于历史性纪念物修复的雅典宪章》（ICCO-MOS 于 1931 年在雅典通过）		1933 年《城市计划大纲》（1933 年 8 月国际现代建筑协会拟订于雅典）
	1962 年《关于保护景观和遗址的风貌与特性的建议》（1962 年 12 月 11 日 UNESCO 大会在巴黎通过）；1968 年《关于保护受到公共或私人工程危害的文化财产的建议》（UNESCO 大会第十五届会议于 1968 年 11 月 19 日在巴黎通过）	1964 年《国际古迹保护与修复宪章》（ICCOMOS 于 1964 年 5 月 25～31 日在威尼斯通过）	1967 年《基多标准》	

续表

UNESCO①公约	UNESCO 建议	ICCOMOS②大会采纳宪章	ICCOMOS 研讨会的决议和宣言	其他相关国际决议和宣言
1972 年《保护世界文化和自然遗产公约》（UNESC 大会于 1972 年 11 月 16 日通过本公约）	1972 年《关于在国家一级保护文化和自然遗产的建议》（UNESCO 大会第十七届会议于 1972 年 11 月 16 日在巴黎通过）；1976 年《关于历史地区的保护及其当代作用的建议》（UNESCO 大会第十九届会议于 1976 年 11 月 26 日在内罗毕通过）；1978 年《关于保护可移动文化财产的建议》（UNESCO 大会第二十届会议于 1978 年 11 月 28 日在巴黎通过）		1972 年在古建筑群中引入《当代建筑的研讨会决议》；1975 年《关于保护历史性小城镇的决议》；1976 年《文化旅游宪章》；1999 年《国际文化旅游宪章》	1972 年《联合国人类环境宣言》（1972 年 6 月 16 日在斯德哥尔摩通过）；1975 年《关于建筑遗产的欧洲宪章》；1975 年《阿姆斯特丹宣言》；1976 年《人类住区温哥华宣言》（1976 年 6 月 11 日在加拿大温哥华通过）；1977 年《马丘比丘宪章》

资料来源：张松，2001

①UNESCO 为联合国教科文组织；②ICCOMOS 为国际文物建筑和历史地段理事会

对于历史保护的立法制度，法国形成了一批旅游成功开发的案例，并于 1887 年通过了第一部历史建筑保护法；英国于 1882 年颁布了《古迹保护法》；日本在 1897 年制定了《古社寺保存法》。20 世纪 70 年代以来，国际上掀起了保护古城镇、古村落的研究和行动。可以看出，几乎所有的发达国家都设有文物古迹保护机构，都颁布了有关法令和实施条例（表 2-2）。

表 2-2　日本、美国、英国、法国历史保护法律一览表

时间	日本	美国	英国	法国
20 世纪 70 年代	1975 年修正《文化财保护法》	1970 年《环境质量改善法》；1977 年《国家邻里政策法》；1979 年《考古资源保护法》	1974 年《城乡舒适环境法》（改定）；1979 年《文物建筑和考古地区条例》	1976 年《自然保护法》
20 世纪 80 年代	1980 年《明日香村保存法》	1986 年《税收改革法》	1983 年《国家遗产法》	1983 年《建筑和城市遗产保护法》
20 世纪 90 年代	1996 年修正《文化财保护法》		1990 年《登录建筑和保护区规划法》	1993 年《建筑、城市和风景遗产保护法》

20 世纪 80 年代后，国际上对历史小城镇文化遗产保护探索继续深化。1982 年，国际古迹遗址理事会（ICOMOS）通过的《关于小聚落再生的 Tlaxcala 宣言》；1996

年，国际上又有《历史性城市地段重建决议》出台，均对如何保护和继承历史古镇的文化遗产提出了极具价值和针对性的措施及建议。

在保护基础上，1984 年，法国在世界上第一个设立了“历史文化遗产日”。1991 年，欧洲理事会确立了“欧洲文化遗产日”。1996 年，日本通过《文化财保护法》，引入了欧美等地区保护物质文化遗产和非物质文化遗产登录制度。此外，还实施了有国家组织的“民俗资料紧急调查”、“民俗文化分布调查”、“民俗文化分布调查”、“民谣紧急调查”等计划。韩国对非物质文化遗产的保护，除了保护政策的有效实施和政府的大力作为，还得益于商业的运动和旅游业的参与。各国保存下来的古镇建筑现已发展为世界性旅游资源，作为旅游资源加以开发利用，实现保护与开发利用的有力统一。

2.1.1.2 国内古镇发展

（1）古镇的开发与问题

20 世纪 80 年代，周庄古镇率先发展旅游业，带动了我国古镇旅游开发的热潮（张冬婷和邱扶东，2011）。此后，同里古镇、乌镇古镇等一批江南水乡古镇成为开发热潮。重庆磁器口古镇、山西平遥古城、云南丽江古镇等也成为游客追逐的对象。目前，我国现有 1.78 万个建制镇，具有潜在旅游资源的古镇超过 5000 个[①]，已开发者约 300 个。按照文化背景和历史区域的划分，大体上可以归纳为以下 8 类（表 2-3）。

表 2-3　我国古镇分类表

区域	类型	特点	代表
浙江、江苏	小巧精致的水乡古村落群	风格朴素恬淡，文化内涵丰富	乌镇、周庄、惠山
山西	富贵大气的北方大院建筑群	气势威严、四平八稳、以礼为本	王家大院、乔家大院、常家大院
安徽、江西	大家风范徽派古村落群	自然古朴，隐僻典雅，信守传统	西递、婺源
陕西	朴实无华的西北古村落群	院落封闭性强，风格质朴敦厚	榆林
云南	各领风骚的南诏古村落群	建筑形制与自然紧密联系，富有地理特征	和顺
四川、重庆	另类浪漫的西南古村落群	建筑与风俗紧密联系，豪迈中彰显轻巧	黄龙溪、磁器口
福建、广东	个性鲜明的岭南古村落群	空间形式、艺术风格、民族传统与环境协调	永定、赤坎
湖南、贵州	清秀灵逸的湘黔古村落群	比较密集、风格秀丽轻巧	凤凰、青岩

资料来源：《中国古镇游》编辑部，2006

根据对《中国古镇游》和“中国古镇旅游网”的不完全统计，全国范围内具

① 参见 http：//www.guzhenu.com。

有游览观光价值，且开发较为成功或正处于开发中的古镇数量和区域分布①比例见表 2-4 和表 2-5。

表 2-4　我国古镇开发情况

省份	开发/个	比例/%	省份	开发/个	比例/%	省份	开发/个	比例/%
浙江	25	11.79	山西	15	7.08	湖南	7	3.30
四川	20	9.43	贵州	15	7.08	上海	3	1.42
福建	20	9.43	云南	14	6.60	陕西	3	1.42
广东	19	8.96	江苏	12	5.66	河北	3	1.42
安徽	18	8.49	重庆	10	4.72	湖北	2	0.94
江西	17	8.02	广西	8	3.77	内蒙古	1	0.47

资料来源：中国古镇旅游网 http：//www.guzhenu.com

表 2-5　我国古镇区域分布比例

区域	地区	总量/个	均值/个	比例/%
东部	浙江、江苏、广东、福建、上海、河北	82	13.67	38.68
中部	安徽、江西、山西、湖南、湖北	59	11.8	27.83
西部	四川、贵州、云南、重庆、广西、陕西、内蒙古	71	10.14	33.49

资料来源：中国古镇旅游网 http：//www.guzhenu.com

从旅游业发展现状和趋势分析，古镇作为特定自然环境和文化背景下形成的以农业为主要经济活动方式的农村聚居地，适应了现代旅游发展的资源禀赋和市场判断，必将随着我国旅游业的大发展和大繁荣，成为极具价值的文化旅游目的地。

古镇旅游开发使得幸存下来的古镇纷纷投身于古镇开发与保护的热潮之中，促进了我国古镇旅游的蓬勃发展。在我国开发古镇过程中，由于忽视古镇的旅游承载力与环境保护，或以牺牲环境为代价来求得发展，不能形成利益分享机制，结果损害了旅游资源，招致当地原住民不满，破坏了古镇的生态与人文关系，这必然不能实现地方的经济与政治、文化、社会的和谐发展。

（2）针对古镇政策措施

20 世纪 80 年代以来，我国积极进行古镇（街）文物保护，出台了相关政策措施（表 2-6）。

① 据国家发改委解释，我国东、中、西部的划分是政策上的划分，而不是行政区划，也不是地理概念上的划分。目前，西部地区包括的省级行政区共 12 个，分别是四川、重庆、贵州、云南、西藏、陕西、甘肃、青海、宁夏、新疆、广西、内蒙古；中部地区有 8 个省级行政区，分别是山西、吉林、黑龙江、安徽、江西、河南、湖北、湖南；东部地区包括 11 个省级行政区，即北京、天津、河北、辽宁、上海、江苏、浙江、福建、山东、广东和海南。

表 2-6　我国历年古镇政策措施

年份	内容	备注
1985	成为《保护世界文化与自然遗产公约》缔约国，逐步形成历史文化名城、文化古街为主的遗产保护体系	1972 年，联合国教科文组织出台
1986	提出对文物古迹小镇进行保护	公布第二批历史文化名城时提出
1996	安徽屯溪老街被列为国家及历史名街	建设部试点
2003	开展历史名街申报工作	文物局、建设部
2005	颁布《历史文化名城保护规划规范》	指出“村（镇）可参照此执行”
2005	通过《中国古村镇保护与发展碛口宣言》	山西临县碛口古镇
2005	公布“文化遗产日”	每年六月第二个星期六

资料来源：根据相关资料整理

2.1.2　古镇的研究

2.1.2.1　国外古镇研究

西方国家的古镇旅游发展和研究比我国要早，着眼点主要关注在古镇建筑的保护、古镇旅游可持续发展、开发影响及与社区原住民的关系等方面。

（1）古镇的建筑保护

Lovell（1997）提出强调整体环境的保护，尊重不同时代遗留下来的有价值的历史信息，避免把保护工作和建筑设计等同起来。Lovell（1997）认为对历史建筑或地段价值鉴定后，才能进行制定保护政策，并且在改造过程中要注重保护传统建筑外观和原有结构。Mantecón 和 Huele（2007）认为原真性在旅游规划中有一定的作用，并呼吁对游客体验中决定其“寻找原真性”的社会学关键点进行深入研究。

（2）古镇的可持续发展

Jones（1997）以文莱水村为例，总结了政府在古镇规划、污染控制、就业等方面的政策。Yuksel 等（1999）调查了土耳其棉花堡镇（Pmaukkale）当地旅游业利益主体和古镇可持续发展对策。Li 和 Cai（2002）提出了旅游地品牌的概念性模型。Oren 等（2001）总结了土耳其库马利克兹克村实现旅游可持续发展所做的努力，为古镇在城市化进程中保持完整性提供经验借鉴。Burns 等（2003）认为政府对新兴旅游地和活动开发、指导，有利于古镇可持续发展。Cochrane（2008）检验了协同管理在当地应用的理论与实践关系。

（3）古镇旅游开发的影响研究

Roland（1995）和 Marks（1996）研究了性别对希腊旅游小镇的影响及社会保

护的影响。Brunt 和 Courtney（1999）总结了旅游发展以及旅游主客体相互作用（tourist-host interaction）对社会文化的影响。Tosun（2002）调查了土耳其传统古镇居民感知旅游发展造成的影响。Matthew 等（2000）研究了生态旅游对不同村镇就业、利益分配等造成的影响。Christina 等（2001）研究了印度圣镇布什格尔（Pushkar）的居民采用“调停性的抵抗”策略。Kaeafsey（2001）认为只有充分考虑旅游地传统文化以及历史发展过程中的各种社会关系，才能更好地进行文化经济的运作。Wickens（2002）调查发现，不同旅游者对度假选择、活动类型及目的地的看法和影响有不同的特征。Medina（2003）研究了玛雅遗址玛雅古村，旅游文化商业化对传统文化的影响。David（2008）通过对影响纽约库拍斯敦小镇遗产旅游的诸多因素进行分析，认为遗产地的体育旅游破坏了遗产的原真性。Huttasin（2008）研究了旅游对泰国的古村镇班塔瓦村（Baan Tawai）的影响以及当地居民对旅游影响的态度。

（4）古镇旅游开发与社区居民

Marks（1996）研究认为，只有注重参与性，才能保护好古镇，使旅游发展造福整个社区。Koscak（1998）研究了斯洛文尼亚社区参与与古镇整体发展。Tosun（2002）提出参与性模型使旅游业更好地融入地方发展的策略。Dogan 等（2002）调查表明，居民对旅游发展带来的损益度影响着对旅游发展的支持度。Horn 和 Simmors（2002）认为研究社区历史和结构有助于更好地理解社区如何适应并参与管理旅游。Brunt（1999）、Tosun（2002）的研究都强调了居民参与、主客交往在古镇旅游开发中的重要性。Ashworth（2009）和 Bruce（2009）对欧洲古镇和旅游两者之间的关系进行了研究。Lee 等（2012）对国外长兴郡（Jangheung-gun）和全罗南道（Jeollanam-do）等古村镇进行分析和归类。

2.1.2.2 国内古镇研究

（1）资料来源及数量年谱分析

借助中国期刊全文数据库，检索项以“篇名”分类，检索词输入关键词“古镇”，时间输入“1980～2014 年”，结果发现与古镇有相关的文献、报道等共有 3297 项，对有关文献进行分类、整理、分析，总结归纳并剔除重复、质量较低等一些文献，共锁定 580 篇文献进行综述。从文献数量分析可以分为三个阶段。其一，探索阶段（1982～2000 年）：古镇研究受到重视，但没有成为主题；其二，起步阶段（2001～2005 年）：研究数量逐步增多，受到重视；其三，发展阶段（2006～2014 年）：古镇研究文献大大增多。具体时间年谱如图 2-1。

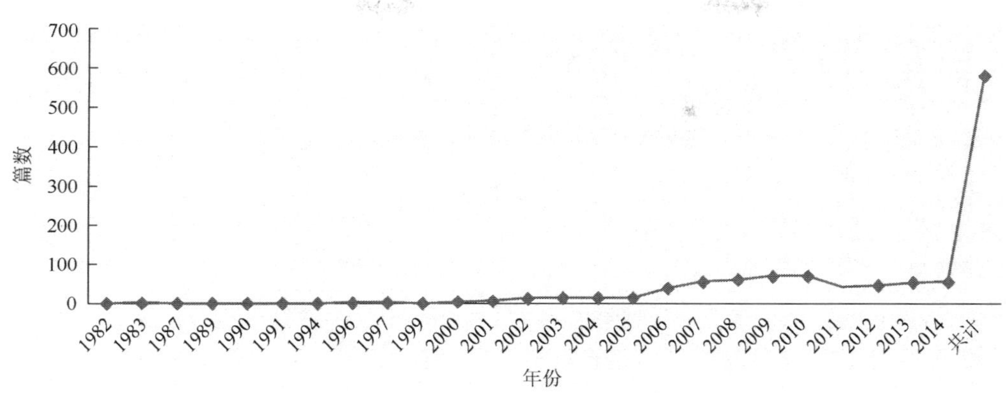

图 2-1　国内古镇旅游研究年谱分析

（2）研究方向及年谱分析

研究方向及内容年谱分析反映了研究者对古镇内容的喜好程度及年份分布。本书将检索到的文献进行方向分类，发现研究者的研究聚焦在资源引介、理论探索、资源价值、开发模式、资源保护、可持续发展、旅游兴镇、市场结构、社区参与、旅游空间、环境承载力、政府参与、游客感知、生命周期、存在问题、古镇文化、产品营销、开发融资、商业化、社会变迁、社会影响、旅游环境、游客行为、利益关系、新农村建设、经济促进发展、产权制度、认同分析、土地流转、真实性、文化传承、管理体制 32 个领域。1982～2000 年，文献数量较少；2001 年后，文献数量逐步增加，到 2010 年左右达到高峰。

（3）与本书有关的古镇空间形态研究

经过进一步梳理整合，对学者研究较为集中的领域进行聚焦，得到图 2-2。

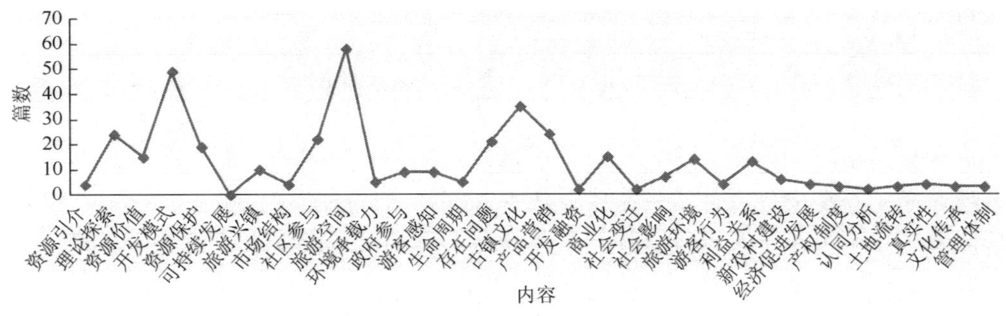

图 2-2　古镇旅游研究聚类情况

按“研究聚焦较为集中”和“与本书内容关联较大”的内容进行综述原则，总结出“古镇物理空间研究”、“古镇空间开发研究”、“古镇社会空间研究”和“古镇文化空间研究”四大部分，具体情况如图 2-3 所示。

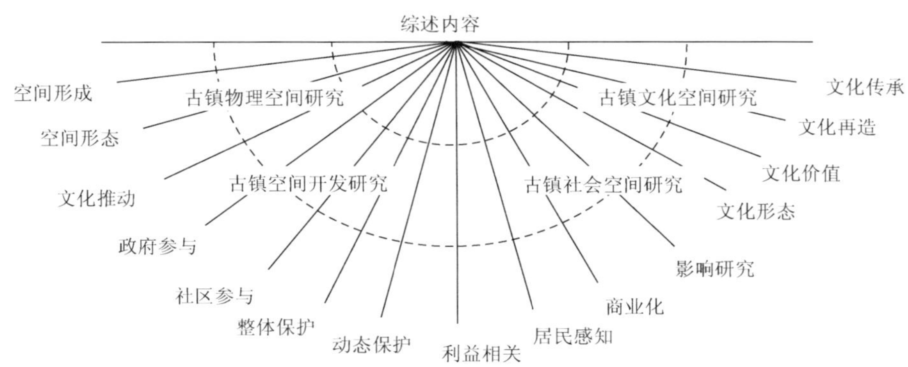

图 2-3　综述研究内容

a. 古镇的物理空间

1）空间形成。陈汉波（2000）从物质、精神等方面对江南古镇文化特征及其成因进行了分析；屈德印和黄利萍（2006）认为古镇空间是在自然环境、经济技术、社会组织结构和历史文化传统的影响和制约下形成的；李建伟等（2008）运用“空间结构理论”对华阳古镇空间体系进行解读；刘炜和李百浩（2008）认为古镇成长历经了“点状生成—条形连接—骨架生长—块状填充—新区扩展”过程，具有多种平面形态；羊笑亲（2010）从文化心理模式的角度探寻江南古镇居住空间的成因；杜涛（2010）从空间形态、层次、功能三方面探寻了中山古镇传统空间的形成发展与脉络；张新克（2011）通过研究嘉兴传统古镇民居聚落的空间构成特征，认识了古镇聚落构成的特征及形成原因。

2）空间形态。周浩明和冯道刚（2007）认为江南水乡古镇“灰空间”起着建筑与外部环境进行物质、能量以及信息交换与传递的媒介作用；王云才等（2007）认为江南古镇体现出古镇居民行为方式的现代化和多样化、现代城市商业街模式和行为商业化；金轶和张健（2008）总结了南浔古镇外部空间的平面关系特点以及与西塘、乌镇古镇的异同；雍振华和钱达（2008）对周庄古镇域格局的影响、建筑要素及其空间形态意义进行了探讨；黄巍（2009）对黄龙溪古镇建筑空间的构成、含义以及形态作了分析；刘俊和袁红（2010）分析了 1998～2009 年重庆市磁器口古镇旅游用地的空间格局；周越和梁斌（2010）从自然生态、建筑群落设计手法研究了角直古镇江南民居建筑美学特征；常蓓（2011）研究了安徽绩溪石家村和肥西三河古镇乡土古民居及聚落形态。郭文等（2012）从资本维、生产维、权力维、阶层维、生活维和社会维研究了周庄古镇的社会空间形态，提出以提升旅游空间质量为目标的包容性发展导向。

b. 古镇空间的开发

1）文化推动。江五七和陈豫（2003）认为江南水乡古镇旅游应该挖掘民俗风情，寻求传统与商业的最佳契合点；高梧（2006）认为古镇文化传承必须在文化创新的基础上进行；杨明华（2008）认为古镇只有传承地方知识和族群传统才能实现持续稳健发展；管维良（2008）认为从文化视角恢复、重现古镇风貌与功能，可促进旅游经济的形成和发展；孙艺和李秀（2009）提出“还原历史—展现文化—创造氛围—发展旅游—振兴古镇”的保护构想；梅振华（2010）认为应将休闲作为古镇旅游发展新动力；朱松节和刘龙娣（2010）以周庄古镇为例，认为应从文化资源整合研究“原真性”和可持续发展对策；马秋穗（2010）透过景观的符号化和景观话语的建构分析，指明了实现文化资源向文化资本的转化何以可能；鲍蕊（2011）认为深度挖掘文化内涵的产品才是古镇旅游产品长盛不衰的最佳选择。

2）政府参与。王如东（2005）提出推动苏州古镇旅游新一轮发展应强化政府作用及完善管理办法的对策建议；余丹（2005）提出周庄古镇旅游开发应坚持以政府为主导、保护优先、合理开发；熊明均和郭剑英（2007）提出政府主导型模式、政府主导的项目公司模式、经营权出让模式、社区开发模式和综合开发模式；唐春媛等（2007）提出发挥政府主导作用，发动群众参与，才能协调保护与可持续发展；吕贵彦等（2008）提出以“政府主导”和“保护重于开发”为原则的开发理念；胡静（2009）指出在旅游业发展初期必须由政府强力主导；伏六明（2011）认为古镇旅游开发应该政府主导，注重保护，面向市场，协调发展。罗超和楚超超（2011）提出欠发达地区古镇保护与开发的“政府引导、企业主导、市场调控”模式；康玉庆（2012）认为政府参与可以明确职权、科学开发、理顺关系、扩大投资。

3）社区参与。王莉等（2003）从保护与开发、社区参与等方面提出了开发战略；姚斌（2006）认为应建立协调配套的旅游产业格局，建立全民共同参与意识；刘小方（2006）反思了我国古镇保护中凸现的原真性和社区参与问题；颜姿（2007）认为应加强东道主的参与意识；谭志蓉（2007）指出古镇通过正确引导社区参与，能使古镇社区旅游持续发展；金敏丽和谢巧红（2008）认为古镇的保护并不仅仅需要政府部门的关注和重视，更需要相关专家和广大当地居民的共同参与；黄玉理和何方永（2009）认为要减少发展旅游带来的负面影响，鼓励社区参与；向明（2010）认为可通过引导当地居民正确对待自己的文化和建立科学的规划保障机制等途径来加强古镇文化保护；王娟洋等（2011）指出古镇保护开发必须让当地居民得到实惠；孙小龙等（2011）认为合理的旅游发展模式能够保证社区居民享受旅游开发所带来的实惠，能够推动旅游目的地不断发展的范式；王朝辉（2011）认为只有让当地人积极参与到相关社会生活中，与政府、游客形成良好的参与互动性，文化就不会被纯粹的商业化而侵蚀变形；刘成等（2011）提出了从开发模式、融资模式、管理模式、经营模式等方面进行社区参与古镇旅游。

4）整体保护。阳建强等（2001）提出同里古镇保护和发展整体思考和研究的思路；黄江平（2003）认为保护与开发应遵循整体性、多样性和可持续发展相结合的原则；叶素文（2005）认为古镇旅游资源开发必须注重区域自然和人文环境协调发展；戴彦（2007）从古镇传统空间格局的延续和古镇社会文化形态两个层面提出可操作方法；权小勇（2008）认为开发要坚持突出独特性，经济效益、社会效益和环境效益相统一等原则；柯丽芳等（2008）认为应从经济、社会和生态方面实现古镇的可持续开发；孙艺惠等（2009）构建了保护前提下乡村景观遗产资源合理开发和有效利用的模式；王大悟和郑世卿（2010）认为古镇旅游开发必须正确把握共性与特色、传统与当代、挖掘与创新、居民与游客、观光与休闲等相关要素。

5）动态保护。田喜洲（2002，2003）认为没有古镇合理保护就没有旅游吸引物，不进行旅游开发，古镇保护又缺少物质保证；傅娅（2003）认为传统空间保护、改造、更新应该是一个动态的发展概念，不能抱着过去的东西不放；刘德谦（2005）提出推进古镇保护与旅游利用的良性互动思路；杨婷（2008）、曹灿明（2008）以上海市青浦区金泽水乡和周庄为例，提出依托原有古镇，新辟商业服务中心及旅游服务设施的开发新模式；姚春雷（2009）认为必须辩证认识经济发展与保护工作之间存在的突出矛盾，对古镇古村的保护作出科学的规划；田海宁（2009）认为应更多在社会历史背景下寻找可能的平衡点；田喜洲（2004）提出了生态环境保护和古建筑保护的对策。朱桃杏等（2007）以徽州古村落群与江南六大古镇为例，提出了传统村镇发展的“阶段理论”。

c. 古镇的社会空间研究

1）利益关系。任道丕（2007）认为协调好保护主体之间的利益关系，是解决好产权多元化问题的关键；秦容和易英霞（2008）探讨了古镇旅游开发中政府主导、重视多方利益的发展与保护措施；刘喜梅等（2008）对南岳古镇如何处理旅游发展与社区内的利益分配问题，减少矛盾与发展旅游经济提出建议；韦祖庆和陈才佳（2009）认为要真正实现生态环境的保护，关键是建立一个利益共同体，使旅游公司与当地居民实现共赢；韦浩明（2009）认为开发古镇旅游资源必须构建非物质文化传承的利益补偿机制，构建开发商与居民的利益协调机制；吕宛青和陈红（2010）研究了腾冲县和顺古镇利益均衡机制。

2）居民感知。刘炳献等（2005）比较了不同类型居民对旅游的感知及差异；王艳等（2007）研究表明游客对水乡古镇的感知以通道、节点为主，标志次之，对区域和边缘的感知较弱；张安民（2009）认为游客满意度与游客感知高度正相关，与期望高度负相关，对游客感知进行管理是提高游客满意度的前提；惠红和程乙昕（2010）研究了磁器口古镇社区居民对旅游业经济影响感知；张兴华等（2010）以周庄为例，揭示了居民对旅游发展的整体认知结构和不同类型居民对旅游的感知与态度；唐小飞等（2011）研究了束河古镇、周庄古镇、阆中古镇和平遥古镇品牌个性特征对游客重游意愿的影响。

3）商业化。龙彬和易德琴（2006）对复兴面瓷器古镇环境和商业化问题进行了研究；李倩等（2006）指出商业化是古镇社会-文化资本向经济资本转移的过程；高银彦等（2007）探讨了研究古镇旅游的意义，针对商业化倾向等问题提出了保护措施；王云才等（2007）认为江南水乡古镇商业化倾向改变了居民生活方式，破坏古镇整体人文生态系统的和谐；邱盼和李为之（2009）认为古镇不能急功近利，要在商业开发的过程中坚持保护原则。

4）社会影响。阳立军和杨波（2005）揭示了古镇社会网络结构变迁与文化景观变异的联系；刘宏梅和周波（2006）研究了多元文化融合对福宝古镇社会文化、空间及民居特色等方面的影响；郭一丹（2007）总结了洛带客家古镇在文化旅游开发过程中对当地社区居民生活的影响；闾柏（2007）探讨了古镇的兴衰对滇中社会经济发展的影响；蒋坤富等（2010）采用心理商业容量的指标体系对磁器口进行了古镇旅游心理商业容量研究。

5）心理空间。戴彦（2002）认为人性化精神的回归是古镇未来取向；钱雅妮（2005）分析了同里古镇传统建筑的伦理功能的表现以及内涵；张一东（2007）对江南水乡古镇空间形态的形成，及空间形态与人的心理、行为存在的互动性进行了深入的分析；贾佳和周波（2009）指出传统民居空间的营造是古人崇尚自然、追求和谐的最佳体现；廖丹（2010）分析了黄龙溪古镇形态中所蕴涵的情感空间和管理功能。

d. 古镇的文化空间形态

1）文化形态。张新荣（2006）研究了常州焦溪古镇传统文化与景观特色；白理刚（2007）认为成都周边古镇特色古镇之间形象差异小、文化正在消失；彭林绪和李卫红（2007）认为古镇旅游开发出现了民俗复活、重构、复制、创新、变异等情况；甘丽（2008）研究了古镇文化资源保护性开发的保障体系；曾超（2009）分析了巴渝古镇的文化生态、商贸文化、民间文学、民间乐舞、节庆文化、手工技艺、信仰文化等非物质文化遗产形态及其影响。

2）文化价值。李贺楠（2002）认为周庄民居艺术特色具有较高价值；黄喜林和潘立文（2003）探讨了黄姚古镇蕴涵的文化和旅游价值；彭靖（2006）认为江南古镇文化价值体现在历史、建筑艺术、内涵及社会文化传统方面；农兴强等（2007）认为重视生态文化理念才能实现古镇旅游的可持续发展；王林（2008）认为对当地居民“原真性”民俗文化的关注，可以唤起民俗文化的自觉意识；孙萍（2008）认为江南古镇旅游开发中文化价值最为重要；余琪（2008）认为提升文化产品感知形象和深度，要以主题化展示和参与式体验为策略；杨云源（2008）认为应站在古镇历史文化的挖掘与保护、优秀文化弘扬与光大的高度进行开发；李晓明（2008）对古镇文化内涵输出、人文资源向经济价值转换、文化传承及运作进行了研究；常青等（2008）提出以保护历史地标和再生民俗节场等文化提升策略；韦祖庆（2009）认为古镇生态美学是文化旅游的重要依托。

3）文化再造。侯全华等（2006）认为与现代技术和生活方式相结合，人们方能完成对古镇文化生活环境的创造；刘婷等（2009）认为古镇非物质文化遗产的保护以及复兴，应该进行整体风貌的活力复兴；谢雄（2009）认为传统文化的传承应从独特的民俗与历史性、地域特色建筑和空间结构入手；曹春梅等（2009）认为古镇文化价值与旅游开发互动需要文化聚集；丁世忠（2009）认为借助古镇本身所承载的活态文化，既可起到保护古镇，也可达到保护民间活态文化的效果；王荻等（2010）认为旅游开发应注重从物质载体及空间类型的选择与组合。

4）文化传承。刘蓬春（2006）认为古镇空间形态开发应重视本身的文化传承；宋玉蓉（2008）提出古镇空间形态维持关键在于保持文化和景观差异；孙大江等（2008）认为进行古镇文化旅游规划是实现可持续发展的重要方法；魏柯（2011）认为街道空间文化含义是游客体验古镇的主要路径；梁莹（2011）认为通过发展旅游产业可提升文化影响力。

2.2 空间生产与旅游空间生产研究

2.2.1 空间生产的历史脉络

2.2.1.1 前空间中的客观空间论

（1）亚里士多德的“真实空间”

空间（space）历来是哲学家关注的议题。在古希腊哲学中，空间始终处于

“存在”与“非存在”、“有限”与“无限”、“相对”与“绝对”的悖论中，空间很强大但又难以捉摸。古希腊哲学家在讨论空间时使用了虚空、位置、距离、空间等不同的语言表述。亚里士多德用“地点”概念来表示空间，认为空间是真实存在的，是哲学世界观的重要内容和有机组成部分。每一物体有自己的地位（表 2-7）。

表 2-7 亚里士多德的“六维度真实空间”

维度	内容
维度一	有长、宽、高，一切物体因此三度而被界限。空间不能是一个物体；不然，同一空间必有两物
维度二	假设物体有一地位或空间，显然也必有一表面，以及其他物体之限制
维度三	无论是具体的或是不具体的，它可以有大小，但却并没有物体，可触之物的元素却仍是物体
维度四	它既不是存在的物质因，也不是形式因，也不是目的因，更也不是机动因
维度五	空间是一物存在，则空间也将有一空间，空间又复有一空间，依此类推，以至无穷
维度六	每一物体在空间中，同样，每一空间也有一物体于其中；空间是被事物填充满的，是一种有限空间

资料来源：根据相关文献整理

（2）牛顿的“绝对空间”

相对于亚里士多德的有限空间，牛顿在《自然哲学的数学原理》一书中这样表述道：“绝对的、真正的和数学的时间自身在流逝着……通过运动来进行的量度，我们通常就用诸如小时、月、年等这种量度以代替真正的时间。”绝对的空间，就其本性而言，与外界任何事物无关，是不动的。

牛顿对空间的理解是：绝对空间。他的假设进一步定义了“绝对运动”和“绝对静止”的概念，认为绝对空间和绝对时间之间可以是毫无关系的独立存在；物质的运动可以仅仅与时间有关，或仅仅与空间有关（图 2-4）。

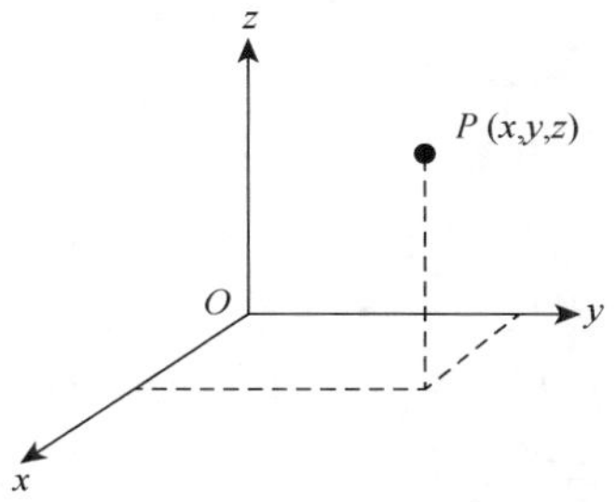

z
P (x,y,z)
O
y
x

图 2-4 绝对空间

牛顿的“绝对时空观”在其后的 200 年间备受质疑。特别是到了 19 世纪末，奥地利物理学家恩斯特·马赫（Ernst Mach）在他的《力学史评》中对牛顿的绝对时空观作出了尖锐的批判。

（3）康德的“直观空间”

康德（Kant）在《自然地理学》中将地理学定义为专门的空间科学，认为“空间是地理学的研究范畴，时间是历史学的研究范畴”。康德从认识论的角度认为空间作为一个对象所包含的比只是直观的形式更多。

对于如何保证感性知识的可靠性，康德假设了必须存在一种不同于经验知识的纯粹知识，纯粹知识是离开一切经验而独立存在的。他关于空间的形而上学阐明里有四个论点（表 2-8）。

表 2-8　康德的“直观空间”论点

论点	内容
论点一	空间不是由外部经验引起的概念
论点二	空间是外部直观根源中必然的先天表象，我们只能想象空间里没有东西，而不能想象没有空间
论点三	空间是纯粹直观，而不是事物关系的论证或普遍概念，只能表现唯一的空间
论点四	空间被表象为无限给予的量，空间不是概念，只是直观

资料来源：根据相关文献整理

作为结论，康德认为，空间不表现物自身的性质和相互关系，空间是外感的方式。从理性就物自身考虑的方面上看，具有先验观念性；从客观适用效力上看，具有经验实在性；从思想贡献角度分析，康德的空间界定使地理学空间思想地位提升到与历史学相提并论的地步，显示了与哲学的密切关联性。

2.2.1.2　现象学中的主观空间论

与 20 世纪 70 年代之前的理解不同，社会学领域之外形成的现象学思潮对空间转向研究提供了重要的思想。德国学者海德格尔（Heidegger）在《存在与时间》中认为“我”就是“在”，“在”就是“我”，即“我”的“在”就是世界，人类通过世界的存在而存在，在世界之内的（within-the-world）空间只有通过这一空间性才能得到揭示①。空间并不是一个物理存在，而是以主体存在为中心组建的“人-物”之间的关系状态。法国的梅洛·庞蒂（Maurece Merleau-Ponty）围绕主体间性或社会性的身体概念提出空间理论，认为身体在世界之中存在，世界构成了身体的知觉场，身体在其主体性的运动中展开和维持着它存在于其中的世界的意义结构。法国学者巴什拉（Bachelard）探索的目标是确定其所拥有的空间的人性价值，认为“当形象是新的，世界就是新的”，这种迷恋于空间语言编码的现象学研究受到亨利·列斐伏尔的批评。

① 由 Macquarrie 和 Robinson 于 1999 年翻译出版。

从以上现象学中的主观空间论可以看出，研究者对自然的物理空间不太感兴趣，视角不约而同地聚焦在主观空间上面。

2.2.1.3 空间概念社会本体论化

根据米歇尔·福柯的看法，中世纪的空间是一个“层级性空间”。从 17 世纪起，作为一种没有焦点的“无限性”被建构起来。20 世纪 70 年代之前，早期的社会学家对空间给出了一定启发意义的洞见。马克思（Marx）将空间视为一个物理的情景。一方面，在资本的生产过程中，空间体现为劳动时间在生产的物理环境中横向并列和扩张的可能性；另一方面，空间体现为在资本主义生产方式中需要加以征服的国家乃至全球的市场和距离。涂尔干（1999）认为空间不只是物理环境中的空间，而是一个注入社会情感的空间，是一个特定社会组织形式的投射。齐美尔（2002）从心灵和互动的角度为我们带来了一种截然不同的空间思想。一方面，他将空间视为物质环境，认为空间只是毫无作用的形式；另一方面，他又认为空间的各个组成部分是由心灵方面实现的空间划分和概括。Goffman（1959）以舞台的类比探讨了日常生活中自我呈现的区域化问题，并使用“前台”（front）、“后台”（backstage）和“局外区域”（outside region）等概念探讨了空间区域的制度化特征，勾勒了一种社会学的空间视角。

从上述社会学家对空间的研究可以看出如下规律。

1）对空间的论述属于客观环境的空间概念，尽管许多论述中都含有空间因素，但是没有针对空间进行系统和深入的理论建构。

2）对空间的理解更多的是将其作为客观的物质环境，空间扮演一个消极的物理环境角色，有时还被人们遗忘。

3）前期探索对空间的社会性研究具有一定程度的启发。

2.2.1.4 地理空间转向文化空间

人类学和地理学具有天然的密切联系。19 世纪中期，巴斯蒂安（Bastian）认为由于各民族生活的地理环境不同，人类共同的“原质观念”（elementarge-danken）变成了具有地域性的“民族观念”（volkerge-danken）。20 世纪初，人类学空间开始从地理空间转向文化空间，研究社会关系的空间受到关注。美国地理学家廷延顿认为人类文化只有在具体气候地区才能发展。20 世纪 20 年代以后，索尔（Sauer）的文化景观论对地理环境决定论造成了冲击，文化概念逐渐兴起。佛罗贝尼乌斯（Frobennius）揭示了某一地域文化要素的历史地理关系。格雷布内尔（Graebner）进一步开展了对文化圈——地理空间中文化要素的独特复合形态研究。

从以上可以看出，地理环境论在 20 世纪初呈现出比较僵硬的趋势；20 世纪 20 年代以后，人类学的研究已经开始从粗糙的地理因素视角转为社会和文化视角。

2.2.1.5 后现代空间生产论

空间本身究竟是实在的，还是只是事物的属性，这在过去是形而上学的一个首要问题。空间的辩证思想成果是历史上不同空间理论反思的融合，是对前人思想成果的综合与扬弃。空间问题受制于时代的局限，不同时代具有不同的理解。

（1）马克思之后的空间生产语境

马克思之后，人类空间的生产历史语境表现出了新的历史趋势。空间的生产，尤其是作为空间生产结果形态之一的工业城市是资本全球化运动的重要形式。马克思之后经历了垄断资本、金融资本全球化时代阶段，空间生产实践也必然以自身独特的形式体现出资本变化形态的轨迹。

现代化的核心动力建立在工业文明基础上的资本主义生产方式，资本成为现代化的主导和主体力量；也就是说，现代化的内在张力成为资本化，并且在现代化的现实语境中通过空间生产可以进行有利可图的资本主义积累。

在社会主义市场经济下现代化的嬗变也带来问题的纷繁复杂，塑造着全新的问题谱系。在工业资本主义时代，以往传统社会以人的依赖为轴心交往共同体向以“物”（空间）的依赖为主导的交往社会转变；社会个体以占有、支配空间的形式占有社会权力、支配社会权力，空间生产主体和空间消费主体，即价值和使用价值各自的主体通过改造相互联系的空间中介客体而结成各种社会关系，空间折射出围绕空间为中介的多级主体的交往结构，空间成为现代化的一个全息现象。

（2）亨利·列斐伏尔的空间生产层次

20 世纪 70 年代，在西方社会理论和社会学的领域中开启了一场影响深远的思想变革，空间的社会本体论和空间概念进入社会学研究的核心。在这场空间转向中，法国哲学家亨利·列斐伏尔是最具影响力的先驱。他认为，在发达资本主义社会中，空间的组织在支配性的社会关系的再生产中发挥着主导作用，空间不是空洞的，“空间是社会的产物”，蕴含着某种意义，提倡学界要从关心“空间中的生产”转为“空间本身的生产”，建构了一个空间本体论的“三元一体社会理论框架”(图 2-5)。

空间实践(spatial practice)，属于社会空间的被感知的(representational spaces)维度，担负着社会构成物的生产和再生产职能，是那些得以隐匿某个特定的、能引发和促进物质表述（material expression）和社会再生产的社会空间之行动(actions)。空间实践是有特定印痕或铭文的常规活动，这些活动的表述与地方性(locality）概念拥有诸多相似性。

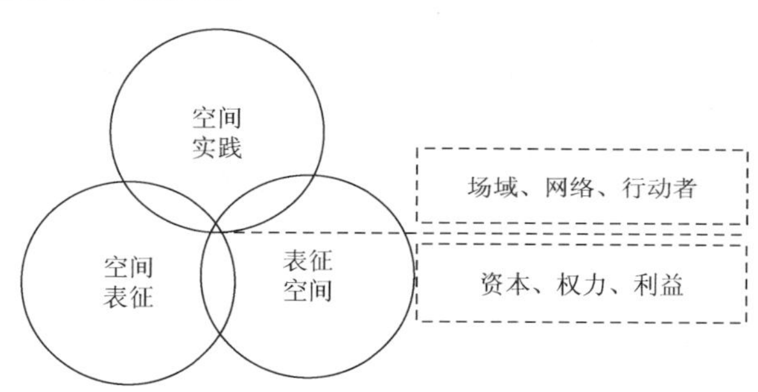

图 2-5 空间生产三元一体社会理论框架

空间表征（representations of space）属于社会空间的被构想的（conceived）维度，是生产关系及其秩序的层面，与维护统治者各种利益的知识、意识形态和权力关系联系在一起。例如，开发商、各类规划者及学术专家所期盼，将空间指涉为现象或体验的，往往通过符号、规划、蓝图或符码等表达出来。

表征空间（space of representations），属于一种直接经历的（lived）空间，虽然与现象和感知空间清晰关联，表征空间指向使用者在日常意义和地方知识中生产和占用，是居民和使用者的空间，处于被支配和消极的主体地位。

亨利·列斐伏尔的空间理论，并不是想要提出一种空间话语，而是要把各种不同的空间及其生成样式全部统一到一种理论中，从而提出实际的空间生产过程。他的空间理论的核心，即“(社会）空间是（社会的）产物”。包含四个原则：第一，物质空间正在消失，但并不意味着其重要性在减弱；第二，任何社会，任何生产方式，都会生产出自身的空间，结果是主导性空间可能支配其周边的附属空间；第三，理论复制了生产过程，三元一体社会理论框架中，三者根据自身不同条件在不同程度上作用于空间的生产；第四，从一种生产方式过渡到另一种生产方式，既具有极高理论价值，又会伴随新空间的生产。

由此可见，亨利·列斐伏尔将空间看做生产力和生产资料是一种巨大的社会资源。他所说的空间生产不是指在空间内部的物质生产，而是指空间本身的生产，本质上是一种政治行为和社会过程，只有当社会关系在空间中得以表述时，这些关系才能够存在，把自身投射到空间中并在空间中固化，在此过程中也就生产出空间本身。社会空间既是“生产方式”，也是“被使用和消费的社会产品”。这一样激活了马克思主义，表征着人们对空间的理解进入了空间的政治经济学批判阶段。

（3）亨利·列斐伏尔思想的追随者

“空间的生产理论”作为一种新的理论视角，被越来越多的学者认同。Castells（1983）认为城市化使个人消费已日益变为以国家为中介的社会化集体消费，劳动力和资本以及工人和资本家之间的斗争使得城市空间成为劳动力再生的空间。另一位追随者 Harvey（1982，1985）直接将资本主义的经济发展和空间的改造联系起来，阐发了社会正义与城市之间的关系，并认为新自由主义（20 世纪 60 年代后）致使地理不均衡造成的资本累积出现的社会问题，可以通过“时间的空间转移”和“空间的时间转移”得到消除。他的这一卓有成效的认识补充了马克思主义在城市问题和空间维度上的缺憾，极大地丰富了城市空间生产理论的内涵。Smith（1984）认为资本政治运动导致的不平衡现象应该是研究的中心。Brenner（2001）认为新自由主义使权力和财富更为集中，这种“非均衡性”既给资本带来机遇，同时也带来障碍。与亨利·列斐伏尔重点不同，法国哲学家和“思想系统的历史学家”米歇尔·福柯更多将空间与个体关系作为重心，认为空间对个人具有单向生产作用，从而创造出独特个体或新的主体类型。他还认为现代社会是一个个规训性空间并置的空间化社会，社会是通过空间来管制社会，进而形成“监狱化社会”。在这个社会里，埋伏着自动而匿名的权力，权力又借物理空间发挥作用。苏贾（2004）强调了政治权力和意识形态对城市空间生产的影响，试图摆脱空间的“物化”和抽象化的双重束缚，从而构建一种以“批判的区域研究”为方向的后现代地理学。

上述研究者将马克思主义理论引入地理学和城市跨学科的研究，都试图颠覆将空间与社会分割的断裂思维，扩展和丰富了马克思主义理论体系，推进了地理学和城市领域的理论发展，产生了超出地理学的影响。

（4）国内对空间生产的学术响应

1）对“空间生产”讨论表现为对西方话语的扩散。汪民安（2006）认为空间从来不是一个与社会无关的自然事实，而是社会和实践的产物。何雪松（2006）认为社会理论的空间转向是社会理论当代进展的重要组成部分，是公共生活形式和权力运作的基础。潘泽泉（2007）认为空间问题正成为当代学术研究新的视角，是有效理解社会的范式。张之沧（2007）认为空间是人的一种认识，具有历史、社会和实践的性质。闫宏秀（2007）认为建构主义者对空间的理解过于狭窄，忽略了在全球背景下空间生产的特征。陆扬（2008）从空间的历史和地位等，阐述了空间何以生产的原因。姜楠（2008）认为当代以“空间”为切入点重新思考文化问题，已经成为难以回避的逻辑起点和研究策略。苏尚锋（2008）认为空间是一种文化、政治、心理的多义现象。魏开和许学强（2009）从空间批判、历史唯物主义视角、城市与城市化核心内容、超学科学术特征对城市空间生产研究范式进行了研究。朱竑等（2010）认为对空间的探索应从对经济、社会、文化现象的物理空间转向空间本身。郑震（2010）探讨了空间转向的思想来源、基本特征和理论意义。刘洋和陶庭马（2012）研究认为空间哲学是对日常生活批判理论的推进，是日常生活批判的空间批判。庄友刚（2012）认为空间生产理论既是一个实践发展进程又是一个理论逻辑进程，审视其发展不仅要宏观阐明空间生产的发展规律，也要阐明与社会生活辩证作用的具体内容。张佳（2012）认为空间批判理论对丰富和发展历史唯物主义提供了思路和启示。

2）不同学科对“空间生产”进行了不同解读。李蕾蕾（2005）认为“空间”已广泛被非地理学领域隐喻性地使用。罗成（2007）认为社区维权运动的兴起反映了社会公众对市民空间的强烈诉求，对构建和谐社区提供了有益视角。陈蕴茜（2008）认为空间是权力的场所，空间的表象背后都有一套知识体系作为支撑。江泓和张四维（2009）认为城市空间文化以一种冲突的方式与全球化维持着共生状态，应在“效率、质量、公平”之间找到平衡；孙江（2007）认为当代中国的全球化和城市化在一定意义上就是这两种空间生产在全球化时代的互动与融合；王苑和邓峰（2009）认为居住场所已被披着历史外衣的资本增值空间占据，空间主体由原住民变为游客和商人，无法承担保护文化的重任；马学广（2010）认为城中村空间生产是制度变迁和社会行动者互动博弈的产物，治理需要建立合理的社会经济体系。周根红（2010）认为空间设计可以成为一种视觉凝视的文化场所，强化市民的文化认同；余琪（2010）认为空间生产模式是影响城市空间形态演变的重要力量；张京祥等（2011a）认为区域空间生产关系导致新的区域合作治理关系形成，并导致原先区域合作治理关系解体；张京祥等（2011b）从城市空间生产、尺度分析了大事件营销对城市的积极影响和对可持续发展的障碍；邹丹丹（2012）认为上海新天地空间生产的现代性下面，建筑、身体、记忆、意象、自我及其携带的意义体共同参与了旧城改造；叶超（2012）认为社会空间辩证法促进了马克思主义与地理学、城市研究、后现代思潮的交融与互补；王勇等（2012）分析了基于时空分离的苏南乡村空间转型及其风险；辛金等（2012）揭示了全球化过程中中国城镇空间形态重构、特色消亡和文化消费符号化等现象。

3）研究以资本和消费问题为核心。李春敏（2009）研究认为资本主义生产方式使城乡对立、社会空间差异和断裂。冯旺舟和吴宁（2010）认为资本的空间扩展是居住问题的本质，对理解资本本质和政府职能具有重要意义。张品（2010）分析了城市空间生产方式以及背后的社会、政治和经济动因。林密（2011）认为资本主义生产方式本身就是一个空间改造与重组的动态过程。黄斌等（2012）认为文化创意产业之所以能有效驱动旧城再生，是因为资本在生产新空间的同时提升了新空间收益附加值。车玉玲和袁蓓（2012）认为在当代全球化的背景下，空间与资本、政治结合导致了不平衡的地理发展。龚炼钧（2012）认为城市空间是社会生活中最重要的消费品，被抽象化和符号化了。

4）空间生产问题带来了空间正义的呼唤。宋伟轩等（2009）认为空间正义的实现，应在社会效益和公平之间取得平衡。田毅鹏等（2010）对非正规就业群体马路劳工生活状况进行了调查，认为马路劳工在市场供求的牵引和资本存量持续和提升的作用下，完成了对市场空间的建构。钱玉英和钱振明（2012）认为符合空间正义的城镇化才有利于人类进步和现代化发展。王志刚（2012a）认为社会主义城市空间生产实践要立足民众现实生活，民生幸福是社会主义城市空间生产的价值旨归。王志刚（2012b）认为空间正义是一种符合主体伦理精神的空间形态与空间关系，社会主义的空间实质是和谐与平衡。陈忠和爱德华•索亚（2012）认为协调当代中国发展的同时面临均质化和差异化难题，重要的是建构一种建设性的差异性正义。

5）对未来科学发展作用研究及呼吁。胡大平（2009）针对国内研究的不足，呼吁应发展本土研究经验。马学广等（2010）认为政企合作模式将是未来城市空间生产的主要模式。叶超等（2011）认为国内学界对空间生产的研究缺乏突出的案例支撑，还处于引介和初步引用阶段。吴启焰（2011）基于对国外新自由主义城市空间重构的批判及中国实践分析的基础上，提出新自由主义城市空间研究假设和相关方法论尝试。王琳（2012）认为全球化空间生产和中国空间生产的互动融合，催生出一系列经济、政治、社会、文化问题成为转型时期中国和平发展的力量之源。袁久红（2012）认为应在创新中坚持马克思主义的基本立场。

2.2.2 旅游空间生产研究状况

（1）空间生产在旅游研究中的进展

从时间角度分析，旅游学界把空间生产理论与专业相结合的研究起步更晚一些。通过梳理，发现近年来一些学者在下列领域进行了研究（表 2-9）。

表 2-9 旅游研究中一些涉及空间生产的问题

作者	研究内容	来源	年份
游海鱼和杨桂红	基于空间生产的相关理论和概念，提出旅游是一种获取经济效益的空间生产及商品化过程	《云南财经大学学报（社会科学版）》	2009
李琮	指出旅游空间也是一种商品，认为人居空间、幸福空间和享受空间是旅游空间生产的方向	《湖北经济学院学报（人文社会科学版）》	2009
魏皓严和许靖涛	对旅游小城镇传统空间景观风貌面临的“布景式”误区进行了批判	《室内设计》	2010
左晓斯	分析了翁丁佤寨乡村旅游可持续发展中的乡村话语和乡村建构	《可持续乡村旅游研究——基于社会建构论的视角》	2010
郭文	分析了云南雨崩村民参与旅游开发的“轮流制”模式，认为这是一个社区主动参与旅游发展，基本实现了经济、政治、心理和社会增权的典型案例	《旅游学刊》	2010a
郭文	探讨了香格里拉雨崩社区居民的增权问题	《中国旅游报》	2010b，2010c
郭文和黄震方	以香格里拉雨崩社区和西双版纳傣族园为背景，探索了社区旅游权能建设问题	《旅游学刊》	2011

资料来源：根据相关文献整理

（2）空间生产在古镇旅游研究中的进展

随着观光旅游向观光与休闲并存的度假形态转变，古镇旅游开发得到了研究的关注，针对古镇旅游的空间生产研究开始浮出水面（表 2-10）。

表 2-10 空间生产在我国古镇旅游中的研究

作者	研究内容	来源	年份
郭文等	对周庄古镇旅游开发所根植的社会环境发生的变化进行了研究	《旅游学刊》	2012

续表

作者	研究内容	来源	年份
郭文	认为旅游开发中，应该倡导“善行旅游”，强调利益的共享和人与自然的和谐共生	《中国旅游报》	2010b，2010c
左静和袁犁	从空间生产理论视角分析了丽江古城在商业化冲击中存在的问题和再生策略	《安徽建筑》	2012
郭文和黄震方	以皮埃尔·布迪厄的“场域理论”和亨利·列斐伏尔“空间的生产理论”为视角，分析了周庄古镇多维空间生产	《人文地理》	2013
明庆忠和段超	基于空间生产理论的古镇旅游景观空间重构研究	《云南师范大学学报（哲学社会科学版）》	2014

资料来源：根据相关文献整理

2.3 社区参与旅游的治理探索

2.3.1 社区参与旅游的重要性

20 世纪 80 年代，Murphy（1985）在其著作 *Tourism*：*A Community Approach* 中提出“社区参与式旅游发展[①]”理论。直到 20 世纪 90 年代中期以来，社区参与旅游发展的思想才逐渐引起研究者的关注。唐顺铁（1998）较早提出旅游社区的开发强调当地居民的参与，强调考虑社区结构和社区所包含的互动关系。刘家明和杨新军（1998）认为通过当地居民的积极主动参与，可以更好地发挥地方特长和传统，增加旅游地的吸引力。刘纬华（2000）认为社区参与旅游发展是旅游可持续发展宏观系统中不可或缺的机制。胡柏翠和周良才（2008）认为社区旅游是推进社区建设的有效途径。

2.3.2 社区参与旅游的理念构想

潘秋玲和李九全（2003）针对社区参与在实施过程中受到社区经济发展水平、体制、政策、居民价值观念等诸多因素的影响，提出社区一体化思想理念的构架。王三北和高亚芳（2008）认为社区旅游发展中“工具理性”与“价值理性”的自觉融合有利于促进民族文化传承的升级演进。王成超（2010）认为中央政府需给

① Murphy 把“社区方法”（community approach）的理念与旅游发展思路相结合，旅游被看做一个社区产业，从社区利益出发，由社区确定发展目标、控制开发过程，追求社区经济、社会、文化与生态之间的平衡，最终实现社区的发展，社区参与被认为是实现旅游开发可持续发展的重要途径之一。

予制度上的保障，鼓励基层社区自主实践探索，避免外界不良干扰。李鹏和杨桂华（2010）认为必须根据实际情况和旅游发展阶段差异对效率和公平做出不同安排。罗永常（2010）提出旅游开发中“传承与发展、外力与内力、深度与适度”的重要关系。

2.3.3 社区参与旅游的实施渠道

刘纬华（2000）认为应该创造一个类似于旅游当局联席会的咨询机制和利益分享机制，以保证居民参与的成效。吴忠军和叶晔（2005）认为把政府、企业的目标与民族社区的实际利益挂钩起来是解决以牺牲民族文化为代价来发展经济的新途径。唐晓云和赵黎明（2005）认为政府部门应树立旅游“以人为本”的科学发展观，评估社区旅游资源价值，试行资源资产化管理。余向洋（2005）提出社区营造的三种概念模式：一是“由社区居民自愿性合作为基础”的地方发展模式（强调价值取向）；二是“依靠社区专业人士力量”的社会计划模式（强调任务取向）；三是“建立社区自主性”的社会行动模式。刘旺和王汝辉（2008）从教育引导、利益分配、保障、补偿、民主决策和约束六个方面提出社区参与的建议，以及提出从法律、民间组织和居民参与等方面保障文化权利。保继刚和孙九霞（2008）借用斯蒂文森（Scheyvens）增权理论，研究了雨崩社区参与方式及其增权意义。刘旺（2010）提出“政府主导，自主治理；强化认同，增强凝聚力；引导分工，有机团结”的民族社区旅游发展措施。郭文和黄震方（2011）针对社区参与旅游的实施渠道，提出社区旅游开发与社区整体发展是一个协同系统，认为把权能建设通过社会合力引入社区旅游可持续发展分析之中，将为探索在社区参与中如何实现有效的社会重构提供一个全新的理论视角和突破口。

2.4 选题与研究设计

2.4.1 研究选题与选点

（1）古镇空间的社会化问题渐浮水面，矛盾比较突出

本书案例地古镇旅游开发起步早、发展快，社区社会空间由于分化和整合的不同步等深层次问题，使古镇空间结构变化较大，累积的现实矛盾和遇到的问题也多，以旅游空间生产“权能城堡”为核心的矛盾甚至逐渐呈现为古镇社会化过程中的主要矛盾。在当今我国社会主义新农村建设，以及推进城镇化建设的征途中，我国古镇与国外古镇承担着不同的社会功能和利用方式，如果这些现实或潜在社区社会冲突因素，不能及时或有系统的解决，非常不利于古镇的可持续发展，不仅是事关稳定的社会问题，还是事关发展的政治问题。

（2）既存理论滞后于空间实践的需求，困境需要破除

综上对“古镇旅游发展”、“古镇旅游研究综述”、“空间生产理论”及“社区参与的治理探索”等领域研究现状结论，可以看出国内外研究的问题指向主要集中在当代背景下古镇旅游开发及其角色定位，尤其是针对古镇保护和旅游开发的文献浩如烟海。对古镇旅游开发导致社会空间转向引起诸多“问题域”的研究较为薄弱。在具有较强解释力的“空间生产”研究方面，旅游领域基本属于“未垦之荒”，并未引起较大反响；增权理论的提出使经济、技术参与上升至政治层面，但针对旅游“权能城堡”社会新矛盾的出现，深化对资本、权力、利益关系和本土制度性增权的深度探索较为欠缺，对旅游空间生产形成的机制、模式和实现正义性的途径等，还未见到系统成果。古镇社区社会变化的强烈内在需求和理论研究“有效跟进”极不匹配，不能有效指导古镇旅游可持续发展。研究需要破除理论滞后现实的困境，回归并正视以“时代问题”为中心的学术指向。

（3）模式具有中国旅游发展的普适性，可以提供借鉴

从发展模式看，本书选取的三个案例地分别代表了“政府主导+企业开发+社区参与”（周庄古镇）、“政府主导+企业开发”（乌镇古镇）和“政府主导”（惠山古镇）的不同旅游开发模式。由于我国社会体制机制的原因，这三种模式在我国社区旅游开发中具有普遍性，分析这三种模式对旅游空间生产的作用、影响，并提炼经验和总结教训，不仅有利于解决案例地存在的问题域，而且能对国内[①]具有类似发展模式和发展进程的社区型文化古镇提供借鉴。

2.4.2 研究设计

2.4.2.1 研究理念

（1）逻辑实证主义

逻辑实证主义（logical positivism）以维也纳学派为首，一般认为还包括德国哲学家赖兴巴赫为首的柏林学派，以波兰的塔尔斯基为首的华沙学派，以及英国的艾耶尔等的观点和理论。逻辑实证主义以经验为根据，以逻辑为工具，进行推理，用概率论来修正结论。逻辑实证主义认为，科学的方法是研究人类行为的唯

① 据中国古镇旅游网（http：//www.guzhenu.com）资料，我国现有 300 家古镇正在进行旅游开发。许多地区通过空间的物化、文化化和资本化来进行；由于区域性差异，在这些古镇各自迈向纵深发展过程中，将会遇到类似江南古镇的情况。

一正确的方法。因此，它本质上是“不折不扣的理性主义”。基本观点可概括为：一是把哲学的任务归结为对知识进行逻辑分析，特别是对科学语言进行分析。二是强调一切综合命题都以经验为基础，提出可证实性或可检验性和可确认性原则。

（2）结构主义

结构主义（structuralism）是法国人类学家列维·施特劳斯开创的一个学派，该学派把各种文化视为系统，并认为可以按照其成分之间的结构关系加以分析。结构主义不是单纯的传统意义上的哲学学说，而是人文、社会科学家在各自领域里共同应用的一种研究方法，其目的是为了将人文、社会科学像自然科学一样达到精确化、科学化。

结构主义有两个基本特征：其一，对整体性的强调。结构主义认为，“整体”在逻辑上要优先于“部分”。因为事物不管多复杂，应该是一个整体，而作为“部分”，其性质、属性等不能单独地被理解。其二，对共时性的强调。即对系统内同时存在的各成分之间的关系，特别是它们同整个系统的关系进行研究的方法。结构主义方法的本质和首要原则在于，它力图研究联结和结合诸要素的关系的复杂网络，而不是研究一个整体的诸要素。

（3）结构功能主义

结构功能主义（functionalism）是现代西方社会学中的一个理论流派。它认为社会具有一定结构的系统，各组成部分以有序的方式相互关联，并对“整体”发挥着必要的功能。社会科学中功能主义由来已久，是在以往功能主义的思想基础上形成和发展起来的。在社会结构中，各行动者之关系是社会整体结构的基础和前提，行动者的关系联结构成了整体；各个社会角色有其自身价值观和规范，并构成了社会制度，属于“部分”与“整体”的关系，社会结构之间的功能互补是社会稳定的一个重要条件。

2.4.2.2 研究方法

（1）文献信息分析——发现知识

通过搜集、鉴别、整理文献，对获取的文献信息进行研究，形成对事实科学认识的方法的过程。这种方法的目的是从繁杂的原始相关文献信息中提取共性的、方向性的或特征性的内容，为进一步研究或决策提供佐证和依据。经过文献信息分析，由粗而精、由低而高，将文献信息变为某一专题的信息精华。

本书借用文献信息分析法的分析步骤和逻辑，按照综述性文章的基本研究范式，主要对目前古镇相关研究文献进行梳理，进行“过程式回顾”和“结果式回顾”，查找对古镇研究的脉络及缺失，建立与“发展中的知识”之间的连接。

（2）微观地域调查——发现问题

“微观地域调查”（microscopic regional survey）作为社会学经验研究中的一项基本研究方法具有悠久的历史。历史上具有里程碑意义的著作是马凌诺斯基的名著《西太平洋的航海者》。马凌诺斯基对调查对象的选取、田野调查实践，以及这部经典民族志作品，成为“微观地域性调查”的最初范例。本书对“微观地域性调查”所持的基本态度是，在“一种枯燥中发掘不同于一般意义的问题”，既不以局外人自居，又不将自己视为古镇当地人；而是勉力搜求当地原住民的念想、古镇社区社会的“地方制度”、原住民的行为等具有象征性的形式，以此去把握古镇社区社会中原住民如何在“他们之间”呈现自己，以及原住民如何向“他者”表现自己，并以厚描述（thick description）的方式进行展示。

本书主要采用的方法如下。

参与观察法。深入到案例地古镇生活背景中，在实际参与（participant observation）原住民日常社会生活和旅游空间生产过程中进行的观察，以此获得研究所需资料。

深度访谈及话语分析法。为了避免作者在参与观察中与研究对象接触时间上的“片段化”，本书还使用了深度访谈法（in-depth interviews）。该方法通过案例地与研究对象面对面的交谈，获得深度事实和复杂细节。具体方式如下，圈定式访谈：通过一定程度了解后，圈定访谈的对象。推荐式访谈：让访谈对象推荐访谈对象。追溯式访谈：通过访谈了解到一些人或事件所涉及的人之后，顺藤摸瓜，沿着线索谈下去，如受访者有原住民、管理者及游客等。

在上述基础上记录受访者话语，并采用“话语分析①”进行“事实还原”。“话语”（discourse）或“语料”作为一种符号表征和精神反映，常作为意蕴清晰而确定的言说，不仅可以描述社会事物和社会关系，还可以“建构”（construct）社会关系，是一种或隐或现的权力关系分析，体现了“个体”对“群体”的社会心理。这种方法能够把“人们在特定时刻同特定方式所说的话和所不说的话，可以发现日常话语的规则和程序及其背后的社会秩序”。在旅游空间生产中，原住民常常被强势群体表征为“他者”，由此构建了“我们”与“他们”的二元对立社会群体。福柯（1998）认为：“话语分析是对知识话语形成的当下条件和构成规则进行说明，现实是语言表征的现实，有什么样的语言就有什么样的世界。”Martin（2004）描述了两种不同情境中的话语表征情况（图 2-6）。

---

① 1952 年，美国结构主义语言学家哈里斯首先使用了“话语分析”这个术语。后来话语分析从语言学进入人文社会科学研究其他领域。

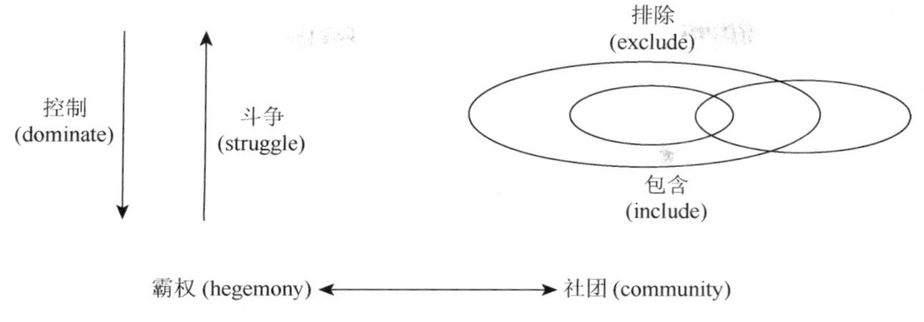

图 2-6　不同情境下的话语心理

运用话语分析（discourse analysis）或对话语序列组织结构（如在田野调查中，与原住民的“某一次访谈”，或紧接着的“下一次访谈”）的研究，发现其基本结构（即“紧挨在一起的两个谈话轮次”。在此可以把先出现的称为“前对”，后出现的称为“后件”），探索作为弱势群体的原住民对旅游空间生产的心理表征。

影视人类学摄影法。按照庄孔韶（2010）的解释，影视人类学摄影法（visual anthropology）是以影像或影视为手段，记录、展示和诠释一个族群的文化或尝试建立跨文化比较的学问。通常情况下，采用“照片拍摄”或“摄影”是最为常见的做法。本书在实际田野调研中，借用此方法，通过镜头建构图像，寻找对古镇旅游空间生产的另一种理解形式，并与本书使用的其他研究方式形成互补。

“事件-过程”分析法。综合“自上而下”和“自下而上”双向视角，将事件的“过程”视作独立变量和解释因子，研究策略是为了接近实践形态的社会现象和途径。张斌（2012）认为“描述的任务是再现，分析的任务是解释，而描述是分析的基础。‘事件-过程’分析策略基础强调一种动态叙事的描述风格。”

（3）扩展个案方法——对比问题

针对“微观地域性调查”对象只有一个或还不足以构成样本的少数几个“典型”，本书的第二步是比较研究，进行“分析性概括”（analysis of the general）和“理论概况”（theoretical overview），遵循个案研究自己的特性和逻辑来解决从微观到宏观的问题。规则遵循研究反思性的四个原则——介入、过程、结构化和重构。理论引导了介入的方式，将案例地旅游空间生产知识构造成一个社会过程，并将此过程置于更广泛的背景中，通过三个案例对比，实现不同类间的不同知识，总结形成一般规律。

2.4.2.3　研究框架

本书共分为理论（第 1 章至第 3 章）、实证（第 4 章至第 8 章）和结论（第 9

章）三大部分，整体框架共九章。如图 2-7 所示。

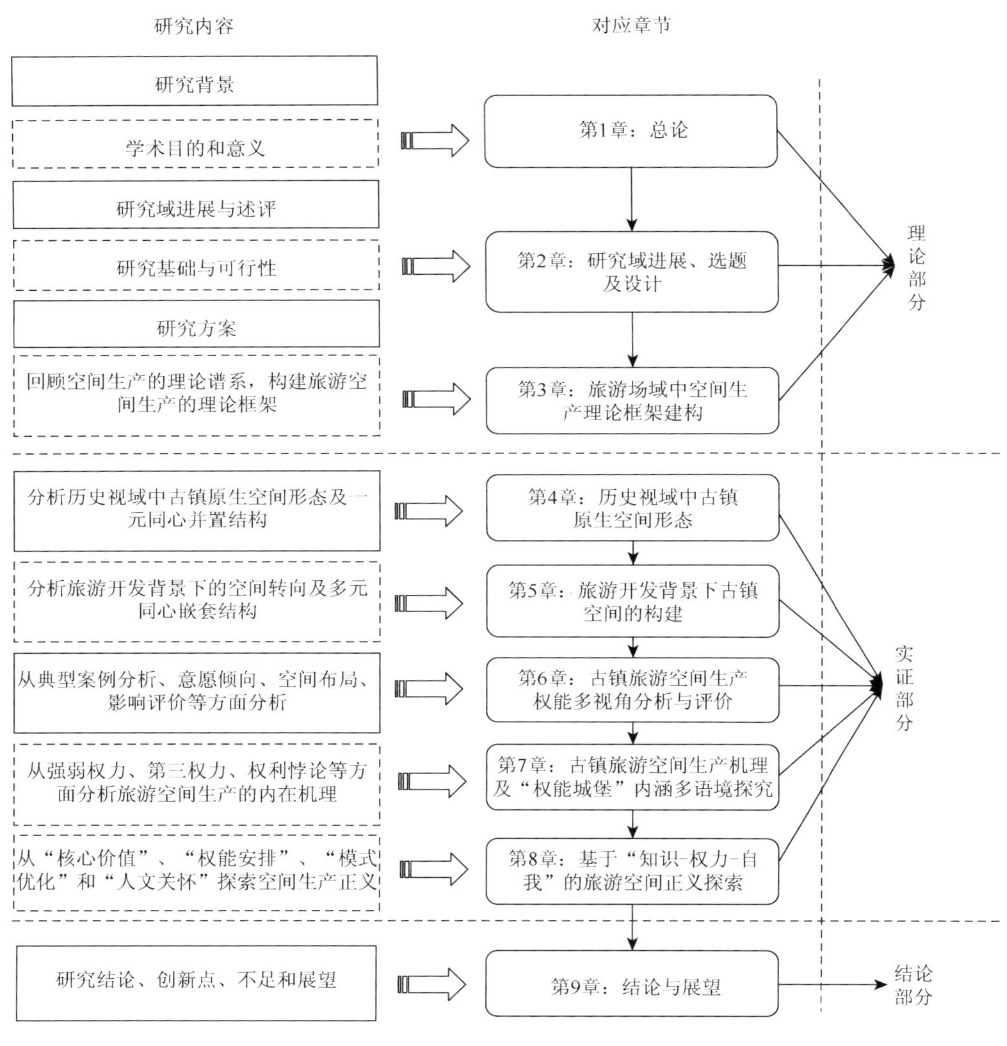

图 2-7　内容安排

2.4.2.4　技术路线

本书遵循“研究选题—理论构建—旅游空间结构的分化与整合—认同结构的差异与偏向—机理、内涵及调控措施”的逻辑思路，做到理论与实证分析相结合、定性与定量分析相结合，归纳与演绎相结合。技术路线如图 2-8 所示。

任务
研究内容
方法
研究选题
一个问题
一个维度
研究背景
一个关照
一个诉求
研究视角
释名
研究释义
逻辑起点
目的意义
研究与进展、选题及设计
研究与评述
选题依据
基础及可行性
文献与调研
构建理论
研究设计
旅游场域
理论建构逻辑
空间的生产理论框架
空间生产理论实质
旅游空间生产框架
逻辑推理
空间转向
一元同心并置结构
内源自身本体空间
原生空间
构建空间
多元同心嵌套结构
外源嵌入构建空间
定性为主
人的认同
旅游空间生产权能倾向影响
旅游权能典型分析
旅游权能意愿倾向
旅游权能空间布局
旅游权能影响评价
定量为主
机理认知
旅游空间生产机理及内涵探究
强权力
弱权力
第三权力
权利悖论
因素解析
空间正义
实现旅游空间正义的途径
价值诉求
制度安排
模式优化
人文关怀
调控措施
研究结论及展望

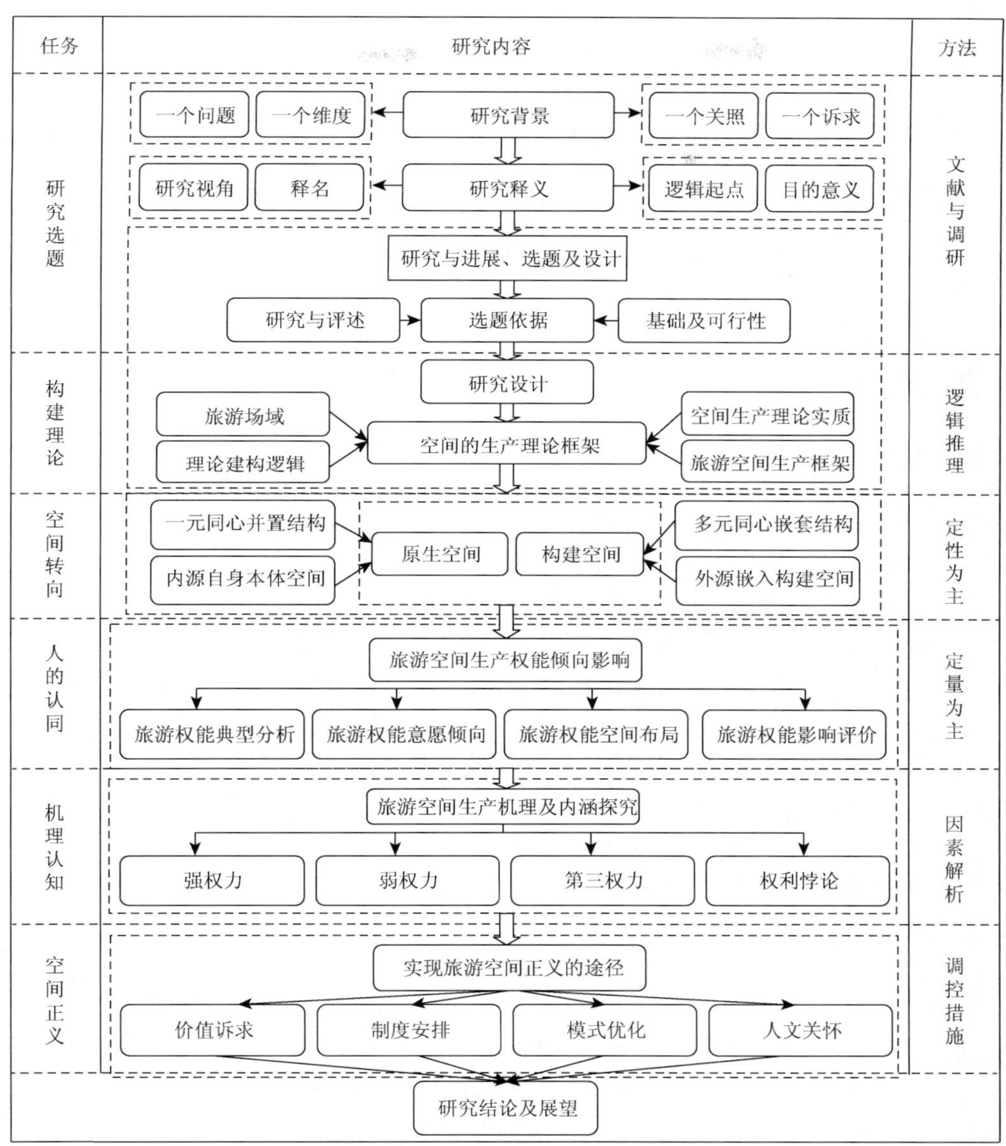

图 2-8 技术路线

3

旅游场域中空间生产理论框架建构

3.1 旅游场域

3.1.1 场域

关于对场域的论述，历史上有较多学者进行过研究，值得关注的一位是法国社会学家皮埃尔·布迪厄（Pierre Bourdieu）。他超越社会结构与行动、社会物理学与社会现象的二元对立，于20世纪60年代提出了“场域”概念。在皮埃尔·布迪厄的理论世界里，高度分化的社会是由具有相对自主性（某种程度的独立性）的“社会小世界”构成，这些“小世界”就是具有自身逻辑和必然性的“社会关系网络”。皮埃尔·布迪厄认为，每个人都生活在关系构成的现实社会空间中，这个场域存在着“客观社会结构”（客观性）、“主观行动结构”（主观性）以及“符号体系结构”（表征性）三个不同面向的层次结构。皮埃尔·布迪厄的理论我们可以分解为两部分来理解：第一层次，“一个个人”构成了社会，他们（社会行动者）（social actors）按照社会地位、资本力量和权力范围、精神状态及象征性符号等要素组成，这一个个不同人的社会场域就是这个人所处的世界；第二层次，社会由“一个个人”构成。按照皮埃尔·布迪厄的理解，社会由经济的、政治的、文化（一个个人的团体）的等不同场域构成，每个场域在不同历史和社会条件下，有特定的运行逻辑和资本，具有某种惯习的主体在场域中因占有不同位置或地位而占有了资源，社会主体不断为这些资源而竞争和冲突，以此推动场域的不断发展，动力就是行动者个人和群体之间的权力关系。现代社会会因为不同阶层之间力量对比的变化而进行演变或者重构。

皮埃尔·布迪厄的场域理论的框架由三个核心概念构成：一是“场域”；二是“资本”；三是“惯习”。这三个核心概念构成的“场域-资本-惯习”框架，可以表述为：“一个场域由附着某种权利形式的各种位置空间的关系所构成，惯习则由‘积淀’于个人身体的关系所构成，其形式是知觉、评判和行动的各种身心图式。”

另一位与“场域”有关的值得关注的研究者是法国思想家米歇尔 •福柯（Michel Foucault）。结合米歇尔 • 福柯发表的论著及思想倾向，这里可以将他的观点总结如下：现代社会形成了各种各样的机制，“真理”（知识、习俗，以及具体环境中被当做真理的事物）是运用权力的结果，而单个的“人”只不过是使用权力的工具。换句话说，米歇尔 • 福柯认为空间的命运取决于权力，空间是“权力的逞能场所”。纵观米歇尔 • 福柯与皮埃尔 • 布迪厄研究的内容，可以看出，其实他们关于“场域”的论述在某种程度上具有很多内在一致性，也为研究何为“旅游场域”奠定了理论基础。

3.1.2 旅游场域

皮埃尔 • 布迪厄和米歇尔 • 福柯的典型论述，将场域视为在社会中各种位置之间存在的客观关系的网络。一言以蔽之，场域中的一定（不同）的社会要素占有一定（不同）的位置，拥有一定（不同）的社会资源，“权力”在场域中存在和发挥作用。

按照作者的理解，现代社会旅游现象已经成为事实上的特殊“社会事实”（这一观念虽由法国迪尔凯姆提出，但是与皮埃尔 • 布迪厄的观点所表达的内涵极其相似），“旅游场域”可以视作社会大场域中的“特殊子场域”。而针对具体某一旅游目的地，围绕旅游开发形成特有的客观关系网络（如旅游空间生产中形成的“权能城堡”现象）或卷入到旅游活动中的各种社会角色（如旅游空间生产的行为主体）所形成某种关系类型，则可以视为“旅游场域”（如本书案例地中“强权力场域”、原住民“边缘空间场域”等）。在我国，较多的旅游开发案例证明，这个场域中的地方政府、旅游开发商、旅游规划者、原住民、游客或 INGO（国际非政府组织）等占据不同的位置，他们依据自身的（强或弱）权力和惯习（性情倾向）进行资本、权能、权益、权利的竞争和博弈，共同推动着现实中旅游场域的生产和再生产①。

3.2 空间生产理论的实质解析

3.2.1 资本与空间：空间的生产（Ⅰ）

资本现代化社会是马克思思想出场的历史语境。马克思主义政治经济学认为，

① 这一生产和再生产更多的是建立在生产关系之上的空间的生产。不再是“物”的生产和“量”的生产，而是社会关系差异化的再生产过程。

在资本主义生产关系中，资本可以带来“剩余价值的价值”。那么，如何理解资本呢？按照经济学传统的解释，“资本”是由类似“资金”、“厂房”等物质资源组成的生产的基本要素。作者认为，广义上的资本概念应该更加宽泛，一切能够用于投入再生产的、无论有形还是无形、物质的还是精神的等均应该归纳在这一范畴。在现实生活中，资本可以以“物”的形式表现出来，如货币、厂房、机器、原料、商品等。但是，应该明确，资本的本质是一种生产关系，并非“物”本身。亨利·列斐伏尔的追随者哈维（Harvey）曾提出“资本有三重循环”，在此可模拟如图 3-1。

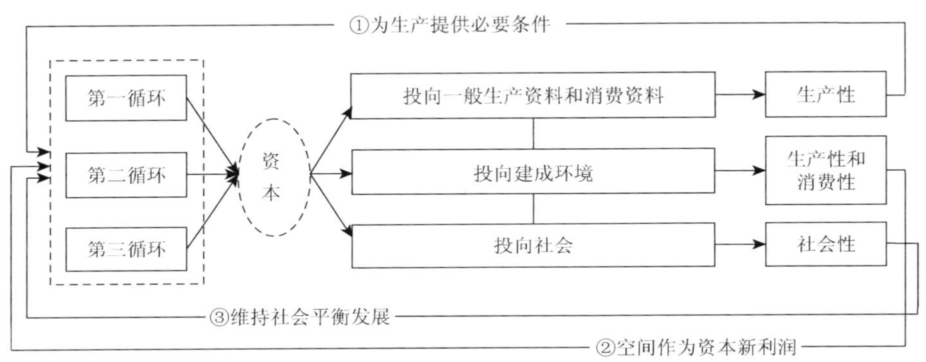

图 3-1　资本的三重循环

（1）第一循环：为生产提供必要条件

马克思和恩格斯在《共产党宣言》中曾这样认为，“资本不是一种个人力量，而是一种社会力量”。资本循环是资本从一定的职能形式出发，经过“购买—生产—销售”，并分别采取货币资本、生产资本、商品资本三种职能形式，实现价值增值，并回到原点的全过程。资本在第一次循环中，主要目的是“为生产提供必要条件”。

资本的循环首先要考虑“生产和流通”。在现代生产体系中，一切具有了全球性。资本第一循环在“集中”和“分散”的网络中形成了和以往不同的组织形式。这种网络常常以等级性和层次性存在，并以一定的形式镶嵌在全球地域空间里。例如，资本运作的起点可能在某一个地域成立的“总部”，基层单元可能分散在其他地方，通过资本的活动形成网络。生产网络表现出明显的“功能一体化”和“地理分散化”的特点。在现代全球化背景下，地方性政策、土地、基建、消遣娱乐、旅游活动的需求，更加赢得资本的青睐；反过来，许许多多的“地方”也会为“资本的到来”创造条件，这样资本的“地方”生产性空间构成了当代资本存续的一种必要方式。

除了“生产和流通”以外，资本还要考虑如何“交换和消费”。在资本的循环中，消费起着至关重要的作用，推动着资本的生产和再生产，并获得利润。在后工业阶段，现代化生产需要更多的消费空间，事实上“消费空间”也比以往显得更为突出和常见，各种类型的充满符号性的消费场所无处不在，如中央商务区、休闲娱乐空间、户外遗产地、旅游综合体等，更多的集体消费场所成为现代消费空间的基本形态，消费和消费者被裹挟进现代资本循环体系中。

资本的过度积累是资本主义存在的内在矛盾，应对生产过剩状况，需要采用更多的国家宏观调控和政府干预手段。按照哈维的观点，“空间转移”和“时间转移”是解决矛盾的主要方式。

（2）第二循环：空间作为资本新利润

在第二循环中，资本为了追求更大的剩余价值，将“空间”作为生产的对象，在这种逻辑下，“空间”自然得到了延伸。空间成为了媒介和平台，就像亨利·列斐伏尔在《空间：社会产物与使用价值》所说的那样，“空间作为一个整体，进入了现代资本主义的生产模式”。空间就如同生产资料一样，可以生产、流动、分配和消费，利用空间如同“利用机器一样”。

在现代高速全球化进程中，从本质上讲，资本的新空间占有是资本生产的重要条件，资本也是一种特殊的生产部门；某一种意义上，全球化过程中，空间生产和消费具有了统一性；但是，空间成为资本争夺的焦点的同时，也成了各种问题和矛盾的焦点，空间的不均衡、社会的不公平和不正义成为主要负面表现。在理论研究领域，亨利·列斐伏尔、福柯、卡斯特、哈维以及苏贾等均有论述，他们中的部分在承认“正是资本占有空间，并在一定范围内生产出相应的空间形态，以此来淡化内在矛盾，获得新生的工具性力量”的同时，也看到了在这过程中空间塑造和展示了不同的社会结构，甚至出现一些看似很正当性的危机，遭到了道德化的批判，这是应该引起重视的。

（3）第三循环：维持社会平衡发展

在马克思生产论那里，空间是一种被结构化的社会关系。正是这种关系间的抗争和博弈塑造了“不同主体之间的空间”。正如苏贾所言，“空间的组织和意义是社会变化、社会转型和社会经验的产物”。进而形成资源分配和成果分享的不平等；空间不仅具有经济属性，而且成了“政治之物”，空间成为了社会的空间，充满了复杂的意蕴。

在资本的第三次循环中，主要目的是进行“带有福利性质的社会平衡调节”，保证集体消费的可能，尤其是更加偏向社会性质的投资成为主要方式。例如，房地产、教育园区、医疗卫生场所、福利院等。可以看出，资本在这次循环中，更加注重“社会平衡”。也正是这次循环，有效地维护了社会秩序，保证了生产关系能够得到更为顺利的、大规模的再生产。

3.2.2 权力与空间：空间的生产（Ⅱ）

（1）“地方空间”对资本的吸引

资本需要空间，空间同样需要资本。在现实空间生产过程中，促成空间的资本化可能存在多种因素，但是比较核心的集中在“制度”、“行政规划”和“形象环境优化”三方面。

1）制度。一般情况下，制度作为常态表现为一种共同遵守的“规范”，而用制度吸引资本主要表现为“制度的特殊化”。例如，经济类的有经济特区、自由关税区；政权类的有特别行政区、特殊自治区；文教类的有产业艺术区、高教园区、国家旅游度假区；综合类的有××科技园区；等等。“制度的特殊化”如何吸引资本呢？主要是能为资本的进驻提供各种各样的便利条件。

2）行政规划。当空间成为重要的生产资料和特殊部门时，资本非常在意空间的表现形态。也就是说，不同的空间组合会使资本的空间生产表现为不同的结果，表现出不同的利润。基于此，资本要尽最大可能地扫清限制其在空间中流通的因素，使生产、交换、消费变得更为顺畅。在这一逻辑下，空间的重组成为经常看到的事实，跨区域组合、各类大小都市圈、城市群带、泛××等不断出现。从本质上分析，资本指导了权力对空间的管制和生产，空间则变成了权力、经济和地域的混合体，具有了新的管理方式和新型空间组织体系。

3）形象环境优化。“地方空间”为了最大可能地获得资本的青睐，常常会在形象环境等方面作出自我优化行为，商务活动、产品推介、“大事件”驱动、体育赛事，甚至旅游营销下的口号包装，成为勾勒一个地方空间比其他地方空间更独特的专用手段。在合适的条件下，资本以此方式找到了“落脚点”，权力在此过程中起到了推波助澜的作用。

（2）空间中的“权力空间化”

从前面分析可以看到，资本在全球化背景下的更大范围内流动，常常得到“权力的帮助”。这种“帮助”的原因在哪里？米歇尔·福柯明确表示，“不管在哪种形式的公共生活里，不管在哪种形式的权力运作中，空间都是根本性的东西”。这其实已经说得很清楚，权力在为空间服务，空间中的权力“空间化了”。权力通过对个人、地方空间的控制，表现出一种强制性，达到控制个人或地方，进而为资本服务的目的。从权力和空间的关系来分析空间中的“权力空间化”，其实是启发人们关注权力是如何在空间中展开的，以及展开的本质。安东尼·吉登斯（1998）认为：“权力的前提是行动者或集合体在社会互动的情境中，彼此之间例行化了的自主与依附关系，所有的依附形式都提供了某些资源，臣属者可以借助它们来影响居于支配地位的人的活动。”在他的概念里，权力逻辑上指的是转换能力，最广义的“权力”在逻辑上先于主体性及行为的反思性监控的构成。“权力空间化”反映了权力为资本的进入，展现了特殊的作用。

3.2.3 利益与空间：空间的生产（Ⅲ）

从上述研究可以看出，资本来到世间，推动了现代空间的生产，并以自己的逻辑改造了旧有的生产关系。正如亨利·列斐伏尔在三元一体理论中阐述的那样，资本的“空间实践”同样也会展现一个“表征的空间”，空间生产暗示着空间内涵的丰富与深化，有什么样的空间生产，决定着有什么样的空间利益及其分享格局。

（1）中心空间

在资本的空间循环中，空间资本化成为资本存在的必然要求和前提。从空间生产的层次看，空间发展的首要含义是物理空间的发展①，基本财富的增加。也就是说，空间生产的发展最早表现为物质生产力的发展。随着资本的进一步扩展，资本成为空间联结的纽带和“总导演”，资本通过对土地、空间功能区分等方式，建立了符合自身特性的秩序；在权力的介入和作用下，产生了一个个“中心空间”，并不断固化着这一格局的持久性。

（2）边缘空间

资本运行于空间，一方面完成了空间的生产；另一方面创造与“中心空间”不同的“边缘空间”，引起空间不平衡和贫富分化。从根本上讲，以空间的平等性为价值坐标，空间生产在一定程度上造成的边缘现象是资本本性不断积累的结果。虽然空间占有和挤压在情感上是件残酷的事情，但资本的本性决定了资本的空间实践就是这样。以马克思主义平等观为理论平台，空间的平等性主要包括：空间权利被侵犯，即人们（尤其是弱势群体）在生活空间体系面前受到不平等对待；空间机会被剥夺，即人们实现参与的机会被排除在体系之外；空间结果被挤占，

① 以物理空间为基底，延伸出社会空间、文化空间，或精神空间、社会空间等的过程。物理空间是延伸空间的前提，延伸空间是物理空间的构造。

即人们在空间享有尚不能得到平等的结果或者根本得不到任何结果。

这里对以上三大方面论述作一小结。

1）“资本”通过在空间中的循环，主要完成了“社会经济空间的生产”，这是现代空间加速推进的根本原因所在。

2）“权力”在资本循环过程中的介入，为“政治制度”和“游戏规则”的出台起到了推动和调节作用，完成了“制度规则空间的生产”。

3）“资本与权力的结合”在生产上述空间的同时，为了释放“过度积累危机”，优化并提升劳动力效能，通过运用“长期投资式”的时间转移，完成了“社会公共空间的生产”。这三大空间相辅相成，自成一体，循环式地引发新一轮空间的再生产（图 3-2）。

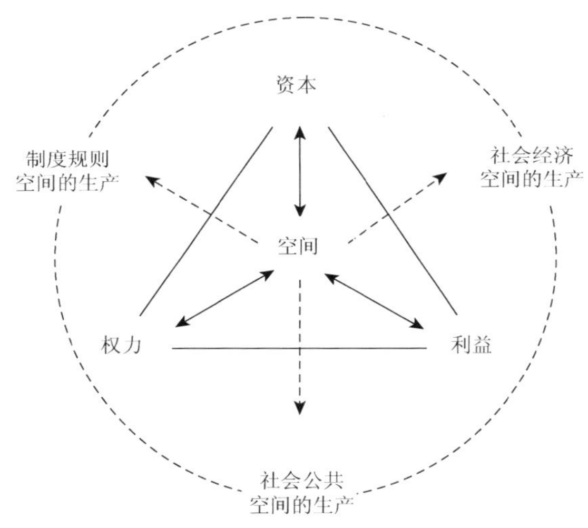

图 3-2　资本循环与多维空间生产

尽管资本、权力等生产出“中心”与“边缘”形态，人们也在有意无意间消费这些形态。但是，从伦理上讲，我们应该承认，空间不仅是属“物”的空间，同时也应该是属“人”的空间。按照马克思的观点，发展最根本的是人的发展。人自身的发展既是空间生产发展的动力又是空间生产发展的终极目标。应当引起重视的是，资本在注入空间的过程中，需要政府将纷繁复杂的个人理性集合成集体理性，通过一系列公共选择活动，制定符合发展规律和人民群众现实需求的空间发展规划，统筹兼顾，综合平衡，优化空间生产、分配机制，促进空间资源和成果共享。

3.3 旅游空间生产理论的构建逻辑

3.3.1 从观察到概况

科学中的逻辑是把科学作为一种认识开始的。惠威尔从经验论的角度出发，认为科学最基本的要素是“经验事实”，但是仅有经验事实还不能自然成为科学理论，人们从事科学的第一阶段必须通过对杂多的经验事实分类或分解，再利用归纳或综合的方式获得更高一级的认识。

利用对经验事实的归纳和综合，经过思想的升华形成不同的有关现象的定律，旅游空间生产理论正需要基于此逻辑，沿着两条路径生成：①“各类事实—分解—基本事实—事实的综合”；②“各类观念—阐明—基本概念—事实的综合”，也即在对经验事实要素和观念要素判断的基础上，从观察到概括，高度凝练事实，形成旅游现象各种不同的基本定律。

3.3.2 从概况到理论

科学以生活世界为前提（胡塞尔）。科学理论即是以系统化的方式将经验世界中某些被挑选的方面概念化并组织起来的一组内在的相关命题。相对于第一阶段（从观察到概况），从概况到理论阶段难度较大。风笑天（2005）认为“理论的目的是描述不同变量及其属性之间所存在的某种逻辑关系”。判断理论是否“属优”的标准有：①解释解释的广泛性；②解释的精准性；③结构的简练性。

一种理论解释的发展包括相互联系的过程和阶段，即以归纳推理为标志的理论构建过程和以演绎推理为特征的理论检验过程。理论无论作为一种认识形式还是客观知识，都具有一定的内在结构。在完成对旅游现象基本定律提炼之外，还需要将基本概念纳入系统的关联之中，也即定律之间的内在逻辑关联，实现从概括到理论的过渡。

3.4 旅游空间生产理论研究的概念体系

概念是对客观实在蕴含特征的抽象描述，任何命题都以概念来确定，任何概念又因为针对特定命题所界定体现出的内涵具有差异。本书认为，旅游空间生产理论概念体系由具有内在逻辑关系的旅游空间生产、旅游空间生产权能、旅游空间正义和旅游空间安全四个子概念组成。其中，旅游空间生产是概念体系的“内核概念”，属于第一层次；旅游空间生产权能是“测量概念”，属于第二层次；旅游空间正义是“目标概念”，属于第三层次；旅游空间安全是“结果概念”，属于第四层次（图 3-3）。

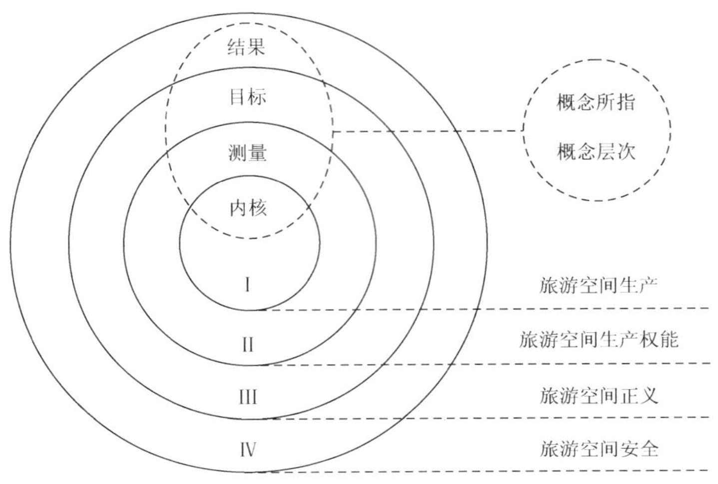

图 3-3 旅游空间生产理论的概念体系

3.4.1 旅游空间生产

（1）概念

思维变革是研究变革的先导。空间具有物理性，还具有深刻的社会性。人类的活动是在不断使空间的物理化变为空间的社会化的过程。在社会转型时期，特别是在市场经济推动下，现代化及其裹挟的要素深刻地渗透到旅游开发中，“资本推动、权力协调、利益失衡”常常成为旅游实践中的惯常现象，如何去深入现代很少被人们注视的旅游空间生产领域，如何去理解旅游空间中的生产行为，如何去诠释旅游空间生产中的社会关系，需要超越学界现有价值关注和研究范式，从新的视角进入、关注、引导存在的问题。

通过对“空间生产理论实质”的解析，本书认为：旅游空间生产（production of tourism space，PTS）是指资本[①]、权力和利益等政治经济要素和力量对旅游空间重新塑造，并以其作为底板、介质或产物，形成空间的社会化结构和社会的空间性关系过程（郭文等，2012）。

① 资本在此意指用于生产的基本生产要素，包括物质、人力、文化等诸方面，如旅游开发的资金、人力、场地、设备等物质和非物质资源。在旅游开发中，资本型塑着旅游空间结构、空间形态和空间关系。

根据以上分析，可以得到旅游空间生产的函数表达公式：

$$PTS=F(C, P, R)+F(\mathrm{RS})+F(\mathrm{SR}) \tag{3-1}$$

式中，*C*（capital）——资本。在经济学意义上，指“用于生产的基本生产要素”；广义上，资本也可作为人类创造物质和精神财富的各种社会经济资源的总称。

P（power）——权力。主体以威胁或惩罚的方式强制影响和制约自己或其他主体价值和资源的能力，广义的权力是指某种影响力和支配力①。

R（rights）——权利。满足特定的利益而自主享有的权能和利益。

RS（regenerative space）——再生空间。社会发展中，随着人们对空间的实践，形成与原生空间不同的新空间。再生空间并不仅是一种对空间变化的讨论，同时也反映着环境人文再造的重要命题。

SR（social relations）——社会关系。马克思主义认为，人的本质是一切社会关系的总和。人与人之间便产生了各种复杂的关系就统称为社会关系。

（2）内涵

1）旅游空间生产的“方法论”强调对空间向度的重视。尽管以往对古镇空间要素所构成的空间形式进行了分类或分析，但是按照一些理论家，如亨利·列斐伏尔对空间的解释，对古镇的传统研究显然缺少了“空间性”。空间由社会构成，但既不可以还原为自然要素，也不能还原为社会要素。研究旅游空间方法论的空间向度判断，基于现实空间生产从“旅游空间中要素的生产”过渡到“旅游空间本身的生产”更多的不是时间概念而是空间概念。也就是说，空间作为存在的必然条件的同时，空间自身具有了合理表达空间的能力特性，空间被打上特殊烙印，成为空间本身、资本、关系表达的有力工具。

2）旅游空间生产的“内在性”旨在对空间的社会分析。亨利·列斐伏尔曾经指出“（社会）空间是（社会的）产物”，这充分说明空间具有的社会关系性，决定旅游空间生产的性质不是原生自然空间，而是社会构建空间。根据对旅游空间生产的现实判断，权力和资本的结合已经成为旅游空间生产中关系网络的主要关系链要素，这一关系链中的强势力引起了原有空间从“传统”到“现代”转型过程中形式和内容的变化，时空延伸呈现了旅游空间社会关系从“在域联结”过渡为“脱连联结②”，在市场机制冲击下，原生空间社会结构关系发生变化时，空间中的“人的权能关系”也随之改变。旅游空

① 韦伯认为：“权力意味着在一定社会关系里哪怕是遇到反对也能贯彻自己意志的任何机会，不管这种机会是建立在什么基础之上。”帕森斯认为：“权力是一种保证集体组织系统中各单位履行有约束力的义务的普遍化能力。”

② 从彼此互动的关联中“脱离出来”，摆脱或弱化了与某范围中事件的关联性。

间生产概念的内在逻辑性不仅需要对此作出合理解释，而且需要厘清社会复杂空间的良性互动关系。

3）旅游空间生产的“指向性”突出对资本挤占空间的批判。旅游空间生产的本质是旅游的资本特性在旅游空间中的发挥，在这一过程中，以资本逻辑为动力的旅游空间生产中，在消解旧空间（原生空间）的同时必然生产出新的空间（构建空间）。更需要引起关注的是资本力量、政府权力参与操纵了空间生产，并通过空间排斥，对弱势主体进行了挤压、剥夺和边缘化，造成旅游空间的不正义现象。旅游空间生产的内在性需要突出旅游发展的终极关怀问题，而实现终极关怀的目的必须对资本嵌入旅游空间的不正义格局进行调整。

（3）要素

要素是具有共同特性和关系的一组现象，或一个确定的实体及其目标的表示。通过上述分析可以看出，旅游空间生产是一个集合概念，属于相互联结的关系系统，要素包括“旅游空间生产者”、“旅游空间消费者”、“旅游空间生产力”和“旅游空间生产关系”四方面。

1）旅游空间生产者。旅游空间生产者（tourism space producer，TSP）是能够作出或影响空间生产决策的支配者。例如，旅游开发中的政府、开发商、规划者、媒介、原住民、旅游者以及INGO等，属于空间生产中多元社会行动主体。

根据上述对旅游空间生产者概念的界定和分解，可得到函数表达公式：

$$\mathrm{TSP}=F(G，D，P，M，R，T，\mathrm{INGO}\cdots) \tag{3-2}$$

式中，G（government）——政府。国家权力机关的执行机关，行政机关，是国家公共行政权力的象征、承载体和实际行为体，国家的权威性的表现形式。

D（developers）——开发商。旅游开发项目的承担人。

P（planners）——规划者。对一定范围地域的旅游业在未来若干年内建设和发展的总体部署和策划的行为人。

M（medium）——媒介。居于两者（人或事物）之间的中介体或工具，或使双方发生关系的人或事物。如媒体、电台、报刊、旅行社等。

R（residents）——原住民。长期居住在某一地方，从事生产和消费的人。

T（tourists）——旅游者。出于一种好奇心，为了得到体验而进行旅行的人，属于传统意义上的旅游主体。

INGO（international non-government organization）——国际非政府组织。“处于政府与私营企业之间的那块制度空间”。它是现代社会结构分化的产物，是一个社会政治制度与其他非政治制度不断趋向分离过程中所衍生的社会自组织系统的重要组成部分，具有民间性和自治性。

2）旅游空间消费者。旅游空间消费者（consumer of tourism space）是指使用和体验空间的受动者。根据旅游空间生产和旅游空间生产者的内涵分析，每一个生产主体在生产空间并在旅游空间形成以后，事实上都是理论上的旅游空间消费者，旅游空间消费标志着旅游空间生产最终完成形式。根据本书的聚焦对象，古镇社区原住民和游客是主要的旅游社会空间消费者。

3）旅游空间生产力。旅游空间生产力（productivity of tourism space）是指在旅游场域中“空间能够再生产”的能力。这种能力是维持空间机体的功能或能力，决定着古镇社区旅游场域中空间生产的条件和状况。旅游空间生产力可分为三个层次：物理空间生产力、集聚性空间生产力和关系性空间生产力。第一层次将物理性空间转化为具有使用价值的旅游空间景观；第二层次为旅游产业相关生产要素在旅游场域上的集合；第三层次为各要素在旅游场域中进行有目的的旅游空间生产。

4）旅游空间生产关系。旅游空间生产关系（production relations of tourism space）是空间生产过程中结成的古镇社区多元主体之间的社会关系，包括空间占有、空间分配、空间交换和空间消费。在旅游空间生产中，旅游空间生产与旅游空间消费构成互动关系，前者是后者的必要前提和逻辑起点，后者是前者的必然结果和逻辑延伸，二者通过相互作用形成社会关系并决定着空间未来形态。

3.4.2 旅游空间生产权能

（1）旅游权能

“旅游权能”最早由郭文和黄震方（2011）在研究云南傣族园和雨崩社区乡村旅游开发中，针对“社区权能建设”和“旅游权能建设”高度重叠现象而提出。郭文和黄震方认为“旅游社区权能建设需要依靠社会合力，利用社会资源，强化社区功能，解决社区问题，促进社区政治、经济、文化、制度、信息、环境等方面协调发展过程及其发展效能”。在此基础上，进而提出“旅游权能”概念，并认为“旅游权能是因共同的兴趣、以一种契约关系和由理性的意志参与旅游开发过程中拥有政治、经济、心理、社会、制度和信息六维权力的实际效能，是社区权能建设的重要途径和范畴”。上述探索为“旅游空间生产权能”的提出奠定了学术基础。

从词汇角度解析，旅游权能是“旅游”、“权”和“能”组合的复合叠加词，“权”

的含义较为复杂，是“职责范围内支配和指挥的力量”，如政权，权力等；“能”指“能力”、“能量”等。但把“权”与“能”相结合不是二者简单相加，可以解释为：一是享有权利的效能；二是“应起”或“能起”的职责。前者重“权”，后者重“治”。

综上信息，本书把“旅游空间生产权能”（rights capacity of production of tourism space）定义为“旅游空间生产中行动主体权利表达的可能性和实现程度”。

空间权利是一个递进概念，由空间权能和空间权益叠加复合组成。在学理上，“旅游空间生产权能”是“旅游空间生产权利”的要素和具体内容，“旅游空间生产权能”的实现有利于（并非必然）“旅游空间生产权益”的实现，“权能”和“权益”的实现构成了“旅游空间生产权利”实现的基础。“权利”的实现更多要靠充当与某种生产关系相联系的角色——权力来保障。从此角度讲，旅游空间生产权能与下列概念存在密切关系。

①旅游主体权力结构，即旅游空间生产中主体的权力组成情况。②旅游主体权力行为，即旅游主体在旅游空间生产中的利益博弈。③旅游主体权益结果，即指权利的另一种表现形式，是权能现实化的结果（图3-4）。

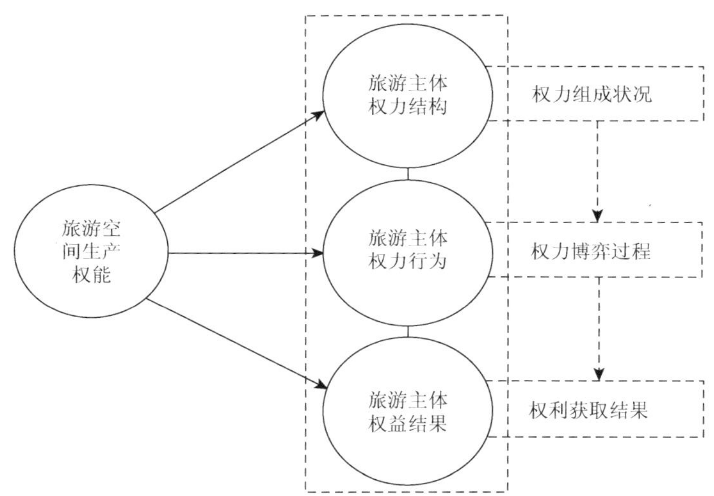

图3-4　旅游空间生产权能关系图

从类型划分，可以分为“主导者旅游权能”、“规划者旅游权能”、“原住民旅游权能”和“游客旅游权能”。从旅游权能评价角度分析，多元社会行动主体由于价值理念各有侧重，因此评价指标各异（表3-1）。

表 3-1 旅游权能价值体系

多元社会行动主体	联结对象	价值面向	行为支配	基本属性	旅游权能
政府部门	社区居民、开发企业、旅游者	旅游开发促进经济发展	生产者	政治经济属性	税收、政治和社会效益
旅游服务诸行业	政府部门、原住民、旅游者	赢利赚钱	生产者	经济属性	投资回报率
原住民	政府部门、开发企业、旅游者	民生改善并认同地方感	消费者	社会文化属性	保护资金、社区参与、旅游收益
旅游者	政府部门、开发企业、原住民	得到精神上的享受和满足	消费者	文化属性	满意的体验过程

（2）旅游空间生产权能需求层次

从理论上讲，旅游空间生产权能由多元主体不同性质的需求层次组成。正如马斯洛（Maslow）需求层次理论认为的那样，人类需求的逐层次满足决定个体发展的境界和程度。借鉴此理论，研究认为在旅游空间生产场域中，多元主体均存在不同程度的需求。

由于旅游空间生产体系由拥有不同程度权力的强弱主体组成，强权力者常常主宰空间生产的过程和结果，弱权力者常常处于边缘空间。由于本书的对象主要以案例地原住民为主，在此可对作为弱权力者的原住民旅游空间生产权能的获取序列进行分解（图 3-5）。

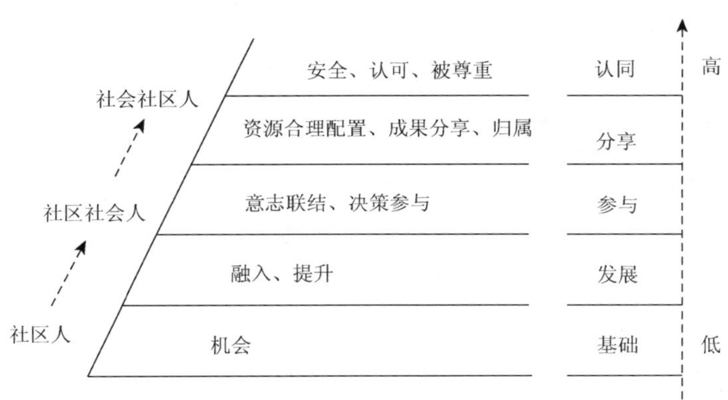

图 3-5 权能需求层次

总体来讲，原住民旅游空间生产权能是一个由“社区人→社区社会人→社会社区人”不同阶段特性决定的“基础→发展→参与→分享→认同”权能谱系。

（3）旅游权能指数

在旅游场域中，假设共有 n 个嵌套结构，每个嵌套结构拥有一定程度的“权利表达的可能性和实现程度”。如果其中 n 个嵌套结构中的 m 个子嵌套结构具有旅游空间生产的主导优势（强权力），则这 m 个子嵌套结构就具有较高的旅游空间生产强权力，也即“旅游权能指数”。n 个嵌套结构可划分为若干个子嵌套结构，其中一个子嵌套结构要成为旅游场域中“关键旅游权能主导者（强权力）”的条件是：在所有 n 个嵌套结构中，这个子嵌套结构具有绝对的权力表达机制和权利主张现实。一个子嵌套结构 m 的旅游权能指数是指：这个子嵌套结构 m 在所有嵌套结构 n 中拥有“权利表达的可能性和实现程度”的大小。

从理论角度讲，“旅游权能指数”是个动态概念，具有高低之分，在“高—低”之间可以分出理论上的无数“指数值”。为研究方便，可将其进行模糊分类（表 3-2）。

表 3-2　旅游权能指数分类

类别	细分类
高权能指数	高质高权能指数
	中质高权能指数
	低质高权能指数
中权能指数	高质中权能指数
	中质中权能指数
	低质中权能指数
低权能指数	高质低权能指数
	中质低权能指数
	低质低权能指数

在旅游空间生产过程中，具有较大资源整合机会和能力，属于强权力，旅游权能指数相对较高，常常居于旅游空间生产主导地位；反之，旅游权能指数相对较低，常常居于从属或被动地位。前者如政府和旅游开发企业，后者如游客和原住民。

3.4.3　旅游空间正义

（1）空间正义

空间正义属于伦理学范畴。休谟认为：“正义是一种尊重财产权的人为美德。”罗尔斯（1988）认为：“正义就是公平，通过合理的制度安排，使所有社会价值——自由和机会、收入和财富、自尊，都要平等分配。”在诺奇克（2008）看来，“任何他人和团体都不能以任何理由侵犯个人的权利，即使这种侵犯是为了较大的社会利益”，这些观点其实本质内涵揭示了“正义在于坚持人的权利”。

（2）旅游空间正义

在旅游空间生产中，常常会出现少数人能够利用大部分资源，来塑造旅游空间以满足自身的需求，这就涉及旅游空间正义（justice of tourism space）的问题。20世纪70年代，Cohen（1972）曾说过：“旅游作为重要收入来源时，对当地可能引起损害……从这方面讲，我们完成了先辈征服者和殖民者的事业。”吴忠民（2012）研究认为：“现代意义上的社会公正基本理念集中体现了以人为本、自由、平等的价值取向，即一是要让全体社会成员共享社会发展成果，二是要为每个社会成员的自由发展提供平等、充分的机会。”在旅游空间生产中，空间不仅被社会关系所支持，也不断生产着社会关系，体现着社会重组与社会秩序实践性建构过程；在我国政府主导和企业推进的旅游空间生产背景下，旅游空间生产是资本循环和生产关系得以维持的重要工具，大量事实表明不强调价值和伦理导向的生产实践很难带来人的幸福。

旅游空间正义是现代社会旅游开发的价值取向和伦理问题，包括原住民在内的社会成员共享旅游发展的成果，既是现代社会文明的标志，也是现代旅游发展的客观需要。本书认为空间不仅是客观实在体，还是权力运作的基础。旅游空间生产同样是权力运作的结果。据此，旅游空间正义的实现不仅需要旅游空间生产价值批判，还需要旅游空间权力的平衡。进一步作出解释：一是空间的正义性，强调“价值”；二是正义的空间性，强调“公平”；三是实现的途径，强调“权力”。

基于上述论述，本书认为：旅游空间正义实质上就是某一历史阶段[①]一方不对另一方造成侵入，不同主体可以平等享有旅游权能，在权力的充分表达中能够实现分享旅游成果的权利。旅游空间正义有利于旅游空间的合理转向，有利于形成良性互动的旅游空间生产关系，是旅游空间安全形成的基础。

---

① 作者认为，按照唯物史观的认识，“空间正义”具有“三性”，即阶段性、边界性和不可超越性。正义是一种补救性价值，实现的前提受特定生产方式、文化水平和道德传统的制约，不能超出社会的经济结构以及有经济结构制约的社会文化的发展，正义标准仅有运用在它赖以产生和相适应的生产方式上才富有意义。在探讨旅游空间生产正义问题时，应该关注三个子问题：一是我们应追求什么样的正义？二是对于旅游空间生产中的分配正义，我们最需要关注什么？是关注旅游空间生产正义问题本身，还是制约正义问题的条件？三是我们该如何看待旅游空间生产正义批判？本书认为，对上述问题的探讨，需要在“三性”原则下进行，以历史唯物主义的视角检视旅游空间生产正义问题。

3.4.4 旅游空间安全

从一般意义上来讲，安全分为“传统”和“非传统”两大类。传统安全（traditional security）主要关注国家的政治和军事安全，非传统安全（nontraditional security）研究更关注“人类安全”（human security）和“社会安全”。

在本书中，旅游空间安全（security of tourism space）概念的提出主要是将其框定在“非传统安全”范畴内。在该概念体系下，“不安全”并非仅指武力或暴力威胁，更是指人的权能被忽略以及机会被不公平分配的威胁。站在旅游发展的终极目标审视，原住民的安全是旅游空间安全的核心，旅游空间安全是原住民的安全的基础。旅游空间安全是以包括原住民在内的多元主体为本的新的安全观，是旅游空间可持续生产的判断基石，更是旅游空间正义的价值延伸。概言之，旅游空间安全是指旅游空间生产中旅游空间正义的有效性和多元行动主体形成的良性动态平衡结构，以达到旅游的可持续发展。

判断旅游空间安全的依据是“空间正义的实现的程度性”，根本依据是“旅游空间生产的生态化”，主要包括生产力的生态化和生产关系的生态化。其中，生产力的生态化基础是旅游空间生产以科学技术为支撑的全面生态化；生产关系的生态化基础是旅游空间生产中社区社会制度的全面生态化，包括旅游决策、旅游开发、旅游利益共享和社区社会生活的生态化。

旅游空间安全的实现依赖于四个子概念在四个层次上的内在循环。第一层次中，旅游空间生产产生“空间结构”与“空间关系”，这两者是分析旅游空间权能的依据；第二层次中，旅游空间权能在“互容”和“分享”中达至旅游空间正义；第三层次中，旅游空间的正义有效性和良性平衡性（即“旅游空间生产的生态化”）达到旅游空间安全；第四层次中，“制度安排”和“权能认同”是空间得以再生产的前提（图3-6）。

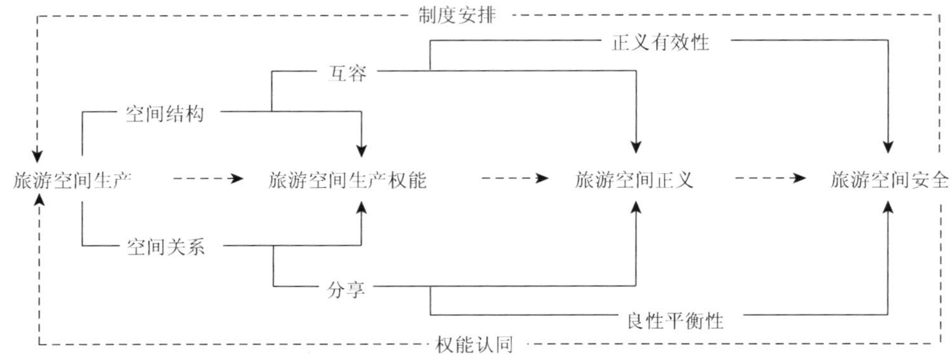

图3-6 旅游空间生产理论循环图

3.5 旅游空间生产理论的分析框架

3.5.1 旅游空间生产的空间结构

（1）空间结构事实判断：结构视角

任何事物都是一种“结构性存在”。结构功能分析作为一种重要的视角，强调了社会的“整体性”和“不可分割性”，运用此视角的目的在于探索行动深层存在中的隐蔽结构和潜在功能。结构是各个组成部分的搭配、排列、关系和比例。也可以这样理解，结构是“一种观念形态”，也是“一种运动状态”。“结”是结合之意义，“构”是构造之意义（图 3-7）。旅游空间生产中一种形态过渡到另一种形态，必然伴随结构、形态和特征等要素的变化。

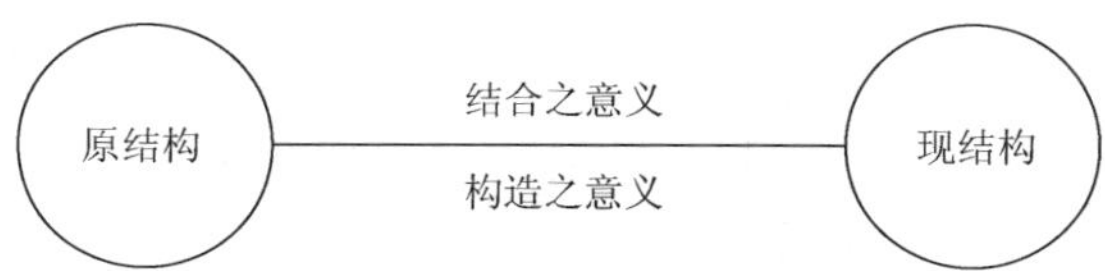

图 3-7　旅游空间生产的结构视角

（2）空间结构模型提炼：抽象概况

表达古镇社区社会结构变迁的事实，运用模型抽象概括是一种较为理想而简单的方式。研究受马克思主义哲学三维世界观的启发，将“时间”（不可逆）、“空间”（具有一定位置）和“时空特性”（物质运动特性）视角和要素融入结构分析，从古镇社区变迁视角入手，并针对旅游嵌入古镇前后形态和特征，从现象观察上升至模型抽象，进而形成“原结构模型”和“现结构模型”在时空变化中的理论解释框架（图 3-8）。

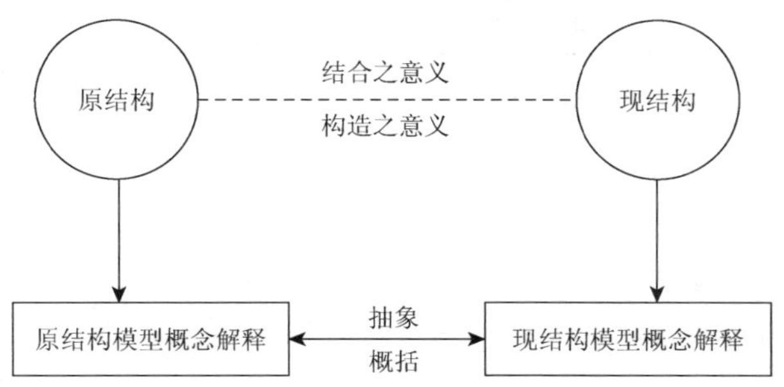

图 3-8　旅游空间生产空间模型结构解释

以结构转向的视角将旅游嵌入古镇，并引起古镇前后结构变化的事实为基础，从“结构本身”、“结构特征”和“结构形态”等维度进行切入，以定性方式总结、提炼古镇旅游空间生产结构转向中物理空间、社会空间和文化空间形态的内在意蕴。

3.5.2 旅游空间生产的权能认同

3.5.2.1 权能认同分析基础：扎根田野

（1）扎根理论

扎根理论（grounded theory）是最初由芝加哥大学格拉斯（Glaser）和哥伦比亚大学施特劳斯（Strauss）于 1967 年共同发展出来的一种质性研究（qualitative research）方法。该方法的特点是在研究开始之前一般没有理论假设，强调理论来源于实践，要有一定经验证据作为支持，从下往上的直接从实际观察入手，从原始资料中归纳出经验概括，然后上升到理论。

扎根理论遵循“抽样—资料收集—资料分析”路径。根据扎根理论质性研究方法，研究遵循三点：其一，专业观察、边收集资料边仔细分析；其二，侧重以“旅游空间生产”理论为主线，从田野中总结提炼相关概念；其三，在上述基础上，挖掘新观点，构建新理论，确定评价要素。

20 世纪 90 年代以来，扎根理论不仅由于其精确和有用而闻名，而且由于其实证主义假设而为人所知，它的灵活性和合法性吸引着不同理论和实质兴趣的质性研究者。

（2）从扎根到框架

扎根理论最大的贡献还在于为资料的分析提供了一套比较普遍适用的操作性程序。提出从开放式编码、关联式编码、核心式编码到理论建立循序渐进的步骤（表 3-3）。研究者可以通过接受和改造它们进行不同对象的研究①。

表 3-3 扎根理论循环步骤

一级编码	二级编码	三级编码	理论框架
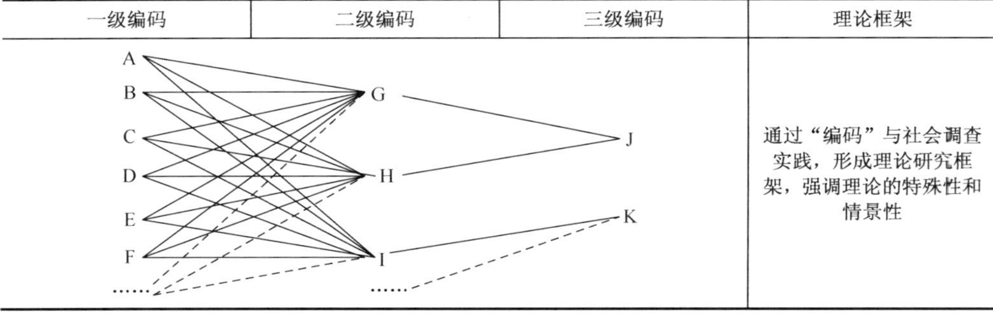			通过“编码”与社会调查实践，形成理论研究框架，强调理论的特殊性和情景性

① 正如格拉斯和施特劳斯所言，“我把方法看做是一套原则和实践，而不是处方和包装好的程序（prescriptions or packages），它是灵活的准则，而不是诀窍和要求”。

3.5.2.2 权能认同路径来源：自下而上

在此需要阐述社会调查中的一种重要形式——观念调查。顾名思义，观念调查目的是为了研究“观念”，包括态度、意愿、评价等。潘绥铭和黄盈盈（2012）认为在社会调查中“最关键的并不是您自己需要了解什么，而是被调查者有可能告诉您什么”。“部分与总体相矛盾”的情况虽然不符合数学上的逻辑，但是却很有可能符合生活的逻辑。这其实告诉我们：其一，我们的提问没有也不可能涵盖被调查者的全部生活。其二，我们无法预先把被调查者的生活赋予权重，“总汇”的方法不适用于生活逻辑。那种假设生活问题都具有逻辑关系的观念往往是“自欺欺人”。

3.5.2.3 权能认同分析方式：特殊性+普遍性

（1）典型案例

在案例地周庄古镇、乌镇古镇和惠山古镇分别调查一项或多项较为典型的事例，反映原住民旅游空间生产权能存在的突出问题。

（2）因子评价

在调研访谈（2011 年 9～10 月、2012 年 3～4 月）中，分别对周庄古镇、乌镇古镇和惠山古镇 50 位（其中，20 位属于“探索性/饱和”人员，30 位作为“验证性/认同”人员）原住民和游客，在轻松、平等的环境下进行交流，平均持续时间在 20 分钟左右/人，访谈后马上进行编码，使得数据的收集和随后分析工作能够很好地连接起来。以下为原住民和游客认同因子确定过程。

a. 原住民认同因子的预选

1）资本维。通过调查发现，在案例地古镇社区原住民对“开发利用土地资源”、“开发利用居所程度”、“有效利用文化资源”、“开发经济投入程度”、“居民人员投入程度”、“居民智力投入程度”、“居民情感投入程度”、“古镇旅游资源丰度”、“资源开发设施状况”、“古镇社会先赋条件”、“古镇资源文化价值”、“古镇资源开发强度”、“古镇资本投入方式”、“古镇资本投入来源”等调查分别在 17 次、17 次、16 次、15 次、14 次、14 次、14 次、15 次、15 次、15 次、15 次、16 次、16 次和 16 次后基本达到饱和，且在后面访谈中，没有发现比较集中的新情况。而在另一组验证性/认同人员访谈中，在第 8 项（古镇旅游资源丰度）出现认同概率低于平均概率现象。根据饱和/认同结果，作者将前 7 项内容作为初步预选指标，概括为“资源赋存”和“开发投入”，总命名为“资本维”（图 3-9）。

2）生产维。在对“旅游开发人员素质”、“生产方式转变程度”、“先进技术投入程度”、“旅游开发管理制度”、“生产要素配置能力”、“开发资源调配能力”、“利益主体融洽程度”、“旅游开发主导情况”、“开发没有利益圈子”、“开发要素配置能力”、“古镇组织结构形式”、“古镇空间支配形式”、“古镇空间消费情况”和“生产关系融洽程度”等调查分别在16次、16次、15次、14次、13次、14次、14次、13次、13次、14次、15次、14次、14次和14次后基本达到饱和（图3-10），在后面访谈中，没有发现比较集中的新情况。而在另一组验证性/认同人员访谈中，在第10项（开发要素配置能力）出现认同概率低于平均概率现象。根据出现的频次，作者将前9项内容概括为“空间生产力”和“空间生产关系”，总命名为“生产维”。

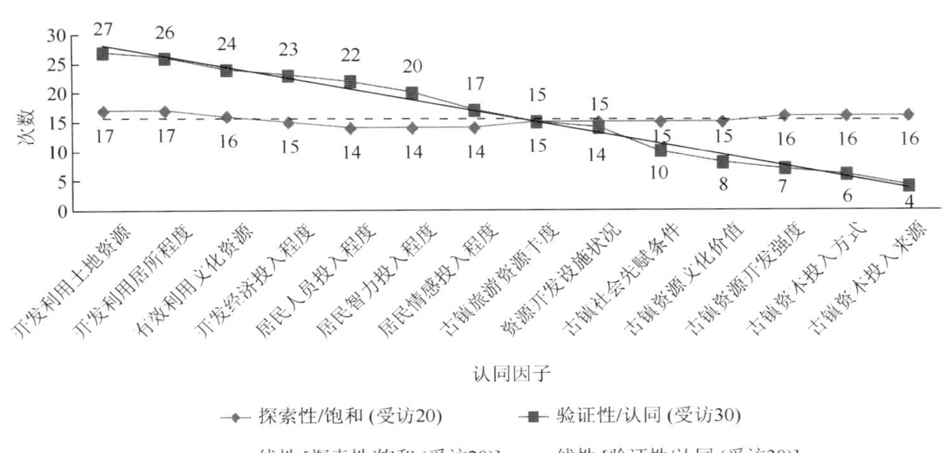

图3-9　资本维因子预选

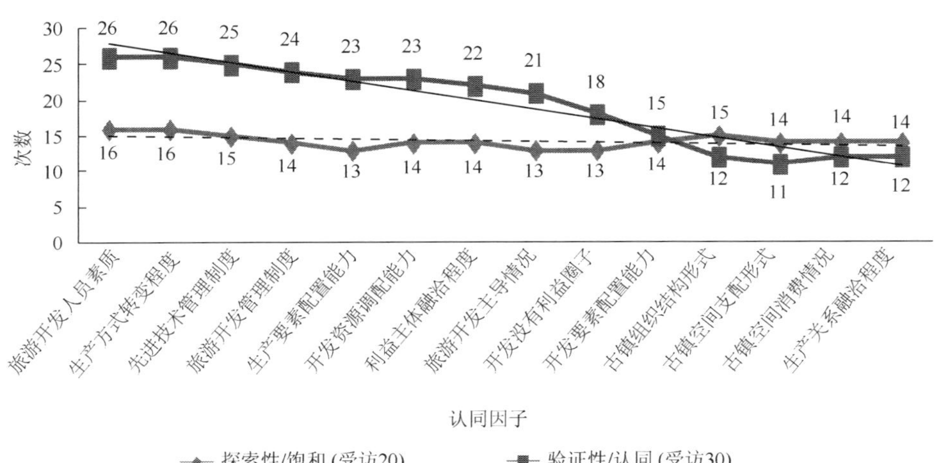

图3-10　生产维因子确认

3）权利维。在对“带来持续经济收入”、“收入能被社区共享”、“促进社区经济发展”、“参与经济投资程度”、“旅游收益留在本地”、“满足现在开发格局”、“主导方能协调问题”、“参与旅游决策机会”、“发表对旅游的看法”、“重视社区居民意见”、“提高居民的自豪感”、“接受外来教育情况”、“提高社会身份地位”、“旅游开发充满期望”、“旅游开发保障机制”、“分配制度规范程度”、“利益协调制度安排”、“旅游开发约束制度”、“社区旅游开发决策”、“社区开发运作程序”、“了解旅游总体收益”、“了解旅游分配情况”、“旅游开发参与权能”、“权力利益之网状况”、“旅游资源受益权能”、“古镇旅游就业情况”、“古镇旅游决策能力”、“开发交流协商机制”、“开发民主管理意识”和“旅游开发信息权能”等调查分别在 9 次、9 次、11 次、13 次、14 次、15 次、16 次、15 次、16 次、15 次、15 次、16 次、16 次、17 次、18 次、17 次、16 次、16 次、16 次、17 次、17 次、15 次、11 次、10 次、10 次、12 次、11 次、10 次、10 次和 9 次后基本达到饱和（图 3-11），在后面访谈中，没有发现比较集中的新情况。而在另一组验证性/认同人员访谈中，在第 23 项（旅游开发参与权能）出现认同概率低于平均概率现象。根据出现的频次，作者将前 22 项内容概括为“经济权利”、“政治权利”、“心理权利”、“制度权利”和“信息权利”，总命名为“权利维”。

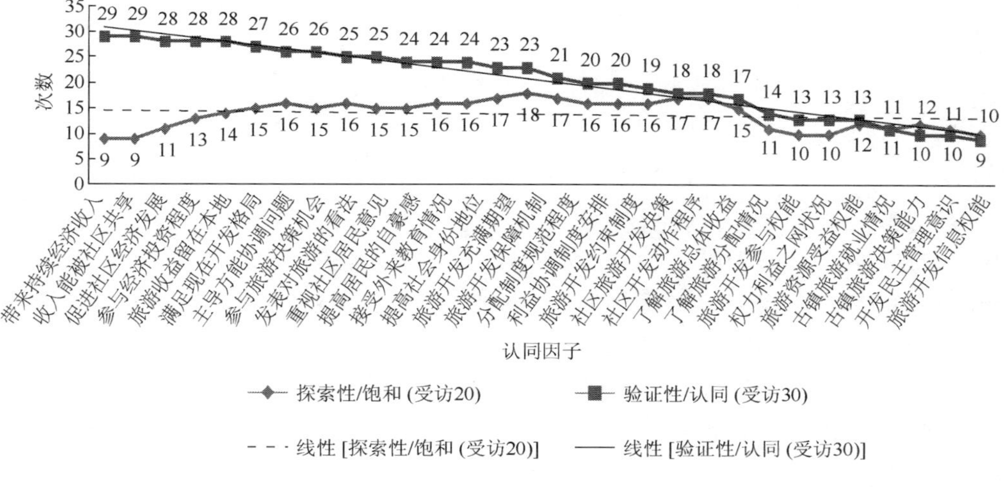

图 3-11　权利维因子确认

4）社会维。在对“居民生活节奏变化”、“居民相互交往变化”、“社区基础设施变化”、“思想观念发生变化”、“导致社区物价变化”、“邻里之间猜疑程度”、“邻里之间冲突程度”、“社区居民分化程度”、“先富影响后富程度”、“依赖旅游程度状况”、“旅游开发互动模式”、“旅游开发生活压力”、“居民家庭休闲状态”、“愿意参与旅游开发”、“古镇邻里相互行为”、“居民集体意识情况”和“成员之间依赖”等调查分别在 7 次、8 次、8 次、8 次、8 次、9 次、9 次、7 次、8 次、10 次、10 次、10 次、10 次、10 次、10 次、8 次和 8 次后基本达到饱和（图 3-12），且在后面访谈中，没有发现比较集中的新情况。在另一组验证性/认同人员访谈中，在第 11 项（旅游开发互动模式）出现认同概率低于平均概率现象。根据出现的频次，作者将前 10 项内容概括为“社区变化”和“邻里关系”，总命名为“社会维”。

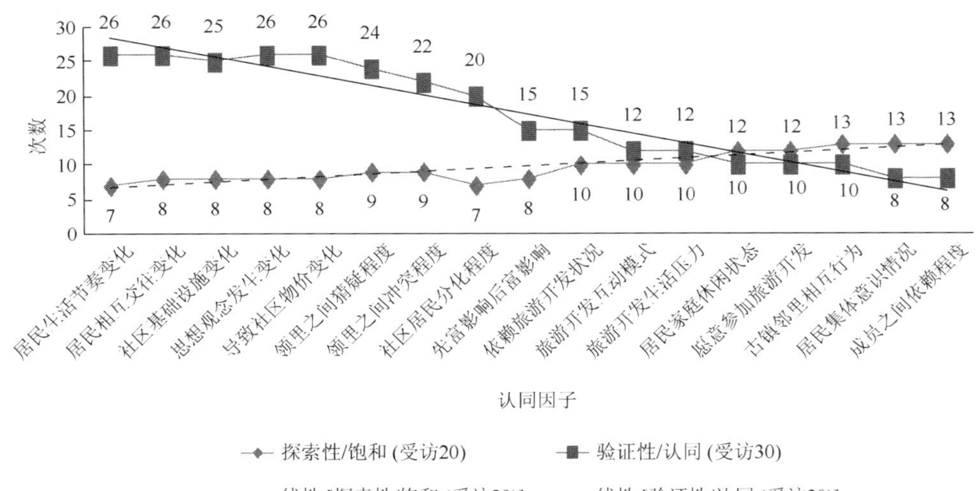

图 3-12　社会维因子确认

5）层级维。在对“改变居民就业方式”、“社区组织分化程度”、“开发导致贫富程度”、“开发社会等级程度”、“妇女缩小就业范围”、“通过旅游降低地位”、“通过旅游减少机会”、“从事职业逐渐多元”、“社区居民职业结构”、“社区开发资源占有”、“旅游社区分层状态”、“居民自主生活空间”、“经济收入分配状态”、“古镇家庭就业空间”、“代际间职业流出率”和“古镇社会地位阶层”等调查分别在 11 次、11 次、11 次、12 次、13 次、13 次、13 次、12 次、10 次、10 次、9 次、9 次、8 次、8 次、7 次和 7 次后基本达到饱和（图 3-13），且在后面访谈中，没有发现比较集中的新情况。而在另一组验证性/认同人员访谈中，在第 12 项（居民自主生活空间）出现认同概率低于平均概率现象。根据出现的频次，作者将前 11 项内容概括为“社会分层”和“社会流动”，总命名为“层级维”。

6）效应维。在对“自身参与保遗[①]倾向”、“引导他人保遗倾向”、“参与社会保遗

① 保遗为保护遗产。

组织”、“形成文化自觉氛围”、“平时喜欢待在社区”、“外出经常想起社区”、“对地方的满意程度”、“迷恋这个地方程度”、“增强了居民自豪感”、“促进学习外来文化”、“旅游业过度商业化”和“保护古朴民风民俗”等调查分别在20次、20次、19次、19次、18次、17次、17次、16次、16次、15次、12次和10次后基本达到饱和（图3-14），且在后面访谈中没有发现比较集中的新情况。而在另一组验证性/认同人员访谈中，在第10项（促进学习外来文化）出现认同概率低于平均概率现象。根据出现的频次，作者将前9项内容概括为“主体行为”和“地方依恋”，总命名为“效应维”。

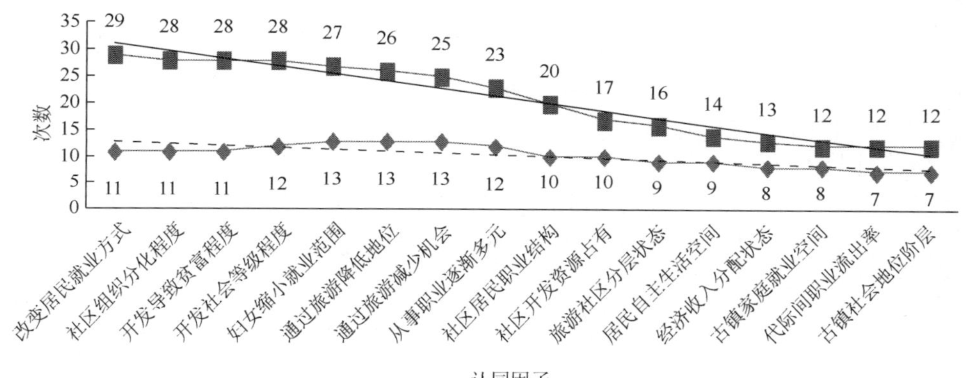

图 3-13　层级维因子确认

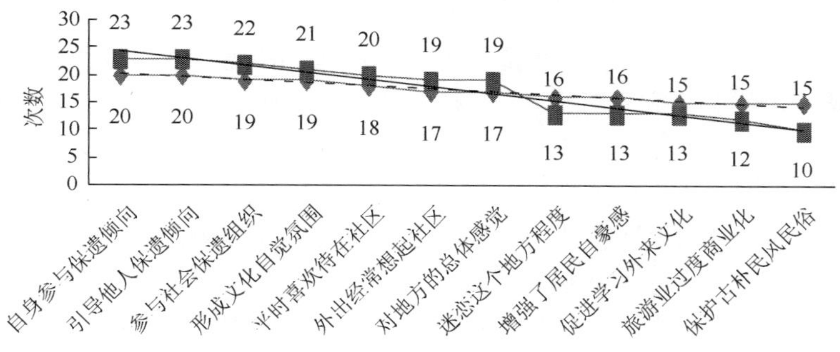

图 3-14　效应维因子确认

b. 游客认同因子的预选

1）环境维。对“景观价值”、“景观特色”、“整体风貌”、“餐饮卫生”、“适宜气候”和“空气质量”等调查分别在 12 次、12 次、12 次、11 次、10 次、11 次后基本达到饱和（图 3-15），在后面访谈中没有发现比较集中的新情况。而在另一组验证性/认同人员访谈中，在第 5 项（适宜气候）出现认同概率低于平均概率现象。根据出现的频次，作者将前 4 项内容概括为“景观”和“氛围”，总命名为“环境维”。

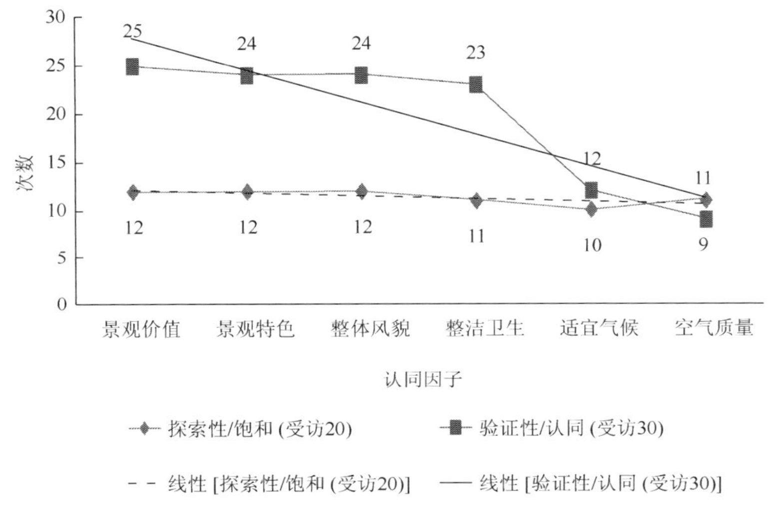

图 3-15　环境维因子确认

2）休闲维。在对“餐饮特色”、“餐饮卫生”、“地方特色”、“市场秩序”、“娱乐特色”、“娱乐丰度”和“娱乐价格”等调查分别在 10 次、10 次、9 次、9 次、8 次、8 次和 8 次后基本达到饱和（图 3-16），且在后面访谈中没有发现比较集中的新情况。而在另一组验证性/认同人员访谈中，在第 7 项（娱乐价格）出现认同概率低于平均概率现象。根据出现的频次，作者将前 6 项内容概括为“饮食”、“商品”和“娱乐”，总命名为“休闲维”。

3）服务维。在对“居民素质”、“服务态度”、“旅游解说”、“旅游咨询”、“外语帮助”和“住宿服务”等调查分别在 9 次、8 次、8 次、9 次、10 次和 11 次后基本达到饱和（图 3-17），且在后面访谈中没有发现比较集中的新情况。而在另一组验证性/认同人员访谈中，在第 5 项（外语帮助）出现认同概率低于平均概率现象。根据出现的频次，作者将前 4 项内容概括为“服务维”。

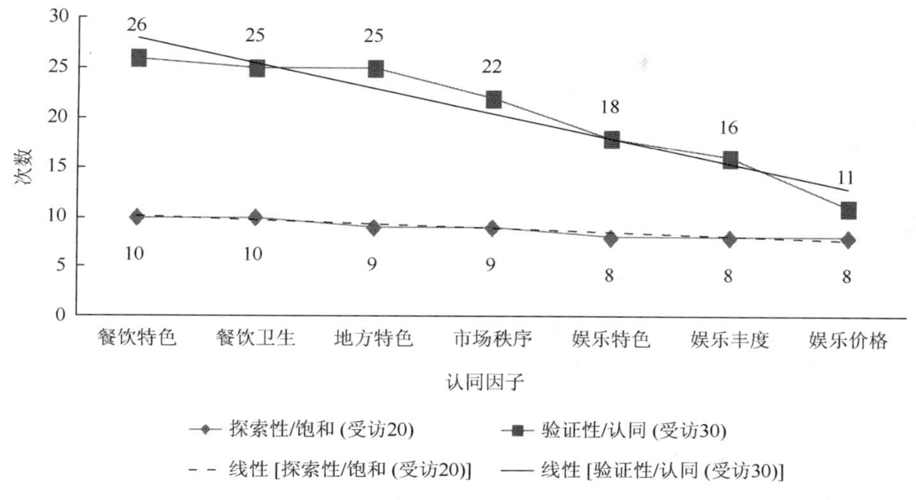

图 3-16　休闲维因子确认

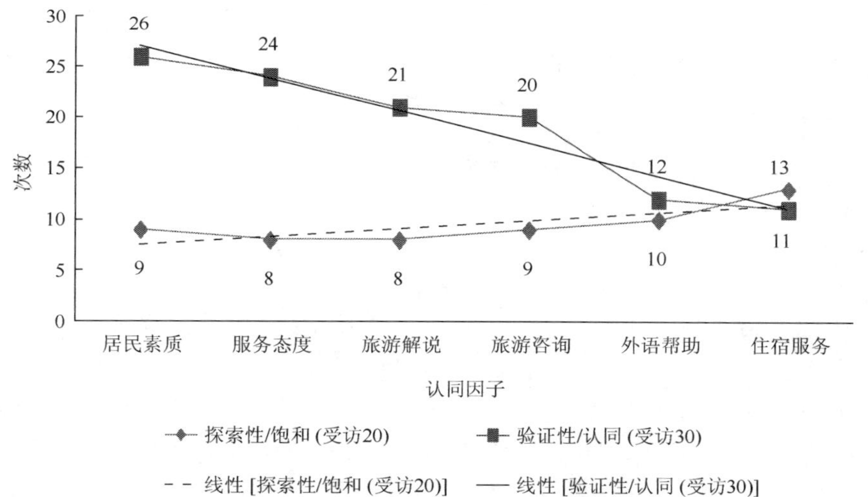

图 3-17　服务维因子确认

4）依恋维。在对“舒缓压力”、“情感陶醉”、“满意程度”、“推荐他人”调查分别在 12 次、12 次、13 次、14 次后基本达到饱和（图 3-18），且在后面访谈中没有发现比较集中的新情况。而在另一组验证性/认同人员访谈中，4 项认同概率全部高于平均概率。根据出现的频次，作者将 4 项内容概括为“依恋维”。

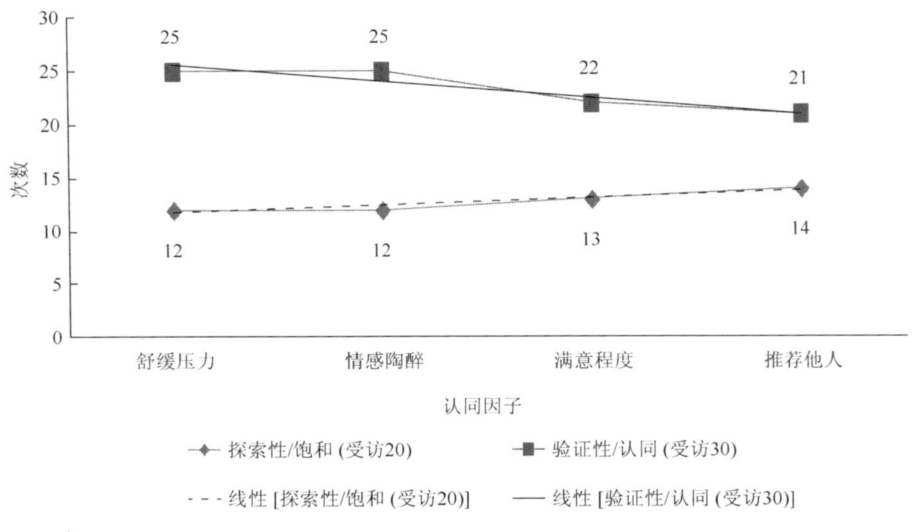

图 3-18　依恋维因子确认

3.5.2.4　权能认同评价生成：综合确认

（1）典型个案的确认

围绕研究主题，在案例地多项旅游空间生产案例中，选取最具代表性或较为突出的个案。

（2）因子评价的确认

由因子筛选、分析体系（原住民和游客）组成。

因子筛选需要遵循一定原则。其一，对因子认同概率低于平均概率的部分进行排除。其二，邀请专家对剩余因子实际重要性进行判断，通过与 15 位从事旅游行业及相关专家和学者反复问答式交流，最终达成一致意见（原住民指标去掉“资本维”中的“旅游资源丰度”、“生活维”中的“开发要素配置能力”、“权利维”中“旅游开发参与权能”、“社会维”中的“旅游开发互动模式”、“层级维”中的“社区居民职业结构”和“效应维”中“促进学习外来文化”等之后的指标。游客指标去掉“环境维”中的“适宜气候”和“空气质量”、“休闲维”中的“娱乐价格”、“服务维”中的“外语帮助”和“住宿服务”）。其三，围绕“资本、权力、利益”核心词，结合本研究之需进行确认。

a. 关于分析体系（Ⅰ）——原住民

总体指标。评价指标体系分为四个层次，第一层为总目标层，即旅游空间生产的权能总体评价；第二层为次目标层，由 6 个隐形指标组成；第三层为准则层，共 15 个影响因子；第四层为最终评价指标值，共 63 个因子。

总目标层用要素 A_{yzm} 表示，次目标层要素集 B_{yzm}=（$B_{yzm}1$，$B_{yzm}2$，$B_{yzm}3$，$B_{yzm}4$，$B_{yzm}5$，$B_{yzm}6$），准则层因素集 C_{yzm}=（$C_{yzm}1$，$C_{yzm}2$，$C_{yzm}3$，$C_{yzm}4$，…，$C_{yzm}15$），D_{yzm}=（$D_{yzm}1$，$D_{yzm}2$，$D_{yzm}3$，…，$B_{yzm}63$）。

分项指标。资本维（capital dimension）属于空间生产最主要动力因素，包括资源赋存、开发投入；生产维（production dimension）属于空间生产能力及空间运作关系，包括空间生产力和生产关系；权利维（rights dimension）属于空间生产权力架构下权能拥有程度，包括权力结构和社区权能；社会维（social dimension）属于空间生产的社会反映，包括邻里关系和社区变化；层级维（hierarchy dimension）属于空间生产的社会分化程度，包括社会分层和社会流动；效应维（effects dimension）属于空间生产的影响程度，包括主体行为和地方依恋（图 3-19）。

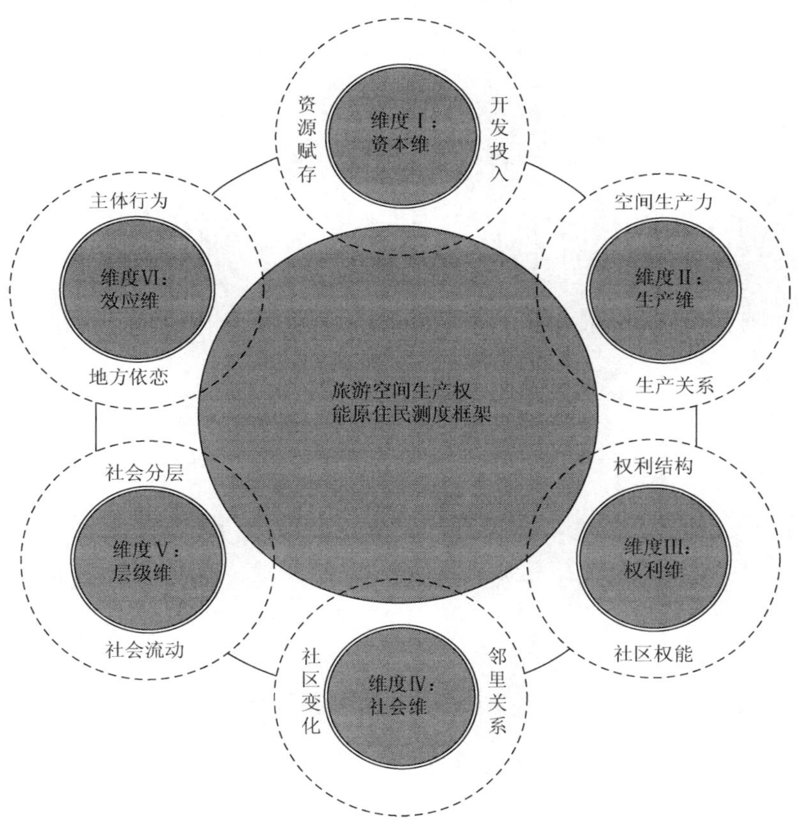

图 3-19　旅游空间生产权能原住民测度框架

b. 关于分析体系（Ⅱ）——游客

评价指标体系分为四个层次（图 3-20），第一层为总目标层，即游客旅游空间生产的权能总体评价；第二层为次目标层，由 4 个隐形指标组成；第三层为准则层，共 10 个影响因子；第四层为最终评价指标值，共 18 个因子。

总目标层用要素 A_{yk} 表示，次目标层要素集 B_{yk}=（$B_{yk}1$，$B_{yk}2$，$B_{yk}3$，$B_{yk}4$），准则层因素集 C_{yk}=（$C_{yk}1$，$C_{yk}2$，$C_{yk}3$，$C_{yk}4$，…，$C_{yk}10$），D_{yk}=（$D_{yk}1$，$D_{yk}2$，$D_{yk}3$，…，$B_{yk}18$）。

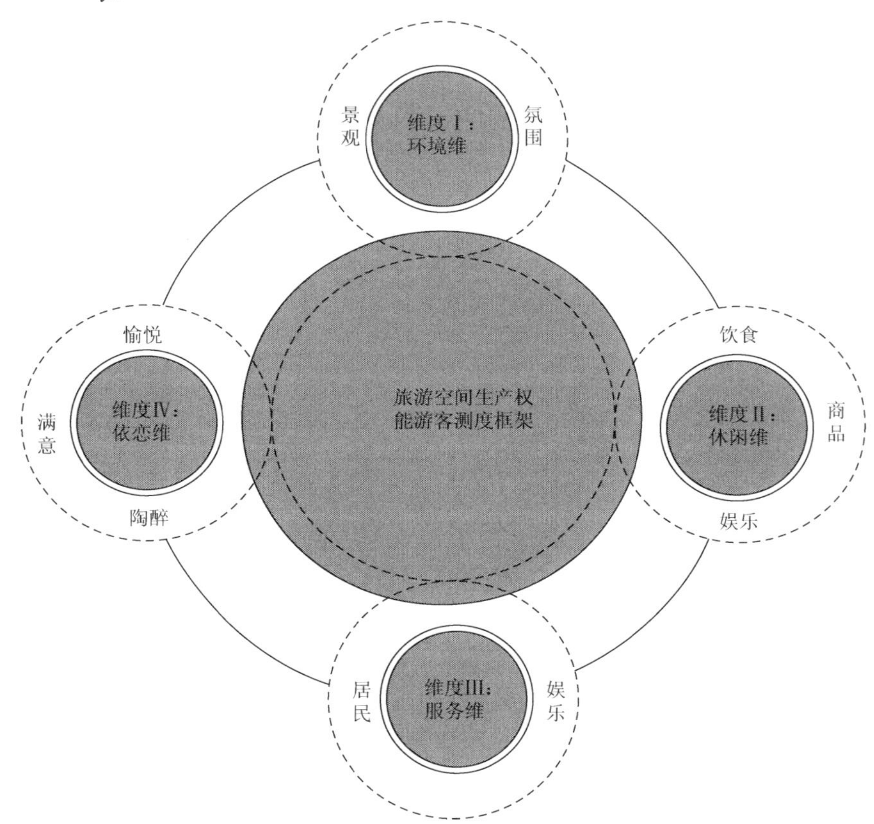

图 3-20　旅游空间生产权能游客测度框架

3.5.2.5　权能认同分析思路：多维结合

（1）典型个案

采用访谈、话语分析和“事件–过程”分析等方法，对“权能认同评价生成”

选取的最具代表性或较为突出的事项进行质性解析。

（2）因子评价

将对原住民及游客的调研数据进行分组，采用两种或两种以上测量方式，分别对分组数据进行测量，验证数据测量结果的效度和信度。其中，引入游客数据的目的之一是为了对比原住民与游客旅游空间生产权能差异。最后以多元回归方式测量对原住民旅游空间生产权能进行显著性影响分析。

3.5.3 旅游空间生产的空间正义

旅游空间正义是旅游空间生产的导向和目标。在旅游嵌入我国乡土中国的空间实践中，旅游空间正义的实现既需要理论前沿作引导，又需要将相关空间正义理论中国化，因地制宜，结合本土情况进行分析。

米歇尔·福柯（Michel Foucault）认为“权力不是自上而下的线性关系，而是一种相互交错的网”，同时认为“权力通过生产自身的行使者完成自身的运作”。这其实在强调“权力无处不在”，“权力无主体”、“权力具有生产性”。这为我们提供了重要的研究视角，旅游空间正义在理论上需要综合米歇尔·福柯的观点，结合本土经验，实现旅游资源开发和旅游成果分享中机会配置公平和权利实现诉求（图 3-21）。

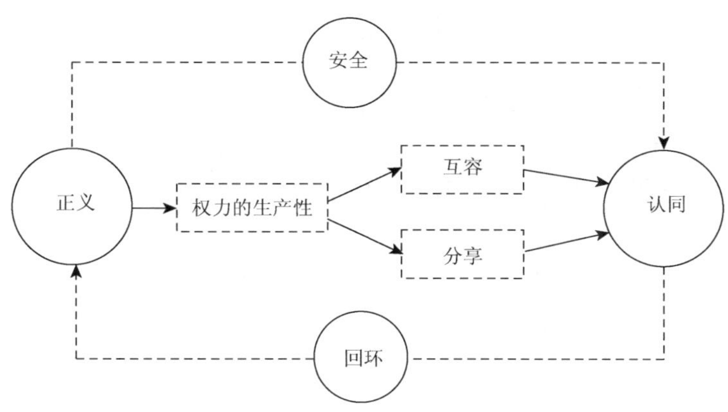

图 3-21 旅游空间正义回环图

旅游空间正义的实现需要考虑维度问题。其一，从正向来说，是旅游空间的基本结构，就是在旅游空间生产中运用前沿理念指导思想，合理配置旅游资源和旅游参与机会的机制和组织，并相应地形成调节旅游空间生产中结成的主体间的社会关系；其二，从逆向来说，是合理性的制度安排，就是要从制度规范的视角，创新处理旅游空间生产矛盾、问题和风险的新机制，强调旅游机会参与和旅游成果获得的合理性，弥合空间分歧，增进空间安全，促进空间发展。

4 历史视域中古镇原生空间形态

4.1 案例地概况及调查研究过程

4.1.1 案例地概况

本书案例地位于我国长江三角洲下游地区。其中，周庄古镇和惠山古镇分别隶属于江苏省的苏州市和无锡市，乌镇古镇隶属于浙江省桐乡市。区位如图 4-1 所示。

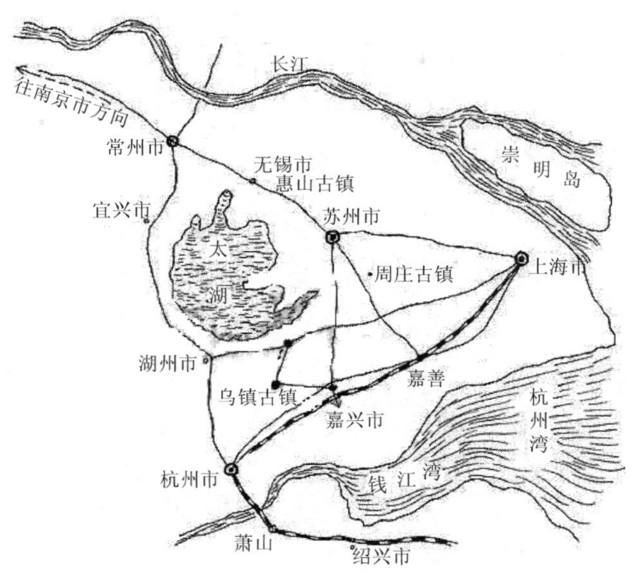

图 4-1　案例地区位示意图

截至作者在案例地田野调查结束，周庄古镇、乌镇古镇和惠山古镇资源等级及行政区划等概况如表 4-1。

表 4-1　案例地概况

镇名	资源等级	国家A级景区情况	申遗[①]现状	行政区划	区划性质
周庄古镇	国家级	5A	预备清单	江苏省昆山市	镇域社区
乌镇古镇	国家级	5A	预备清单	浙江省桐乡市	镇域社区
惠山古镇	全国重点文物保护单位（2006）	—	正在与大运河捆绑申遗	江苏省无锡市	城市社区

资料来源：根据实地调研整理

（1）周庄古镇

周庄古镇史载于1086年，隶属江苏省昆山市，属于典型的江南水乡小镇。由于“镇为泽国，四面环水，咫尺往来，皆须舟楫”，素有“水中桃源”之称。镇域面积38.96km^2，镇区面积0.47km^2，下辖10个行政村和2个居委会。镇内文物古迹众多，保持着完好的宋代“水陆平行，河街相邻”的“井”字形格局和“小桥流水人家”的风貌（图4-2）。

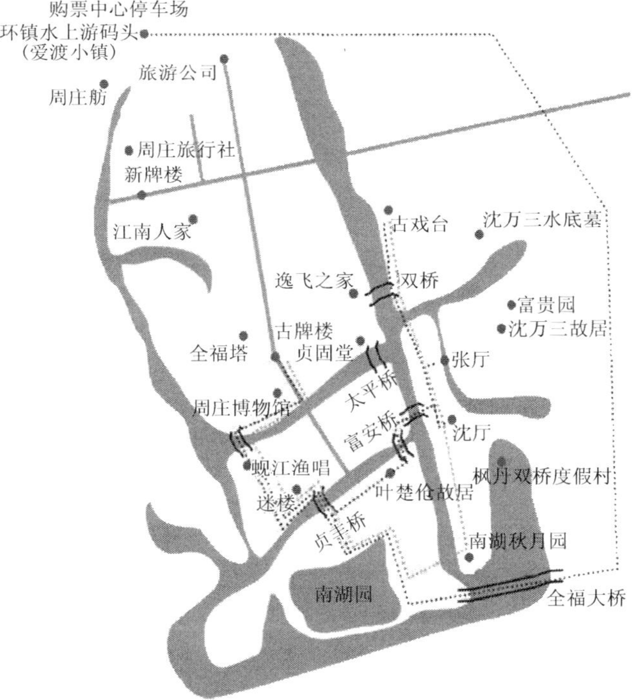

图4-2　周庄古镇示意图（网络资料）

① 申遗为申报遗产。

20 世纪 80 年代末至今，周庄古镇的旅游开发不仅开创了我国古镇旅游类型的先河[①]，而且历经 20 余年运作和推广，政府以地方特色资源带动旅游发展，发展旅游新兴产业，“中国第一水乡”的品牌形象被广大海内外游客所接受，取得了良好的经济效益和社会效益，成为江南水乡文化遗产旅游地的典型代表。

（2）乌镇古镇

乌镇古镇是一个有 1300 年建镇史的江南古镇，地处浙江省嘉兴市（地级市）桐乡市（县级市）北端，素有“鱼米之乡，丝绸之府”之称。乌镇古镇历史源远流长，古名乌墩、乌戍。根据镇东“谭家湾古文化遗址”出土的陶器、石器、骨器、兽骨等的鉴定，该处属于马家浜文化类型，处于新石器时代。6000 多年前，乌镇古镇的祖先就繁衍、生息在此。

1991 年，乌镇古镇被浙江省列为历史名镇。乌镇古镇旅游开发[②]的资源禀赋是其具有众多的历史遗址和深厚的文化底蕴，镇内至今保留有一大批明、清时代独具特色的江南水乡民居建筑，呈“十”字形的内河水系将全镇划分为东南西北四个区块，当地人分别称为“东栅（图 4-3）、南栅、西栅（图 4-4）、北栅”。

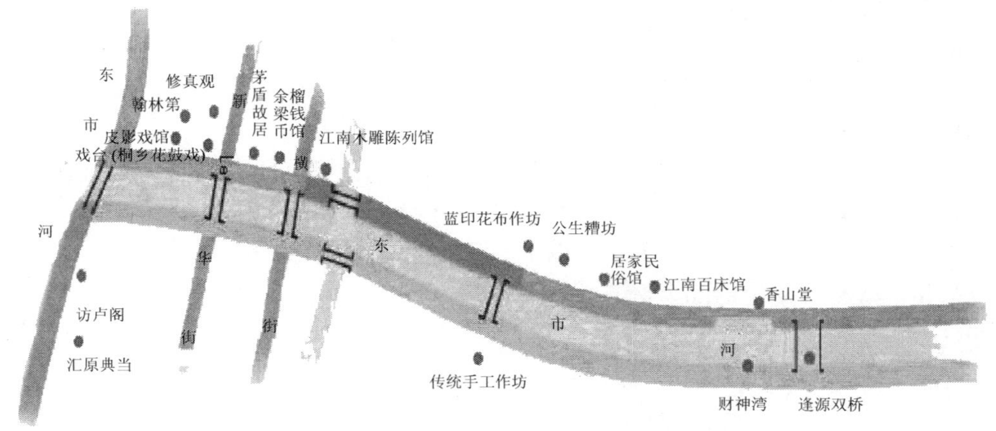

图 4-3　乌镇古镇东栅景区示意图（网络资料）

1999 年，乌镇古镇东栅区块保护开发工程开启，经过周密调查，乌镇古镇保护与旅游开发股份有限公司（投资方）制定了《乌镇古镇首期整治保护总体规划》

① 确切时间为 1989 年 4 月 1 日，周庄古镇第一个景点沈厅开门迎客，当年游客 5.5 万人次，营业收入约 20 万元。20 世纪 90 年代初，周庄大胆地将古镇景区众多景点“集体打包”，以“中国第一水乡”的品牌推向海内外，古镇旅游这一全新的旅游形态得以产生。

② 乌镇古镇旅游开发在江南古镇中起步最晚。1999 年，乌镇古镇在“古镇旅游热”和“赶超周庄”的背景下，进行旅游保护与开发。2001 年，东栅景区正式对外开放。

和详细的修复与整治方案，开始实施乌镇古镇保护与开发的东栅工程，简称“东栅景区”。2003 年开始，乌镇古镇保护二期工程（西栅景区）启动，其秉承“保护利用历史建筑，重塑历史街区功能”的理念。2009 年，成功创建国家 5A 级景区，全年接待游客 332 万人，旅游收入 3 亿元。

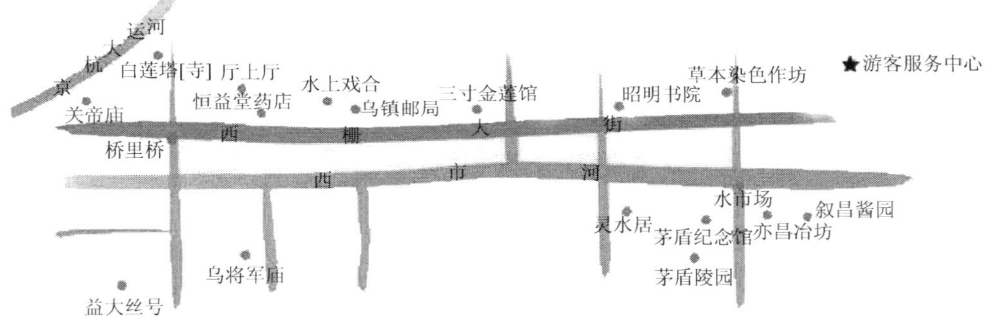

图 4-4　乌镇古镇西栅景区（网络资料）

（3）惠山古镇

惠山古镇地处江苏省无锡市城西锡山与惠山的东北坡麓，现存古建筑大多为明清时期所建造，文化底蕴丰厚，号称“无锡历史文化的露天博物馆”，是无锡老街坊风貌保存完好的唯一街区。

惠山古镇最具价值的祠堂群落，面积约 20 万 m^2，聚集了 100 多处以明清祠堂花园、会馆会所为主体的古建筑群落，区域内有各类祠堂、庭院、会馆、书院、庙宇。上自新石器时代，下至近现代，文化遗存及历史性建筑比比皆是，并有国家、省级和市级文物保护单位 25 处（图 4-5）。

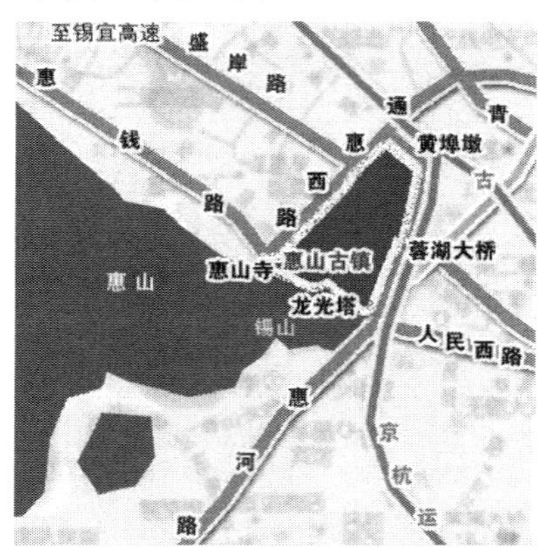

图 4-5　惠山古镇示意图（网络下载）

目前，惠山古镇已发现 118 处历代祠堂建筑和重要遗迹，汇集了自唐代至民国时期的 80 个姓氏，180 个历史名人。其数量之多、密度之高、类别之全、风貌之古朴，为国内所罕见。2006 年 6 月，经国务院批准，惠山古镇祠堂群被列为全国重点文物保护单位。近年来，惠山古镇古祠堂群引起了全国的关注，被认为是无锡市现存的唯一具有申报世界文化遗产资格条件的项目，旅游人数逐年增多。

4.1.2 调查研究过程

（1）“在这里”——从田野来

社会问题来源于社会现实。本书所形成的问题最初是基于作者在古镇社区中的观察、了解和反思。在市场化深入发展和区域竞争逐日加剧的今天，江南古镇基本形成了以旅游开发为中心的格局。较传统时期相比，旅游使古镇社会结构发生了较大改变，众多场域嵌套杂糅。原住民的生活面貌也发生了变化，社会的低权能化常态，社会关系变得异常紧张，民生矛盾日益凸显。

面对这些，任何一种科学研究的开始和结果，都必须以一种绝对坦率和正大光明的方式提出来。作为学者，需要怀有真正的科学目标和社会责任。在江南古镇调研时，理想和现实的落差成为作者内心矛盾的起点，旅游带来的较为激烈的问题域，应该成为学界关怀的焦点。

（2）“到过那里”——乡间小路

江南社区型文化古镇地域尺度较小，要想获取必要的信息，需要长时间走在“乡间小路”。本书坚守“多层次、多方位、多渠道”原则，基本以社会田野调查为主。站在田野的立场，意味着作者要在案例地开始“自己的一段生活”，过程（知识的获取）犹如探险，有时令人愉快，有时沮丧。没有人可以想象，做一种深刻的、有贡献的“社会实验”，可以不提供详细的社会调查过程（表 4-2）。

表 4-2 驻镇调查过程

调查阶段	调查内容	调查地点	调查时间
第一阶段	作者以游客身份游览周庄古镇，见到拥挤的人群，一批批涌入古镇核心区的游客，看到物理空间的区域差异，社会空间的复杂，文化空间的多元，作者观察，记录，收集信息	周庄古镇	2010 年 10～12 月，15 天
第二阶段	作者怀着学术梦想再次进入周庄古镇，调查旅游空间生产情况。开始以“民族志”方式调查，画下了古镇聚落格局图，查看物理空间的生产特征，社会空间的碎化，文化空间的冲突，结识了部分古镇居民，了解了居民空间生产体验等	周庄古镇	2011 年 3 月、10 月，27 天

续表

调查阶段	调查内容	调查地点	调查时间
第三阶段	作者进入无锡惠山古镇社区，根据在周庄古镇确定的考察提纲，调研物质空间、文化空间和社会空间生产情况；在上下河塘与部分居民交流，在直街和横街与部分游客交谈；初次进入吴文化研究协会，记录初步调查情况	惠山古镇	2011 年 7～9 月，35 天
第四阶段	作者无数次进入乌镇古镇东栅景区、西栅景区和南栅景区核心区，记录空间布局、居民生活、开发模式等；与上访多年的 G 先生和 L 先生多次长时间交流，了解空间生产中的权能失衡状况	乌镇古镇东栅景区、西栅景区和南栅景区核心区	2012 年 4～7 月，18 天
第五阶段	将学术关怀与疑问正式形成问卷，带领学生先后进入惠山古镇（直街、横街、山下河塘）、乌镇古镇（东栅景区、中市街、南栅景区、西栅景区）和周庄古镇（北市街、南市街、蚬江街、福洪街、全福路），调查游客及居民情况	惠山古镇、乌镇古镇、周庄古镇	2012 年 7～8 月，13 天
第六阶段	进一步在江南三镇作补充调查，核实物理空间生产情况，再次与部分居民交流旅游空间生产带来的变化情况	惠山古镇、乌镇古镇、周庄古镇	2012 年 10～11 月，2013 年 8 月，15 天
小结	研究共分 6 个阶段，进入古镇 17 次，跨时 3 年，驻镇 14 个月，累计 123 天		

（3）“回到这里”——到田野去

科学研究的目的是探究人们对外界的未知的成果，并将知识“再回到社会”。在保证知识创新和学术独立的前提下，发现真理，而不是附庸。本书的学术宗旨强调“将田野作为有知识的力量参与行动实践”，表现为将研究作为一种实践对社会形成干预或实现改变的可能性。在学科关怀上，欲借研究呼吁实践者洞穿空间表象所遮蔽的空间中的空间，既不要“缺场”，也不要“怯场”，给予更多制度性安排和人文关怀，关注、调适和引导对空间问题的复杂性认识，树立研究的科学问题“从田野来”，还要“到田野去”。

4.2 不同阶段秩序的基本逻辑

为了区别于旅游空间生产后形成的古镇空间，本书将旅游空间生产之前“不同时期”原生空间秩序划归为本书的“历史视域”。很显然，这里“不同时期”概念既有传统“时间属性”，也有“社会属性”。研究“不同时期”的空间形态，其本质是在探究古镇“社会秩序①”生成。马克思主义认为，生产

① 秩序是指要素之间平稳有序互动。一般来说，历史视域中的古镇秩序是在“国家-社会”框架秩序之内互动生成的。

力的发展必然引起生产关系的变革。古镇历史视域中不同阶段模式的产生和演变是一定时期社会存在的产物。概括起来有“弱国家-强社会”整合模式、“总体计划性国家”整合模式和“弱国家-弱社会”整合模式。具体见图 4-6 椭圆形区域。

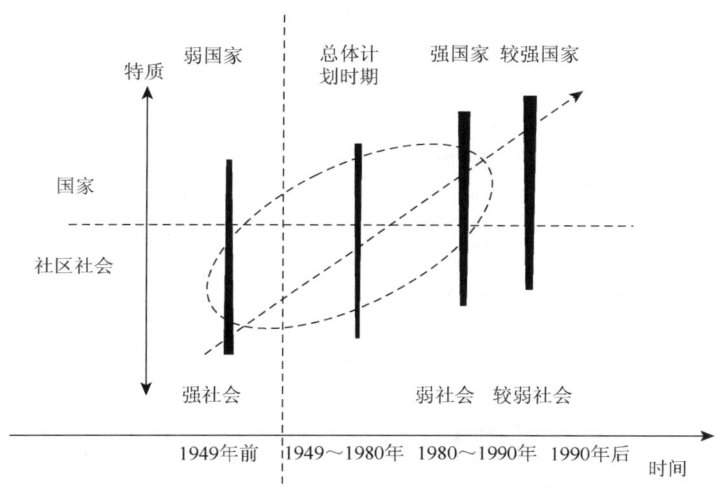

图 4-6　古镇不同阶段的整合模式

4.2.1　“弱国家–强社会”整合模式

古镇“弱国家-强社会”整合模式的时间阶段存在于新中国成立之前（1949 年以前）。此时间段又可以划分为“辛亥革命之前”和“辛亥革命至新中国成立”两个阶段。

第一时期古镇传统社会处于农耕社会阶段，宗法血缘是其典型特征。高度平民化的古镇以宗族的自治性组织作为治理基础，“守望相助”和“同族同血”形成功能化的自治秩序。这其中亦官亦商的古镇社会精英（绅士）凭借声望与权威起到了连接“国家”与“基层社会”的纽带作用，他们与古镇原住民形成一种在基层的特殊关系，并成为整合“国家”与“社会”的基层力量，“皇权不下县，县下惟宗族，宗族皆自治，自治靠伦理，伦理造乡绅”的政治特征使特殊的“基层关系”在相当长的一段时间内生产了持续的整合力。第二个时期，即辛亥革命使得“皇权不下县”的政治特征开始动摇，国家权力开始渗透于乡土社会。新兴价值观念的兴起在一定程度上造成对原有秩序的冲击，具体规则虽有多变，但我国传统的经济社会结构主要以宗法等关系确定社会认同纽带，古镇整体运作规则和维系因素本质还是以内生秩序为主。

4.2.2 “总体计划性国家”整合模式

古镇“总体计划性国家”整合模式时间阶段大致处于新中国成立后至计划经济时期，这一时期的古镇社会秩序本质上是通过外部强制力来进行的秩序维护。“全能主义式”的国家计划和权力进一步向基层社会渗透，合作化[①]、人民公社[②]以及社会主义改造[③]取缔了古镇乡绅阶层和宗法制度，实现了对基层社会生产、物质等的全面控制和垄断。国家权力不断向基层社会延伸，扮演主导角色，基层社会被国家挤占，并得到了剧烈改造，国家具有较强的社会动员能力，社会自主管理能力逐渐弱化。在这种特殊的时代背景下，人们被纳入到国家总体计划性的权力规训中，并在某种程度上锁定了整个古镇基层社会的流动性，“基层服从国家”，形成了整体计划性社区社会。

4.2.3 “强国家–弱社会”整合模式

古镇“强国家-弱社会”整合模式的时间阶段处于 20 世纪 80 年代初到 90 年代。改革开放后的古镇社区社会生产力的释放和生产关系的变动，使得国家对古镇社区的控制变得松动，原住民逐步拥有了较大的自由空间，社区精英得以复苏，原住民身份上具有了更多“现代性”，并对社区进步的质速有了更高的期待。一些基层组织开始成为国家对古镇基层社会治理的行政组织，“一元”社会管理体制转换为“多元”，逐渐演化成为一种由“主辅双线”结构（一线为：国家系统；另一线为：街道—居委会）融合的交叉新模式（图 4-7），“国家—市场—社区社会”三元社会管理框架并存于古镇，并主导了对古镇社区社会的

① 合作化是建国初期人民公社的较低级形式，在当时人力物力有限的情况下，为恢复生产，增强农民抵御自然灾害的能力而成立的农村生产互助组织，后来农业合作社的活动不断扩大，发展到完全的大公无私，发展成人民公社。

② 1958 年 7 月 1 日，陈伯达写的《全新的社会、全新的人》的文章（《红旗》杂志第 3 期），提出“把合作社办成一个既有农业合作，又有工业合作的基层组织单位，实际上是农业和工业相结合的人民公社”。人民公社是在高级农业生产社的基础上联合起来组成的劳动群众集体所有制的经济组织。成立初期，生产资料实行过单一的公社所有制，在分配上实行过工资制和供给制相结合，并取消了自留地，压缩社员家庭副业。从意义上来，“人民公社”就是现在的乡政府机构，其作用就是起到政府督导作用。后经多次调整，1962 年以后，绝大多数人民公社实行了“三级所有，队为基础”的制度，恢复和扩大了自留地和家庭副业。但仍存在着管理过分集中、经营方式过于单一和分配上的平均主义等缺点。

③ 社会主义改造即指农业合作化运动。在人民民主专政条件下，通过合作化道路，把小农经济逐步改造成为社会主义集体经济，是中国共产党在过渡时期总路线的一个重要组成部分。

整合。

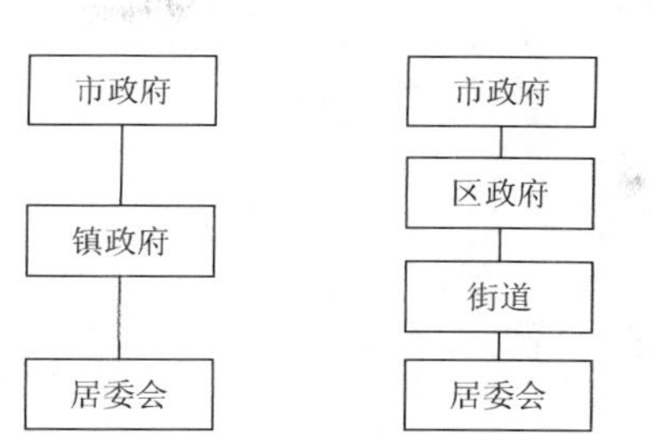

图 4-7　国家组织在古镇基层的渗透

根据在周庄古镇、乌镇古镇和惠山古镇实地调研后整理

从历史角度分析，古镇不同时期秩序逻辑没有出现对内部秩序“破坏”的力量；从现实判断，国家组织在古镇基层的渗透依然没有改变古镇社会治理的“内生”特征，古镇秩序的力量生成总体依靠内部完成，传统秩序依然属于“民间内生秩序”范畴。

4.3　原生空间特征

4.3.1　空间要素的“实在性”

原生空间是以土地为根基的自然空间，具有鲜明的物理性。空间是物质运动的存在方式，没有脱离空间的物质运动存在，也没有脱离物质运动的空间存在，空间与物质运动不可分割，两者相互依存，紧密结合，具有“一致性”。江南古镇原生空间首先是物理的空间，自然的存在，是自在之物，属于文化基因和文化遗传的基底，具有特殊的地域性。案例地古镇空间具有相似点，基本要素包括节点、道路、边界和区域，其“客观实在性”可提炼为“点空间”、“线空间”、“链空间”和“面空间”四个方面。

（1）“点空间”

“点空间”属于古镇空间最基本的单元，是吸引游客并使其驻留的具体空间（表4-3）。一般来说，古镇社区的“点空间”有：“桥”、“路”、“塔”、“民居（堂屋、卧室、走马楼）”、“家祠”、“牌坊”、“戏台”、“寺庙”、“廊棚”、“亭”、“石阶”、“书院”以及“交叉街口开放空间”等，这些节点构成人们关注度最高的核心元素。

“点空间”属于整体空间中的连接点，居民日常起居活动的交叉地带，或者是空间结构的转折点，具有“通道链接”和“集散”的双重特征。

表 4-3　古镇“点空间”及其功能

名称	古镇	类型	内容	功能
点空间	周庄古镇	私居型	沈厅、张厅、迷楼、怪楼①	居住、通勤、休闲、祭祀；结点丰富了空间环境，增强了空间的可识别性
		庙堂型	全福讲寺	
		古桥型	双桥（世德桥和永安桥）、安富桥	
		店铺型	蚬园弄	
		文化型	周庄博物馆②、贞固堂、逸飞之家	
		陵园型	沈万三水墓	
	乌镇古镇	私居型	矛盾故居	
		庙堂型	财神堂、修真观、乌将军庙、白莲塔（寺）	
		古桥型	乌镇古镇东栅景区任寿桥（望佛桥）、挹秀桥（观音桥）、永安桥、仁义桥、逢源双桥、福惠桥、仁得桥、仁惠桥、太平桥；乌镇古镇西栅古镇盛家桥、景行桥、万兴桥、放生桥、雨读桥、定升桥、福安桥、迁善桥、咸宁桥、通济桥、南塘桥、仁济桥、沈家桥、永善桥、泰安桥、蚕圣桥、来远桥、福禄桥、斐仓桥、逢源廊桥、虞奥桥、延嗣桥、平安桥、华云桥、致安桥、栈桥、吴桥、柳桥、佑安桥、文星桥、菜市桥、席行桥	
		店铺型	林家铺子、刨烟作坊、汇源当铺、访卢阁、一洞天、宏源泰染坊	
		文化型	江南百床馆③、江南木雕馆④、世博乌镇馆、立志书院、文昌阁、舟文化长廊、乌镇大戏院、乌镇昭明书院	
		陵园型	矛盾陵园	
	惠山古镇	节点型	惠山古镇照壁、宝善桥、龙头浜与横街交汇点	
		庙堂型	惠山寺、华孝子祠、至德祠、尤文简公祠、钱武肃王祠、淮湘昭忠祠、留耕草堂、顾洞阳祠、王武愍公祠、陆宣公祠、杨藕芳祠等；此外，还有惠山寺周边祠堂群、横街祠堂群、直街祠堂群、上河塘祠堂群、下河塘祠堂群、惠山浜祠堂群	
		古桥型	宝善桥街、石砌方池或池沼	
		文保型	愚公谷旧址、碧山吟社旧址、听松石床、卧云石、竹炉山房石刻、竹素园湖石	
		文化型	惠山泥人博物馆⑤、寄畅园、惠山寺庙园林、天下第二泉、二泉书院	
		陵园型	华彦钧墓⑥	

资料来源：根据田野调查整理

①体验穿墙走壁、隐身人、空中浮游、变形人、小人国、从巨蛇口中脱险等，以及童话小说和梦境中才能看见和感觉到的情景，在“怪楼”的幻视馆里能看见，而且还能亲身经历和实现这些匪夷所思的幻觉体验；

②馆内有镇北太史湖底出土的良渚文化和印纹陶文化文物，五千年前的石器、陶器、古木井板等百件文物；

③江南百床馆，是中国第一家专门收藏、展出江南古床的博物馆，坐落在乌镇古镇东大街 210 号，又称赵家厅，面积约 1200 km^2，内收数十张明、清、近代的江南古床精品；

④原是东栅景区徐家的豪宅，又名百花厅，以其木雕精美而闻名。它雕梁画栋，尤其是门楣窗棂上的人物、飞禽、走兽，通过圆雕、平雕、透雕、镂空雕等表现手法表现得出神入化；

⑤历史性的展示泥人的发展过程，有中国泥人流派展示和世界泥人文化展示等空间；

⑥华彦钧即瞎子阿炳，民间音乐家。因患眼疾而双目失明。他一生共创作和演出了 270 多首民间乐曲。留存有二胡曲《二泉映月》、《听松》、《寒春风曲》和琵琶曲《大浪淘沙》、《龙船》、《昭君出塞》六首

(2)“线空间”

古镇“线空间”是由“街”和“弄堂”表现出来的。“街”和“弄堂”便成为“线的空间”。“线空间”属于链接点空间之间的要道，由主干道、次干道、小道等组成（图 4-8）。一般来说，古镇由少数几条主干道（“线空间”）统领，由若干次干道和小道作为补充。

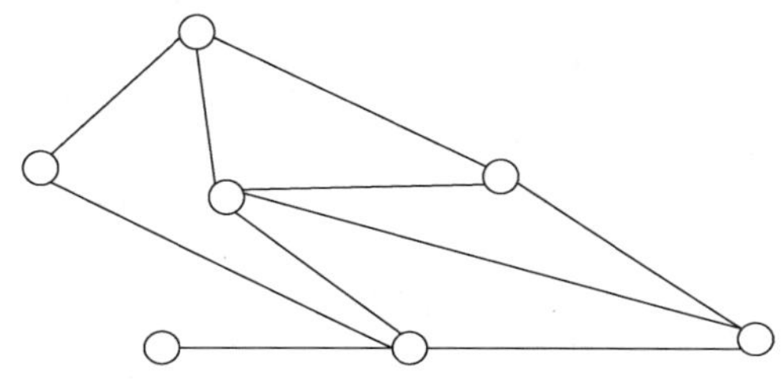

图 4-8　古镇“线空间”

在历史视域中，古镇“线空间”是原住民日常生活移动的路线，起着对景观空间分区、功能分区和提供生活通行三重功能（表 4-4）。

表 4-4　古镇“线空间”及其功能

名称	古镇	级别	内容	功能
线空间	周庄古镇	主干道（1）①	南湖街、中市街、全福路、北市街、全功路、市前街、云海路等	景观空间分区，功能分区和提供生活通行
		主干道（2）②	—	
		次干道（1）①	西湾街、银子浜街、贞丰街、西市街、蚬江街等	
		次干道（2）②	南湖园—全福寺码头；福安桥—双桥—古戏台—全功桥—太平桥青龙桥—博物馆（终点）	
		小道	蚬园弄	
	乌镇古镇	主干道（1）	兴华路（东栅景区）、观前街（东栅景区）、东大街（东栅景区）	
		主干道（2）	东市河	
		次干道	—	
		小道	横街（东栅景区）、茶叶弄（东栅景区）、染店弄（东栅景区）、周家弄（东栅景区）	
	惠山古镇	主干道（1）	惠山直街、惠山横街	
		主干道（2）	惠山浜、龙头浜、烧香浜	
		次干道	善桥街	
		小道	草堂弄、石平路	

资料来源：根据田野调查整理

①：陆路；②：水路

（3）"链空间"

"链空间"以"点空间"和"线空间"为基础，由"线"将"点"串成链型，并以不同方式组合而成的空间形态。一条链上，可以包括无数个"点"和"线"；依此类推，一个链空间上，可以由无数个"点空间"和"线空间"组成（图 4-9，表 4-5）。

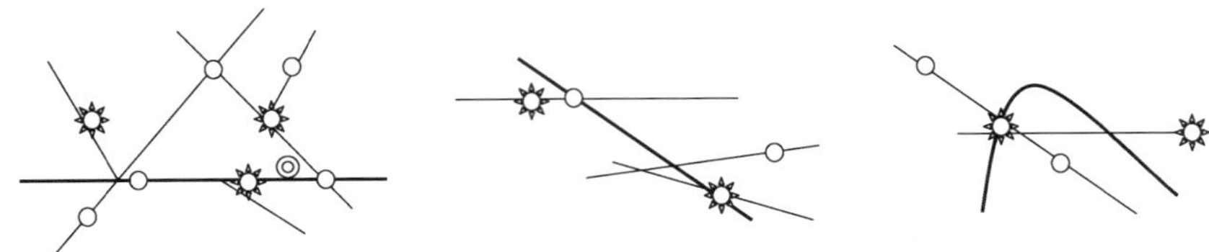

图 4-9　古镇"链空间"

表 4-5　古镇主要"链空间"举例

古镇	主要"链空间"
周庄古镇	全福路、全功路、北市街
乌镇古镇	观前街（东栅景区）、东市街（东栅景区）、东市河（东栅景区）；西栅大街（西栅景区）、西市河（西栅景区）、景行水巷（西栅景区）
惠山古镇	惠山直街、惠山横街、宝善桥街、上河塘、下河塘

资料来源：根据田野调查整理

（4）"面空间"

"面空间"是由"点空间"、"线空间"、"链空间"在古镇区域相互耦合而形成的集合（图 4-10）。根据古镇发展及内涵不同，会形成类型各异的"面空间"。

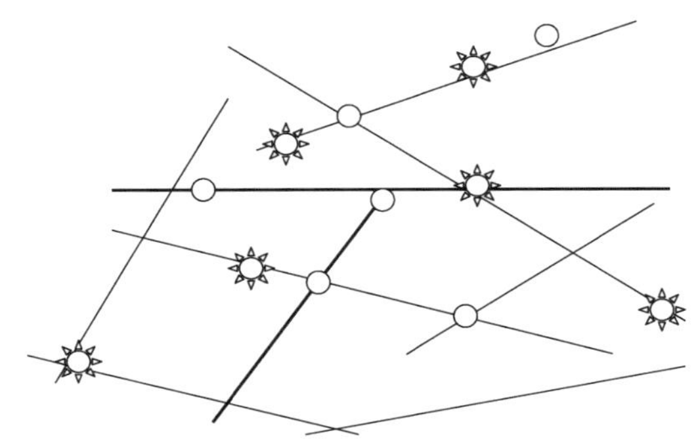

图 4-10　古镇"面空间"

前述古镇"点空间"、"线空间"、"链空间"和"面空间"均是对古镇整体空间的分解。从以上分析可知，三个案例地古镇传统面空间基本由"民居空间"、"公共空间”和“环境空间”组成（图 4-11）。

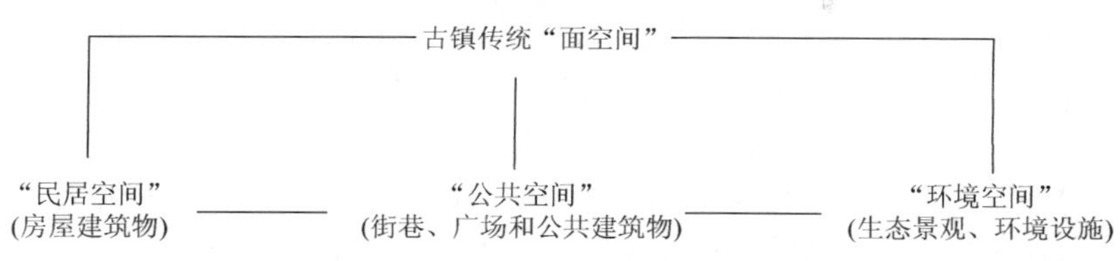

图 4-11　古镇面空间水平解析

4.3.2　空间边界的“有限性”

在原生空间形态中，案例地古镇由于与外界交往有限，在物理、社会和文化空间等方面同样具有“内部循环，自成一体，且不受外界干扰”的相似性质，总结起来一言以蔽之即为“边界有限”。

（1）物理空间——尊法自然

在案例地古镇中，水是其大环境的母体，受到传统“天人合一”哲学思想以及“风水理念”等观念的影响，古镇营建十分注重景借山水，大多因水而生，临水而居，因水而发展。河网在镇内和主干道重合，连桥成路，流水行船，形成“亦路亦水”的原生物理空间格局。小河穿镇而过，“河从门前过，推窗望流水”，两旁人家枕河而居，所谓“小桥，流水，有人家”，原住民在石阶上取水、洗涤，依法自然，遵法自然；内外活动虽然“咫尺往来”，但常“皆须舟楫”，四通八达的水乡河道成为古镇主要交通干道（图 4-12）。

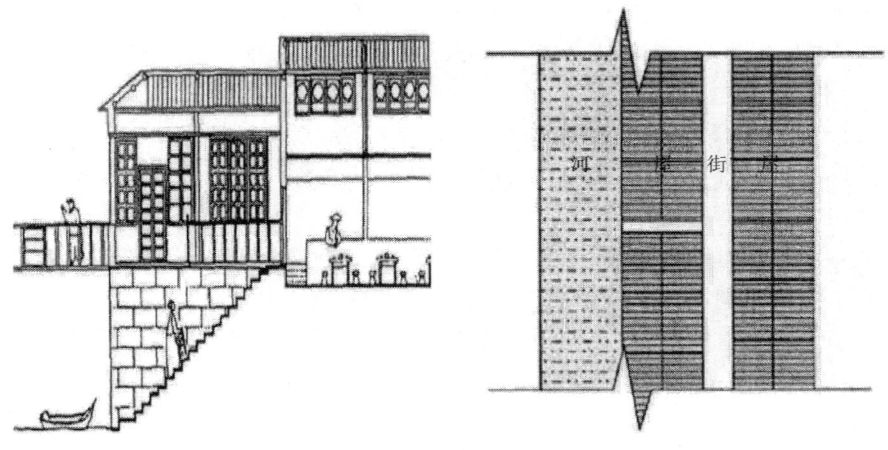

图 4-12　江南古镇物理空间示意（周婷，2012）

古镇巧妙利用地形和地势，形成了具有一定边界的地域空间。关于古镇“边界有限”的物理环境，在韩欣《中国名镇》和古镇书编辑部编著的《古镇书江苏•上海》中，对周庄古镇有如下记载：“周庄镇自古为泽国，四面环水，北有宽阔的急水港、白蚬湖，南有南湖与淀山湖相连；南北市河、后港河、油车漾河、中市河形成‘井’字形，因河成街，傍水筑屋，宛如一颗镶嵌在淀山湖畔的明珠。”

作者在浙江乌镇古镇实地考察时，也发现了性质类似的关于古镇物理空间形态的记载：“谭家湾遗址是乌镇历史的源头，位于乌镇东郊三里许的谭家湾村西边，西接红光村水田，南抵河浜以南的桑地，北部延伸至谭家湾村水田。中心地段在呈馒头状高埠的荡田里。”（图 4-13）

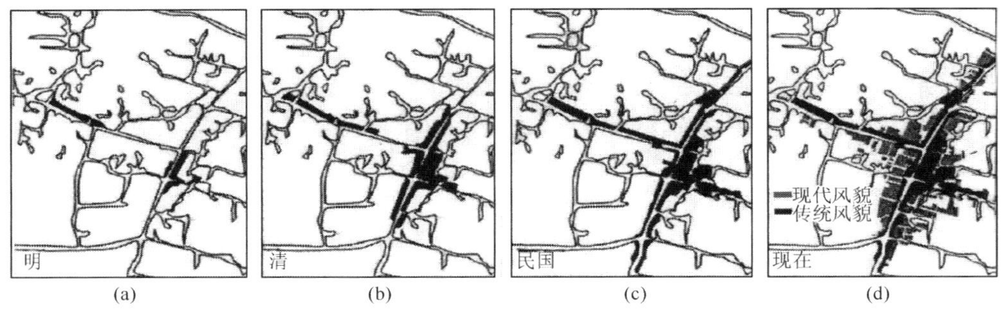

图 4-13　乌镇物理空间的历史演变

引自周婷，并根据相关资料及《江南六镇》改绘

“……街道、民居皆沿溪、河而造，正所谓‘人家尽枕河’。与众不同的是沿河的民居有一部分延伸至河面，下面用木桩或石柱打在河床中，上架横梁，搁上木板，人称‘水阁’，这是乌镇所特有的风貌。水阁是真正的‘枕河’，三面有窗，凭窗可观市河风光。茅盾曾在《大地山河》中这样描述故乡的水阁：‘……人家的后门外就是河，站在后门口（水阁的门），可以用吊桶打水，午夜梦回，可以听得橹声唉乃，飘然而过……’。”

对于惠山古镇的物理空间形态，《古镇书江苏•上海》中作过这样的描述：

“古镇南临万顷太湖，京杭、锡北、锡澄三条运河流经该区。”

“南朝著名文学家江淹[①]诗作《无锡县历山集》曾言此地当年‘别雀噪吴田’，可见当时惠山集镇之外是农田。”（图 4-14）

① 江淹（444～505 年），字文通，南朝著名文学家，历仕三朝。济阳考城（今河南民权）人，故里在今民权县程庄镇江集村。

图 4-14 （清）南巡盛典·惠山图（惠山古镇文化研究会）

从以上田野考察和古籍记载可以看出，案例地古镇的物理空间是先验的感性直观形式，有位置，有距离，有边界，是有限的容器，以河域为中心的古镇就是所有范畴，自然边界便是实质边界，属于点、线、面立体讨论的几何学空间，侧重空间的物理属性。

作为特定历史时期生活在特定空间地点上的主体在场居民，马克思·韦伯（1964）曾有过这样的分析：

“物理位置变成一个人自我的延伸。社区同胞和社区家庭的外部世界，以及物理位置本身似乎内化为一个人内在的自我认识不可分割的方面。于是，一个人对自身的看法和对自身的社会地位的看法同他对有限社会互动的空间范围的看法巧妙地融为一体。”

而在亚里士多德（Aristotle）看来，“边界有限”是个“位置”（topos）概念，是“实地存在的”，是“事物占有的位置的总和”，其特性基本是“有限的、静止的、向内的”。

（2）社会空间——本土循环

社会空间是有各种功能系统交织耦合起来的概念系统，是被社会群体感知和利用的空间，是在自然环境的基础上，古镇原住民通过长期有意识的社会劳动、加工和改造了的自然物质，创造的物质生产体系，积累的物质文化等所形成的空间体系，与物理空间相对。分析社会空间心理，其实是在分析社会空间显性载体以何隐形内容表达的问题。在案例地古镇，社会空间的“本土循环”特征主要表现在以下三方面。

1）天人合一。提出这一观点的原因主要基于古镇社会在自然中生成并发展，是大自然的一部分，人与自然相通相应，息息相关，是个统一体。阮仪三曾在《江南古镇》专著中这样描述：“‘水’文化和‘古’文化的交点，是其灵魂所在。”这种特殊的环境文化造就了原住民“空间心理”与自然合二为一的外在表征。从本书选取的三个案例地来看，古镇无论是在建筑平面配置形态、分布形态、文化、美学、意蕴等，还是在其内传统基因中；无论从外在的表层形态，还是蕴涵于内部的深层文化，都着力诠释着中国传统营造学与古代哲学的高度统一，孕育出浓郁的、天人合一的乡土气息和历史文化韵味。

2）中和。《礼记·中庸》[①]中有言："喜怒哀乐之未发谓之中，发而皆中节谓之和。中也者，天下之大本也，和也者，天下之达道也。致中和，天地位焉，万物育焉。"简言之，"中和"即社会上、自然界的事物尽管千差万别，矛盾交织，却能实现多样的统一，复杂的平衡，协调和谐，共生并存，互相促进，实现"和而不同"。古镇原住民的"中和"思想常常反映在建筑表征中。例如，不管在周庄古镇、乌镇古镇还是惠山古镇，可以看到古镇空间布局及其蕴含着这种思想。

"空间布局具备向心性、轴线对称和封闭性等特点，其中轴线对称亦即中轴线左右对称的格局，反映了均衡、中和等传统的文化空间心理，这种'围合空间'之本质乃是根植于乡民日常的深层结构之中。"

3）修身克己。古镇传统文化非常强调修身，并强调"修身为本"，所谓"修身、齐家、治国平天下"。这一核心思想可在案例地古镇传统文化，或装饰华美的墙脚石、石雕、窗花图案上表现出来。例如，在周庄古镇，可以从流传于当地的"宣卷"看出传统文化意蕴。作为基层乡土中国特有的一种民间曲艺形式，"宣卷分丝弦宣卷与木鱼宣卷两种。前者一般由六人组成宣卷班子，操二胡三弦、笛子、木鱼、铜磬等乐器；以激进昆曲唱腔、民间小曲《四季调》、《掺合申曲》、锡剧等地方戏调，演奏悠扬动听，抑扬顿挫。宣卷主角长衫广袖，手执折扇、惊堂，神采飞扬，又说又唱，所演剧目常有《梁山伯与祝英台》、《秦香莲》、《顾鼎臣》、《白罗山》等。后者常由二人搭档。其一人敲着木鱼，边唱边白；另一人和击佛磬，口念佛号以和卷，形式简单。所演剧目多为因果报应、劝人为善之类的简短剧目"。在对惠山古镇祠堂功能的考察中发现，《祠堂博览》中这样描述："在古代，……祠堂以血缘关系为基础，用来祭祖报本、教化族人的场所。也是族人风俗礼仪之地，涉及宗族法规、治安教育、科举官职等很多方面。"而在曹寅昉看来，这种修身克己表现在"尊崇尊老爱幼、长幼有序、施善行德、先公后私、正义制暴、诚实守信等优良传统。"[②]

上述内容并非个案，而是隐含在古镇其他以各种形式为载体的形态中，这说明"修身克己"作为古镇传统文化的精髓，通过强调克服自身缺点和缺憾，提高自身知识和素养，其本质是要求人们怎么看待万事万物的存在和运动，如何去解决社会问

① 参见 http：//www.hudong.com。

② 参见 http：//www.ahexpo.org/a/200908/05144108.shtml。

题、处理人际关系、追求理想的社会境界，同时也是古镇传统文化的哲学根基。这些从文化基因渗透出来的思想，折射出了古镇社会空间中的指导理念和文化核心。

由此可见，案例地文化古镇的社会空间形态是一种静止的空间结构体系和空间样态，既适应自然环境，也是对自然环境的反映，体现出古镇原住民宁静致远、天人合一、本土循环以及边界有限的社会空间形态。

（3）文化空间——地域分明

1）文化空间。对案例地古镇来说，人们在历史长河中对社会空间的建构常常伴随着对空间文化属性的探寻。文化的创造活动是古镇社会空间形态中“属人性”的重要体现形式，是原住民精神生产的必然之物。从此角度讲，文化空间是一种信念和意志的精神空间。

作为一个独立术语，“文化空间”也称为“文化场所”（culture place），该词首先出现在联合国教科文组织颁布的《人类口头及非物质文化遗产代表作宣言》中，主要用来指人类口头和非物质遗产代表作的形态和样式。1998 年，联合国教科文组织在《宣布人类口头和非物质遗产代表作条例》中，明确将人类口头和非物质文化遗产划分为两大类，认为这是“一种表现于有规可循的文化形式，如传统习俗和各类节庆仪式；另一种是可确定为民间或传统文化活动的集中地域，是文化在具体时间和实体空间的存在”。从不同视角划分，人们可以将其分为不同领域。概括起来大概包括文化内空间、次级空间、文化系统空间和文化土壤（表 4-6）。

表 4-6　文化环境概念体系

名称	分类	内涵	范畴	特质
文化空间	文化内空间	指相互交往的文化群体凭以从事文化创造、文化传播及其他文化活动的背景和条件	人化的自然环境、经济环境、社会环境	生产生活文化、制度文化和精神文化
	次级空间	指环境的人为部分，即指人类从事文化活动的一些基础文化条件	科学技术、社会组织、政治条件	
	文化系统空间	指文化系统产生与活动的背景	确定文化系统界线后，在系统之外与之关联的各种自然条件与文化条件，都属于环境的范围	
	文化土壤	指培育民族文化及其性格的特殊文化环境	区域地理环境、在区域地理环境中产生的物质生产方式、构建在前述两个层次上的社会组织形式	

资料来源：根据相关资料整理

作为非物质文化遗产的一种类型，我国在 2005 年颁布的《国家级非物质文化遗产代表作申报评定暂行办法》中界定“文化空间是定期举办传统文化活动或集中展现传统文化表现形式的场所、兼具空间性和时间性”。

可见，笼统地说，文化空间是一种社会现象的组合，是人们长期创造形成的产物；同时又是一种历史现象，是社会历史的积淀物。包括民族的历史、地理、风土人情、传统习俗、生活方式、文学艺术、行为规范、思维方式、价值观念等。通过系统梳理，案例地文化古镇文化空间形态主要表现形式见表 4-7～表 4-9。

表 4-7　周庄古镇传统文化空间形式

古镇	传统习俗	传统习俗文化活动	时间	寓意
周庄古镇	春节	烧香、拜年、迎财神、闹元宵	腊月二十四、二十八、除夕、初一、初五、正月十五等	祭祀神佛、祭奠祖先、迎禧接福、祈求丰年
	清明节	踏青、扫墓	春暖花开之际	休闲、祭奠
	端午节	除与其他地方悬菖蒲，挂艾草，桌前供钟馗外，水巷里船夫穿戴特制的节日黄衫，驾快船来回奔驰；还有演员装扮成驱鬼的“钟馗”，身披长袍、手持长剑，跳着祭粽舞蹈	农历五月	寓意驱邪避瘟，向往健康
	中秋节	商铺准备菜酒，招待职工、晚上开夜市，人们上街逛市，俗称“走三桥”	农历八月十五	月满团圆
	挑花篮、打莲厢、荡湖船	水乡经典民俗歌舞，妇女以舞蹈的形式庆丰收，祈平安，载歌载舞，场面欢快	春节、“五一”、“十一”期间	民间娱乐
	摇快船	始于清初，在水上进行摇快船活动	农历三月二十八、七月十五举行庙会	精神愉悦，抒发豪情壮志
	划灯	民间娱乐活动，扎满彩灯的船只，在弦乐声中划于河面	每隔三五年举办	民间娱乐
	“打田财”①	（牛郎庙）广场上，人们竖立起一根桅杆，杆上横一小竹竿，两端悬挂彩灯。桅杆顶端缚一圈圈稻草，内藏鞭炮，敷以易燃物品，再糊上一层黄色的纸张，呈元宝状，这就是“田财”。夜晚，人们扶老携幼来到广场上，欢度良宵。当桅杆上彩灯内的蜡烛燃尽时，人们鸣放鞭炮、爆竹，点燃烟花火筒，用月炮、九龙抢珠、“五百鞭”、“一千鞭”对着杆上悬挂的金黄色“田财”轮番射击	农历正月十五元宵夜	祈声高亢悠长，希冀五谷丰登，国泰民安
	阿婆茶	定于某日要请吃“阿婆茶”，数天前就四处邀请，筹备茶点。当天洗涤茶具，摆设桌椅。到约定时间，宾客至，宾主相互招呼就座。东道主全家热情招待，冲茶、剥糖果、抓蜜饯、削水果、大家叙谈		精神愉悦，休闲
	丝弦宣卷	近似于堂名，亦有说唱、评弹之风。按艺人众寡、表演繁简，宣卷分丝弦宣卷与木鱼宣卷两种	农历七八月	民间曲艺

资料来源：根据田野调查获得

①《周庄镇志》记载：“闹元宵，乡人于田中立竿木，用稻草夹爆竹缚其上，举火焚之，日烧田财，即照田蚕之意也”。这种风俗，在江浙沪一带均有流行

表 4-8　乌镇古镇传统文化空间形式

古镇	传统习俗	传统习俗文化活动	时间	寓意
乌镇古镇	贺岁拜年	新妇盛服向尊长献鞋履，名“辞岁”，尊长给钱与新妇及孩童，名“压岁钱”。当晚并有拜利事、接灶神等活动	农历正月初一	除旧迎新、迎“禧”接“福”
	元宵走桥	乌镇人有走桥的习俗，入夜三五结伴出游，途中至少要走十座桥，路线不可重复，此习俗源于旧时普遍流行的一种以妇女为主体的避灾禳解活动，称“走十桥”或“去百病”	农历正月十五	祈祷新的一年里无病无灾。近代，演化为一种单纯的节日游乐和祈福活动
	清明踏青	乌镇更有许多与养蚕相关的习俗，前一夕“清明夜”，做青团、裹粽子、设祭“禳白虎”，门前用石灰画弓矢，以祈蚕，煮螺蛳，以针挑食螺肉，名“挑青”。清明日起四乡蚕农齐赴普静寺烧香祈蚕，名“香市”，届时商贩云集，游人如蚁，旷地上售货摊、演艺场鳞次栉比，河港中踏白船、打拳船竞技斗勇，前后持续半月有余，成为水乡蚕农的狂欢节	春暖花开	休闲、祭奠、竞技活动
	立夏称人	立夏称人以江南最盛，传说三国时刘备之子阿斗于立夏日被带往江东，孙夫人当面称过体重，精心抚养，以后每年立夏再称一次，写信向诸葛亮汇报，以示尽心，传入民间，相沿成俗	立夏	忠诚
	端午吃粽	家家裹粽子，亲友互相馈赠，相传此习俗源于对屈原的纪念，古人都以“重五”为“毒气横溢，鬼魅活跃”的“恶日”	五月初五	纪念性活动
	分龙彩雨	届时各坊水龙会整装集队，带上全副救火器具，会聚于镇中旷地河畔，有的事先在水龙、水桶中放进各色颜料，一声令下，锣鼓齐鸣，各水龙同时对空喷射，尽现五彩缤纷、飞瀑凌空的壮观，男女老少聚集围观，呐喊助兴	农历五月二十五	民间娱乐
	天贶晒虫	寺庙僧尼晒经卷，普通百姓晒衣物，是日还有牵猫狗浴于河的习俗，镇人晒热水为孩童洗澡，妇女于是日洗发，而家家户户吃馄饨的习俗则可能是由混浴引申而来	农历六月初六	据说可避虱蛀
	中元河灯	当日，道观作斋醮荐福，佛寺行“盂兰盆会”，释道两教共举法事，民间则家家户户祭祀祖先，故又称“鬼节”	农历七月十五	民间节日

资料来源：根据田野调查获得

表 4-9 惠山古镇传统文化空间形式

古镇	传统习俗	传统习俗文化活动	时间	寓意
惠山古镇	惠山庙会	2008 年被公布为省级非物质文化遗产。古时庙会朝山进香，游春踏青，有竹枝词为证："村人装束拜香来，直到茅峰（指三茅峰）绝顶回；礼多为贵拜十庙，二泉亭下再徘徊。"拜香者以八人为一会，分作两班，各持小凳、上炷香，缀珠灯、木鱼铜磬等物，口诵神号，三五步一拜，一直拜到山顶，昼夜不息；后逐渐演变为节日活动	农历三月十四日，高潮三月二十八日	节日活动
	惠山茶会	唐以来，便以二泉水茗茶为时尚，实际成古无锡茶叶品定中心	—	茗茶活动
	三月香汛	三月间，香火极盛，行时排成长队，游于街巷，队伍中间求神祈福，劝人为善，民间文艺，街头杂耍	农历三月二十八日	祭拜、祈福等
	香灯	明成祖朱棣继位，在武当山大造道观。此后每年夏历二月，苏州、松江两府香客途径无锡，齐集北塘黄埠墩河面上，香船上装有灯架，用以悬挂香灯；幕至，香灯齐明，灯灯相连，火树银花。香灯活动（明末消失）	夏历二月间	香灯活动
	八庙朝东岳	东岳庙又名天齐庙，俗称圣帝殿、东岳行宫，坐落于惠山直街。届时无锡八大神庙的"大老爷"一起去朝拜位于惠山脚下的东岳庙内黄飞虎，俗称"解钱粮（纸钱）"；"八庙朝东岳"的形式在全国各地的庙会中都称得上独一无二（东岳庙被毁，现在的惠山庙会只能套用"八庙朝东岳"的形式）	三月二十八日	朝拜活动

资料来源：根据田野调查获得

2）文化空间表征。根据对案例地古镇传统文化研究发现，文化空间的地域特色较为明显，存在以下特点（表 4-10）。

表 4-10 案例地古镇文化空间的特征

特点	内涵	举例	地域
世代相传	传统文化在某些历史时期内有所中断，在不同的历史时期或多或少的有所改变，但是大体上没有中断过，总的来说变化不大	保留了完好的水乡风貌，独特的人文景观和质朴的民俗风情，是一种由历史、文化、建筑、风情、民俗、艺术、交通、饮食以及哲学、观念等多层次、多方位内容构成的综合体	周庄古镇
		传承千年的历史文化，深厚的人文积淀和亘古不变的生活方式使乌镇成为了东方古老文明的活化石	乌镇古镇
		历史文物林立，人文荟萃，建筑风貌、人文生活，流传久远	惠山古镇

续表

特点	内涵	举例	地域
历史悠久	具有上千年的历史	始建于 1086 年的周庄古镇，因邑人周迪功先生捐地修全福寺而得名，春秋时为吴王少子摇的封地	周庄古镇
		完整地保存着原有晚清和民国时期水乡古镇的风貌和格局	乌镇古镇
		历史悠久，古迹众多，文化底蕴丰厚，号称无锡历史文化的露天博物馆。上自新石器时代，下至近现代，文化遗存及历史性建筑比比皆是，并有国家、省级和市级文物保护单位 25 处	惠山古镇
民族特色	古镇传统文化是地域特有的，与其他民族文化不同	沈厅、张厅、迷楼、叶楚伧故居、澄虚道院、全福寺等名胜古迹，具有一定的历史、文化和观赏价值	周庄古镇
		体现了中国古典民居“以和为美”的人文思想；完整地保存着原有的水乡古镇的风貌和格局，生活方式	乌镇古镇
		已发现 118 处历代祠堂建筑和遗迹，汇集了自唐代至民国时期的 80 个姓氏，180 个历史名人。数量之多、密度之高、类别之全、风貌之古朴，为国内所罕见	惠山古镇
博大精深	传统文化，广度——丰富多彩，深度——高深莫测	东方文化的瑰宝、中国优秀传统文化杰出代表	周庄古镇
		典型的江南水乡古镇，素有“鱼米之乡，丝绸之府”之称	乌镇古镇
		文化底蕴丰厚，号称无锡历史文化的露天博物馆	惠山古镇

资料来源：根据田野调查整理

4.4 原生空间形态：内源自生本体空间

从上述空间生成来源可以看出，古镇作为社区型文化聚落具有适合自身内在运作的逻辑，从空间生成的动力来源看，具有“内源性”；从空间与传统聚落运作的匹配度来讲，具有“自生性”；从空间组成性质来讲，具有“本体性”，属于“内源性自生式本体空间”。具体表现为三方面，即物质空间的生存性、社会空间的地域性和文化空间的自洽性。

4.4.1 物理空间的生存性

（1）空间功能

通过调研分析，案例地古镇物理空间属于几何学与传统地理学意义上的公共空间，具有显性、历史性、社会性和政治性。历史上周庄古镇、乌镇古镇和惠山古镇由于受自然环境、政治、经济、文化等要素的制约，物质空间布局是一个集集体活动、邻里互动和特殊合作的共同生存整体。例如，回廊巷道井然有序，水井池塘布局有方，商店作坊比邻而建，主要以“凸显功能”为主，依靠历史积淀和人文传承的街道和河流构成古镇空间基本脉络，以居民的行为活动为主线形成“室—庭—巷—街—场”的“私人空间—灰空间—公共空间”层次递进的格局（表4-11），并以此构成物质空间“点”和“线”的单元，属于易识别和最具生存性的空间形态。

表 4-11　物理空间形态的生存性

空间类型		空间特征	空间功能	典型位置
物质空间	私人空间（personal space）	大体指以居民的房屋及改革开放后承包到户的农田、卧室为主形成的生活空间	私人拥有空间权利，包括空间的利用方式和表现形式，满足生活之需	私宅、宅院、卧室等生活空间
	灰空间（grey space）	大体指半私密、半公共空间，也就是从室外开放空间向室内封闭空间转化，并且与之相互影响和融合而形成的过渡空间	内部过渡、内外交流，起着建筑与外部环境进行物质、能量以及信息交换与传递的过渡和媒介作用	廊棚、骑楼、过街楼、巷弄和披檐等
	公共空间（public space）	指那些供古镇居民日常生活和社会生活公共使用的室外空间和进入空间的居民，能展现广泛参与、交流与互动的场所	古镇贸易往来，资源运输的动脉；满足邻里各户汲水、洗涤、停泊的要求；社会交往点以及行为心理上的据点；“公共话语”交流的平台，“放大的私密空间”	河道、街道、桥、水埠、茶馆、广场等

资料来源：根据田野调查整理

（2）原住民对原生空间的依赖

在相对隔绝的周庄古镇和乌镇古镇，原住民对原生空间的依赖不言而喻。周庄古镇由于河流纵横，为耕种渔牧创造了很好的自然条件。1949 年之前，周庄古镇以农业、桑蚕和小手工业为主，通过密切的经济活动形成一种介于乡村和城市之间的人类聚居地和经济网络空间。1949～1979 年，统购统销制度[①]的影响较为深刻，计划经济的运行以行政区域作为划分，经济发展落后使古镇在“文革”中幸免于难。1979～1990 年，以乡镇集体组织为基础，推动经济发展，相互竞争资源，古镇风貌遭到破坏。不论哪个阶段，生于斯、长于斯的原住民均是围绕原生空间展开活动，原住民依赖原生空间而生存，原生空间因原住民的实践显得更有生机，二者具有高度融合性（图 4-15）。

① 新中国成立初期一项控制粮食资源的计划经济政策，所谓“计划收购”被简称为“统购”；“计划供应”被简称为“统销”。统购统销一般专指对粮食和主要农产品，范围一度扩大到棉花、纱布和食油领域，初期有稳定粮价和保障供应的作用，后来变得僵化，严重阻碍农业经济发展。20 世纪 80 年代改革之后，该项政策被取消。

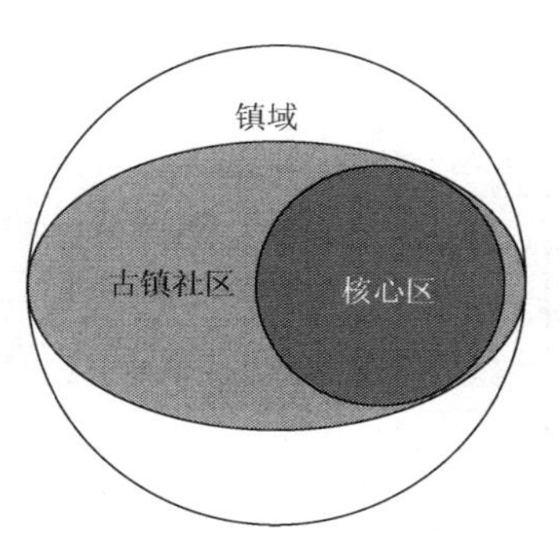

图 4-15　原住民与古镇物理空间关系

在乌镇古镇，原住民长期以来以粮食种植为主。由于古镇在历史上还是有名的通商要埠，原住民依河筑屋，以水为街，以岸为市，水镇一体，对原生空间无疑具有高度依赖性。

惠山古镇在明清以来就是全国重要的“米市”和“布码头”，素有“食供四方，衣被天下”的美称。而在 20 世纪 80 年代，尤其是 90 年代市场经济以来，惠山古镇属于无锡城市社区，自然成为人们交汇的聚集地①。较多原住民以销售惠山泥人和紫砂茶壶作为生活来源；原住民生活区与惠山祠堂、地方文化等高度融合在一起。

4.4.2　社会空间的地域性

社会空间是人们以政治、经济、文化等要素为实践对象，以社会系统各要素之间相互作用和影响，形成具有关联性的网络。古镇的商品生产与交换、原住民空间劳作的网络体系以及人与人之间的社会交往等，基本表现为静态的空间形式，属于地域性的“自然语境”。古镇的社会空间是特定地域中古镇原住民生活中连接而成的社会关系网络（表 4-12）。

从经济活动域来讲，古镇传统社会经济是小农为主体的高度分散的自然经济，农户以耕作为主，兼营副业，“自给自足”和“男耕女织”是最普遍的经济现象。顺应自然的封闭小农经济致使经济活动空间的地域性较为明显。

从社会活动域来讲，原住民日常生活中基本强调以族群及宗族孝悌为本，追求人与自然、人与人和睦相处。

① 2003～2007 年，作者曾经常在旅游开发以前的惠山古镇游玩、调查和休闲。

表 4-12　不同时期古镇体系与功能

经济时期	生产方式	经济形式	社会关系	古镇体系及功能
自然经济时期	单一农业生产	单一农业经济	纯粹血缘和地缘关系	自然古镇体系，功能为居住和生产生活
初级商品经济时期	以农业生产为主，商贸业初步发展	农业经济与初级商品经济形式相结合	以地缘关系为主，业缘关系初显端倪	功能仍为居住和生产生活，但更加完善
人民公社集体经济时期	以农业生产为主，兼有少量乡镇工业	人民公社的集体经济	行政关系取代血缘和地缘关系	功能为居住和生产生活，为古镇萧条时期

资料来源：根据田野调研并查找资料综合分析

从社会连接来讲，古镇社会结合的纽带、方式及其功能，是以血缘为主，或以地缘，社会活动以“内部”为主，对外交往有限，社会空间半径基本围绕本土进行。

历史视域中的古镇空间形态的地域性根植于物质空间和文化空间。分析认为，社会空间与古镇社会链接纽带、经济的封闭性相关，在社会秩序中不但“求稳”，而且具有“地域静态性”。

4.4.3　文化空间的自洽性

文化是凝聚古镇社区的黏合剂，具有隐蔽性。事实上，古镇社区凝结着丰富的中国传统文化，原住民的生活世界具有传统中国的思维方式、生活方式和精神境界等特点。古镇社区文化空间之所以是“自洽”的，首先是由于古镇宗族的繁衍聚落；其次是有居住建筑形态的支撑；再次是需要有古镇共同生活意义的嵌入以维持古镇的意蕴。在内涵上，古镇文化空间最显著的特征具体体现在三个维度：一是文化的物质性，二是文化的精神性，三是文化的社会性。

（1）文化的物质性

文化在物质空间上的表现是将其作为可视性的载体，透过物质形式外显而表达和传播。例如，案例地古镇虽然基于历史沿革的差异而各具特色，但主要的构成元素具有一定的共性，主要集中体现在“形、水、街、市”等方面。古镇的形成机制是系统内部自组织形成的空间体系，这种自组织在地方社会、经济和文化等深层机制作用下，人与自然的相生相克、空间内在的有序、理性、封闭、连续、简洁同时呈现，具有明显的自洽特征。

（2）文化的精神性

精神性是代表古镇地方文化内核的东西。美国文化人类学家朱利安·斯图尔德（Julian Steward）于 20 世纪 20 年代用“文化生态”理念来解释“那些具有不同地方特色的独特的文化形貌”。在他那里，文化生态可分为该地域所处的地理环境、所从事的物质生产方式、所建立的社会组织三个部分。

古镇传统文化无疑具有精神性。无论在居住形态、景观特点还是文化构成方面，都有着丰富的特性和内涵，“淳朴、独特、缤纷、深厚”是其典型特点。这些文化形式依附于古镇载体，形成地方文化环境，对生活于古镇的原住民产生同化作用，如“图腾崇拜”、“祈愿求福”、“欢庆丰收”等，这些观念形成一种精神支撑，慢慢沉淀为古镇原住民的共同信念，为其价值观、审美观、是非观、善恶观涂上基本相同的“底色”。

在古镇文化空间结构中，同样具有深层文化基因。例如，“宗法礼制思想”、“天人合一”、“中和”、“修生克己”和“环境生态观”等成为其传统文化空间的主体；在古镇原生空间自组织体系下，由传统文化主体组成的古镇精神空间形成了自洽性的文化空间关系（图 4-16）。

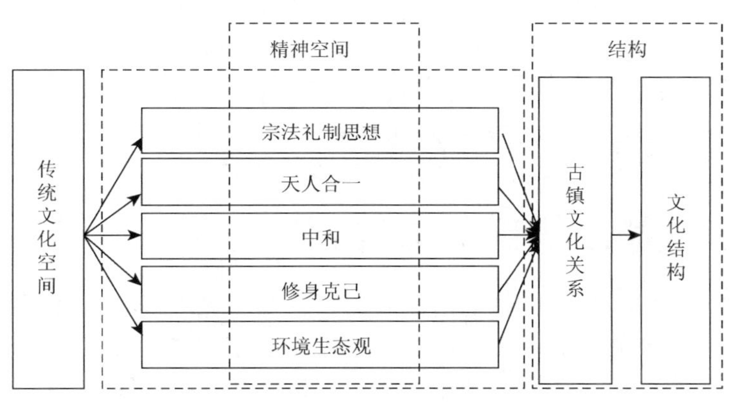

图 4-16　古镇文化空间结构解析

（3）文化的社会性

文化形式是社会表达的重要途径。文化形式阐释着原住民对地域生活、人生观和世界观的界定和理解，文化本身所蕴含的象征意义和社会符号，对古镇社会起着稳定性和平衡性的作用，能够支撑古镇社会发展并得到社会认同。田野调查显示，古镇原住民在社会实践中产生了文化继承的社会性，原住民的民间信仰的共同认知体现在“外形空间”、“特殊空间”和“内在空间”等方面（表 4-13）。

表 4-13　文化空间形态的社会性

分类	文化的社会性
外形空间	例如，作为古镇特色的“街”、“市”文化形式等，是古镇活力所在，在古镇有机体内繁荣了地方经济、祭祀、社戏、庙会等民俗文化，丰富了水乡市井生活
特殊空间	例如，厅、祠堂、庙宇等，得以较完整的保留。这是一些重要文化形式得以表达的地方
内在空间	例如，祭祀活动、宗族规约、生活习俗等在某种程度上得以完整保留，历史记忆很清晰，尤其是对一些历史上有所建树的祖先的追忆构成了一种为当代原住民和社会普遍传播的叙述话语。这其中文化形式很重要的功能就是将个体原住民结成社会群体，形成文化和身份认同过程

资料来源：作者社会调查获得

美国人类学家朱利安·斯图尔德认为“亲属与经济、宗教以及官僚机构等是三种不同层次的整合力量”。从案例地调研可知，古镇文化形式以古镇农业经济为基础，折射出了建立这些文化景观所处的自然环境的特点和限制，通过宗族血缘、农耕文明、乡土社会结构组织把地方文化形式传承下来，并起到社会黏合作用；反过来，一定的社会文化存在又巩固了特有的地域文化形式，“自洽性”是其基本特征。按照这一理论，在一个自成体系的文化系统中，总是存在着一种居于中心地位的核心原则，支持这一核心原则的宗教哲学或意识形态的基本结构，不仅具有较强的历史遗传性和文化稳定性，而且在总体上决定了文化体系自身的内在结构和演变机制，并因此形成一个文化系统自身的刚性结构。

4.5　原生空间本质：一元同心并置结构

社会系统的时空构成是社会理论的核心。社会学的微观研究只有围绕原生空间形态才能构成合理的思想，才能理解和把握社会空间结构的本质内涵。从结构角度分析，历史视域中江南社区型文化古镇的空间特征表现为“一元同心并置结构”。

4.5.1　一元同心

（1）“元”与场域

“一元同心”是即抽象又实在的概念，之所以抽象是因为需要将此概念与古镇社区时空坐标联结起来；之所以实在是需要将此放置于社区具体结构（场域）转向之中进行研究。

1）空间场域。“场域”是由社会成员按照特定的逻辑要求共同建设的，是社会个体参与社会活动的主要场所，是集中的符号竞争和个人策略的场所。

对于“场域”（field）这一概念，皮埃尔·布迪厄（Pierre Bourdieu）曾说过：“我将一个场域定义为位置间客观关系的网络或一个形构，这些位置是经过客观限定的。”作者认为，对于这一概念的认识，不能理解为“被一定边界物包围的空间”，也不能等同于一般的领域，而是在其中内含某种“力”的存在。

“场域”总是存在于具体空间中，空间因“场域”而实在。空间“场域”由人的行动组成，空间中的“场域”是作为社会成员按照特定的逻辑要求共同建设的单元，意味着这个“单元”事实上是客观存在且多面向的社会关系网，它的形成是社会空间实践的结果。

2）“元”与“场域”及其生成。“元”具有空间概念，如次元空间，代表“单元”、“归元”、“归一”的意思。结合上述分析，本书认为“元”的本质可以理解为“空间中的场域”，是“一个中心或本原”或“空间中一个个‘单元’”。

“场域”充满“力”和“力量”，具有“力的能动性”。“元”具有动态性质。每一个场域中都有“场域生产者”和“场域消费者”、“场域支配者”和“场域被支配者”，而任何支配都隐含着被支配者对支配者的对抗，甚至场域的再生产和场域边界的确定，都充满着不同力量在场域中的关系对抗。场域的界限由场域中的“力的大小”决定。某空间得以生成及运作的动力，是因为“呈现空间结构的行动力量”在起作用。在旅游空间生产中，决定竞争的、场域生产的逻辑就是资本的逻辑，资本不仅是场域活动竞争的目标，同时又是用以竞争的手段，资本不与场域联系在一起就难以存在和发挥功能。场域中行动者（政府、开发商、社区居民、游客、社会组织……）按照各自的行为准则和利益诉求组成错综复杂的关系场域，一个个实际存在的关系场域即一个个实实在在的“元”。

（2）同心与元

“元”虽具有动态性质，但已生成的“元”是一个客观实在。任何一个“元”都是在古镇同一客观原生物理空间为底板的基础上衍生出来的，这个原生物理空间是一切衍生空间的核心，可以看做次生空间得以生成理念中的“圆心”。历史视域中江南古镇原生物理空间是在“空间心理”导向和“空间组织”管制下而生成，本质上是“边界有限的”，空间中的次元空间是“单一的[①]”、“一元的”，即所谓“一元同心”。

4.5.2 并置结构

历史视域中古镇空间按照传统中国乡土逻辑生成及运作，具有“一元同心”

① 虽然历史上有古镇对外经济贸易的记载，但总体上是有限的。

特性，空间形态的封闭性使其在结构上基本具有“单一性”。作为一个“一元”且具有时空坐标的实在社区，“原生空间 A_1”（社区场域）概念被视为“元”概念的核心，假若在 A_1 之外还存在一个 A 场域，并可看做古镇社区最大边界场域（××场域，事实上这个场域只是理念中的场域，生活、活动、社交等并置），则有：①$A_1=A$；②社区场域（整体）=××场域（局部也即整体）。

从图 4-17 可以看出，如以 OO_1 为轴心，从 A 场域向 A_1 场域作以投影，A 场域（××场域）的投影完全与 A_1 重合并置，本书将此现象称为“一元同心并置结构”。

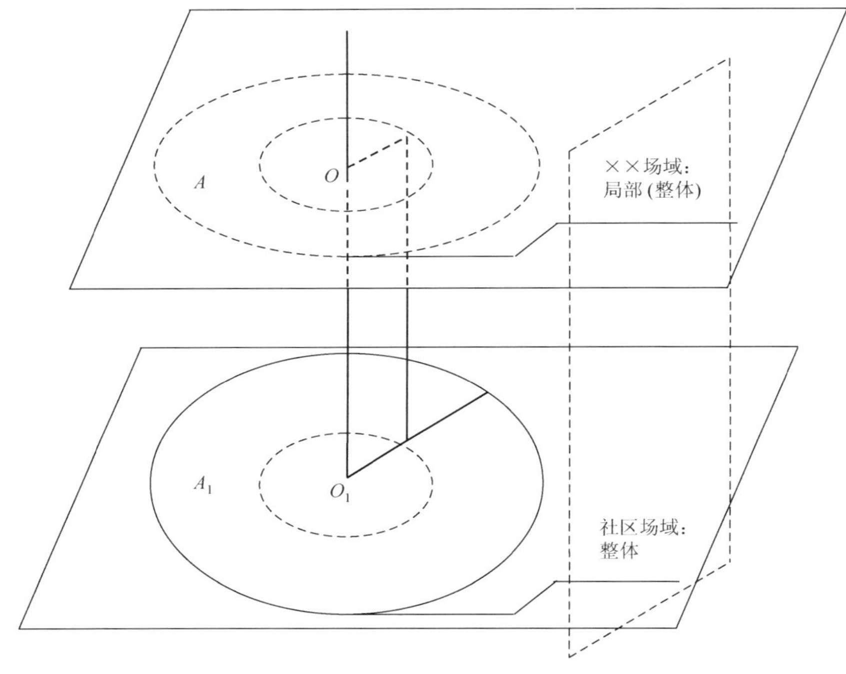

图 4-17　一元同心并置结构

综合分析历史视域中的案例地古镇，空间形态封闭型决定其再生能量较为薄弱，空间形态是“单一的”，结构简单，并置存在，属于“一元同心并置结构”。

4.5.3　差序运行

本书所说的“差序运行”内涵在此更加接近于“古镇社区社会维系的空间组织”。总结起来，在“横向关系的差序”和“纵向治理的差序”两方面综合逻辑中，推动着原生空间的发展。

（1）横向关系之“差”

社会学家费孝通（1988）在研究中国乡村结构时提出了“差序格局”概念[①]，认为差序格局不仅是人际关联的方式，也是乡土社会结构的基本特征。以血缘为基础，以族权统治为纽带，这种格局不仅是一种社会关系结构，更是一种稀缺资源配置模式。如此的差序格局便是一个立体化的传统乡土社会关系网（图 4-18）。

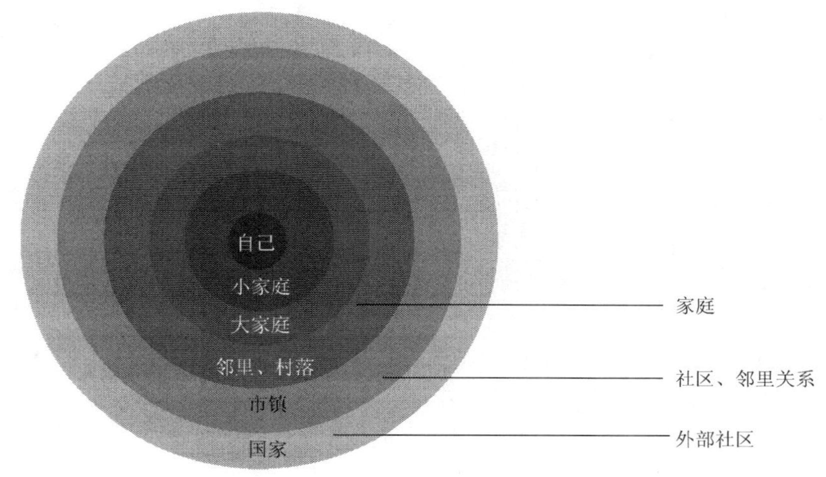

图 4-18　传统古镇的差序格局

本书认为，传统基层古镇社会空间运行模式其实正如费孝通所论述，它扎根于乡土，立足血缘和地缘关系，以自我为中心向外扩展，以血缘、地缘、经济水平、政治地位以及地方性文化为基础，圈子的大小和这些因素的强弱存在着正比例关系。其中，这些因素发挥的作用越大，形成的圈子就会越大；经济水平和政治地位的高低是圈子形成最重要的因素，它象征着权力支配的大小，属于“横向差序运行”模式。

（2）纵向治理之“差”

从前述“不同阶段古镇秩序的基本逻辑”可以看出，历史视域中，统治阶级在基层乡镇一直具有“官民共治”的传统，一种是“官制秩序或国家的力量”，一种是

① 即“每一家以自己的地位作为中心，周围划出一个圈子，这个圈子的大小要依着中心势力的厚薄而定”，“以己为中心，像石子一般投入水中，和别人所联系成的社会关系不像团体中的分子一般大家立在一个平面上的，而是像水的波纹一样，一圈圈推出去，越推越远，也越推越薄”，这样一来，每个人都有一个以自己为中心的圈子，同时又从属于以优于自己的人为中心的圈子。

“乡土秩序和民间的力量”，王权和族权相互博弈与合流形成这种模式的基本面貌。

无论是新中国成立前，还是在之后的历史形态中，古镇统治阶级基本上是具有费孝通“乡土中国的差序格局”特征。新中国成立前的一段时期，利用宗法的生理和心理纽带将“国”和“家”联系起来，乡绅承担了古镇意识形态引导、古镇日常福利增进，甚至调解邻里纠纷等。国家权力实现了对基层社会的控制，绅士制度随之取消。人们在“公社社员—生产大队—生产小队—生产小组”的模式中，锁定了基层村镇的流动性，政府通过与乡土基层的博弈与合流，将村镇社区整合进国家体系，基层社会形成了服从政治管理，认同公共权力的价值取向。

4.5.4 并置结构的“在域”

如果将大规模旅游开发并致使空间置换前的古镇历史片段命名为“旧式现代性”的话，可以看出原住民一直是作为古镇中的重要行动者，古镇物理空间的界定、社会空间的秩序整合和权能的参与、文化空间的维护等，无不具有“民间内生秩序力量”起作用的特征。

可以看出，历史视域中古镇原生空间形态是一种栖居型的或适于栖居的传统社区，隐喻着农耕时代基层社会共有的一种“桃源主义”空间形态，物理空间是古镇实体所限定的空间存在，具有明确的空间表象和空间载体，是一种物质实体性存在且具有表征意义的空间。从本质角度分析，“内源性自生式本体空间”就是以物理空间为基底，围绕古镇原住民并基于原初血缘、文化和地缘特征结成的社会纽带，场域结构比较简单，呈线形，属于静态的内循环空间。原住民价值观规范和伦理差异不大，生活方式的元素基本相同，“闭合性”特征较为明显，是一种“向内的”空间（图 4-19）。

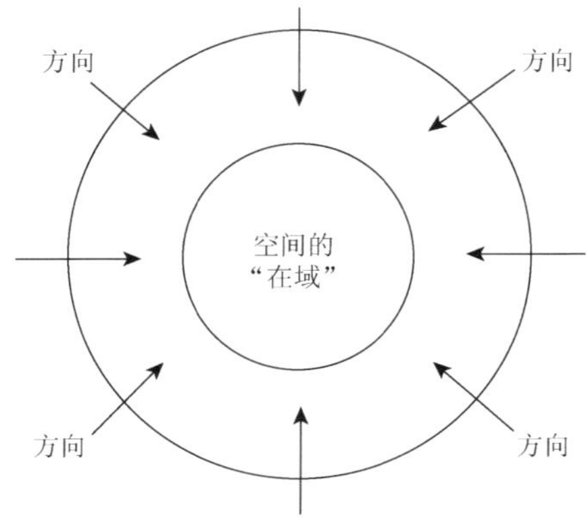

图 4-19　本体空间能量生成的“在域性”

在这种“向内的”古镇空间中，物理空间的“生存性”、社会空间的“地域性”和文化空间的“自洽性”，决定了附着在其上的整体原生空间形态交往半径有限，存在于相对较小的地域，整体是“在域性”的，属于“内源自生本体空间”，本质上是具体地点联系起来的“在域的共同体”。

4.6 本章小结

本章探讨了旅游开发前的古镇空间形态。在研究呈现顺序上，首先说明原生空间宏观背景及基本情况，并从其“空间特征”、“空间结构”及“物理-社会-文化”等空间还原原生空间形态。

（1）不同阶段秩序的基本逻辑

古镇历史视域中不同阶段模式的产生和演变是一定时期社会存在的产物。概括起来有“弱国家-强社会”整合模式、“总体性国家”整合模式和“弱国家-弱社会”整合模式。从历史角度分析，不同时期古镇秩序逻辑没有出现具有对内部秩序的“破坏”力量；从现实角度判断，国家组织在古镇基层的渗透依然没有大规模改变古镇社区社会治理的“内生”特征，古镇秩序的力量生成总体依靠内部完成，传统秩序依然属于“内生秩序”范畴。

（2）原生空间特征

原生空间是由物理空间、社会空间和文化空间组成的“客观实在、边界有限”的自然地域。原生空间是土地为根基的自然空间，具有鲜明的物理性，没有脱离空间的物质运动存在，也没有脱离物质运动的空间存在，两者相互依存，紧密结合，具有“一致性”。在原生空间形态中，古镇由于与外界交往有限，在物理、社会和文化等方面同样具有“内部循环，自成一体，且不受外界干扰”的相似性质。一言以蔽之，即为“边界有限”。

（3）原生空间形态

从空间生成来源看，“一元同心并置结构”是传统古镇适合自身内在运作逻辑形成的阶段性空间结构形态；从空间生成的动力看，具有“内源性”；从空间与古镇运作的匹配度来讲，具有“自生性”；从空间组成性质来讲，具有“本体性”，属于“内源性自生式本体空间”。表现为物质空间的生存性、文化空间的自洽性和社会空间的地域性，是一种“内源自生本体空间”。

（4）原生空间本质

古镇社区社会系统的时空构成是社会理论的核心。从结构角度分析，历史视域中古镇空间特征表现为“一元同心并置结构”。这种空间形态是一种“内聚型”

的空间形态，道德化的乡土社会特征比较明显，古镇物理空间的界定、社会空间的秩序整合和权能的参与、文化空间的维护等，无不在“内生秩序”范畴中起作用。古镇社区在社会结构、经济生活、习俗文化等方方面面承袭着共同的生活模式与习惯，具有封闭的地域心理和价值取向。

5 旅游开发背景下古镇空间的构建

5.1 案例地旅游开发

5.1.1 周庄古镇

在我国现代旅游发展过程中，古镇是旅游空间生产和消费的重要实践舞台。20 世纪 80 年代末，周庄古镇开发旅游，成为我国古镇旅游新兴业态的开始，并在此后形成“政府主导+公司开发+社区参与”模式。经过 20 多年的发展（图 5-1），周庄古镇旅游开发赢得一系列殊荣，列入了联合国世界文化遗产名录预备清单，成为我国首批历史文化名镇，获得国家“5A 级”旅游区称号。

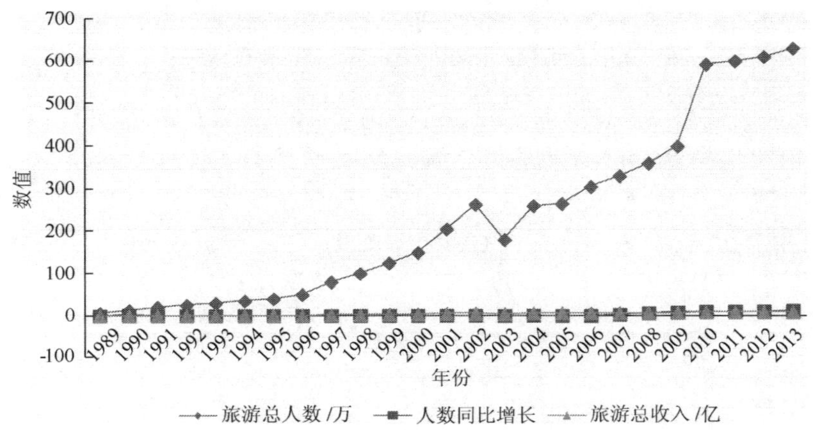

图 5-1 1989～2013 年周庄古镇旅游发展相关指标

2006 年开始，周庄古镇开始实施由观光型向休闲型战略转移，以旅游带动地方经济发展，探索打造整体旅游品牌，开始由“旅游周庄”向“文化周庄”迈进。

5.1.2 乌镇古镇

20世纪90年代末，乌镇古镇在周庄古镇旅游增长的市场“呼唤中”看到了商机，桐乡市委、市政府确立了“高起点、高标准、求精品”的思路，于1999年开始实施古镇保护和旅游开发。2006年以来，旅游开发增长速度较快（图5-2）。

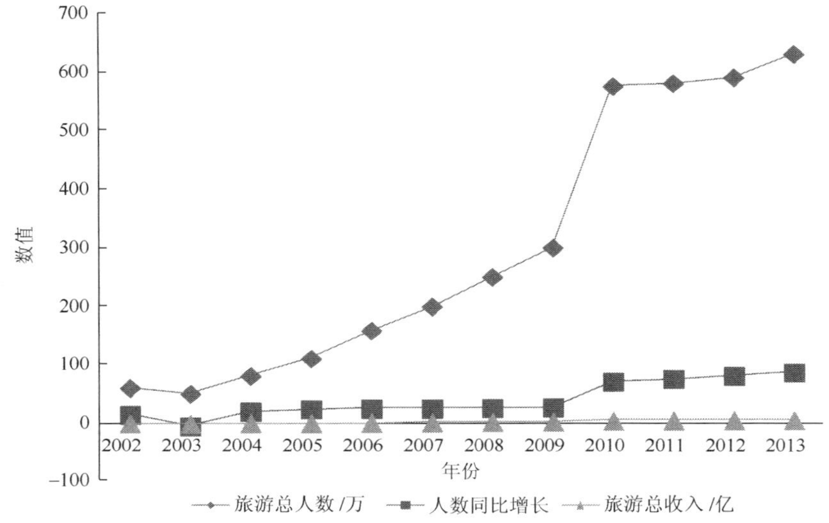

图5-2　2002～2013年乌镇古镇旅游发展相关指标

乌镇古镇一期工程（东栅景区）投资1.2亿元；2003年启动二期工程（西栅景区），提出“保护最彻底、功能最完备、环境最优美、管理最科学”的目标，总投资4.6亿元，涉及古民居8万$km^2$①。东栅景区定位于观光旅游，西栅景区定位于休闲度假旅游和高端会议接待，通过门票+酒店和餐饮等形成一种复合商业模式。2010年4月，乌镇古镇景区被国家旅游局授予“5A”级旅游景区称号。

5.1.3 惠山古镇

在城市化发展推向纵深阶段，以旅游带动传统文化复兴成为城市发展新选择。2000年，无锡市就惠山古镇正式向建设部申报“全国100个著名古镇（历史文化街区）”称号。2004年前，完成惠山寺、华孝子祠和二泉景区的保护修建工程，并

① 根据乌镇古镇公开资料整理而成。

以寄畅园为依托，把整个惠山古镇文物古迹区申报为“国家级重要文物保护单位”。2006 年，《惠山古镇历史文化街区保护规划》通过；2011 年“五一”期间，惠山古镇以古朴旧貌免票迎接中外游客（图 5-3），其独特之处是以江南深厚的吴地文化为鲜明着眼点，通过文化体验品味，引导市民游客的互动参与；在开发方面，惠山古镇“还景于民”，不采用大门票制，以此来吸引游客，进而带动其他产业、整个景区和区域的发展。

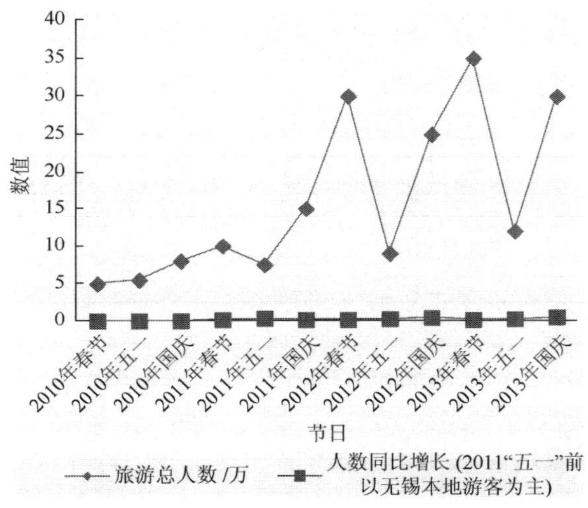

图 5-3　2010～2013 年惠山古镇旅游发展相关指标

综合案例地从 20 世纪 80 年代末开始至今的旅游开发状况，三个古镇在前后递进的开发历程中，形成了各自开发思路（表 5-1）。

表 5-1　案例地旅游开发历程及发展思路

镇名	自然环境	人文环境	旅游发展历程	主要发展思路
周庄古镇	“小桥、流水、人家”	江南水乡传统建筑的经典；人文遗迹丰富	1989 年 4 月 1 日，周庄古镇第一个景点沈厅开门迎宾，当年游客 5.5 万人次，营业收入约 20 万元；20 世纪 90 年代初，周庄将古镇景区的众多景点“集体打包”，以“中国第一水乡”的品牌推向海内外，由此发出了“古镇旅游”全新的旅游产品。2007 年，周庄古镇景区实现年游客接待量超过 300 万人次，门票收入超过 1.2 亿元	1986～1995 年是“保护”的十年，以全国首个古镇保护规划《周庄镇总体规划》（1986）的出台为标志；1996～2005 年属于“发展”的十年，以全国首个由古镇为主要承办方的国际旅游节的成功举办和全国首张古镇旅游门票的售出为标志。2006 年，周庄古镇提出了打造国际周庄、文化周庄等新目标，并开始由“观光型”转向“休闲型”战略

续表

镇名	自然环境	人文环境	旅游发展历程	主要发展思路
乌镇古镇	“小桥、流水、人家”	原汁原味的江南水乡	2001 年乌镇古镇开放以来，每年吸引 200 多万海内外游客前来观光游览，成为浙江省年接待外宾数量最多的单个景点。2006 年，乌镇古镇景区接待海内外游客 248.4 万人次，其中入境游客 33 万人次，实现门票收入近 8800 万元。2008 年乌镇古镇景区接待游客数 284.44 万人次，其中入境游客 27.99 万人次；门票收入 1.14 亿元	2001 年，乌镇古镇东栅景区对外开放，以其原生态的水乡风貌和深厚的文化底蕴，成为我国著名的古镇旅游胜地。东栅景区属于观光旅游区。东栅景区只是乌镇古镇旅游的一期工程，2007 年开放的西栅景区是二期工程，属于休闲度假型景区。历时多年，耗资近 10 亿元，打造了一个完全与外界隔绝的、必须买 120 元门票才能进入的豪华水乡
惠山古镇	“小桥、流水、人家”，依山傍水	无锡市区最完整的具有高度复合多元文化特征的历史文化街区	2006 年编制发展规划；2011 年 5 月接待中外游客。争取纳入联合国教科文组织的世界文化遗产名录；打造特色浓厚的吴中传统文化和民族工商业文化旅游胜地	整体保护与分级分类保护相结合，有重点、分阶段逐步实施保护和整治，严格控制街区建设规模、适度疏导人口，历史文化遗存的保护与合理利用相结合，使街区在保护中得以持续发展

资料来源：根据田野调查，并结合相关文献整理获得

5.2 空间转向

5.2.1 现代性与空间流动

20 世纪 80 年代，全球化的发展作为一种迅雷不及掩耳的力量在世界范围内出现，现代化的触角伸向每个角落，各种社会因素出现密切关联和互动，社会关系得到加强，经济作为连接纽带的功能在其中扮演了举足轻重的作用，生产、流通、贸易的全球化趋势更加明显，以经济为先导的力量把世界内部的关系拉的比历史上任何时期更加紧密，“跨边界”成为社会现象；在以往的传统社会里发生并限制在同一个地方、同一个范围内的人群，现在已经超出了地域边界。现代旅游业的大发展更使“距离的死亡”成为现实。

（1）现代性与旅游

现代性是一种新的、导致社会发生转型的不同于以往的一种社会秩序。它强调创新、变化和进步，是一个权力、知识与社会实践的特殊聚合体，其起源应该是一个更广泛、更深远的政治、经济和思想文化的历史变迁过程。对现代性的讨论，人们莫衷一是，但其内涵却相对稳定且清晰。从历史学角度看，现代性标志着“过程中‘裂’与‘续’”的统一，“续”中有“裂”；从社会学视角分析，现代性就是“现代化进程中非传统因素的积累和充填”（帕森斯）；从心理学角度看，

它是一种“异化的体验和认同”。在亨利·列斐伏尔看来，马克思经常用“现代”这个词语来表示“资产阶级的兴起、经济的成长和资本主义的确立，他们政治上的表达以及后来（但不是最终）对作为一个整体的这些历史事实的批判”。亨利·列斐伏尔的这句话包含两个领域的关键词（话题）：政治和经济。认为资产阶级的现代国家如何抽象出了形式上的普遍利益，个人（私人生活）也被抽象为个人利益；而对国家、个人进行抽象的资产阶级时代是分离、分裂和两重性的。亨利·列斐伏尔讲述了马克思观察到的被称为现代性的一些分离的状况，即私人生活与社会与政治实践的分离，理性与非理性的分离，表面的理性统一的背后是普遍的“非现实”。最后得出结论：只有通过革命性的实践才能改变这些分离状况，重建真正的统一。

旅游是一种特殊的体验活动。19 世纪以来，“结构”、“非连续性”等概念被广泛应用。现代化历程进一步把人们从传统的束缚中解脱出来，旅游及“旅游化”（touristification）随现代性趋势向全球蔓延，现代性所固有的普遍商品化原则使其所向披靡，却导致了文化生活的肤浅化和浮夸化，以及文化产品的标准化和虚假化。任何一个社会都有其特定的文化规范、价值和机制，以调节、影响和支配人们的行为，包括人的欲望。在现代性下面，旅游被看做类似于宗教的、赋予人生以意义的神圣活动，成为一种“新的朝圣”，现代性提供了旅游（特别是大众旅游）得以发生的社会条件，旅游作为一种现实的需求，是特定社会中社会、历史和文化诸多因素决定的。

（2）旅游凝视

我国古代有“游方”之说，所谓“游于方之外”。这不仅指“空间上遁于遐方”，而且指“精神上寻找一个能够遨游的空间”。英国学者厄里于 1990 年提出“旅游凝视”（tourist gaze）理论。“旅游凝视”是旅游欲求、动机和行为的融合以获得愉悦、怀旧等体验并抽象化的结果，其本质是旅游者施加于旅游地的一种作用力。该理论为我们提供了揭示“正常社会”中，有趣而重要的事件。在旅游凝视下，旅游空间成为与社会世界紧密相连的表现形态。在后工业、后现代社会，随着科技的高速发展，社会分工日益细致，工作节奏明显加快，工作压力骤然提升，作为“生物人”和“社会人”的二者之间出现史无前例的人格分离，“生活在他处”成为人们内心追求的一种新的生活价值观，人们之所以离开“惯常地”到“旅游目的地”是企图通过“凝视”获得怀旧、愉悦和刺激，凝视中新的“空间感”创造出新的叙事方式，旅游凝视、旅游的空间转移和空间实践成为这一愿望、动机和实现过程的具体形式。

事实上，旅游凝视作为社会建构性的产物，是一个多利益主体参与其中并相互作用的复杂系统。在现代社会中，凝视更多表现为“一种权力关系”。例如，有“游客凝视”、“本地人凝视”、“政府凝视”、“开发商凝视”及“学者凝视”等。对此，这里应该有一个多维度视角的系统解读，游客凝视自然景物和人文景观，并成为旅游场域中的一员；政府、企业通过旅游规划、旅游营销等手段，持续建构可供凝视的文化符号；专家、学者不断提供可供凝视的新目标。在凝视及其相互凝视中，各主客体之间互为主体和对象，成为一个动态的过程（图 5-4）。

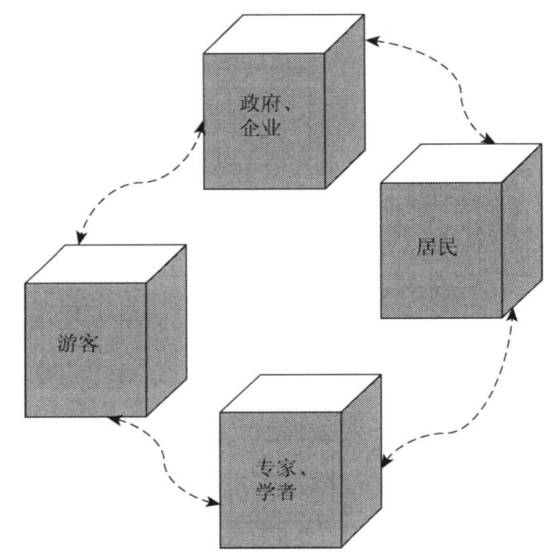

图 5-4　多主体凝视系统图

江南古镇的旅游开发起源于周庄古镇。周庄古镇的“发现”首先是在学者的“凝视”中成为可能。1984 年，旅美画家陈逸飞[①]以周庄古镇“双桥”[②]为素材，原创了油画《故乡的回忆》，并经美国石油大亨哈默（Hamer）赠送给邓小平，周庄古镇从此蜚声海内外，开启了世界之门。在周庄古镇的成功及其影响下，游客和政府凝视的目光先后投向了乌镇古镇。此后，包括惠山古镇在内的更多古镇作为“旅游目的地”成为城市化进程中现代文明对传统文明的重要对象。

（3）古镇成为守望

在现代性的催生和旅游凝视下，古镇作为“地方”成为保持多元价值不可或缺的土壤，更多的人认为“地方”、“地方性”及其生成的“地方文化”成为人类

① 陈逸飞（1946～2005），中国当代著名画家、艺术大师，生于中国宁波，浙江镇海人。

② 周庄双桥由世德桥和永安桥纵横相接，石阶相连，组成双桥，位于镇东北部，建于明万历年间（1573～1619 年）。

发展至关重要的要素。在旅游实践中，“地方”不仅成为一个名副其实的关系结构和物化构造，而且也成了一种抽象的意化构造。

从根本上说，在现代及后现代语境下，古镇旅游属于“后旅游”（post-tourism）的范畴。在多主体对古镇“地方”的构建过程中，古镇作为人们记忆的“乡村”成为后旅游中的一种现代指喻，具有重要的意义。优美的风景画、别致的风俗画和异族的风情画成为多主体的吸引点和守望场域。游客用以怀旧的方式“到此一游”、政府以此作为经济增长的载体、开发商嗅到丰厚的商业利润、规划者成为开发的知识代表、地方场域成为实践的主要对象。

但是应该注意的是，现代及后现代本身并非“桃花源”，乡村旅游开发过程中，诸如空间再造、文化交流、社会意识、族群认同、权力话语等，纷纷在“地方空间”上展示或展演。

5.2.2 政府改造与旧空间实践

20 世纪 80 年代末，江南古镇相继成为旅游开发的空间。周庄古镇、乌镇古镇和惠山古镇的旅游开发模式在众多古镇中具有典型特征。在上述三镇的旅游开发模式中，政府在旅游开发中是主要主导者，企业是资本注入的推动者，居民或因旅游受益，或因其处于边缘地带。

（1）周庄古镇旅游开发模式：“政府主导+企业开发+社区参与”

1）模式解析。周庄古镇旅游开发模式体现了权力与资本的结合，采用政府主导，成立开发公司，居民广泛参与，以旅游带动整体经济发展模式进行，政府充当了开发和管理双重角色，政治权力及其资本配置成为主要推动力量。

2）空间开发。周庄古镇旅游开发模式的逻辑先期为文化资本向经济资本转变，后期注重二者协同，经历了“保护—发展—转型”三个阶段。

空间保护（1986～1995 年）：以 1986 年出台全国首个古镇保护规划《周庄镇总体规划及古镇保护规划》为标志，提出“保护古镇，建设新区，发展经济，开辟旅游”的总体思路，成立旅游公司，先后投资 600 多万元，将 0.4km^2 的古镇区 38 处历史人文景观进行修葺、修复或重建，明确周庄水乡古镇的性质为历史文化名镇和风景旅游城镇，制定《周庄古镇区保护暂行办法》，规定古镇重点保护范围。

空间发展（1996～2005 年）：成立古镇保护基金会和委员会，对民众进行保护古镇和申报世界文化遗产的教育，加大投资，加强空间环境整治。1997 年，编制《周庄古镇区保护规则》，旅游业已经开始发展，并带动了许多相关产业的发展。主要特点有：对古镇的现状提出新的评价体系、研究周庄古镇的社会与人文等问题、古镇的不同历史时期的空间结构及形态脉络、对沿河沿街等重点地段进行整治、专题研究市政设施配套，尤其是污水的处理问题等。

20 世纪 90 年末，旅游带来的过于浓烈的商业气氛，在一定程度上影响了古镇的“地方感”，也影响了古镇申报世界文化遗产的进程。虽然此前曾再次编制总体规划，但是由于对周庄城镇性质认识不足等原因，迫切需要对其进行修编，1999 年又进行了《周庄镇总体规划》编制。

2000 年，划定了单个文物点、古镇区、古镇区外围建设的控制范围。古镇区的用地结构整合为居住生活区、旅游服务区、文化展示区和景观休闲区四类功能区。对现状用地性质，主要是沿街沿河重点地段的用地性质进行调整，确定了古镇区各个地段的商业布局。

第一、第二阶段规划特点总体表现在：“跳出古镇看周庄”，在区域层面寻求协调发展。在镇域范围整体考虑土地利用和设施配置，将周庄古镇旅游业的承载扩大到整个镇域，带动村镇整体发展，实现了城乡一体。最大限度利用好周庄古镇各种物质资源，空间布局和社会发展相结合以及尊重经济发展的需要，解决周庄古镇现状存在的问题，实现可持续发展的目标。通过各种手段保证古镇保护除了保护古镇外，从宏观层次出发，积极开拓镇域生态旅游，对古镇游客进行分流，同时也为周庄古镇旅游增加新的吸引点。重点发掘周庄古镇“水乡湿地”的生态优势规划依托湖泊、结合旅游发展设置湿地公园，在改善生态的同时为周庄古镇的旅游发展提供多元化的物质载体。

空间转型（2006 年至今）：进行了期限为 15 年的规划，规划层次包括以下几点。

第一层次为周庄镇域范围，面积 38.96km^2。对镇域产业发展进行定位，对镇域发展结构和土地利用进行规划，规划配置各项公共设施和基础设施，制定生态保护规划。

第二层次为周庄镇区，面积 7.016km^2（其中城镇建设用地 4.183km^2）。根据现状城镇用地分布，结合城镇用地规模预测合理的城镇用地形态与结构。

第三层次为周庄古镇区，制定古镇区保护规划。

从原生态的旅游开发保护到与文化的完美结合，开始由“旅游周庄”向“文化周庄”转型升级；尤其是 2008 年以来，周庄古镇围绕“古镇保护与旅游发展”所进行旅游空间探索与实践，目标将周庄古镇从 1km^2 景区拓展为 38km^2 的全景概念，既保证古镇保护的完好性，又使旅游发展及产业空间布局得到延伸，注重空间生产的品牌效应。

3）空间布局。旅游空间结构包括古镇旅游片区（主要功能为接待、宾馆、商业、餐饮）、太史淀旅游片区（以集散广场为中心布局）、天花荡旅游片区（位于太史淀北侧）、澄湖旅游片区（专业性较强的旅游服务设施），理念体现在开辟更多的可供游客活动的场所，对游线进行合理的管理，对游客进行分流，鼓励游客过夜。开辟多条线路，吸引游客在非黄金周期间来周庄。

（2）乌镇古镇旅游开发模式："政府主导+企业开发"

1）模式解析。乌镇古镇旅游开发模式是江南古镇中唯一市政府直接参与的古镇保护模式，同时又是一个彻底市场化的保护和开发运作模式。旅游开发在桐乡市政府的直接领导下，进行组织领导、人员调配、资金投入。目前，乌镇古镇旅游开发的东栅景区、西栅景区和南栅景区特点不同，模式各异（图5-5）。

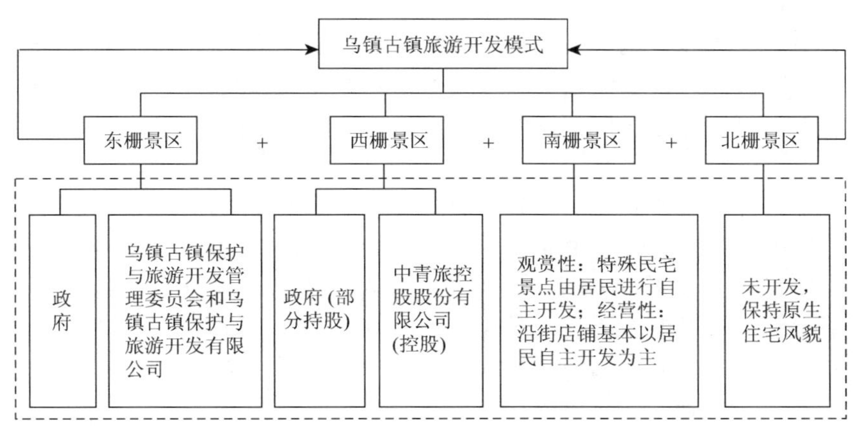

图 5-5　乌镇古镇旅游开发模式（作者田野调查整理）

东栅景区：组建市政府派出机构，确立了"政府主导、市场运作、企业经营"的运作机制。为了加强领导，桐乡市成立了市级领导机构——乌镇古镇保护与旅游开发管理委员会（简称管委会）和市属国有企业——乌镇古镇保护与旅游开发有限公司①。此外，采用交叉兼职的办法，理顺管委会与当地党委、政府的关系，管委会主任同时兼任市政协副主席、旅游局局长、市长助理和乌镇党委书记。这一模式的特点是政府主导、权力集中、政企合一、市场运作。

西栅景区：有别于东栅景区开发模式，将政企合一的管理机构一分为三，形

① 二者实行"一套人马、两块牌子"，政企合一。

成各自独立而又相互制约的三个部分。按照政企分开的原则将管委会与旅游公司分开，由“政府+中青旅控股股份有限公司”组成，实质由中青旅控股股份有限公司进行开发。

南栅景区：基本未开发，属于自发性开发的游览景区。由于开发的复杂性，目前政府还未介入，一些属于私人的特色民宅景点由居民进行自主开发（如张同仁宅、朱家老宅等），面向游客开放；南栅景区沿街店铺基本以居民自主开发为主，或经营旅店、或餐饮、或特殊旅游纪念品，内容各异。

北栅景区：未开发，保持原生住宅风貌。

2）空间开发。1998 年，乌镇古镇委托上海同济大学城市规划设计院编制《乌镇古镇保护规划》，明确了保护和旅游开发的整体发展方向和思路，划分为“绝对保护区”、“重点保护区”、“一般保护区”和“区域控制区”四个不同等级的保护区域，保护范围和缓冲面积达 1.98km^2。

1999 年，乌镇古镇保护与开发一期工程开始实施（东栅景区），在全国古镇、古城保护中，乌镇古镇首创了和成功运作了“管线地埋”、“改厕工程”、“清淤工程”、“泛光工程”、“智能化管理”等保护模式，使古镇不但很好地保护了原古风貌，且焕发了新的光彩。2003 年，古镇保护二期工程（西栅景区）开始实施，相对一期保护开发工程，二期西栅景区的保护开发有了更多经验，定位也与一期完全不同。尤其是 2006 年，中青旅控股股份有限公司（股票代码：600138）购买了（收购价格 35 500 万元）乌镇古镇保护与旅游开发有限公司 60%的股权，为古镇旅游开发注入了生机，获得强大的资本动力。一期是一个与其他古镇类似的“观光型”景区，而二期则是一个“观光加休闲体验型”的景区，景区内保存有精美的明清建筑 25 万 m^2，并巧妙利用部分老建筑改建出各类风格各异的民居特色客房和各种档次的度假酒店、会议中心和商务会馆，使古镇景区不仅是一个“活化石”、“博物馆”，还完美融合了观光与度假功能。

（3）惠山模式：“政府主导”

1）模式解析。由政府主导，组建政府派出机构——惠山古镇建设开发有限公司——进行开发经营，此种模式本质上属于政府主导开发模式。

2）空间开发。2000 年，无锡市就惠山古镇正式向建设部申报全国 100 个著名古镇（历史文化街区）称号，同年进行古镇规划[①]；整个规划区分为核心保护区（惠山寺—新锡惠路，0.36km^2）和风貌协调区（新锡惠路—黄埠墩，0.67km^2。惠山浜

① 在同济大学建筑与城市规划学院完成的《惠山古镇保护概念性规划》基础上，由策划丽江古城保护规划的原班人马领衔，由云南省城乡规划设计研究院、无锡市市政和园林局等编制《惠山古镇保护发展修建性详细规划》。

两岸各 50m 范围内为传统风貌重点协调地段）。惠山古镇主体（核心保护区）的性质为：中国祠堂文化群落遗产整体保护区和研究华夏谱牒文化的基地。古镇副体（风貌协调区）的性质为：与古镇主体风貌相协调，环境优美、高档次、高品位的旅游商务配套区和休闲度假居住区。古镇保护的目标为：无锡的“露天历史文化博物馆”和“中国历史文化名镇”，争取纳入联合国教科文组织世界文化遗产名录，成为特色浓厚的吴中传统文化旅游胜地。

以保护历史的真实性，最大限度地保存真正的历史遗物，对历史建筑以抢救、维护、修整为原则，分为“水旱街巷祠堂风貌区”、“锡惠山麓祠堂风貌区”、“与传统风貌相协调的商业风貌区”及“与传统风貌相协调的居住风貌区”，严格保护历史形成的水旱街坊格局和传统风貌，保护街区中的建筑、园林、庭院、街巷、传统路面、桥梁、河埠头、驳岸、古井等人工历史环境要素和河道、山体、洼地、古木等自然历史环境要素，以此组织旅游开发。

5.2.3 空间的网络形态

5.2.3.1 空间公共参与

（1）多元化主体出现

多元主体的空间凝视和旅游空间主导者的空间规制促成了“空间中的流动”，使“地方空间”（space of places）渐趋转变为“流动的网络空间”，并在新的空间中创造了一个关于旅游空间生产与消费、旅游生产与资本推进、旅游生产与权能、旅游管理与信息的多变的复杂社会网络关系，这种网络关系通过空间流动和规制而运动，成为旅游社会实践的利益主体。

上述事实可以从观察中发现并进行实证，有四个层次共同组建了网络空间，并不断推动着网络空间的生成。

第一层次：游客的凝视是第一支持主体。个体流动性的增加和活动范围的扩大，瓦解了以前相对封闭社会下的熟人共同体，他们带有文化猎奇的特性，视域不再局限在传统生活空间，凝视的欲望在地理空间上获得了延伸，他们是网络空间发育的起点和基本动因，其行为确立了目的地空间的位置及存在，当持续的凝视固化和物化时，空间带有了公共性和社会性。

第二层次：占支配地位的管理精英和知识主体。这部分凝视主体的构成者是政府和地方精英，他们往往出于经济目的，或为地方经济的增长，或为利益集团的获利，或以角色扮演体现在目的地空间的“产品化”和“商品化”中。在这一过程中，知识主体成为管理经营的推动者，表现在目的地的规制。

第三层次：旅游开发商。代表资本主体，常常在权力协调中成为目的地空间的实际开发者，体现在以资金投入获取利润；参与股份成为控股主导者；或直接代表政府进行开发，充当了目的地的积极推动者。

第四层次：原住民主体。江南古镇“原住民”是空间中重要的“活态文化”和“动的历史”，旅游开发使其世居空间发生历史性变化，最为重要的是旅游开发中世居百姓的生存问题，此主体受到旅游利益实质垂青时，能较好地推动空间的再生产；旅游开发使其沦为边缘人时，又成为空间最直接的抵抗者。

（2）市场卷入后的多元化治理图式

事实上，通过田野调查可以发现，通过与原生空间秩序逻辑对比，旅游渗透至古镇社区后的治理主体已经由先前单一化的权力主体转变为多元化的治理主体，即“以政府、街道、居委会为代表的国家治理力量”和“以旅游开发公司为代表的市场治理力量”，以及“以古镇原住民为代表的治理力量”，这种模式是一种“国家力量”和“社会力量”的同时在场。三种不同治理机构和力量在微观社区层面的互动关系及其不同组合呈现出了古镇旅游开发中社区管理的不同形态。社区自主性极端缺乏，空间被国家权力所充斥，社区权力体系已经完成了从“国家主要利用地方精英网络控制”向“原子化”的社会控制单位转变，造成古镇社区国家化倾向。这种形态的出现既是市场推动的结果，又是旅游空间生产的结果。

上述四个层次主体自身行动和三种治理图式以单独或交互组合方式，改变了古镇社会网络结构，决定了目的地空间从“流动空间”转向为“网络空间”，同时也决定着网络空间不同阶段的关系和发育态势，使得古镇变为“国家”和“社会（市场）”两条并行治理模式同时出现，原生空间中单一国家权力支配下的古镇社会一致性行动机制日趋瓦解，基于多元主体的秩序框架成为古镇的新的治理逻辑。

5.2.3.2 空间形态变化本质

相对于原生空间，网络空间是一种新的形态，其形态在旅游引发的场域中随旅游空间中主体间的逻辑互动和惯习不断变动。在这种新型空间形态和社会模式中，空间形态的多变性和复杂性是其主要特点。具体来看，进入大规模旅游开发之后，空间的控制发生两个重大变化，一是空间的约束力量由私人领域进入绝对的“国家”和“社会（市场）”领域，二是空间控制由“族群”转向“社会（市场）”控制。

事实上，网络空间隐藏着一个含有无数变化的表现形态，按照不同的类型划分：有物理的空间、旅游的空间、人群共同体的空间、多元文化杂糅的空间、社会关系的空间、族群认同的空间、神圣/世俗的空间、权力空间以及边缘空间……，游客进行的活动以“观看”为主，目的地空间自然景物和人文环境成为其主要的“空间实践”；相对于游客的古镇原住民，其空间存在多边界范畴，一方面是存在着自己世居遗存的生活空间，如习俗、仪式、禁忌、祭祀、活动等（哪怕是被舞台化或仪式化）；另一方面古镇原住民社会因旅游空间的生成，还存在着与自然生活空间相对的社会空间，这一空间有别于世居生活空间的最大不同点是“古镇原住民活动空间的有限边界被打破”，甚至生活轨迹受到网络空间中主体间相互作用而改变；旅游空间的生产除了相应的权力系统和社会资本运作逻辑，政府和开发商在此网络空间中占据主导地位，他们决定着空间生产的方向和内容。原生空间形态理应属于原住民“私人生活领域”，但是在当前旅游空间生产背景下，古镇旅游场域中围绕旅游展开的活动，不再仅仅是原住民日常生活的微小实践变化，而是直接演变成权能争夺的基层社区政治行为。权利和资本对古镇初源生活世界的殖民化是旅游嵌入古镇后所面临的一个重大的空间实践结果。

旅游空间的生产生成了网络空间中的关系网络，构成了不同空间场域（field）关系。正如法国社会学家皮埃尔·布迪厄（Pierre Bourdieu）所言：“在高度分化的社会里，社会世界是由具有相对自主性的‘社会小世界’构成的，这些‘小世界’就是具有自身逻辑和必然性的社会关系网络。”而在网络社会中，各主体均处在一个匹配与自己体能的“位置”（position）上，这一位置的大与小也决定着其在网络空间场域中的大与小。网络空间及其营造的关系结构不仅是各主体间展开角斗的竞技场，而且还是社会关系生产和再生产的媒介，充满了权力和资本的渲染、裹挟、构造和把控，“新的空间”成为表述“新地域”的代名词，代表了一种新型基层公共空间的出现，意味着古镇社会基础关系结构的转型”。

5.3 建构空间形态：外源嵌入建构空间

旅游空间生产是关于旅游社区社会变迁，尤其是社区社会结构发生变化的动态过程及其产生的结果。相对于原生空间而言，“建构空间”是一种历史性的建构过程。从上述分析可以看出，“多元同心嵌套结构”是在“原生空间”基础上形成的阶段性空间结构形态；从空间生成来源看，不是“内在的”，而是具有“外源性”；从空间特性来看，具有“嵌入性”，即所谓“外源嵌入建构空间”。表现为物理空间的资本化、社会空间的杂糅化和文化空间的混合化（图 5-6）。

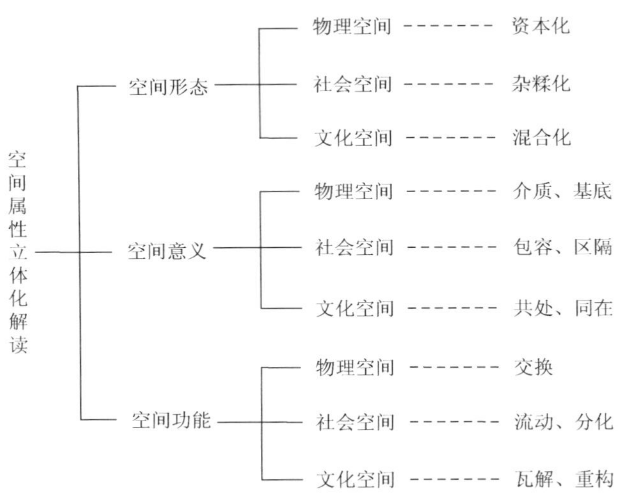

图 5-6　空间属性立体化解读

5.3.1　物理空间的资本化

（1）“点线”空间的共享

任何空间形态在任何时空背景下都有其特殊的结构模式，新的特质在现代社会引入后，如不能匹配于原有模式结构，则会发生空间属性的变化。在传统社会中，作为地域性生活共同体的古镇空间，其属性在没有外界力量介入的时候，它与处于自身社会结构中的经济基础与上层建筑是一个“自洽”的实体。通过调查分析，案例地古镇旅游开发使原有内源性本体空间正面临着前所未有的冲击，原本物理空间（聚居场所）转换成充满意义的社会空间（公共领域）。在转变过程中，功能属性也随之改变（表 5-2）。

表 5-2　“点”和“线”空间的功能置换

维度	物理属性	社会属性	功能属性
以“点”和“线”为代表的物质空间	自然空间场所，环境依赖性较强	社会链接的纽带，人际交往的平台，具有聚合性	从通勤、生产、生活辅助设施到旅游景观

资料来源：作者实地调查整理

（2）资本对“点线”空间的嵌入

古镇物理空间的景观化是人们通过旅游空间生产实践，以资本实体化为手段，对旅游空间进行加工、生产和型塑，进而生产出新的空间形态。

周庄古镇资本对点线空间的嵌入主要集中在资源最为富集的核心区域，形成以

“双桥”、“张厅”、“沈厅”和“太平桥”为基础的“点空间”，“北市街与南市街之间”、“中市街”和“蚬江街”构成旅游空间生产的主要载体。从资本进入区域看，政府主要投资的区域有“梯云桥—蚬江桥”河道和“双桥—太平桥—青龙桥”河道；外来商业投资主要集中在以双桥为主的周边“线空间”；原住民在空间中则投资较少。在2012年8月的一次调查中，作者发现，资本投资的规模基本覆盖了古镇整个“井”字河道形成的陆地和水域空间。一些重要景点如张厅、沈厅、博物馆等，以及“井”字河道基本由政府经营；外来商业投资主要分布在“井”字河道形成的陆上“线空间”核心地带，业务以现代手工业和文化业为主；原住民投资主要在非主要游线区域，内容以开餐馆和住宿业为主，特点主要表现为“传统工艺传承”和“利用民宅为主”。

在乌镇古镇调研时，作者发现古镇空间主要通过“政府”与“商业”结合，以大规模的资本侵入形式，进行了空间再造和新元素的舞台化再现。例如，在东栅景区，主要在政府主导模式下进行修缮；在西栅景区核心区域，别墅群、度假村、欧式风情园、酒吧、商务会馆、咖啡馆等具有小资情调文化空间大量出现，并以此满足游客的需求；原住民因全部外迁，无法以景区资源为依托进行商业投资。在未开发的南栅景区，部分原住民利用宅基地进行重新包装，以经营餐饮业和住宿业为主，但是数量非常有限。

在2010年前的惠山古镇中，资本投资的主要对象是古镇周边的工厂企业，镇区内主要以原住民利用宅基地经营传统手工艺（惠山油酥、惠山泥人、传统字画）、非物质文化遗产等；2010年，政府主导开发旅游以后，原住民全部迁出古镇社区，改造后的古镇主要以政府招租方式，进行商业活动，内容较开发前更为丰富，传统手工艺大多失去传承的平台。

（3）权力和资本对原住民空间的占有

在权力与资本以不同方式结合下，案例地事实上先后形成了原住民与景区关系的“在域相离”（周庄古镇）、“近域隔离”（乌镇古镇）和“异域分离”（惠山古镇）状态（图5-7）。

(a) 周庄古镇“在域相离”

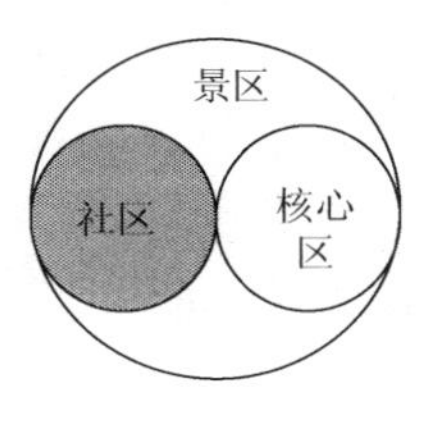

(b) 乌镇古镇“近域隔离”

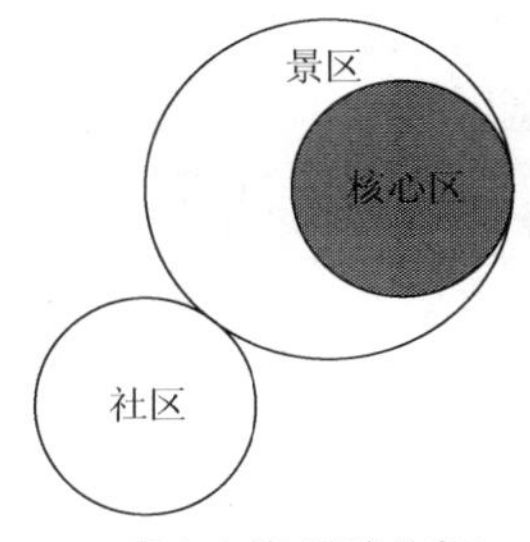

(c) 惠山古镇“异域分离”

图5-7　原住民与古镇关系状态

1）在域相离。在周庄古镇旅游空间生产中，由于其本质属于政府主导，在某种程度上三方利益不是平等共生，本质上属于“共生模式”中的“偏利共生[①]”。以政府主导为主，原住民在政府允许范畴内依附政府营造的环境进行旅游开发。政府占据资源的核心部分，外来投资依靠资本力量占据核心区域，原住民在此环境中或参与划船、或经营其他有力量驾驭的旅游业务，基本属于“自力更生”，本质上是允许原住民在资本的力量挤压和情感互容中“和谐”相处，形成了“小桥、流水、有人家”的景象。

2）近域隔离。在乌镇古镇模式中，以权力和资本相结合的旅游空间生产，创造了“看似繁荣与理性”和“原住民的低权能化”；政府和资本投入者利用水乡优势，事实上分享了旅游开发带来的成果，原住民由于对资源和机会占有的边缘化而被排挤在镇域内无资源可开发的居住区内，这本质上是强势权力与资本的结合对弱势主体原住民空间的占有，形成了“小桥、流水、无人家”的图式。

3）异域分离。从地理位置上分析，惠山古镇属于城郊结合地带，旅游空间生产采用“政府”主导模式，出于对城市建设和文化改造的考虑，政府采用向集体征地和强制集中安置，再进行补偿分配的方式完成古镇区的空间改造，原住民全部外迁至古镇核心区以外的城市新兴社区，本质上属于“异地安置”，原住民水边生活的场景不复存在，这分割了原住民与古镇的相连，事实上也割裂的古镇文化遗存，变为“小桥、无水、无人家”的困局。

作者通过研究还发现，旅游空间生产中形成上述三种类型的原因主要可以归纳为：一种属于“被动外迁”，基本原因是处于转型期的地方政府，出于土地财政、区域产业布局优化及古镇文化旅游发展的需要，将古镇原住民的土地转换为外迁的资本，途径是通过政府向集体征地和集中安置，再进行补偿分配的方式完成，将古镇原住民与自身的土地使用权相分离。案例地乌镇古镇和惠山古镇属于此种情况。另一种属于“主动外迁”。当原有土地的农业投资收益难以满足旅游职业转换的资本积累时，少数部分古镇原住民便选择进入获取更高的其他经济收益的第二、第三产业，古镇原住民的外迁决策更多地取决于个人因素而非制度约束。

这一现实蕴含和反映了不同层面的旅游空间生产关系，值得从空间生产的视角予以解构（表 5-3）。

---

① 偏利共生是从寄生关系向互惠共生关系转变的中间类型，其特点是共生单元之间尽管产生新能量，但能量只向某一方流动。

表 5-3 “解构”旅游中心和外围空间的生产

空间类型	中心	外围	象征
复杂空间	权力和资本强势方空间	原住民弱势空间	权能的侵入
权力空间	古镇旅游主导场域	受动场域	支配地位
社会空间	旅游场域强势方社会关系	被挤占者	强权连接
符号空间	空间的资本化和权能占有	权能被占方	“权能城堡”、权能缺失、不平衡、非正义
流动空间	权力、资本侵入	被动外迁	生产过程
隐喻空间	旅游空间的资本占有	“在域相离”、“近域隔离”或“离域分离”	在场与不在场

具体来讲，权力和资本强势方结成的空间与原住民弱势空间形成一种复杂空间，意味着权能的侵入；古镇旅游主导场域是中心权力空间，被挤占者是外围空间，意味着支配与被支配的关系；旅游场域强势方社会关系属于社会空间的中心，被挤占者属于外围，意味着强权联结；空间的资本化和权能占有者属于符号空间的中心，资本的侵入与弱势者被动外迁形成旅游空间生产过程中的“权能城堡”现象；旅游空间的资本占有暗指隐喻空间的中心，而“在域相离”、“近域隔离”或“离域分离”则暗指外围空间，象征原住民“在场域但不在场”。此外，这里还需要注意，伴随着资本空间的出现，案例地与以前相对，旅游业作为服务产业成为新的经济形态，大规模的人员流动成为新的现象，利用古镇的文化特性开发旅游成为当地政府进行古镇改造的重要依据，经济空间性大大超越原生空间中的封闭性。

5.3.2 社会空间的杂糅化

5.3.2.1 非共同体化凸显

（1）多主体格局显现

亨利·列斐伏尔认为“社会空间总是社会的产物”。社会空间是经验和行动的重要维度，被社会群体感知和利用，总是弥漫着社会关系。在任何空间中，当一种形态转变到另一种形态时，必然伴随新空间的产生。案例地旅游社会空间生产是以旅游空间为依托，社会关系的再生产为取向的社会活动。与原生空间中主要以原住民为主体相比，建构空间中不同模式的介入下古镇形成了地方政府、开发商、社区原住民、游客等多主体并存格局，古镇新的公共空间、新的职业空间和新的私人空间渐次出现。

（2）权能诉求差异化

古镇空间形态的社会性不仅强调空间集合的几何特性，更重要的是蕴含其间的社会意义。由于对稀缺资源的争夺，多主体格局并存自然意味着多元权能诉求差异化成为可能，或者说多主体格局必然导致这种变化的产生。

（3）社区连接网络化

社区价值体系作为社区共同体生活的基础，是存在于古镇社区共同体成员心灵中的原则和规范，反映着社区共同的理想和信念。古镇旅游空间生产使古镇社会空间在经历解构的同时，也带来了新的重构，社会结构在“去地方化”（placelessness）的过程中也在不断“再地方化”（non-places）。研究发现，旅游介入传统社区使其社会空间出现替换和填充现象，多主体的社区连接不再基于传统社区中以“血缘、亲情、权威”等核心要素的作用，不再以熟人伦理作为调节行为的纽带，而是以“业缘、友情、合作”等新要素发挥效能，并用公共理性来塑造社会个体的公共行为。研究同时发现，惠山古镇出现当地居民的空心化趋势，居民迁出，社会互动模式出现变迁，邻里行为相互受到影响，左邻右舍互动情况出现变化，邻里关系在认同的广度和深度情况较差。被访原住民认为：一些人到新区的工厂打工去了，现在都比较自由，根据自己的情况吧，一些房子主要租给外地人；现在大部分是自己顾自己，邻里（相互）走动时间比较少！（FT02-PXU-A[①]，2011年11月）

这可以看出，与传统社区社会相比，维系传统社区社会团结的力量开始发生转向，原有空间公共权威有衰弱化趋势，社会生活联结出现复杂化，形成了以普通分工为基础的活动方式，生产的社区联结关系呈现“非共同体化”和社区网络化现象。

5.3.2.2 社会流动性增强

（1）“流动性”涌现

旅游空间生产使“流动性”成为古镇社会生活的主导特征，资本、信息、人流等成为古镇活动经常性要素，“流动性”成为了主导古镇社区社会经济生活的过程。在此背景下，人（尤其是游客）的流动变为常态。该群体的涌现经历了“初

① 编号说明：FT——访谈资料；01——被访谈者序号；A/B/C——访谈次数，两者之间的大写字母（人名按照学术惯例做技术性处理的一种方法）表示被访谈者代号，如“FT02-CNS-C”表示该资料来自第二位访谈者 CNS 的第三次访谈记录。

期旅游者凝视—现代性守望—大规模游客涌现”等变化逻辑。在多元诉求驱动下，古镇成为权力、资本以及游客寻找传统文化和历史底蕴、逐利和游憩的场所。

（2）外来从业者进驻

资本和人的流动性为古镇带来了新的“移民”。资本和信息的聚集在吸引投资商和购物机会集聚的同时，也使旅游投资者和旅游从业者嵌入到惠山古镇社区中（表 5-4）。

表 5-4 外来旅游从业者社会空间

从业者 / 古镇	外来旅游经商者（户）			外来旅游务工者（户）		
	1990 年	2000 年	2014 年	1990 年	2000 年	2014 年
周庄古镇	—	8	27	—	19	68
乌镇古镇	—	2	23	—	12	41
惠山古镇	—	—	17	—	—	34

资料来源：根据田野调查整理

（3）原住民社会结构变化

研究发现，原住民对职业结构、拓展家庭就业空间、提升社会参与地位、代际间职业流出率、社会地位阶层分化感觉变化较大，而对社区是否形成旅游社区分层和社会整合程度状况等认同也较高。表明旅游空间生产导致古镇社区社会分层程度较高，碎化和分化现象出现。

5.3.2.3 公共空间异化

社区公共空间（public space）是指社区内的人们可以自由进入，并进行各种思想交流的公共场所。在案例地古镇社区中，许多场所可以成为公共空间。例如，寺庙、古戏台、祠堂、河边和场院周围等。原住民在此“聚集”、“交流感情”、“开展传统活动”、“吃饭聊天”、“谈论政事”，公共空间甚至是社区的“节庆娱乐中心”。由于属于“熟人社会”，人们之间较为平等，观念和习俗基本趋同，具有鲜明的地方性。

与古镇原生空间不同的是，建构空间以资本力量和资本权力为支配原则的形态出现。在这里，旅游空间的生产使公共空间变为了一种异己的存在物，不仅表现在主体上，而且表现在客体上。

（1）主体泛化

与原生空间比较，旅游开发背景下，政府、开发商等介入到古镇原生空间内，古镇社区公共空间的主体不再以原住民为主体。由于旅游的需求，大部分公共空间变为游客参观的场所和活动的舞台（周庄古镇原住民则与游客混合、乌镇古镇原住民在古镇外区域与游客混合）。

值得注意的是，在此生产过程中，作为弱势的原住民由古镇生产过程和历史运动的自由自觉的主体沦为被动的、消极的客体或旅游空间“追随者”，原有特性、主体创造性“理所当然”地被旅游空间生产过程的理性原则所排斥。从本质上分析，原住民在客观上不再表现为“生产过程的真正主人”，而是在空间泛化中实现了主体的客体化。

（2）功能异化

在原生空间形态中，公共空间常常成为原住民活动的聚集地，原住民的交流、沟通等渗透在以公共空间为载体的活动中，公共空间成为古镇社区原住民团结的纽带。与原来相比，旅游空间生产使一些重要公共空间在功能上发生异化现象（表 5-5）。

表 5-5　公共空间功能的异化

项目	街、弄	寺庙	古戏台	祠堂	河边、河道	广场
原生空间中的公共空间	生活功能	祭祀、村社活动	原住民主要生活空间之一、情感交流地	祭祖等	洗衣、淘米（菜）、情感交流	放电影、节庆聚集地
构建空间中的公共空间	游客“线上运行、点上驻足”的地方	游客活动、祭祀、村社活动	舞台化的展演地方	参观游览	游览线路	游客聚集地

资料来源：根据田野调查整理

作者在田野调查中还得知，主观方面——人的活动也发生了变化。原住民在原生空间中的一些“必须性活动”（古镇最为稳定的活动）变为了“选择性活动”（次于“必须性活动”，如“聊天”——实质为信息交流，以前基于生活背景和经历的相似性，较为自然和随意；现在因为社会空间主体的泛化，似乎变得谨慎起来），人员之间的联系变得更加具有“社会性”，因为不同主体在进行不同旅游商业活动，且明显多于以前。

从上述分析可知，“异化”不仅表现为结果上，而且表现在“日常行为中”。事实上，公共空间活动的组织形式实际上就是参与者在公共空间中的人际关系。社会空间的杂糅化使得古镇社会空间建设变得复杂起来，维系社会功能的纽带以业缘关系为主。由此可以看出，古镇社区社会建设不能再以原生空间中单纯性主体建设为主，它需要古镇社区内多元主体的公共参与协同完成。

5.3.3 文化空间的混合化

5.3.3.1 传统文化的渐进式衰微

旅游空间生产对案例地传统文化空间形态产生了极大的影响。随着旅游开发的进一步深化，文化形态的微观性（通过习惯、观念、信仰、价值、心理机制、社区性格等内化于古镇社区政治、经济、社会多重维度的文化图式，以及文化内驱力）正在变得和外来文化形态混合在一起，一些重要的文化遗产甚至濒临离我们远去的趋势。从文化本身来看，不同模式下的开发出现了不同程度意义的丧失和合法化危机的现象；从文化的社会角度看，出现了文化社会在一定程度上统一受损的现象。

诚然，文化空间形态的对外接纳和变迁也存在着各种选择，甚至属于“历史运动中的必然”。但是，不可否认，随着我国新城镇化步伐的推进和旅游空间生产的加剧，旅游空间生产使文化空间具有更为深刻且复杂的景象，是一个涉及面广泛、内部结构复杂的社会文化现象。案例地传统农业文明向工业文明、甚至是与旅游结合而形成的商业文明方向急速转型，部分传统古镇文化仪式在“文化空间混合化的大框架下”变成了取悦游客的文化景观，文化空间的生产与文化传承方式因旅游空间生产模式的不同带来了不同程度变化，这种变化表现为“面对旅游带来的挤压”和“面临传承和保护的困惑”。随着旅游发展的继续深化，一些原本用于“祈愿求福”的文化载体和传统文化形式，在手持政治、经济和新兴媒介权杖的人们的住持下，需要面对“他者”的审视，需要附和游客的口味和媒体的需求，变为“依附性”极强的表演形式和时代符号，甚至失去存在的土壤。例如，在周庄古镇，能代表水乡经典民俗舞蹈的“挑花篮”、“打莲厢”、“荡湖船”①依然是原住民的主要文化活动，虽然总体遗韵犹存，但展现形式或多或少具有配合旅游需求的成分而存在；在乌镇古镇，“天贶晒虫”、“中元河灯”②等活动则是原住民以“义工”方式，进入古镇核心景区进行文化展演和传承；在惠山古镇，能代表惠山文化的“惠山泥人”原本传承了本地历史文化的较多共同记忆，但是随着旅游空间生产的复杂化，“泥人文化”的载体基本不复存在。可以说，这些现象的

① 均为周庄古镇经典的传统民俗歌舞。旅游开发后，这些具有包装成分的传统活动成为重要的展示地方文化空间形态的载体。

② 乌镇古镇的传统习俗活动。

出现是工具理性过分膨胀造成的①。

通过对案例地古镇文化空间在横向和纵向方面的详细分析，发现其文化生态变迁趋势主要体现在物质文化、制度文化和精神文化三个方面（表5-6）。

表5-6 周庄古镇、乌镇古镇、惠山古镇文化空间形态的变迁趋势

文化类型		文化特质	周庄古镇考查内容	周庄古镇与传统比较	乌镇古镇考查内容	乌镇古镇与传统比较	惠山古镇考查内容	惠山古镇与传统比较
文化空间	物质文化（material culture）	生产	日常生产（丝绸、刺绣、竹器、脚炉），经济来源	＋	染化蓝布、三白酒	＋＋	惠山泥人、酥油饼	＋＋
		服饰	包头、腰兜板、彩带、花布鞋	＋	同前	－	同前	－
		饮食	饮食习惯、饮食偏好	－	同前	＋	同前	＋
		居住	居民建筑	＋	同前	＋＋	同前	＋＋
		交通	水系、河道、街、出行方式、工具	＋	同前	＋＋	同前	－
	制度文化（institutional culture）	教育	教育形式、地点	＋	同前	＋	同前	＋
		生丧	丧葬制度	－	同前	－	同前	－
		节庆	春节、清明、端午、中秋	＋－	同前	＋	同前	＋＋
		娱乐	阿婆茶、集会	－	花鼓戏、皮影戏、高杆船	＋＋	惠山庙会	＋＋
		婚育	结婚习俗、生育、“香火”	－＋	同前	－	同前	－
	精神文化（spiritual cultural）	语文认同	吴语	－	同前	－	同前	－
		文艺	乐舞	－	汇演	＋	民俗展演	＋
		信仰	传统礼俗	－	同前	＋＋	同前	＋

资料来源：根据实地调查整理

注：在“与传统比较”一栏，标记“＋”表示今昔差异明显，标记“－”表示今昔差异不明显

① 在此需要说明的是，文化空间形态其实具有阶段性，上述文化空间形态分析也采用了阶段性分析策略。从表面上看，社区文化古镇旅游空间生产表现为旅游经济、政治和现代技术等国家和社会宏观权力起伏的运演，但实际上，从本质角度讲，文化空间的复杂景象不主要由外部的经济、生产力、政治权力等展示的线性发展过程，而是更多表现为这些活动内在的微观文化机理和社区文化精神的积累、与外来文化的融合、升华的进程。本书在此意在论证“传统文化的渐进式衰微”，并不涉及进一步的、下一阶段的深层分析。

5.3.3.2 新兴文化的强势性侵入

文化空间既是文化生产的结果，又是文化生产的资源。即在创造新产品的同时，也在不断创造新的文化空间。文化生命具有自我超越、自我生产、自我参照和自我创造的特征，这一性质决定了文化不可能停留在一个水平上。旅游的文化空间生产是以物质空间为媒介，以精神符号为介质，通过对旅游空间进行文化编码，创造生成具有符号性的表征性空间构建过程。

为了迎合商业的需要，同质化的商业空间在不断涌现。这充分说明经济上的支配力量衍生出文化权势，进而生成文化上的霸权主义。这种支配性力量随着资本嵌入旅游空间生产衍生出文化权势，一种文化占有领域同时随着旅游化的深入在不同程度渗透进入古镇社区。

为了迎合游客的需要，传统文化在不断地改变着自身的存在方式，或包装成游客需要的形式、或改变原有意义、或被新兴文化替代。原生文化的现代化和娱乐化成为基本转向，变为了现代社会的期望模式。被调查者认为：社会文化复杂多了，当然找不到以前的感觉。这可能也是一个必然的结果，要迎合现代的发展。但是，这肯定破坏了当地原有的文化传统东西（传承和延续机制），对文化的保护与发展无异于灭顶之灾。（FT01-MFF-C，2011 年 12 月）

对于古镇来说，旅游带来的“流动和轻灵”，抛弃了过去的“笨拙和缓慢”，改变了过去的文化生产方式和生活方式，也改造着原住民和外界社会的记忆。

5.3.3.3 混合文化的嵌套性并存

（1）现状与结构

混合文化是文化对接（cultural docking）的产物，嵌套性并存是文化对接的结果。Polanyi（1957）认为：“现代市场和经济作为一种脱嵌的力量而对传统社会和社区构成了冲击。”在波兰尼那里，脱嵌与反脱嵌（或再嵌）是两股对新的经济社会相互交织和作用的力量。按照此理论框架分析，文化混合化侧重了嵌套过程中的“再嵌”过程和结果。在案例地调研中，可以看出外来文化的涌入与当地文化发生了汇合和交融，古镇原生空间经过外来文化中介“创造”了古镇的传统和新兴嵌套并存的多元文化主义。同时也可以看出，在旅游空间生产中，传统文化在渐进衰微现状下并非完全被外来文化取代，新兴混合文化嵌套性并存也“并非同比或等差简单排列”。例如，在周庄古镇中，作为传统文化的餐饮工艺具有“地方独家手艺”和鲜明地方特色，基本为当地原住民经营，没有被同质化的原因正是因为地方餐饮文化的厚重与复杂不易被取代；而在惠山古镇，能代表地方特色的

“泥人文化”，由于其取材和传承的地方性，较难被完全同质化，这就使得它的发展需要被深深嵌于“本地”。但是在一些传统文化边界领域，最具有被城市文化项目或新兴文化项目采用“传统文化为基，新兴文化为表”的模式进行对接，被进行“文化再生产”，并融合于古镇建构空间形态中，这种再生产的文化形态可能更加时髦、现代或先进，因而具有了普适性和抽象性。总之，多元文化融合过程因“他者”异文化间接触造成文化内容和结构向未来文化倾斜，这种变化形成一种“新地域文化”，也就是本书说的古镇文化的“混合文化的嵌套性并存”现象（表 5-7）。

表 5-7　混合文化嵌套并存现状和结构

案例地	初源文化（典型分析）	嵌入文化	比列结构
周庄古镇	民俗文化、礼制文化和建筑文化等	①以现代手法、借助新兴载体（书法、绘画、手工艺等）将传统文化理念融入其中；②传统建筑与高科技融合，营造现代文化氛围	嵌入>初源
乌镇古镇	民俗文化、礼制文化和工艺文化等	①现代企业（酒店、景区组织）文化；②传统地方非物质文化的“舞台化”再现；③传统地方物质文化的“集中化”再现；④以旅游为主的商业休闲文化、市井文化和城市商业文化	嵌入>初源
惠山古镇	祠堂文化、惠山泥人文化等	①被建构后的祠堂空间变为“舞台化”展列地点；②被“统一规划和聚集的泥人文化”截断了自然生存的可能；③大量休闲商业文化出现取代原住民营造的初源文化空间	嵌入>初源

资料来源：根据田野调研整理

这应该给我们很大启发：在旅游空间生产过程中，文化以传统与现代融合进行“再生产”，古镇文化在外来文化对自身文化的影响和渗透中维持现有格局，传统文化和现代文化在融合中寻求“相处之道”。

（2）形态与安全

从功能论的角度讲，外来文化事实上在某种功能方面与地方文化进行了“功能性对接”，提供了地方文化谱系中不能提供的功能要素，迎合了游客的基本需求。但这并非没有隐忧，值得警觉的是，在“嵌入>初源”的古镇文化内涵格局中，文化空间呈现另一个演变态势，即初源文化认同感弱化、仪式化、商业化、内涵被异化，任其继续发展，文化传承毫无疑问将会失去根基。当“他者”文化深刻体现了自身力量的生产，并有可能形成承载价值观念变迁机会时，这种力量就会形成一种新的文化力量，并以象征性的方式存在，进而成为古镇空间中输出文化观念和价值主张的载体，这对于古镇社会文化空间安全来说，无疑是一种新的挑战。混合文化的嵌套性并存状态需要我们建立古镇文化安全预警系统（表 5-8）。

表 5-8　古镇文化空间的预警类型和内容

预警类型	预警内容
古镇社区文化经济安全	文化资源、文化生态、文化市场
古镇社区文化信息安全	传统文化的产权、文化传承信息渠道
古镇社区文化能力安全	文化竞争力、文化凝聚力、文化影响力

资料来源：根据田野调查整理

从以上分析可以进一步厘清研究需要传递的价值，现代旅游的发展及在特殊地域中的空间生产，使古镇社区接纳着日益变化的新兴社会潮流，这一切都在不断冲击着古镇社区“初源文化场”。古镇的生活方式和文化形态逐渐被现代性、消费性、快餐化的城市文化所消解，“流动和轻灵”取代“笨拙和缓慢”，外源嵌入建构空间中的文化空间是一种“多元文化主义”。

5.4　建构空间本质：多元同心嵌套结构

历史是生成现实的重要基础。在网络空间结构中，古镇原生空间中的地方性变成了新空间中“新地方性”，这一变化使网络空间具有了新的空间属格。空间分化的过程是场域在外力推动下的变化过程，新空间模式中以“流动的网络”取代原生空间的“边界有限”，重构的空间建立起新的古镇空间形态，同时也表现了以新地方性为基础的文化和社会性。

5.4.1　多元同心

（1）场域及多元生成

如第 3 章对“场域”内涵的阐述，场域是由社会成员按照特定的逻辑要求共同建设的，是社会个体参与社会活动的主要场所，是集中的符号竞争和个人策略的场所。旅游介入传统古镇社区后，原生空间不再局限于地域的划定，而要冲出这种约束；不言自明，就在于社会经济的发展，给予了人们挣脱于血缘和地缘的流动机会，转而形成以业缘关系为主的社会关系形态。本书认为场域具有生成流变性，总是存在于具体网络空间中，并因由行动者的行动组成。网络空间中的场域是作为社会成员按照特定的逻辑要求共同建设的单元，意味着这个“单元”事实上是客观存在且多面向的、更加复杂的社会关系网。

旅游的开发和市场经济在基层的拓展使“原生空间”和“流动空间”日益走向“行动者网络空间”，与此同步推进的是促成了“关系型聚合体的行动者网络空间”的形成，空间不再是生活中的“容器”（container）概念，空间的属性不再作为原生本体空间自身来辨别，而只能作为“关系系统”来理解；空间不仅解构了内源自身本体空间属性，空间的“可延续性”（malleability）成为分析新的空间形态的切入点，干预性和自主性要素的交织作用构成了新空间发展的主旋律。随着旅游的持续深化，网络空间通过行动者行为和交互作用而生产或构建，空间场域内各个行动者（政府、社区、居民、游客、开发商等）占据不同的位置，依据自身的惯习，参与到场域中的资源争夺与资本兑换中来，变为介于物理与社会之间的“杂合物”（hybrids），既是物理的，又是社会的，呈现多元化和异质性，空间及空间形态成为物理、社会、文化、政治和经济关系的产物，多元场域渐趋生成，传统不再是简单的复制过程，而是在旅游化背景下汇入了再生产过程中，并形成网络空间新的属格。

（2）场域中的多元同心

旅游渗透的基层社会从本质而言是基于地方的场域与旅游场域相互构建的空间。在互构的网络场域中，每个行动者及行动者生成的场域均占有自己的位置。基层社会的组织结构和维持原生结构的平衡机制发生动摇，原来以血缘和亲情为纽带的维系因素逐渐被业缘和社会互动取代，传统区域文化价值准则和社会理念进入社会的再生产结构系统中，文化空间的再生产不只是在于强调文化空间本身的自我创造精神极其生命力，而且在于强调文化空间的存在和发展的不停顿性、流动性和循环性，显示出文化空间的动态性存在性质及其自我更新能力；同时，超越地缘和边界限制的、无所不包的社会空间将个人、群体和社会编织进一个彼此高度互动的网络中。

旅游开发使空间成为具有意义的质态结构，在这场空间转向过程中，有多少关系互动就可能形成多少空间场域，生活的、旅游的、××的、社区的等，众多场域形成结构的“多元”，而每个“元”总是以古镇原生空间为基点，在此基础上生成和变化，形成场域中的“多元同心”。

5.4.2 嵌套结构

根据场域理论可知，场域的重要特征是它为场域中各行动者及其拥有的资本提供相互竞争、比较和转换的一个必要场所；反过来，场域本身的存在和运作，也只能靠各种资本的反复交换及竞争才能得以维持。古镇旅游场域是一个相对独立、充满竞争性的空间，具有生成流变性。经过旅游场域中网络关系的互动，原有物质空间、文化空间和社会空间得到不同程度的改变，从“内源性自生式本体空间”过渡到了“内源性自生式本体空间”和“外源性嵌入式构建空间”并置的形态（图 5-8）。

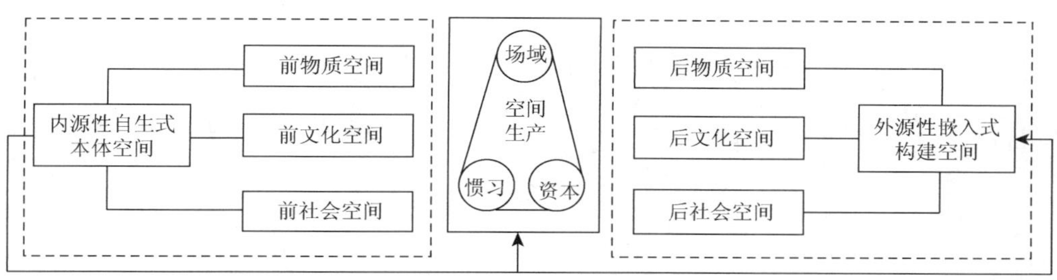

图 5-8　旅游场域中多维空间生产图式

如图 5-9 所示，新的网络空间场域融生活场域、旅游场域等为一体，既是“多元同心”的，又是相互交织在一起的，共同构成“多元同心嵌套结构”。若干平面可以在以 OO_1 为圆心的轴线上上下滑动，而且还可以有不同角度、方向的倾斜，由此形成两个以上多平面之间或相交或彼此嵌套的图景，旅游场域为众多场域中的一个子场域（又称“次场”）。场域内部与场域之间的生活、权力、利益等关系开始变得复杂化，结构渐趋网络化。行动者的惯习使得原来相对封闭的社会结构和生产生活方式发生变化，空间在不同行动者的惯习构建中被不断生产，促成“原生本体空间”形态的“去地方化”，古镇面临着一个比以往任何时期更为复杂的发展状况，空间成为物理、社会和文化多元属性杂糅并置的“构建空间（场域）”。

传统原生空间结构的功能变迁可概括如下：其一，首先预设一个不同于现代性基层社会网络空间的传统概念（即本书前述命名的“内源自生本体空间”），两者具有本质上的差异；其二，将现代网络空间的内涵主要设定为旅游背景下的现代性建构，即实际上是用旅游化影响进而涵盖古镇社会变迁的所有面相；其三，传统原生空间的构成要素只有在功能上有助于现代网络空间的建构才具有存续的正当性。

事实上，空间形态在本质上是一种复杂的经济、社会现象和社会过程，古镇变迁属于“时”与“空”坐标的协同变迁。历时角度分析，物理空间、社会空间和文化空间具有杂糅并置性；从共时角度分析，变得更加立体化。可以这样认为，空间性的实践界定了空间，它在辩证性的互动里指定了空间，又以空间为其前提条件。在现代社会中，古镇多维嵌套立体空间的生产是国家、社区和市场主义等各种力量共同作用的产物。

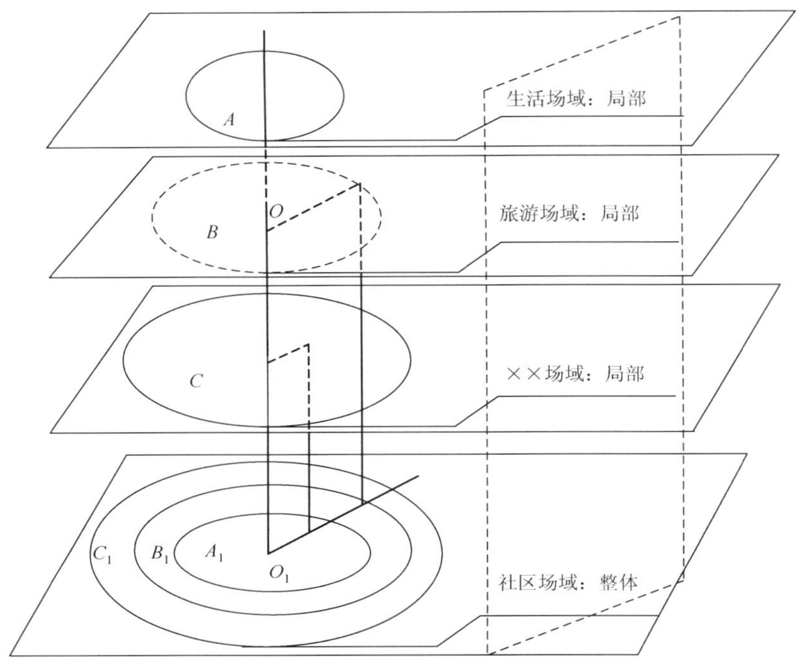

图 5-9　多元同心嵌套结构

5.4.3　属地运行

（1）属地格局的形成

在“一元同心并置结构”中，古镇社会虽经历次社会变革，但“基本的社会控制松动”和“大规模的人员流动”并未出现，古镇原生空间依然是以原住民为主体的利益格局空间。改革开放后，尤其是大规模的旅游开发，社会流动的约束减少，大量的古镇土地被进行改造（乌镇古镇和惠山古镇原住民甚至被迁出核心区），包括政府、开发商等在内的异质主体置换了以原住民为主体的格局形态，兼具多元性和异质性的古镇新空间类型不断出现。从本质上讲，大规模的旅游开发使古镇社会空间的“再生产”（reproduction）正在发生，古镇社会空间进入持续重构状态。权力的协调和资本的推动使得核心区域的现代“绅士化”进程加快，政府和企业更有能力进入空间的中心位置，原住民则逐步进入空间边缘地带。相对于原生空间的差序格局，新空间中行动主体依托“单元”行动，对旅游权能空间的争夺使传统的差序格局变成了“团体格局”，一种新的“属地”开始出现，并进而形成“属地格局”。

新的“属地格局”是在旅游开发引致古镇社会结构多元化与裂变的背景下，形成的介于“差序格局”和“团体格局”之间的一种过渡性空间组织，这一格局以变化的、处于不断重组状态的社会空间单元为特征，以各种新社会空间属地（territory）的出现为载体，重塑着古镇社会空间结构（图 5-10）。

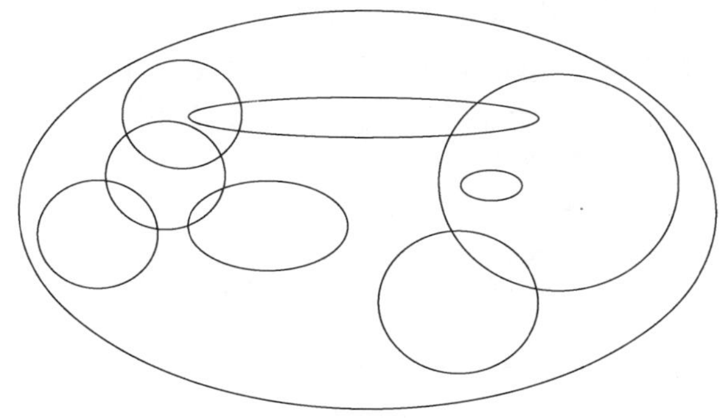

图 5-10　旅游空间生产中古镇的“场域与空间”

（2）属地格局的特征表现

在上述“属地格局”中，许多重叠和相互渗透的场域遵循自身发展动力，形成一个个“群岛”、一个稳定和秩序连接的“集群”（福柯）。其特征首先表现为“碎化”和“分异”。在资本的推动下，古镇社区中的物理空间被拆迁、修缮或重塑，重新置换后的形态明显进入旅游带来的“绅士化”状态。与此同时，一个层化的古镇空间更加显现，核心景区的“精品化”和镇域公共区域的“衰退化”尤为突出。另一特征则是原住民意识的觉醒，每个人作为个体行动者伴随空间的转型，都在寻找新的价值认同，被贴上差异化的标签。维系社区空间团结的“血缘”、“亲情”等，被“利益”和“个人价值”取代，造成新空间的疏离和隔膜。在“单核”向“多心”转变过程中，古镇社区管理模式遇到极大挑战。

5.4.4　嵌套结构的“脱域”

“脱域”是“社会关系从彼此互动的地域性关联中，从通过对不确定的时间的无限穿越而被重构的关联中‘脱离出来’”。从“原生空间”到“构建空间”功能属性的转向，使得古镇空间具有了不同于原生空间的新的意蕴，古镇“民间外生秩序力量”起了更大的作用。旅游空间生产改变了古镇原生状态和原住民的生活习惯，古镇经济活动、旅游空间消费、旅游空间交换等行为已经全面卷入旅游空间生产带来的市场化网络之中。正如马克思所言："民族基础被新的工业排挤掉了，他们的产品不仅供本国消费，还同时提供给世界各地消费"。

原住民的社区行为不再局限于古镇原生形态关系中。对外的开放性使新空间能量生成不再是原生空间的"在域性"。基于市场的空间生产和再分配特征形成新的社会纽带，传统价值观与现代中西方价值观混杂，具有明显的"脱域性"（图5-11）。从现代化的进程角度看，这可能是一种历史的必然；但从古镇社会结构来看，原住民生活的社会形态、方式和权能获取等真正地实现了法国社会学家孟德拉斯（Mendras）所说的"农民的终结"。

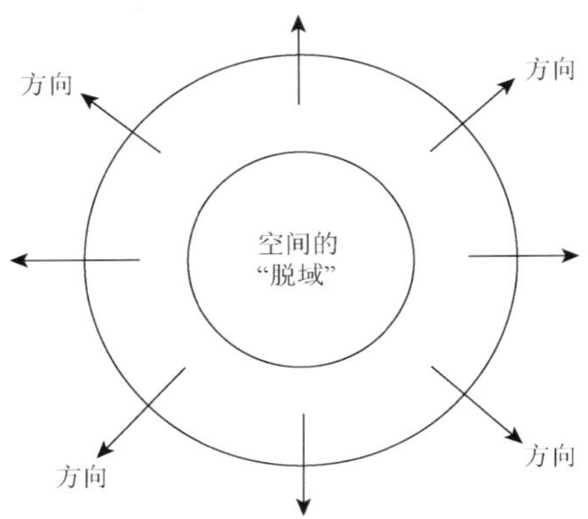

图 5-11　建构空间生成的"脱域性"

实际上，古镇"原生空间"和"建构空间"两种类型的空间结构反映的是两种不同的秩序逻辑。如果说在原生空间中古镇社区的社会活动属于"家庭人"社会，那么新空间中则属于"社会人"社会。在原生空间中，由于"熟人"社会及"长老"权威等因素的存在，原住民生活面向是向内的——基本在社区共同体之内谋发展，能够形成长期稳定的互惠关系和共同体意识，也就能够形成基于情感的人际信任和权威信任。现代性背景下的原生空间越来越围绕流动而建构起来，人员、资本、信息、组织性互动的流动……，流动不仅成为古镇社区组织的要素，已经成为社区变迁的支配形式，旅游成为一种"新的朝圣"，改变了空间结构发生变化，网络社会的流动性，使古镇地域概念从边界有限和功能实在的物理空间、地域性的社会空间和自洽的文化空间中解脱出来，被重组进类似形象拼贴的功能网络里，使"地方空间"（space of places）渐变为"流动的网络空间"。旅游背景下，现代古镇社区的发展是从基于原生社区"本质意志"向基于建构社区"选择意志"的发展。"脱域"的过程是"空间"从"地方"不断地分离出来，或说是从

“在场”到“缺场”转变，其本质是古镇社区社会关系从地方性场域中抽离出来，并使原初联结关系在无限的“个人与个人”之间“再联结”，成为“脱域的共同体”（disembeded community）。

5.5 本章小结

本章依据“旅游凝视—空间转向—多元同心嵌套结构生成—建构空间的‘脱域’”层次进行了阐述，还原了原生空间经“空间流动”和“空间规制”变为“网络空间”的内在逻辑。

（1）空间转向

20 世纪 80 年代，全球化的发展作为一种迅雷不及掩耳的力量在世界范围内出现，以经济为先导的力量把世界内部的关系变为“跨边界”的社会现象。在传统社会里发生并限制在同一个地方、同一个范围内的人群，现在已经超出了地域边界，现代旅游业的发展更使“距离死亡”成为现实。20 世纪 80 年代末，江南社区型文化古镇相继成为旅游开发的空间，“政府主导”成为空间开发的主持者，企业成为资本注入的推动者，多元主体的空间凝视和空间规制促成了“空间中的流动”，使“地方空间”渐趋转变为“流动的网络空间”。

（2）建构空间形态

“流动的网络空间”结构本质是“多元同心嵌套结构”，这一结构是在“原生空间”基础上形成的阶段性空间结构形态；从空间生成来源看，不具有“内在的”，而具有“外源性”；从空间特性来看，建构空间具有“嵌入性”，即“外源嵌入建构空间”。表现为物理空间的景观化、社会空间的复杂化和文化空间的多元化。

（3）建构空间本质

古镇“原生空间”和“建构空间”两种类型的空间结构反映的是两种不同的秩序逻辑。如果说在原生空间中古镇社区的社会活动属于“地方人”社会，那么新空间中则属于“社会人”社会。根据场域理论，场域的重要特征是它为场域中各行动者及其拥有的资本提供相互竞争、比较和转换的一个必要场所；反过来，场域本身的存在和运作，也只能靠各种资本的反复交换及竞争才能得以维持。古镇“多元同心嵌套结构”旅游场域是一个充满竞争性的空间，具有生成流变性。

6

古镇旅游空间生产权能多视角分析与评价

6.1 受访测度者基本情况

6.1.1 关键事件中的关键性人物

对关键事件的关键人物进行访谈可以起到对特殊事件的过程还原。本书中访谈关键人物的方法以跟踪式深度访谈为主。在周庄古镇访谈人物以船娘（夫）、居委会主任和部分家庭旅馆业主为主；在乌镇古镇以房屋强拆上访户和被搬迁的原住民为主；惠山古镇以搬迁原住民为主（表 6-1）。此部分关键事件的关键人物访谈内容将用作“6.2 节”中的典型个案分析。

表 6-1 案例地受访关键人物

案例地	受访者	性别	出生	住址
周庄古镇	XMZ	女	1950 年生	周庄古镇银子浜
	LQY	女	1963 年生	周庄古镇全功路
	VHY	男	1959 年生	周庄古镇北市街
	HSD	女	1966 年生	周庄古镇北市街
	FU	女	1961 年生	周庄古镇南市街
	KIU	男	1964 年生	周庄古镇中市街

续表

案例地	受访者	性别	出生	住址
乌镇古镇	RBG	男	1941 年生	乌镇镇域
	WJL	男	1952 年生	城关镇溪东街
	YYB	女	1944 年生	梧桐镇西门小区
	YXL	男	1955 年生	乌镇慈云路
	ZSL	男	1942 年生	乌镇长城公寓
	BXY	女	1936 年生	乌镇慈云路
	GAY	男	1958 年生	乌镇吴家浜
	GXD	男	1969 年生	乌镇西大街
	CMS	男	1955 年生	乌镇常新街
	QXY	女	1944 年生	乌镇银杏小区
	QHQ	男	1935 年生	乌镇万兴路
惠山古镇	HTZ	男	1952 年生	无锡市北塘区惠麓苑
	TDF	女	1958 年生	无锡市北塘区惠麓苑
	KHI	女	1950 年生	无锡市北塘区惠麓苑
	FYI	女	1960 年生	无锡市北塘区惠麓苑
	BCZ	男	1961 年生	无锡市北塘区惠麓苑
	GER	女	1963 年生	无锡市北塘区惠麓苑

6.1.2 广泛受访的原住民与游客

6.1.2.1 数据基本情况

研究的广泛性问卷调查主要利用在校大学生在暑期社会实践中进行①，时间在2012 年和 2013 年的 6～7 月份。向原住民共发放问卷 1727 份，其中周庄古镇 645

① 在访谈开始之前，作者首先针对“访员臆答”与“干预效果”等问题对调查员做了“访谈功课”。调查员对自己负责的访谈内容进行检查和确认，根据调查对象的人口特征调整调查人员的性别，或根据自身文化差异，来调整工作分工。访谈中如被访者表示拒绝时，即作“拒答”处理，但是必须根据调查者当时的观察，记录其人口特征、表情以及调查员自己对被访者的影响；如发现被访者不识字或非常吃力，要求调查员从头到尾把问题读出来；如遇到被访者对题意的反问，调查员必须通俗解释清楚，并详细记录情况。

份，乌镇古镇622份，惠山古镇460份；向游客发放问卷1218份，其中周庄古镇410份，乌镇古镇415份，惠山古镇393份，共计问卷2945份。

在剔除不合格问卷后，共得到原住民合格问卷1680份，其中周庄古镇630份，乌镇古镇600份，惠山古镇450份；问卷有效率分别为97.67%、96.46%和97.83%。共得到游客合格问卷1190份，其中周庄古镇400份，乌镇古镇410份，惠山古镇380份，问卷有效率分别为97.56%、98.80%和96.69%，共计有效问卷2870份。此部分调研数据将作为本章"意愿倾向"、"空间布局"和"影响分析"三部分定量分析的数据源。

从收回的原住民合格问卷分析得知，①性别比例，周庄古镇：男性（52.9%）>女性（47.1%）；乌镇古镇：男性（47.4%）>女性（52.6%）；惠山古镇：男性（47.1%）>女性（52.9%）。②年龄跨度，周庄古镇：10～60岁；乌镇古镇：10～75岁；惠山古镇：10～78岁。

从收回的游客问卷分析得知，①性别比例，周庄古镇：男性（60.3%）>女性（39.7%）；乌镇古镇：男性（55.3%）>女性（44.7%）；惠山古镇：男性（60.7%）>女性（39.3%）。②年龄跨度，周庄古镇：10～60岁；乌镇古镇：10～75岁；惠山古镇：10～78岁。③地域集中度，周庄古镇：江苏、上海、北京、安徽；乌镇古镇：江苏、浙江、上海、广东、安徽；惠山古镇：江苏省内。

在取得相关调查数据后，采用相关软件对数据的可靠性进行检测，测得克朗巴哈信度系数（Cronbach Reliability Alpha）情况见表6-2。

表6-2　古镇测量数据可信度

目标群体	周庄古镇原住民	乌镇古镇原住民	惠山古镇原住民	周庄古镇游客	乌镇古镇游客	惠山古镇游客
可信度	0.87	0.86	0.85	0.84	0.87	0.86

注：结果表明测量表的可靠性较高

6.1.2.2　数据信度与效度

信度（reliability）和效度（validity）是研究中关系到测量质量的两个基本问题。测量的信度和效度涉及所测量的结果能否精确地反映对象事实，而"真实可靠的事实"是研究进一步演绎的前提条件。没有信度的测量是无效的，同时信度高的测量没有效度，结果也是无效的（图6-1）。本书对旅游空间生产权能同时采取了定性和定量不同视角下的测度。

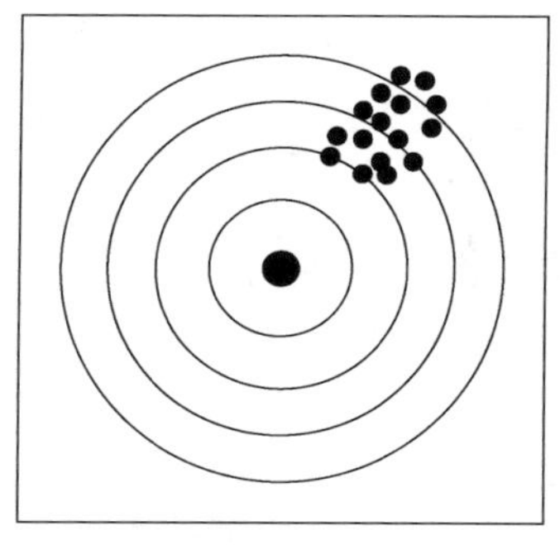

(a) 信度高缺乏效度

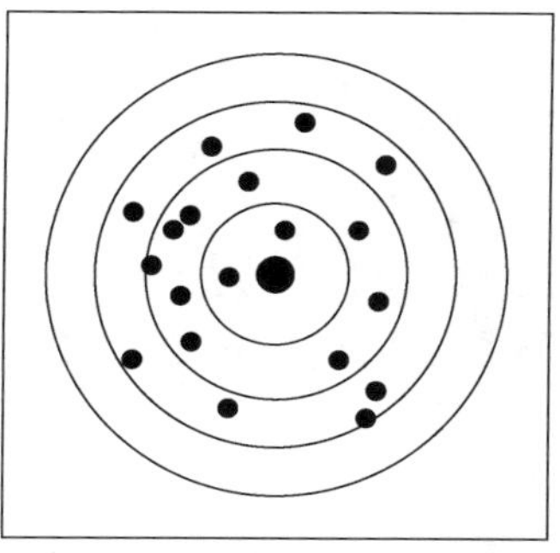

(b) 效度高缺乏信度

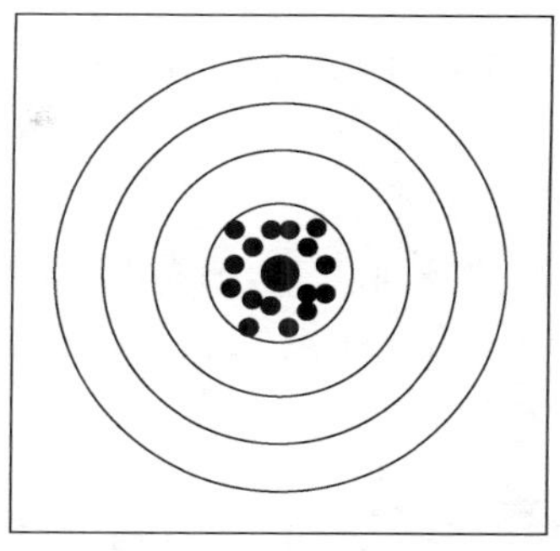

(c) 信度和效度皆高

图 6-1　信度与效度关系（陆益龙，2011）

（1）定性研究的信度和效度

作者认为，不论在定性研究，还是定量研究中，均存在信度和效度问题①。对于信度来说，结果的一致性是衡量其高低的核心依据；而对效度来说，结果能够说明真实情况的程度是其衡量依据。因此，在本节定性研究中数据的采集过程，除了遵循本书提出的"研究方法"规定外，对其范围和渠道都进行了周密思考。例如，采用有计划的田野个案访谈、多主体话语分析和"事件-过程"分析法，以增加研究中的"一致性"和演绎、归纳系统的严密性。

（2）定量研究的信度和效度

基于上述对信度和效度的分析，本节定量研究在测量方法、测量工具上采取了技术处理。具体为：在研究方法上，首先采用"数据分组"法，将调研数据分为两组作为实验组；在研究测量工具上，分别对两组实验数据进行不同形式的测量，以验证数据的一致性。

6.2　典型个案：原住民的忧伤与抵抗

方法是呈现现实的工具。在"典型个案"分析部分，研究将采用"话语分析"和"事件-过程"分析法进行"事件的文本化"。

6.2.1　原住民参与的隐蔽性危机

在周庄古镇中，原住民参与旅游开发活动的形式主要有三类："当船娘"、"开

---

① 学界有研究者认为定性研究通常不需要对概念进行操作化或量化的测量，更多的是对事物的质量、性质和属性进行评价、估计和判断。

餐馆”和“开旅店”。

6.2.1.1 “当船娘”

2001 年 4 月，由周庄古镇原住民组成的“万船娘”船队开始正式组建。目前成为周庄古镇东浜、龙凤和南湖三个村 200 户村民社区参与旅游增收致富的主要来源（图 6-2）。

图 6-2　漂行中的原住民

调查得知，周庄古镇旅游空间中的“服役”原住民大约有 130 名左右。其中，70%由女性组成，30%为男性；身份来源基本为镇中居民，年龄介于 45～55 岁者居多，学历大都不高。从事该工作长则十几年，短则几年不等，部分以此为业，终以此业。被公司组织起来的原住民工作内容主要是为顾客摇橹。一般情况下，游客每趟行程需要 30 分钟左右。原住民每摇满 30 趟，去旅游公司事先下发的工资卡上领取工资。在原住民看似有序参与过程中，其实存在着分层、权能和认同的差异。

（1）分层

社会分层大师 Lenski（1984）认为分层涉及的基本问题一是“谁得到了什么？”，二是“为什么得到？”。李强（2011）认为这是社会群体因资源占有不同而产生的层化现象。原住民行动的结果导致其在旅游社会空间中的分层现象。调查发现，古镇原住民虽然轮流机会均等，但在通常情况下还是存在分层，不因“财富”和“权势”所致，而是“名望”起了重要作用。依据“有没有内涵”、“能否善解人意”和“才艺大小”等因素，原住民在“灵秀”与“气质”等一系列特质的区分中被事实上划分为“明星”、“优秀”和“普通”三类。“明星”和“优秀”往往成为游客追逐的对象，愿意点他们的歌。“……我们就是听说了 XMZ 的故事来的，专门挑她的船，听她的歌，人们都说她是多才多艺的，自编自唱……我们就想见识一下。”（YKZS02-CNS-C[①]，2011 年 10 月）而“普通船娘”则存在自身行为上的“内卷化[②]”倾向，在压力中“按部就班式的工作”成为其主要心态和表现形式。由此可见，在“按质论价”的本质和机制运作中，原住民在旅游空间中的分层现象确实属于事实。

（2）权能

权能是群体活动过程中对自身权力拥有的实际效能。原住民在旅游空间中的分层事实决定他们在经济权能、心理权能、社会权能等方面出现了结构性差异。调查得知，原住民基本经济权能分两种情况。其一，如果生产工具（船）为自家所有[③]，每往返一次可从总费用中提取 50%，另外 50%归公司所有；按 2011 年全年“500 次/（船[④]·人）”计算，平均收入为：500 次×50 元（提取费）=25 000 元；除去每年维修费（船）2000～3000 元和服装费 50 元左右，原住民年平均收入在 2 万元之上。其二，若自己家没有而雇用别人家的船只，则每次收入为：100 元（船收入/次）–50 元（公司得）–30 元（雇主得）=20 元（自己得）；年收入：20 元×500 次=10 000 元。此外，“明星”和“优秀”是最具优势的权能拥有者，由于被游客“选择”的概率高，经济福利增多，成为最“乐业”的一部分人，20 元/3～4 首小调，收入自然较“普通船娘”高。

“心里当然高兴了，过去我不知道什么叫‘规范的服务’，什么叫‘职业风范’，参与公司培训后，旅游开发知识、文明礼仪知识日益丰富起来，我们的行为都代表着古镇形象。”（YZMZS02-MZ-B[⑤]，2011 年 6 月）

“名望”的提高也带来了更多的机遇，尤其是增强了心理自豪感。

“我告诉你，新加坡李光耀坐我的船 3 次了，每次来都让我摇。李光耀个子很高，瘦瘦的……。还有时任香港特首曾荫权（2005 年）、泰国公主诗琳通（2007 年）、原国务院副总理吴仪（2004 年），他们说周庄景色很好，很美。我说，古代传下来的景色，很好的……，欢迎常来。”（YZMZS02-XMZ-A，2011 年 5 月）“游

---

① YKZS 即游客自述。

② 内卷化：该词源于美国人类学家吉尔茨（Chifford Geertz）《农业内卷化》（*Agricultural Involution*），原指一种社会或文化模式在某一发展阶段达到一种确定的形式后，便停滞不前或无法转化为另一种模式的现象。随着概念内涵的拓展，其含义已变得复杂而含混。在此特指“普通原住民”因事实原因造成“按部就班式”的状态。

③ 船的来源分为两种：一种是摇船者拥有，另一种是自家没有，雇用别人家的船。

④ 本数据为调研获得。

⑤ YZMZS 即原住民自述。

客经常给我寄来信和照片。你看这些信和照片（从船上的箱子中取出）装满了一大盒子，是我珍藏的宝贝。”（YZMFT03-XMZ-B[①]，2011 年 5 月）

相对于“明星船娘”而言，“普通船娘”是权能拥有的“弱势者”，由于“名望”等因素不及前者，很多情况下他们只能依靠“自然轮流概率”等待游客的机会选择。

“……当然是他们的（明星）机会多了，不仅体现在周庄景区，他们还经常被邀请到其他地方唱歌（演出），社会机会肯定多一些。”（YZMFT01-HYI-A，2011 年 6 月）

（3）认同

从心理学视角分析，认同[②]是强调具有亲近感或可归属的愿望程度。分层和权能大小是影响原住民认同的主要因素，原住民群体被分层和权能影响的感觉或情感成分，产生了自身对本职岗位及其整体外部环境的亲近感或归属感的不同程度。通过对旅游社会空间生产框架下的权能认同[③]、分层认同[④]和社区认同[⑤]要素综合分析，发现“明星”、“优秀”和“普通”的总体认同情况呈现明显分异（图 6-3）。

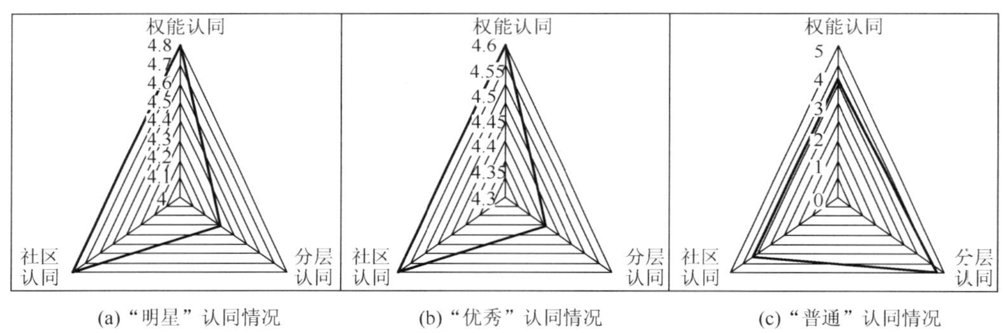

(a)“明星”认同情况　(b)“优秀”认同情况　(c)“普通”认同情况

图 6-3　“明星”、“优秀”及“普通”原住民认同情况

“明星”和“优秀”认同度高的另外一个重要原因就是自我身份的建构。

① YZMFT 即原住民访谈。

② 一是自我认同，指自己对自我现况、社会期待、现实情境、未来希望、工作状态等各层面的觉知，统合而成为一个完整、和谐的结构；二是社会认同，是个人拥有关于其所从属的群体，以及这个群体身份所伴随而来在情感上与价值观上的重要性知识。

③ 选取资源开发设备、人力资本、对外形象、知名度影响力、制度保障。

④ 选取参与权、话语权、民主程度、能否分享开发成果、协商机制、管理民主意识、分配制度、透明度。

⑤ 选取旅游开发认可及旅游开发评价。

这些原住民通过游客对其文化再生产过程中的行为，获得了“我”与“他”的区分，重新认识了自我价值，因获得自豪感而使自信心大增，并实现了自我身份的认同。但是，对于大多数“普通”来讲，由于分层和权能状况不同，认同度明显低于前者，甚至有时会把对工作环境的认识表现在对单纯职业认同中。

“……毕竟属于体力活，做起来吃力是蛮吃力的，相对于他们（优秀）收入并不高。”（YZMZS01-DNN-B，2011 年 3 月）

“像这两天天凉快还好，三伏天的时候，踏上船头就烫的直跳脚，只能趁划船间隙不断地跺脚，降降温；遇到冬天时，这里湿冷，也很苦啊。”（YZMZS02-RG-B，2011 年 3 月）

“……未来？未来需要多激励吧，也需要优化规则，这样我们当然开心，也会吸引更多的人来从事这个工作。”（YZMFT01-XZW-A，2011 年 3 月）

原住民作为周庄旅游社区参与最大的群体，事实上在更大的范围内是受制于政府营造的“旅游空间生产环境”。正如马克思分析资本主义生产关系时，认为拥有劳动的工人和拥有资本的资本家之间地位的不平等导致资本对劳动的雇用。通过上述分析，可以看出，原住民参与的特点为低层次和窄范围的社区参与，参与优化需要诱致性制度的创新，旅游社会结构要保持稳定发展，必须把差异控制在合理的范围之内。

6.2.1.2 “开餐馆”和“开旅店”

原住民参与旅游空间生产的另一项事项是“开餐馆”和“开旅店”。从事这些活动时，原住民大多基于自身房屋和沿街店面进行“改装”。在调查中，作者得知政府对原住民从事这些工作没有反对。一些原住民说：“这要符合政府要求就可以（从事旅游参与），比如不能把物品挂于房屋沿街外面等。”（YZMZS01-XTY-B，2010 年 10 月）；而对于利用自家房基开设旅馆，则没有受到政府干预。但是，经调研分析，周庄古镇原住民“开餐馆”和“开旅店”虽然属于政府不会干涉的“自发行为”，依然存在“三高三有限”的隐蔽性危机。

（1）参与积极性高，但参与能力有限

在市场经济条件下，周庄社区精英示范效应具有较强的传播功能和感染效果，对市场中的“观望行为人”起着比较大的影响力，正如皮埃尔·布迪厄所说的“在特定的历史条件下，个人行为内化为社会行为影响的总的结果，具有持久效用的秉性”。“旅游早期从业且成功者”既是社区旅游开发积极的响应者，也是社区旅游经济精英，他们成为旅游开发致富的先行者，在获得不菲的经济回报后，其行为对社区其他“观望者”产生了重要的示范作用，带动了原住民参与旅游开发的积极性。但是，由于部分原住民受教育水平较低，参与旅游开发的意识和“本领”基本属于“参照而成”。“别人是这样，我也跟着这样”（YZMZS01-XSD-A，2011、2012 年）成为很大一部分原住民参与的原初动力。这说明原住民受本身素质的制约，所从事的一般也都是“自我设计的项目”。

（2）传统项目高，但传承能力有限

在实地调研中，作者发现在周庄核心古镇和古镇外围区域，传统项目如“万三蹄”、“地方特色小吃”、“古董”等有较多原住民参与；而在具有“现代性”的项目如“字画”、“丝绸”、“文化特色项目”等则由外地人垄断，而且这些项目由于具有“外来技术和本地文化融合性，可能更符合古镇的取向，会更有市场”（YZMFT01-GFW-C，2011 年 10 月）。这说明原住民参与传统项目高，但对传统文化传承能力方面，具有自身局限性。事实上，文化生命具有自我超越、自我生产和自我创造的特征，这一性质决定了文化不可能停留在一个水平上，文化不会满足其自身所具备的特性维持其生命，总是要靠自身的内在生命不断更新和自我扩大才能生存下来，文化再生产不在于强调自身生命力，而在于文化发展的流动性、循环性和动态性。

（3）权能期待高，但参与层次有限

利益驱动是原住民的基本利益诉求。一部分原住民认为“旅游开发本来就是依赖于古镇传统环境才有今天，原住民利益当然要受到保护”（YZMJH02-ZSC-A，2012 年 9 月）；还有部分原住民认为“从事旅游开发要比在乡下从事农活更容易赚钱，而且女性原住民要比以前有更多的机会从事该项活动”（YZMFT01-ASW-A，2012 年 9 月），甚至在一些具有“理性”的原住民看来，“政策允许内的参与行为更多是‘尝到甜头’后的本能诉求，而且比较分散，并没有真正进入旅游决策圈子，只是政府没有反对罢了”（YZMFT02-JHW-B，2011 年 7 月、2012 年 8 月）。作者在调研中发现，原住民存有上述观点并非个案，这说明原住民对参与旅游开发权能期待比较高；但同时也应该意识到，古镇原住民参与需要更深层次的协调和融合。

根据皮埃尔·布迪厄的观点，贯穿于旅游场域和行动者的动力原则之一就是行动者个人和群体之间的权力关系，这种权力关系始终通过场域中客观存在的资本力量的相互关系博弈而呈现出来。政府、开发商作为权力和资本拥有者，在联盟过程中成为古镇空间实践背后的控制力量参与着空间的生产。从原住民的参与现状来看，存在着“增长型权能诉求”和“秩序”需要进一步优化的问题。

6.2.2 事实与权力的马拉松博弈

（1）事件缘由回溯

在实地调研中，当地原住民提供了有关“事实与权力马拉松博弈”的原始素材，本部分研究即根据当地原住民所提供的资料进行整理而成。2001 年 11 月，浙江省发展计划委员会同意地处桐乡市乌镇的一项保护与旅游开发项目起建。在浙江省发展计划委员会批复的文件中，明确规定“对古宅厅堂修复面积为 35 000m^2”（浙省计社会[2001]1019 号）。2002 年 2 月，乌镇古镇保护与旅游开发有限公司（简称旅游开发公司）向桐乡市发展计划局申请“古镇保护与旅游开发工程列入省重点建设项目”（桐市乌镇旅[2002]6 号）。同月，桐乡市发展计划局向嘉兴市计划委员会和嘉兴市重点建设领导小组申请了该项目（桐市发计审[2002]17 号）。桐乡市人民政府（简称政府）批复桐乡市国土资源局，由其负责收回用地范围内国有土地；对土地使用权当事人的补偿按照国务院《城市房屋管理拆迁管理条例》、《浙江省城市房屋拆迁管理条例》、《桐乡市城市房屋拆迁管理办法》办法规定办理（桐市政函[2003]23 号）。桐乡市住房和城乡规划建设局（简称建设局）向乌镇旅游开发公司下发“房屋拆迁《010 号拆迁许可证》”，拆迁非住宅建筑面积 6400.19m^2；住宅建筑面积 70 174.54m^2，同时规定，拆迁期限为 2003 年 7 月 4 日至 2004 年 5 月 30 日，搬迁期限为 2003 年 7 月 4 日至 2003 年 12 月 30 日［《拆迁许可证》拆许字（2003）第 010 号］。

（2）无奈的持久战

该保护与旅游工程项目用地指标于 2003 年正式下达乌镇旅游开发有限公司，由于工程需要，轰轰烈烈的旅游“开发与保护”过程，同时也成为伴随原住民全部外迁、低价补偿、权力与资本对原住民空间的挤占、原住民不能参与旅游开发等事实形成的过程。在 2003～2005 年，政府、旅游开发公司与部分原住民经历了无数次“谈判”、僵持、不合作等拉锯战，无果。从 2005 年 12 月开始，一些原住民与政府等相应部门围绕上述问题展开了一场马拉松式博弈过程①（表 6-3）。在此过程中，强势主体间（地方政府、法院、旅游开发公司）互动塑造出复杂的空间政治景象，原住民被强势群体表征为“他者”，由此构建了“我们”与“他们”二元对立社会群体。原住民社区不再是其生活的场域，变成了多元主体角逐的产品。处于空间边缘的原住民思维逻辑十分清晰：当权能受到侵犯时，出于自卫本能，首先想到的是停止权能侵占。

① 按照学术惯例，部分政府文件编号作了技术处理。

表 6-3　旅游开发中不同阶段“事实”与“权力”马拉松博弈脉络

时间	事件-过程			
	旅游开发公司	政府	原住民	法院
2005 年 12 月 14 日			一些原住民向浙江省嘉兴市中级人民法院（简称中院）提起行政诉讼，认为乌镇古镇保护与旅游开发有限公司（简称旅游开发公司）在桐乡市住房和城乡规划建设局（简称建设局）违法申领了《010 号拆迁许可证》，要求撤销；并赔偿还未被拆除的房屋及经济损失费 140 万元	
2005 年 12 月 30 日		建设局向中院提供作出被诉具体行政行为的相关证据，2003 年 7 月 4 日发布房屋拆迁公告后，于 7 月 7 日在地方日报公告，以此证明原告起诉超过起诉期。（根据《中华人民共和国行政复议法》、《中华人民共和国行政诉讼法》，如有异议 60 天内可向桐乡市人民政府或嘉兴市城乡规划建设管理委员会提出行政复议；或 90 天内人民法院提出行政诉讼。）请求驳回原告诉讼请求		
2005 年	旅游开发公司称原告起诉已超过诉讼时效。且原告在自愿基础上签订了拆迁安置补偿协议	桐乡市人民政府（简称政府）称建设局颁布《010 号拆迁许可证》未经政府复议。根据《中华人民共和国政府行政诉讼法》有关规定，政府不是本案的适格被告。认为即使建设局颁布拆迁许可证违法，也无法律规定政府应承担连带赔偿责任。请求法院驳回原告诉讼请求	原住民对建设局在报纸上进行公告无异议，但认为建设局未提供其已依法在拆迁范围现场进行公告的证据。同时认为房屋拆迁多次延期，并没有报纸公告，也没有现场公告，根据《最高人民法院关于执行<中华人民共和国行政诉讼法>若干问题的解释》第四十一条规定，均为超过知道房屋拆迁许可证 2 年，不存在超过诉讼时效问题。房屋拆迁是在公告期后和延长期间被强制拆迁的	
2006 年		建设局认为当时在现场范围内张贴了公告，同时承认没有保存证据，无法提供		

续表

时间	事件–过程			
	旅游开发公司	政府	原住民	法院
2006 年 3 月 8 日				中院认为原告与旅游开发公司因拆迁补偿不能达成协议，早在 2004 年已经过行政裁决，原住民 2005 年 12 月 14 日才提出诉求，按照《中华人民共和国行政诉讼法》第三十九条规定，起诉时效已过。原告土地性质属于集体土地，不是《010 号拆迁许可证》所涉国有土地被拆迁人，不符合原告主体资格。起诉政府连带责任无法律依据。驳回原告起诉，案审受理费 50 元由被告负担
2006 年 3 月 20 日			部分原住民组成的具状人（11 人）认为政府“违法越权批地，将原本修旧如旧的保护性工程批为拆迁工程（批文和实际拆迁内容不符），造成原告房屋低价强制征收、或违法强拆”	
2006 年 3 月 21 日				中院收到起诉状
2006 年 3 月 27 日			原住民向中院补充递交强制拆迁通知书复印件等材料，诉称“二期工程是修旧如旧工程，不是拆迁工程”	
2006 年 2 月 29 日（作者注：原文件时间为 2 月 29 日，前后不对应）				中院认为“相关批复”属于上下级行政机关之间的审批行为，效力仅及于行政机关内部，并非针对公民、法人或其他组织直接作出并对外发生法律效力的具体行政行为。不属于《中华人民共和国行政诉讼法》第十一条受案范围，依法不予受理

续表

时间	事件-过程			
	旅游开发公司	政府	原住民	法院
2006年4月8日			原住民向浙江省高级人民法院（简称高院）提出行政上诉，认为中院判定与事实不符，要求“依法裁定撤销原审裁定，并指令原审法院依法受理”	
2006年5月26日				高院认为建设局系房屋拆迁管理部门，是《010号许可证》的颁证主体；同时根据《中华人民共和国行政诉讼法》第三十九条规定，原告超过起诉时效，驳回原告起诉
2006年7月16日				高院认为：“原审起诉人所诉批复只是有关单位组织实施的依据，为直接指向具体被拆迁人，也无法造成本案当事人的权益损害，不符合行政案件受理条件，维持原裁定”
2006年9月13日			原住民不服高院裁定书裁定，请求再审	
2008年				高院认为“超过诉讼时效”
2009年2月9日			向中华人民共和国最高人民法院（简称最高院）提出行政申诉	
2009年12月1日				最高院驳回再审申请
2009年12与25日			原住民向最高院提出依法撤销高院驳回再审申请通知书	未得到回复
……	……	……	……	……

资料来源：根据原住民提供材料整理

（3）事实还原及权力话语空间生产

仔细阅读上述“事件-过程”构成的长达7年之久的马拉松博弈素材，在此可以将强势主体（政府等）和弱势主体（原住民）聚焦的核心问题罗列如下。

1）部分原住民上诉的理由。原住民认为建设局向旅游开发公司下发的《010号拆迁许可证》（简称《许可证》）内容违背了当初批复的内容，将“旅游开发中修旧如旧的工程”变为“面积扩大化的拆迁工程”，自然属于违法，要求撤销，并赔偿拆迁及经济损失。

2）政府部门的辩护。建设局以“发布搬迁公告3日后在地方日报进行公告”为依据，认为“原住民起诉超过日期”；同时旅游开发公司也出面证明建设局的“超过日期说”，且认为“原住民均是在自愿基础上同意搬迁的。”

3）法院的回应。一是“起诉超时”，二是原告土地性质属集体土地，不是《许可证》所涉“国有土地”被拆迁人，不符合主体资格，起诉政府无依据。对“原住民增补浙江省发展计划委员会原文精神”内容（欲再次证明“批复”的违法性），嘉兴市中级人民法院认为“政府批复国土资源部‘收回土地’不属于《中华人民共和国行政诉讼法》规定范围”，不予受理。而浙江省高级人民法院则回应“建设局系房屋拆迁管理部门，是《许可证》的颁证主体，不是政府”；“相关批复也未直接指向具体被拆迁人，无法造成当事人的权益损害，不符合行政案件受理条件”。

那么，事实到底如何？可以通过梳理事件内容本身，进一步求证其中的本原面貌。

1）政府是否将“旅游开发中修旧如旧的工程”变为“面积扩大化的拆迁工程”？政府下发文件中规定：项目建设规模为主要建设景区入口至古镇风貌区干线道路2000m，古宅厅堂修复35 000m^2，古街道3500m，整治古河道4000m，修复古桥5座，管线地埋工程4000m及旅游附属设施等工程。同时规定要遵循“有效保护，合理利用，加强管理”的原则，修旧如旧，处理好古镇保护与旅游开发的关系。而在2003年7月4日建设局向旅游开发有限公司颁布的《拆迁许可证》[拆许字（2003）第××号] 中规定，拆迁建筑面积非住宅6400.18m^2，住宅70 174.54m^2。从上述文件规定的面积对比中可以看出，在实际拆迁许可中，面积事实上比批复许可增大了。

2）部分原住民上访时效过期了吗？按照地方各级法院一致认定的结果，原住民上访“已过时效”，其逻辑是“权利具有时效性”，即上访权利是附时间条件的权利，超过了时限，该项权利就会灭失。从上述“事件-过程”回放中，可以看出“建设局和原住民对在报纸公告日期（2003年7月）均无异议”，原住民在公告后的“2005年12月”上诉也属事实。问题在于“这部分原住民上访时间权限到底有没有过期”？根据《中华人民共和国行政复议法》和《中华人民共和国行政诉讼法》“对公示如有异议60天内可向桐乡市人民政府或嘉兴市城乡规划建设管理委员会行政复议，或 90 天内人民法院提出行政诉讼”规定，表面看原住民应在 2003 年 10 月前为不属超期。但由于拆迁的延期并未采取任何方式告知原住民，根据 2000 年 3 月 10 日《最高人民法院关于执行<中华人民共和国行政诉讼法>若干问题的解释》第四十一条“行政机关作出具体行政行为时，未告知公民、法人或者其他组织诉权或者起诉期限的，起诉期限从公民、法人或者其他组织知道或者应当知道诉权或者起诉期限之日起计算，但从知道或者应当知道具体行政行为内容之日起最长不得超过 2 年”的规定，实际上并没有超过起诉时效。

3）因旅游开发颁布的“《拆迁许可证》[拆许字（2003）第××号]”法律认可度到底有多大？在“嘉 2 兴市中级人民法院行政裁定书（2006）嘉市行初字第××号”中证实，该“许可证”未经政府进行复议即颁布。

我国《土地管理法》第 11 条规定：农民集体所有的土地依法用于非农业建设的，由县级人民政府登记造册，核发证书，确认建设用地使用权。本书中，“未经政府复议即颁布”的《许可证》是否与该条款法律规定相悖？

4）在“《拆迁许可证》[拆许字（2003）第××号] 中规定的内容”和实际操作为何存在偏差？《拆迁许可证》中规定“拆迁范围是国有土地上用地规划红线范围”。在（2005）嘉市行总字第 48 号判决书证明部分原告房屋为“农村集体土地”，不是“国有土地”。但在旅游开发公司与原告之一 GJS 签订的《拆迁补偿安置协议书货币补偿协议》中第一条“拆迁房屋依据”中有这样的记载：“甲方因×××项目建设需要、根据项目建设批准文件，建设用地规划许可证、国有土地使用权批准文件等，经建设局审查批准，领取了《房屋拆迁许可证》，实施房屋拆迁。乙方（被拆迁人）所有的房屋属于该拆迁许可证核准的拆迁范围。”从上述内容可以看出，原住民的“集体性质土地”按照本来就存在质疑的《许可证》变为了“国有土地性质”，并进行了拆迁。事实如此，法院为何认为“原告状告《许可证》无任何依据”？为何又认为“房屋拆迁不是凭借此‘许可证’作出”？

通过对上述事实的前后对比，为我们呈现了一幅多元主体间形成策略性行动的图景，强势主体之间在“实践行为矛盾”和“权力相互关照”中形成一条关系链条，并以相关法规保障作为程序合法性的依据，形成循环论证。

1）责任自主。原住民与其对应的权力部门形成了两类明显的“各具自主性的行为主体”，在“信息的公布”、“实际操作”、“程序合法”以及“论证”等关键词的解释中，事实均为按自己意愿行事，具有较大的责任自主性。这一“自主性”意在证明“原住民的权能损害与自己无关”（行政部门）或“能证明权能损害与行政部门无关”（法院）。

2）权力隐蔽支撑。与事实本身相比，权力部门之间的回应显然存在解释力不足现象。一些看似合理的“论证”和“事实”在各自领域中形成自洽性的说明，但“论证”与“事实”的“合体比较”却存在抵牾，证明了权力实为多重力的关系，具有局部性和缠绕性，权力的运转听命于权力关系网中的每个权力节点，权力网的成型是不同权力点的复数形态，这说明旅游空间生产中，关系谱系的演变实质上铭写在权力相互关照的谱系上面，实质上形成了权力隐蔽支撑的保护主义。

3）方向不可逆。马拉松式的博弈过程中，突出反映了原住民权能诉求的“道路曲折、成本巨大，且往往没有实际下文”，暗藏着权力与原住民之间的严重冲突和力量的不对等。以政府为主导的旅游项目规划，不仅引致了原住民物理空间的外迁，还导致了权力和社会空间的重构，强势主体不但占有空间，还生产出了与之意愿吻合的新空间形态。权力网的形成促成了新空间的出现，原住民在强势主体间暗含合法性的项目执行和论证过程中，最终沦为空间的边缘主体。

从上述分析，可以看出旅游空间生产的机制：首先，权力为资本提供了通道，资本满足了权力的欲望，权力与资本的合围成为旅游空间得以生产的基础；其次，权力与资本又在相关权力关系网的支撑下，使其行为变得合法化，使集体土地变为国有土地的过程是一个不平等的产权交易过程；再次，在强权力挤压过程中形成的原住民边缘空间中，“上访”作为原住民“政治参与”的基本表达渠道受到了较大的阻碍，向“田里讨生活”的可能受到阻隔。这些公权力与私权利的冲突是引起原住民无法参与旅游空间生产行为和“社会愤怒”的根本原因所在，本质上反映了案例地旅游开发在决策、协作和运营等方面是一种权力体制内的“内循环旅游开发模式”。

（4）原住民的边缘空间感知和认同

1）权力侵犯与监督乏力。2011 年 9 月 7 日、2012 年 6 月及 10 月，作者在乌镇古镇中心街胡同进行调研时，就上述“博弈”采访了在外闯荡多年返乡的 WXS。他认为：“乌镇古镇原来属于‘死胡同’，比较封闭，也正因为这样，原始景观才得以保留下来。市场经济渗透到基层后，这里（旅游空间）变成了可以交换的商品，政府与开发商占有权力和资本，置换了原住民的产权。”而在 HI 看来：“造成马拉松式博弈的关键是权力不受制约，地方法院是嵌套在基层政治体系中的，监督的独立性存在问题。”（YZMZS01-WXS-C，男，56 岁，2008 年起在南方某市担任企业高层管理者，2012 年 10 月；YZMZS01-HI-B，男，58 岁，2012

年10月）

而在上访当事人GYA看来："论证来论证去，都说与自己无关，难道自家房子是自己拆的吗？博弈过程中权力的互助使自身力量变的进一步弱小，造成'上访无门'；不仅如此，凡国家重大节日期间，自己反倒成了'特别关照'（监视）的对象。"（YZMZS01-GYA-B，男，48岁，旅游核心区原住民，房屋被拆迁成员之一）

2）旅游飞地和空间挤压。对于旅游开发造成的影响，原住民说出了自己的看法和心思。"……反正一圈你（指作者）也走下来了，都看见了，现在是'面子'（景区）一流，'耳朵边上都是垃圾'（镇区），原住民全搬出来了，很多原来属于公共空间的地方也因为旅游开发改变了，景区面积越来越大。总体讲旅游开发名气是大了，但是老百姓无法参与，景区也进不去，旅游成果也没有实质惠及老百姓！旅游开发成果成为一块事实飞地！"原住民TXY这样认为。DR却问作者："难道自己祖祖辈辈居住的地方，也不能去看看吗？"（YZMZS01-TXY-B，女，49岁；YZMZS02-DR-B，男，46岁）

在调研中，原住民KE谈起了它眼中的"真实性"，认为"乌镇古镇属于社区型景区，有原住民的景区才能持久，这是旅游存在根本"，而为了开发"把原本不属于核心区的××文物搬过去，必然不是真实的；另外，传统习俗的开发也改变了，大部分被配合于搞旅游开发，如老百姓以'义工'的方式进去景区，为游客演绎当地民俗……"。（YZMZS02-KE-A，男，67岁，文化人士）

3）空间认同与空间期待。在对旅游空间生产的认同中，YU认为："旅游开发也是一把双刃剑，景区的卡拉OK与乌镇古镇历史价值就严重不符，对传统文化绝对是破坏；一些传统文化该挖的没有好好挖，反而一些现代的东西来了，游客几乎是城市人，他们最想看的是当地的东西。事实上，旅游空间生产需要处理好三个价值：科学价值，历史价值和文化价值。旅游开发中三大价值如何有机结合？这是真正要考虑的！尤其是科学价值，应当包括正确处理好开发者与原住民之前的关系，这是最大的民生问题，也是政治问题，这些结合不起来，旅游开发就不是公平！"（YZMZS01- YU-B，男，60岁，社区精英）

6.2.3 抵抗与传统文化传承忧思

6.2.3.1 从原始到习得的抵抗

惠山古镇旅游开发涉及"一千好几百户人家"（原住民原话）搬迁。起初，部分原住民申请"按照古街的恢复样图，愿意自己出资由政府操作翻建或本人翻建，以留有一席之地，为保护和发展国家非物质文化遗产而作出贡献；或按市统一规划的古街面貌，愿意出资换地翻建；或优惠回迁，购买使用权。”均未获得同意。

由于建设征地需要，引发了政府与原住民之间的“系列权益冲突”。原住民与强拆的民警发生肢体冲突，甚至有人抱出自家“煤气罐”与强拆者对抗。受访原住民 TDF 形容“当时场面就像电视里面的一样”（YZMZS02-TDF-A，2012 年 10 月）。原住民 HTZ 回忆“拆迁方进行所谓公告，仅仅公告一天之后（YZMZS02-THZ-A，2010 年 4 月 8 日），在对本人的私有财产未进行应有的补偿和安置的情形下，趁本人全家不在，竟违法破门而入，并将本人全家所有财产强行清除带走……”（YZMZS02-THZ-B，2012 年 9 月）。

在旅游空间生产权能表达机制不完善的情况下及多次原始抵抗“无效”以后，原住民转而“习得的抵抗”，即根据“其他地方的成功经验”，借助社会力量进行权能抗争的策略性行动。原住民首先“将权能事件转为媒体事件”，以此来显示权能抗争场域中资本力量的对比关系，从而使权能纠纷的解决朝着有利于自身方向发展。

一方面，原住民在公众场合粘贴“公告”，反映自身遭遇。

我做泥人我姓 Z，世代居住二泉旁。祖上原本为祠丁，先父留此私有房。我为救人受工伤，又从国企[①]下了岗。只好重操先祖业，创办此间泥人坊。

自产自销形自创，不靠扶持不靠帮。事迹偶尔见报道，友朋倒是遍四方。转眼已过十余载，总算闯出小名堂。作品传向海内外，LQ 先生也收藏。

濒危文化须推广，传统工艺不能亡。昏花老眼施彩绘，画出青丝千百行。三九寒天冻裂苦，泥团如冰捏成像。所为并非蝇头利，若要发达早转行。

本想如今国运昌，百姓安居乐业忙。不料怪风阵阵起，要将古街扫清光。有目无视物权法，强买强拆不协商。惠山从此尽归公，泥人有知也心伤。

另一方面，原住民在市级强拆听证会上（2009 年 1 月）要求政府部门相关人员、市新闻媒体记者、中国非物质文化遗产保护基金会相关人士、《人民日报·民声版》记者等在场。并要求“举办方对听证会进行翔实的纪录，结果必须经由原住民签字确认，并须准备一份拷贝由原住民收执，以有效保障未来进行后续程序时的原住民权利”。

由于遭到举办方拒绝，“至今没有任何说法”（YZMZS01-HGF-B，2012 年 10 月），原住民认为举办方的行为有违《江苏省城市房屋拆迁裁决与行政强拆听证办

① 国企为国有企业。

法》之第六、第七条保障公民权利规定，称这样做“不合情、不合理、而且也不合法”（YZMZS01-HGF-B，2012 年 10 月），发出“在古街上的私有房产为何不受物权法的保护？为何要在被‘强行购买’的条件下遭到拆迁？”（YZMZS01-HGF-C，2012 年 11 月）的呼吁，并作出“将保留进一步维权的权利”（YZMZS01-KHI-C，2012 年 12 月 7 日）的意愿。

6.2.3.2 维权认知

（1）“古镇是载体，坚决要进入”

在惠山古镇调研中，原住民 HTZ 属于一期搬迁对象，他回忆当初（2008 年）搬迁经过时，认为政府“很讲策略”，“战术”是“先解决难解决的拆迁户，后面就较容易了！”。HTZ 是世居惠山古镇直街的泥人工艺师，他把“惠山泥人”、“二泉水”和“酥油饼”看做是惠山古镇曾经的三件宝。由于对传统文化的热爱和生计问题（在调研中，HTZ 的老伴告诉作者“古镇是会下蛋的老母鸡”，意为“持续财源的载体”），HTZ 坚持与政府“谈判”，要求进入古镇继续经营“泥人坊”，经营范围为“紫砂壶、雕件、古玩字画和泥人工艺品”。

截至 2012 年 12 月作者调研结束，在所有迁出原住民中，只有 HTZ 一家在不断抵抗中成功返迁古镇。原因一是原来古镇老宅（98.6m^2）拆迁后置换的三套安置房中，政府还有一套未兑现（价值 85 万元）；二是 HTZ 以保护古镇文化遗产为旗号，到处“闹腾”。

（2）“不去违法，但要斗争”

在 HTZ 进入古镇后，政府部门与其“约法三章”，其中一条为“不许经营惠山泥人”（HTZ 认为这是政府要垄断泥人产业）。在 2012 年 5 月份的惠山古镇调查中，HTZ 说出了自己的“心思”。

“政府其实是要垄断泥人产业，但是我离开做（惠山）泥人我也不会做别的，我现在进来（古镇）其实还在观望，因为有关人员已经和我说过几次，不让我做泥人，我的泥人基本放在店铺后面，前面全是紫砂壶，暂时先避一避。但是等时机成熟了我会重新调整的！”

“我已经请无锡最有名的书法家给我匾牌写字了，等拿回来，选个好时机我会‘正大光明’地开业，到时候还要做一个十米高的旗杆（作者注：古镇管委不允许私自搭建，且对高度有限制，很明显，十米高的旗杆姑且不论政府部门同意或不同意，明显高出了房屋建筑很多，破坏了景区的景观风格），意为‘十全十美’，我们采取的原则就是‘非暴力不合作’，不去违法，但是坚决斗争。”

（3）“死的让活来，活的让死去”

在谈到无锡惠山古镇历史文化老街荣获“中国历史文化名街”称号的同时，原住民ZD谈了自己的看法。

“惠山古镇老街保留着江南古街的历史风貌，传统民居密集，原住民达80%以上，仍保留着传统的生活习俗。2008年开始的惠山古镇保护性修复，赶走了这里几乎所有的原住民，这其实对文化遗产的传承是危险的！惠山古镇最重要的泥人，融合‘搓、揉、挑、捏、印、拍、剪、色、压、贴、镶、划、扳、插、推、揩、糊、装’等技艺，现在已进入非物质文化遗产名录，随着原住民的消失，许多原来从事传统艺术的工艺师放弃了继续从事该行业；而且没有原住民的古镇不就是文化空壳吗？原住民走了，‘会所’来了，谁来传承？谁还能传承？这不是把文化连根拔掉吗？”（YZMZS02-ZD-B，2012年5月18日）

在采访全国第三次文物普查专家、无锡古运河研究会RZ先生时，RZ认为：“文化遗产保护地把原住民赶出去的做法应该慎重，原住民本身具有文化性，原住民外迁不就是把文化业外迁了吗？其实，旅游开发也好，申遗也罢，可以有更好的办法啊！”（WHRZS02-RZ-A[①]，2012年5月24日）

无锡祠堂文化研究会的JY对现在相关部门聚焦祠堂开发，并以此作为旅游吸引因素原因作了分析：“惠山古镇在占地不足0.3km^{2}的土地上集中排列着80个姓氏的118座祠堂，以其数量最多，密集度最高，姓氏最多，类型最丰富、形态最多样，保存最完好，构成了国内外绝无仅有的独特的‘祠堂群’景观，这是现在挖掘古镇文化的重要原因之一。”（WHRZS02-JY-B，2012年6月6日）

而在当地文化名人KTI看来，文化传承具有文化本身的内在机制，需要遵循其规律，他认为：“祠堂本是祭祀用的，现在一味以此为特色，没有重视原住民本身也具有地域文化性，让祠堂恢复，把原住民外迁，无疑是‘让死的活来，让活的死去’，再造文化的同时，又把文化丢失了！”（WHRZS02-KTI-A，2012年7月10日）“惠山泥人的名称来自于它与惠山地区文化与历史的传统联系，如果失去了这个紧密的关联，那就像是杭州人填平了西湖一样，即使哪天杭州再挖一个西湖，也不是那个杭州的西湖了。”（WHRZS02-KTI-B，2012年8月3日）

事实上，作为惠山古镇的传统文化是被现代人从过去古镇遗韵中精选出来的，也就是说现代人的选择使古镇“传统”得以留存下来，这些“传统”承载了某些习俗方式和集体记忆，因而是现代生活中不可缺少的一部分。可见，传统“文化”

① WHRZS即文化人自述。

构成了现代社会开拓和成长的因素和资源，这也是传统“文化”的魅力和价值之所在。

综述之，周庄古镇原住民作为个体人“仅仅只处于空间，而并非真正融合于旅游空间生产的系统中”，具有“隐性在场”特性，在既有秩序（权能结构和层次）的深处，应该看到的是“权能结构秩序和层次的新构”，对“人”的进一步凸显和制度秩序优化的唤醒有待提升。在乌镇古镇和惠山古镇中，无论是“马拉松博弈”，还是“依法抗争”，可以看出在整个过程中，“法”成为贯穿始终的中枢，也可以看出原住民权能提升的被动性和权能维护的无奈，也让我们更好理解原住民对秩序制度的完善以及原住民作为普通个体同“强权力”博弈不理想的情况下，转向借助大众传媒或集体上访等非正常策略的逻辑。本质反映了原住民作为弱势主体不能进入强势主体主导的旅游空间生产体系中。

6.3 旅游空间生产权能意愿倾向

6.3.1 旅游空间生产权能意愿倾向分析方法及数据来源

（1）分析方法

此部分分析将以在案例地的大量田野调查数据为基础进行定量测度。首先确定“旅游空间场域结构中多元行动主体对 j 旅游地 i 项目的重要性”。此部分涉及“原住民旅游空间生产权能”和“游客旅游空间生产权能”，目的旨在通过比较不同群体对同一目的地旅游空间生产权能重要性评价值。

（2）数据来源

数据分析采用“部分抽样”原则，预先将总调研数据分为两部分，并将第一组数据作为本部分分析的“数据来源”。在数据分析的样本量上，周庄古镇原住民 300 份（总数 630 份），乌镇古镇原住民 300 份（总数 600 份），惠山古镇原住民 220 份（总数 450 份），共计 820 份。周庄游客 200 份（总数 400 份），乌镇游客 200 份（总数 410 份），惠山游客 190 份（总数 380 份），共计 590 份。

6.3.2 旅游空间生产权能 TI_{ij} 评价

6.3.2.1 分析模型

1990 年，罗森博格（Rosenberg）研究了“目标吸引力模型”（object attractiveness model），认为把人们的行为同某一事物的两个相关变量结合起来分析，从而计算和分析某一事物对人们的吸引程度。这两个相关变量因素，一个是人们对某一事物若干特征的重要性评价，即倾向性；另一个是人们对某一特征的实际价值认同，即接受程度。根据罗森博格的理论，可以建立旅游空间生产函数表达式：

$$\mathrm{TPA}_j = \sum_{i=1}^{n} \mathrm{TI}_{ij}\mathrm{TV}_{ij} \qquad (6\text{-}1)$$

式中，TPA_j——j 旅游地旅游空间生产权能状况；

TI_{ij}——多元社会行动主体对 j 旅游地 i 项目的重要性评价；

TV_{ij}——多元社会行动主体对 j 旅游地 i 项目的价值认同；

n——多元社会行动主体认为 j 旅游地 i 项目的特征数。

根据上述旅游权能评价模型，只要求计算出旅游空间生产中多元社会主体对某项目的重要性和价值认同，即可以分析旅游地的旅游权能大小。

6.3.2.2 旅游空间生产权能指标重要性评价程序

旅游空间生产权能指标重要性评价是一个复杂结构系统，确定指标重要性的实质就是衡量各项指标和各域层对其目标层的贡献程度大小，合理与否直接影响着评价结果的科学性与准确性。重要性的评价方法一般有主观评价法和客观评价法，本书中考虑到实际复杂性采用了主观评价法，基本步骤如下。

（1）建立梯阶结构模型

首先要把问题条理化、层次化，构造出一个有层次的结构模型。旅游权能指标重要性评价体系中 A 级指标为最高层指标，B、C、D 级指标构成不同的准则层指标。

（2）构造判断矩阵

本书在旅游空间生产分析模型的基础上，借鉴了 Saaty 的比例九标度法，采用两两重要性比较判断矩阵，比较的方法将同级旅游权能因素对上一层旅游权能的影响大小以“重要性”进行量化。用正数 b_{ij} 表示 x_i 与 x_j 的重要性之比，b_{ij} 的取值，其意义见表 6-4。

表 6-4 旅游空间生产权能指标相对重要性比值标度

标度	含义
1	具有相同重要性
3	前者比后者稍重要
5	前者比后者明显重要
7	前者比后者强烈重要
9	前者比后者极端重要

续表

标度	含义
2、4、6、8	表示上述相邻判断中间值
倒数	若因素 x_i 与 x_j 的重要性之比为 b_{ij}，因素 x_j 与 x_i 的重要性之比则为 $b_{ji}=1/b_{ij}$

由全部比较结果得到的矩阵 $B=(b_{ij})_{n\times n}$，称为比较判断矩阵。

$$B=\begin{bmatrix} W_1/W_1 & W_1/W_2 & \cdots & W_1/W_n \\ W_2/W_1 & W_2/W_2 & \cdots & W_2/W_n \\ \vdots & \vdots & \vdots & \vdots \\ W_n/W_1 & W_n/W_1 & \cdots & W_n/W_n \end{bmatrix} \triangleq (b_{ij})_{n\times n} \tag{6-2}$$

$$b_{ij}\begin{cases} 1 & i=j \\ \dfrac{1}{b_{ij}} & i\neq j \end{cases} \quad (i,j=1,2,\cdots,n) \tag{6-3}$$

（3）计算最大特征根并进行一致性检验

数学上的证明结论是当 n 阶正互反阵的最大特征根 $\lambda_{\max}=n$ 时，B 矩阵为一致性。由于成对比较矩阵通常不是一直矩阵，所以通常把不一致程度控制在一个范围之内。Saaty 给出容许矩阵不一致的范围，根据数学一致性的结论，当与 n 的差距越大时，不一致程度越严重。因此 Saaty 将定义为一致性指标。

$$\mathrm{CI}=\frac{\lambda_{\max}-n}{n-1} \tag{6-4}$$

当 CI=0 时，B 矩阵为一致性；CI 越大，则说明 B 的不一致性程度越严重。为了确定矩阵不一致性容许范围，Saaty 又引入随机一致性指标 RI。Saaty 对不同阶数 n，同 100～500 个样本 B'算出随机一致性指标 RI 的数值。其中，1～10 阶的判断矩阵的 RI 值参见表 6-5。

表 6-5　平均随机一致性指标 RI 值表

n	1	2	3	4	5	6	7	8	9	10	…
RI	0	0	0.58	0.9	1.12	1.24	1.32	1.41	1.45	1.49	…

（4）一致性比率 CR 的确认

Saaty 将 $\mathrm{CR}=\dfrac{\mathrm{CI}}{\mathrm{RI}}$ 称为一致性比率。当 CR<0.1 时，判断矩阵 B 具有满意的一致性，指标重要性确认，否则需调整 B 中的元素以使其具有满意的一致性，重新确认指标重要性。

计算矩阵 B 的最大特征根 $\lambda_{\max}$，公式为

$$\lambda_{\max}=\frac{1}{n}\sum_{i=1}^{n}\frac{(\mathrm{BTI})_i}{\mathrm{TI}_i} \tag{6-5}$$

式中，

$$\mathrm{BTI}=\begin{bmatrix} W_1/W_1 & W_1/W_2 & \cdots & W_1/W_n \\ W_2/W_1 & W_2/W_2 & \cdots & W_2/W_n \\ \vdots & \vdots & \vdots & \vdots \\ W_n/W_1 & W_n/W_2 & \cdots & W_n/W_n \end{bmatrix}\begin{bmatrix} W_1 \\ W_2 \\ \vdots \\ W_n \end{bmatrix}=\begin{bmatrix} nW_1 \\ nW_2 \\ \vdots \\ nW_n \end{bmatrix}=nW \tag{6-6}$$

则

$$\mathrm{CI}=\frac{\lambda_{\max}-n}{n-1} \tag{6-7}$$

$$\mathrm{CR}=\frac{\mathrm{CI}}{\mathrm{RI}} \tag{6-8}$$

（5）指标重要性合成

步骤（4）得到的是一组因素对其上一层中某因素的指标重要性。最终需要得到最低层中因素对于最高层指标的指标重要性，这需要自上而下地进行指标重要性合成，其计算公式为

$$W_i=\sum_{j=1}^{m}b_j c_{ij}(i=1,2,\cdots,m) \tag{6-9}$$

6.3.2.3 原住民旅游空间生产权能指标重要性评价

先对二级权能指标（A-B）重要性赋值；其次，对三级、四级权能指标（B-C、C-D）重要性评价。根据上述分析思路和计算过程，可以得到“原住民旅游权能指标重要性评价总表”（表 6-6）。

6.3.2.4 游客旅游权能指标重要性评价

对象主要选取案例地游客和旅游权威专家共同确定。根据上述评价模型和分析思路，可以得到“游客旅游权能指标重要性评价总表”（表 6-7）。

6.3.3 原住民旅游空间生产权能 TPA_j 分析与比较

在得到原住民旅游权能的 TI_{ij} 和 TV_{ij} 评价数据后，按照旅游权能评价模型，分别对周庄古镇、乌镇古镇和惠山古镇原住民旅游空间生产权能意愿倾向进行价值测度，得到表 6-8～表 6-10。

表 6-6　原住民旅游权能重要性评价

	B	C	一致性检验	D	$TI_{分}$	$TI_{总}$	一致性检验
原住民旅游权能重要性评价	B_1：资本维（0.190 6）	C_1：资源利用（0.416 7）	$\lambda_{max}=2$	D_1：开发利用土地资源	0.374 9	0.029 8	$\lambda_{max}=3.069\,3$
			CI = 0	D_2：开发利用居所程度	0.398 7	0.031 7	CI = 0.034 7
				D_3：有效利用文化资源	0.226 4	0.018 0	CR = 0.059 8
		C_2：人力投资（0.583 3）		D_4：开发经济投入程度	0.336 5	0.037 4	$\lambda_{max}=4.129\,2$
				D_5：居民人员投入程度	0.138 2	0.015 4	CI = 0.043 1
				D_6：居民智力投入程度	0.233 5	0.026 0	CR = 0.047 9
				D_7：居民情感投入程度	0.291 8	0.032 4	
	B_2：生产维（0.181 7）	C_3：生产力（0.461 5）	$\lambda_{max}=2$	D_8：旅游开发人员素质	0.249 4	0.020 5	$\lambda_{max}=6.532\,5$
			CI = 0	D_9：生产方式转变程度	0.115 5	0.010 0	CI = 0.106 5
				D_{10}：先进技术投入程度	0.062 4	0.005 2	CR = 0.085 9
				D_{11}：旅游开发管理制度	0.236 5	0.019 8	
				D_{12}：生产要素配置能力	0.128 2	0.010 8	
				D_{13}：开发资源调配能力	0.217 9	0.018 3	
		C_4：生产关系（0.538 5）		D_{14}：利益主体融洽程度	0.338 4	0.033 1	$\lambda_{max}=3.049\,2$
				D_{15}：旅游开发主导情况	0.391 9	0.038 3	CI = 0.024 6
				D_{16}：开发没有利益圈子	0.269 7	0.026 4	CR = 0.042 4
	B_3：权利维（0.200 5）	C_5：经济权（0.287 2）	$\lambda_{max}=5.122\,9$	D_{17}：带来持续经济收入	0.257 7	0.014 8	$\lambda_{max}=5.337\,6$
			CI = 0.030 7	D_{18}：收入能被社区共享	0.236 1	0.013 6	CI = 0.084 4
			CR = 0.027 4	D_{19}：促进社区经济发展	0.191 7	0.011 0	CR = 0.075 4
				D_{20}：参与经济投资程度	0.131 1	0.007 5	
				D_{21}：旅游收益留在本地	0.183 4	0.010 6	
		C_6：政治权（0.085 1）		D_{22}：满足现在开发格局	0.165 7	0.002 8	$\lambda_{max}=5.222\,7$
				D_{23}：主导方能协调问题	0.195 7	0.003 3	CI = 0.055 67

续表

	B	C	一致性检验	D	TI 分	TI 总	一致性检验
原住民旅游权能重要性评价	B$_3$：权利维（0.200 5）	C$_6$：政治权（0.085 1）		D$_{24}$：参与旅游决策机会	0.236 8	0.004 0	CR = 0.049 7
				D$_{25}$：发表对旅游的看法	0.173 8	0.003 0	
				D$_{26}$：重视社区居民意见	0.228 1	0.003 9	
		C$_7$：心理权（0.244 7）		D$_{27}$：提高居民的自豪感	0.266 5	0.013 1	λ_{max} = 4.138 6
				D$_{28}$：接受外来教育情况	0.259 7	0.012 7	CI = 0.046 2
				D$_{29}$：提高社会身份地位	0.246 2	0.012 1	CR = 0.051 3
				D$_{30}$：旅游开发充满期望	0.227 6	0.011 2	
		C$_8$：制度权（0.244 7）		D$_{31}$：旅游开发保障机制	0.266 3	0.013 1	λ_{max} = 4.064 6
				D$_{32}$：分配制度规范程度	0.282 7	0.013 9	CI = 0.021 5
				D$_{33}$：利益协调制度安排	0.220 3	0.010 8	CR = 0.023 9
				D$_{34}$：旅游开发约束制度	0.230 7	0.011 3	
		C$_9$：信息权（0.138 3）		D$_{35}$：社区旅游开发决策	0.246 9	0.006 8	λ_{max} = 4.029 2
				D$_{36}$：社区开发运作程序	0.260 9	0.007 2	CI = 0.009 7
				D$_{37}$：了解旅游总体收益	0.269 7	0.007 5	CR = 0.010 8
				D$_{38}$：了解旅游分配情况	0.222 5	0.006 2	
	B$_4$：社会维（0.115 1）	C$_{10}$：社区变化（0.545 5）		D$_{39}$：居民生活节奏变化	0.184 5	0.011 6	λ_{max} = 5.174 1
				D$_{40}$：居民相互交往变化	0.189 3	0.011 9	CI = 0.043 5
				D$_{41}$：社区基础设施变化	0.259 2	0.016 3	CR = 0.038 9
				D$_{42}$：思想观念发生变化	0.246 5	0.015 5	
				D$_{43}$：导致社区物价变化	0.120 6	0.007 6	
		C$_{11}$：邻里关系（0.454 5）		D$_{44}$：邻里之间猜疑程度	0.191 2	0.010 0	λ_{max} = 4.162 8
				D$_{45}$：邻里之间冲突程度	0.274	0.014 3	CI = 0.054 3
				D$_{46}$：社区居民分化程度	0.331 5	0.017 3	CR = 0.060 3
				D$_{47}$：先富影响后富情况	0.203 4	0.010 6	

续表

	B	C	一致性检验	D	TI 分	TI 总	一致性检验
原住民旅游权能重要性评价	B5：层级维（0.125 8）	C12：社会分层（0.437 5）	$\lambda_{max}=2$	D48：改变居民就业方式	0.333 4	0.018 3	$\lambda_{max}=4.04$
			CI = 0	D49：社区组织分化程度	0.169 5	0.009 3	CI = 0.013 3
				D50：开发导致贫富程度	0.235 4	0.013 0	CR = 0.014 6
				D51：开发社会等级程度	0.261 7	0.014 4	
		C13：社会流动（0.562 5）		D52：妇女缩小就业范围	0.292 7	0.020 7	$\lambda_{max}=4.006\ 3$
				D53：通过旅游降低地位	0.228 1	0.016 1	CI = 0.002 1
				D54：通过旅游减少机会	0.264 8	0.018 7	CR = 0.002 3
				D55：从事职业逐渐多元	0.214 5	0.015 2	
	B6：效应维（0.186 4）	C14：主体行为（0.571 4）	$\lambda_{max}=2$	D56：自身参与保遗倾向	0.322 1	0.034 3	$\lambda_{max}=4.054\ 4$
			CI = 0	D57：引导他人保遗倾向	0.212	0.022 6	CI = 0.018 1
				D58：参与社会保遗组织	0.257 4	0.027 4	CR = 0.020 2
				D59：形成文化自觉氛围	0.208 5	0.022 2	
		C15：地方依恋（0.248 6）		D60：平时喜欢待在社区	0.266 1	0.021 3	$\lambda_{max}=4.158\ 4$
				D61：外出经常想起社区	0.219 8	0.017 6	CI = 0.052 8
				D62：对地方的满意程度	0.307 3	0.024 6	CR = 0.058 7
				D63：迷恋这个地方程度	0.206 8	0.016 5	

表 6-7 游客旅游权能指标重要性评价总表

	B		C	一致性检验	D	TI 分	*TI* 总	一致性检验
游客旅游权能重要性评价		$\lambda_{max}=4.1145$	C_1：景观（0.416 7）	$\lambda_{max}=2$	D_1：景观价值	0.545 5	0.080 2	$\lambda_{max}=2$
	B_1：环境维（0.277 7）	CI = 0.038 2		CI = 0	D_2：景观特色	0.454 5	0.066 8	CI = 0
		CR = 0.042 4	C_2：氛围（0.583 3）	$\lambda_{max}=2$	D_3：整体风貌	0.555 6	0.072 6	$\lambda_{max}=2$
				CI = 0	D_4：整洁卫生	0.444 4	0.058 1	CI = 0
			C_3：餐饮（0.461 5）	$\lambda_{max}=2$	D_5：餐饮特色	0.461 5	0.044 0	$\lambda_{max}=2$
				CI = 0	D_6：餐饮卫生	0.538 5	0.051 3	CI = 0
	B_2：休闲维（0.227 37）		C_4：商品（0.538 5）		D_7：地方特色	0.400 0	0.034 3	$\lambda_{max}=2$
					D_8：市场秩序	0.600 0	0.051 5	CI = 0
			C_5：娱乐		D_9：娱乐特色	0.571 4	0.052 9	$\lambda_{max}=2$
					D_{10}：娱乐丰度	0.428 6	0.039 7	CI = 0
					D_{11}：居民素质	0.272 7	0.075 4	$\lambda_{max}=4.1047$
					D_{12}：服务态度	0.251 3	0.069 5	CI = 0.034 9
	B_3：服务维（0.276 5）				D_{13}：旅游解说	0.247 4	0.068 4	CR = 0.038 8
					D_{14}：旅游咨询	0.228 7	0.063 2	
					D_{15}：舒缓压力	0.251 7	0.043 3	$\lambda_{max}=4.0645$
	B_4：依恋维（0.172 1）				D_{16}：情感陶醉	0.254 5	0.043 8	CI = 0.064 5
					D_{17}：满意程度	0.262 3	0.045 1	CR = 0.023 9
					D_{18}：推荐他人	0.173 8	0.003 1	

6.3.3.1 原住民旅游空间生产权能 TPA_j 分析

（1）周庄古镇原住民旅游空间生产权能 TPA_j 分析

表 6-8 周庄古镇原住民旅游权能意愿倾向

二级权能	三级权能	旅游权能特征（*N*）	TI_{ij}	TV_{ij}	TPA_j
资本维	资源利用	开发利用土地资源	0.029 8	4.228 6	0.126 012
		开发利用居所程度	0.031 7	3.604 8	0.114 272
		有效利用文化资源	0.018 0	4.128 6	0.074 315
	人力投入	开发经济投入程度	0.037 4	4.161 9	0.155 655
		居民人员投入程度	0.015 4	4.257 1	0.065 559
		居民智力投入程度	0.026 0	4.271 4	0.111 056
		居民情感投入程度	0.032 4	4.266 7	0.138 241
资本维总权能					**0.785 11**
生产维	生产力	旅游开发人员素质	0.020 5	3.742 9	0.076 729
		生产方式转变程度	0.010 0	4.533 3	0.045 333
		先进技术投入程度	0.005 2	4.2	0.021 84
		旅游开发管理制度	0.019 8	3.652 4	0.072 318
		生产要素配置能力	0.010 8	3.933 3	0.042 48
		开发资源调配能力	0.018 3	3.690 5	0.067 536
	生产关系	利益主体融洽程度	0.033 1	4.066 7	0.134 608
		旅游开发主导情况	0.038 3	4.347 6	0.166 513
		开发没有利益圈子	0.026 4	4.395 2	0.116 033
生产维总权能					**0.743 39**
权利维	经济权	带来持续经济收入	0.014 8	4.428 6	0.065 543
		收入能被社区共享	0.013 6	4.471 4	0.060 811
		促进社区经济发展	0.011 0	4.271 4	0.046 985
		参与经济投资程度	0.007 5	3.947 6	0.029 607
		旅游收益留在本地	0.010 6	3.733 3	0.039 573
	政治权	满足现在开发格局	0.002 8	3.885 7	0.010 88
		主导方能协调问题	0.003 3	3.509 5	0.011 581
		参与旅游决策机会	0.004 0	3.376 2	0.013 505
		发表对旅游的看法	0.003 0	3.585 7	0.010 757
		重视社区居民意见	0.003 9	4.038 1	0.015 749
	心理权	提高居民的自豪感	0.013 1	3.757 1	0.049 218
		接受外来教育情况	0.012 7	3.747 6	0.047 595

续表

二级权能	三级权能	旅游权能特征（N）	TI_{ij}	TV_{ij}	TPA_j
权利维	制度权	提高社会身份地位	0.012 1	3.871 4	0.046 844
		旅游开发充满期望	0.011 2	3.852 4	0.043 147
		旅游开发保障机制	0.013 1	3.795 2	0.049 717
		分配制度规范程度	0.013 9	1.947 6	0.027 072
		利益协调制度安排	0.010 8	1.538 1	0.016 611
		旅游开发约束制度	0.011 3	1.661 9	0.018 779
	信息权	社区旅游开发决策	0.006 8	1.742 9	0.011 852
		社区开发运作程序	0.007 2	3.019	0.021 737
		了解旅游总体收益	0.007 5	2.123 8	0.015 929
		了解旅游分配情况	0.006 2	2.085 7	0.012 931
权利维总权能					**0.666 42**
社会维	社区变化	居民生活节奏变化	0.011 6	4.819	0.055 804
		居民相互交往变化	0.011 9	4.576 2	0.054 457
		社区基础设施变化	0.016 3	4.433 3	0.072 263
		思想观念发生变化	0.015 5	4.790 5	0.074 253
		导致社区物价变化	0.007 6	4.852 4	0.036 878
	邻里关系	邻里之间猜疑程度	0.010 0	4.847 6	0.048 476
		邻里之间冲突程度	0.014 3	4.866 7	0.069 594
		社区居民分化程度	0.017 3	3.176 2	0.054 948
		先富影响后富情况	0.010 6	4.676 2	0.049 568
社会维总权能					**0.516 24**
层级维	社会分层	改变居民就业方式	0.018 3	4.738 1	0.086 707
		社区组织分化程度	0.009 3	2.890 5	0.026 882
		开发导致贫富程度	0.013 0	3.847 6	0.050 019
		开发社会等级程度	0.014 4	3.447 6	0.049 645
	社会流动	妇女缩小就业范围	0.020 7	2.514 3	0.052 046
		通过旅游降低地位	0.016 1	2.090 5	0.033 657
		通过旅游减少机会	0.018 7	2.342 9	0.043 812
		从事职业逐渐多元	0.015 2	4.5	0.068 4
层级维总权能					**0.411 17**
效应维	主体行为	自身参与保遗倾向	0.034 3	4.142 9	0.142 101
		引导他人保遗倾向	0.022 6	3.838 1	0.086 741
		参与社会保遗组织	0.027 4	3.033 3	0.083 112
		形成文化自觉氛围	0.022 2	3.342 9	0.074 212

续表

二级权能	三级权能	旅游权能特征（N）	TI_{ij}	TV_{ij}	TPA_j
效应维	地方依恋	平时喜欢待在社区	0.021 3	3.085 7	0.065 725
		外出经常想起社区	0.017 6	3.2	0.056 32
		对地方的总体感觉	0.024 6	3.357 1	0.082 585
		迷恋这个地方程度	0.016 5	3.152 4	0.052 015
效应维总权能					**0.642 81**

（2）乌镇古镇原住民旅游空间生产权能 TPA_j 分析

表 6-9　乌镇古镇原住民旅游权能意愿倾向

二级权能	三级权能	旅游权能特征（N）	TI_{ij}	TV_{ij}	TPA_j
资本维	资源利用	开发利用土地资源	0.029 8	4.395 3	0.130 98
		开发利用居所程度	0.031 7	4.032 6	0.127 833
		有效利用文化资源	0.018 0	2.172 1	0.039 098
	人力投入	开发经济投入程度	0.037 4	4.358 1	0.162 993
		居民人员投入程度	0.015 4	2.102 3	0.032 375
		居民智力投入程度	0.026 0	2.716 3	0.070 624
		居民情感投入程度	0.032 4	2.251 2	0.072 939
资本维总权能					**0.634 842**
生产维	生产力	旅游开发人员素质	0.020 5	2.567 4	0.052 632
		生产方式转变程度	0.010 0	4.404 7	0.044 047
		先进技术投入程度	0.005 2	4.097 7	0.021 308
		旅游开发管理制度	0.019 8	2.404 7	0.047 613
		生产要素配置能力	0.010 8	2.786	0.030 089
		开发资源调配能力	0.018 3	2.232 6	0.040 857
	生产关系	利益主体融洽程度	0.033 1	1.581 4	0.052 344
		旅游开发主导情况	0.038 3	1.646 5	0.063 061
		开发没有利益圈子	0.026 4	4.586	0.121 07
生产维总权能					**0.473 021**
权利维	经济权	带来持续经济收入	0.014 8	1.641 9	0.024 3
		收入能被社区共享	0.013 6	1.595 3	0.021 696
		促进社区经济发展	0.011 0	2.232 6	0.024 559
		参与经济投资程度	0.007 5	1.753 5	0.013 151
		旅游收益留在本地	0.010 6	1.190 7	0.012 621

续表

二级权能	三级权能	旅游权能特征（*N*）	TI_{ij}	TV_{ij}	TPA_j
权利维	政治权	满足现在开发格局	0.002 8	1.348 8	0.003 777
		主导方能协调问题	0.003 3	1.995 3	0.006 584
		参与旅游决策机会	0.004 0	2.376 7	0.009 507
		发表对旅游的看法	0.003 0	2.558 1	0.007 674
		重视社区居民意见	0.003 9	2.465 1	0.009 614
	心理权	提高居民的自豪感	0.013 1	1.562 8	0.020 473
		接受外来教育情况	0.012 7	2.818 6	0.035 796
		提高社会身份地位	0.012 1	1.725 6	0.020 88
		旅游开发充满期望	0.011 2	2.218 6	0.024 848
	制度权	旅游开发保障机制	0.013 1	1.520 9	0.019 924
		分配制度规范程度	0.013 9	1.530 2	0.021 27
		利益协调制度安排	0.010 8	1.339 5	0.014 467
		旅游开发约束制度	0.011 3	1.511 6	0.017 081
	信息权	社区旅游开发决策	0.006 8	1.279 1	0.008 698
		社区开发运作程序	0.007 2	1.679 1	0.012 09
		了解旅游总体收益	0.007 5	1.897 7	0.014 233
		了解旅游分配情况	0.006 2	1.911 6	0.011 852
权利维总权能					**0.355 095**
社会维	社区变化	居民生活节奏变化	0.011 6	4.553 5	0.052 821
		居民相互交往变化	0.011 9	4.609 3	0.054 851
		社区基础设施变化	0.016 3	4.511 6	0.073 539
		思想观念发生变化	0.015 5	4.632 6	0.071 805
		导致社区物价变化	0.007 6	4.818 6	0.036 621
	邻里关系	邻里之间猜疑程度	0.010 0	4.716 3	0.047 163
		邻里之间冲突程度	0.014 3	4.707	0.067 31
		社区居民分化程度	0.017 3	4.702 3	0.081 35
		先富影响后富情况	0.010 6	4.627 9	0.049 056
社会维总权能					**0.534 516**
层级维	社会分层	改变居民就业方式	0.018 3	4.669 8	0.085 457
		社区组织分化程度	0.009 3	3.967 4	0.036 897
		开发导致贫富程度	0.013 0	4.553 5	0.059 196
		开发社会等级程度	0.014 4	4	0.057 6
	社会流动	妇女缩小就业范围	0.020 7	4.530 2	0.093 775
		通过旅游降低地位	0.016 1	4.511 6	0.072 637

续表

二级权能	三级权能	旅游权能特征（N）	TI_{ij}	TV_{ij}	TPA_j
		通过旅游减少机会	0.018 7	4.334 9	0.081 063
		从事职业逐渐多元	0.015 2	3.939 5	0.059 88
层级维总权能					**0.546 505**
效应维	主体行为	自身参与保遗倾向	0.034 3	1.786	0.061 26
		引导他人保遗倾向	0.022 6	2.181 4	0.049 3
		参与社会保遗组织	0.027 4	1.967 4	0.053 907
		形成文化自觉氛围	0.022 2	2.037 2	0.045 225
	地方依恋	平时喜欢待在社区	0.021 3	1.823 3	0.038 836
		外出经常想起社区	0.017 6	1.618 6	0.028 487
		对地方的总体感觉	0.024 6	1.502 3	0.036 957
		迷恋这个地方程度	0.016 5	2.572 1	0.042 44
效应维总权能					**0.356 413**

（3）惠山古镇原住民旅游空间生产权能 TPA_j 分析

表 6-10　惠山古镇原住民旅游权能意愿倾向

二级权能	三级权能	旅游权能特征（N）	TI_{ij}	TV_{ij}	TPA_j
资本维	资源利用	开发利用土地资源	0.029 8	3.807 7	0.113 469
		开发利用居所程度	0.031 7	4.216 3	0.133 657
		有效利用文化资源	0.018 0	1.528 8	0.027 518
	人力投入	开发经济投入程度	0.037 4	3.735 6	0.139 711
		居民人员投入程度	0.015 4	1.370 2	0.021 101
		居民智力投入程度	0.026 0	2.288 5	0.059 501
		居民情感投入程度	0.032 4	2.139 4	0.069 317
资本维总权能					**0.564 27**
生产维	生产力	旅游开发人员素质	0.020 5	2.293 3	0.047 013
		生产方式转变程度	0.010 0	4.230 8	0.042 308
		先进技术投入程度	0.005 2	3.408 7	0.017 725
		旅游开发管理制度	0.019 8	2.043 3	0.040 457
		生产要素配置能力	0.010 8	2.278 8	0.024 611
		开发资源调配能力	0.018 3	1.822 1	0.033 344
	生产关系	利益主体融洽程度	0.033 1	1.418 3	0.046 946
		旅游开发主导情况	0.038 3	1.389 4	0.053 214
		开发没有利益圈子	0.026 4	4.341 3	0.114 61

续表

二级权能	三级权能	旅游权能特征（*N*）	TI_{ij}	TV_{ij}	TPA_j
生产维总权能					**0.420 229**
权利维	经济权	带来持续经济收入	0.014 8	1.413 5	0.020 92
		收入能被社区共享	0.013 6	1.610 6	0.021 904
		促进社区经济发展	0.011 0	1.846 2	0.020 308
		参与经济投资程度	0.007 5	1.519 2	0.011 394
		旅游收益留在本地	0.010 6	1.201 9	0.012 74
	政治权	满足现在开发格局	0.002 8	1.254 8	0.003 513
		主导方能协调问题	0.003 3	1.601	0.005 283
		参与旅游决策机会	0.004 0	1.778 8	0.007 115
		发表对旅游的看法	0.003 0	2.067 3	0.006 202
		重视社区居民意见	0.003 9	1.826 9	0.007 125
	心理权	提高居民的自豪感	0.013 1	1.307 7	0.017 131
		接受外来教育情况	0.012 7	2.245 2	0.028 514
		提高社会身份地位	0.012 1	1.682 7	0.020 361
		旅游开发充满期望	0.011 2	2.235 6	0.025 039
	制度权	旅游开发保障机制	0.013 1	1.408 7	0.018 454
		分配制度规范程度	0.013 9	1.351	0.018 779
		利益协调制度安排	0.010 8	1.168 3	0.012 618
		旅游开发约束制度	0.011 3	1.331 7	0.015 048
	信息权	社区旅游开发决策	0.006 8	1.149	0.007 813
		社区开发运作程序	0.007 2	1.519 2	0.010 938
		了解旅游总体收益	0.007 5	1.754 8	0.013 161
		了解旅游分配情况	0.006 2	1.576 9	0.009 777
权利维总权能					**0.314 137**
社会维	社区变化	居民生活节奏变化	0.011 6	4.024	0.046 598
		居民相互交往变化	0.011 9	4.697 1	0.055 895
		社区基础设施变化	0.016 3	4.745 2	0.077 347
		思想观念发生变化	0.015 5	4.360 6	0.067 589
	邻里关系	导致社区物价变化	0.007 6	4.586 5	0.034 857
		邻里之间猜疑程度	0.010 0	4.841 3	0.048 413
		邻里之间冲突程度	0.014 3	4.908 7	0.070 194
		社区居民分化程度	0.017 3	3.533 7	0.061 133
		先富影响后富情况	0.010 6	4.826 9	0.051 165
社会维总权能					**0.513 192**

续表

二级权能	三级权能	旅游权能特征（N）	TI_{ij}	TV_{ij}	TPA_j
层级维	社会分层	改变居民就业方式	0.018 3	4.841 3	0.088 596
		社区组织分化程度	0.009 3	4.25	0.039 525
		开发导致贫富程度	0.013 0	4.557 7	0.059 25
		开发社会等级程度	0.014 4	3.980 8	0.057 324
	社会流动	妇女缩小就业范围	0.020 7	4.076 9	0.084 392
		通过旅游降低地位	0.016 1	4.168 3	0.067 11
		通过旅游减少机会	0.018 7	4.485 6	0.083 881
		从事职业逐渐多元	0.015 2	3.437 5	0.052 25
层级维总权能					**0.532 327**
效应维	主体行为	自身参与保遗倾向	0.034 3	2.317 3	0.079 483
		引导他人保遗倾向	0.022 6	2.101	0.047 483
		参与社会保遗组织	0.027 4	1.783 7	0.048 873
		形成文化自觉氛围	0.022 2	1.677 9	0.037 249
	地方依恋	平时喜欢待在社区	0.021 3	1.490 4	0.031 746
		外出经常想起社区	0.017 6	1.423 1	0.025 047
		对地方的待体感觉	0.024 6	1.504 8	0.037 018
		迷恋这个地方程度	0.016 5	2.274	0.037 521
效应维总权能					**0.344 42**

6.3.3.2 原住民旅游空间生产权能 TPA_j 分项情况

（1）周庄古镇原住民旅游空间生产权能 TPA_j

从表 6-8 可知，在周庄古镇原住民对旅游空间生产六项指标权能中，资本维（0.785 11）>生产维（0.743 39）>权利维（0.666 42）>效应维（0.642 81）>社会维（0.516 24）>层级维（0.411 17）。

结合细分指标进一步分析，周庄古镇原住民对“开发利用土地资源”、“开发利用居所程度”、“开发经济投入程度”、“居民智力投入程度”、“居民情感投入程度”、“利益主体融洽程度”、“旅游开发主导情况”等体验较大。对旅游空间生产带来的“参与经济投资程度”、“收入能被社区共享”、“发表对旅游的看法”、“提高社会身份地位”、“参与旅游决策机会”等较为满意，处于“高位体验状态”。由于原住民具有参与旅游的机会，在“社区组织分化程度”、“开发导致贫富程度”等方面不是权能指标的“高位体验状态”。但是，也可以看出旅游空间生产在“有效利用文化资源”、“居民人员投入程度”、“生产方式转变程度”、“生产要素配置能力”、“旅游收益留在本地”、“重视社区居民意见”、“利益协调制度安排”、“分配制度规范程度”、“导致社区物价变化”、“迷恋这个地方程度”等方面存在低位体验现象。

总体上分析，周庄古镇原住民对资本介入古镇进行旅游开发和开发前后生产力改变状况体验较大，在对自身旅游资源占有和参与旅游开发机会，以及社区社会分化、旅游开发带来贫富差距等所测量要素中，处于相对低位体验状态，原住民参与保遗的文化自觉性和对周庄古镇的地方感的体验处于“中位体验状态”[图 6-4（a）]。

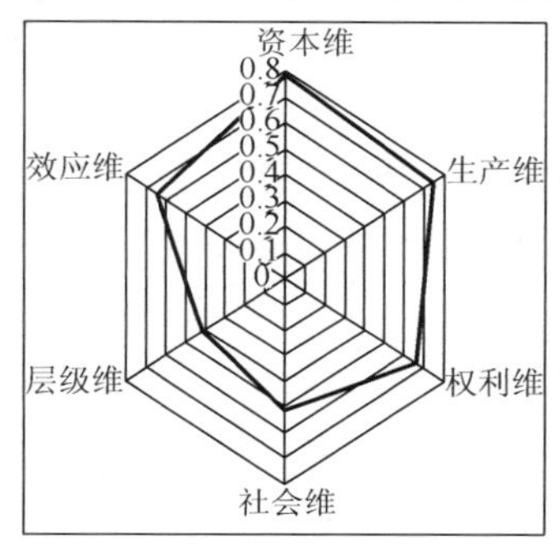

(a) 周庄古镇原住民权能意愿倾向

(b) 乌镇古镇原住民权能意愿倾向

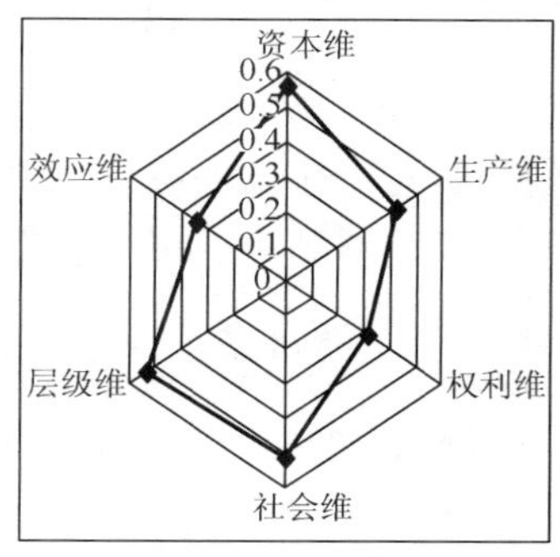

(c) 惠山古镇原住民权能意愿倾向

图 6-4 周庄古镇、乌镇古镇和惠山古镇原住民权能意愿倾向分项情况

（2）乌镇古镇原住民旅游空间生产权能 TPA_j

从表 6-9 可知，在乌镇古镇原住民对旅游空间生产六项指标权能中，资本维（0.634 842）>层级维（0.546 505）>社会维（0.534 516）>生产维（0.473 021）>效应维（0.356 413）>权利维（0.335 095）。

进一步结合细分指标分析，乌镇古镇原住民对“开发利用土地资源”、“开发利用居所程度”、“开发经济投入程度”、“基础设施变化”、“提高社会身份地位”、“开发没有利益圈子”（取负向值）和“妇女缩小就业范围”等指标测量值处于“高位体验状态”。对“改变居民就业方式”、“社区组织分化程度”、“开发导致贫富程度”、“引导他人保遗倾向”、“迷恋这个地方的程度”等处于“低位体验状态”。

总体上分析，乌镇古镇原住民对资本介入古镇状况体验较大；对旅游资源占有和参与的机会较小，引起一定程度社会分化和贫富分化，原住民参与保遗的文化自觉和对古镇的地方感体验处于“低位体验状态”[图 6-4（b）]。

（3）惠山古镇原住民旅游空间生产权能 TPA_j

从表 6-10 可知，在惠山古镇原住民对旅游空间生产六项指标权能中，资本维（0.564 27）>层级维（0.532 327）>社会维（0.513 192）>生产维（0.420 229）>效应维（0.344 42）>权利维（0.314 137）。

进一步结合细分指标分析，惠山古镇原住民对“开发利用土地资源”、“开发利用居所程度”、“开发经济投入程度”、“改变居民就业方式”、“妇女缩小就业范围”、“通过旅游减少机会”、“开发没有利益圈子”（取负向值）等处于“高位体验状态”。对“带来持续经济收入”、“收入能被社区共享”、“促进社区经济发展”、“参与旅游决策机会”、“发表对旅游的看法”、“提高居民的自豪感”、“提高社会身份地位”、“旅游开发保障机制”、“利益协调制度安排”、“旅游开发约束制度”、“了解旅游总体收益”、“居民生活节奏变化”、“居民相互交往变化”等处于“低位体验状态”。

总体上分析，惠山古镇原住民对“资本介入古镇社会分层”、“社会流动状况”体验较大；对“旅游经济权”、“政治权”、“心理权”、对“原住民参与保遗的文化自觉”以及“对地方感迷恋程度”指标体验处于“低位体验状态”[图 6-4（c）]。

6.3.3.3 原住民旅游空间生产权能 TPA_j 总项比较

综上所述，在周庄古镇、乌镇古镇和惠山古镇旅游空间生产中，存在着旅游空间生产权能的“高位高趋同”、“中位高趋同”、“中位低趋同”和“低位高趋同”不同现象（图 6-5）。

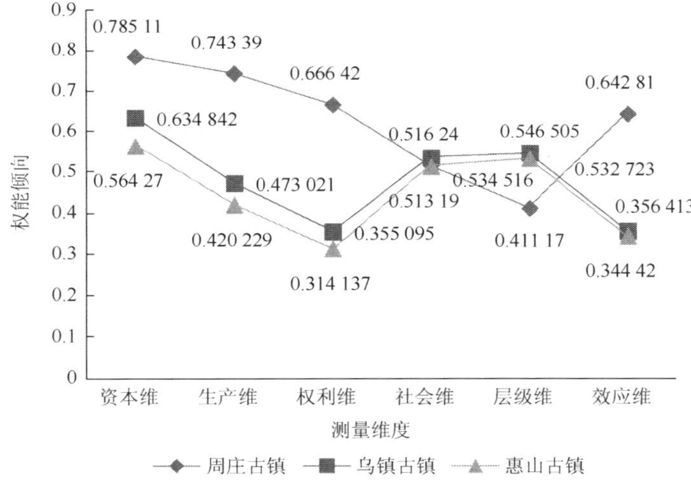

图 6-5 周庄古镇、乌镇古镇和惠山古镇原住民旅游权能意愿倾向总项比较

（1）高位高趋同

从分析结果可知，无论在周庄古镇的“政府主导+企业开发+社区参与”，乌镇古镇“政府主导+企业开发”，还是惠山古镇的“政府主导”模式中，原住民对“资本嵌入旅游空间生产”体验位于高等等级，基本趋于一致，具有“高位高趋同”

认同特点。其中，在周庄古镇中，原住民对社区生产方式转变程度、生产力改变程度和权利获取程度等方面要相对较高一些。

（2）中位高趋同

在案例地三个古镇中，原住民对旅游空间生产导致自身生活方式变化状况、古镇社区基础设施变化程度、原住民思想观念变迁、原住民之间互动关系等认同基本趋于一致。在乌镇古镇和惠山古镇中，原住民对旅游空间生产的要素集聚、旅游开发中的资源配置能力以及自身对旅游开发的主导权、多元主体之间的关系融洽程度、旅游改变就业方式、旅游开发导致社区社会分化状态、古镇开发的社区社会流动状况等，位于中等等级，基本趋于一致，原住民认同属于“中位高趋同”。

（3）中位低趋同

在三个案例地中，乌镇古镇和惠山古镇原住民在社区社会分层和社区社会流动方面体验要比周庄古镇原住民较低，位于中等等级，基本趋向不太一致，属于“中位低趋同”。

（4）低位高趋同

在乌镇古镇和惠山古镇中，原住民对自身参与旅游开发的经济投入、旅游开发中的决策、信息获取等存在“低位高趋同”。在旅游空间生产的自觉保护文化遗产以及古镇作为“地方”的总体依恋感等，位于低等等级，基本趋于一致，属于“低位高趋同”。

6.3.4 游客旅游空间生产权能 TPA_j 分析与比较

在得到游客旅游权能的 TI_{ij} 和 TV_{ij} 评价结果后，同样按照旅游权能评价模型，分别对周庄古镇、乌镇古镇和惠山古镇游客旅游空间生产权能意愿倾向进行价值测度，得到表 6-11～表 6-13。

6.3.4.1 游客旅游空间生产权能 TPA_j 分析

（1）周庄古镇游客旅游空间生产权能 TPA_j 分析

表 6-11 周庄古镇游客旅游权能意愿倾向

二级权能	三级权能	旅游权能特征（*N*）	TI_{ij}	TV_{ij}	TPA_j
环境维	景观	景观价值	0.080 2	3.916 3	0.314 087 3
		景观特色	0.066 8	4.029 6	0.269 177 3
	氛围	整体风貌	0.072 6	4.497 5	0.326 518 5
		整洁卫生	0.058 1	4.088 7	0.237 553 5

续表

二级权能	三级权能	旅游权能特征（N）	TI_{ij}	TV_{ij}	TPA_j
环境维总权能					**1.147 337**
休闲维	饮食	餐饮特色	0.044 0	4.241 4	0.186 621 6
		餐饮卫生	0.051 3	3.950 7	0.202 670 9
	商品	地方特色	0.034 3	4.073 9	0.139 734 8
		市场秩序	0.051 5	3.512 3	0.180 883 5
	娱乐	娱乐特色	0.052 9	2.054 2	0.108 667 2
		娱乐丰度	0.039 7	1.837 4	0.072 944 8
休闲维总权能					**0.891 523**
服务维		居民素质	0.075 4	4.069	0.306 802 6
		服务态度	0.069 5	3.246 3	0.225 617 9
		旅游解说	0.068 4	3.635 5	0.248 668 2
		旅游咨询	0.063 2	3.566 5	0.225 402 8
服务维总权能					**1.006 491**
依恋维		舒缓压力	0.043 3	4.335	0.187 705 5
		情感陶醉	0.043 8	4.182 3	0.183 184 7
		满意程度	0.045 1	4.113 3	0.185 509 8
		推荐他人	0.039 9	3.940 9	0.157 241 9
依恋维总权能					**0.713 642**

（2）乌镇古镇游客旅游空间生产权能 TPA_j 分析

表 6-12　乌镇古镇游客旅游权能意愿倾向

二级权能	三级权能	旅游权能特征（N）	TI_{ij}	TV_{ij}	TPA_j
环境维	景观	景观价值	0.080 2	3.941 7	0.316 124 3
		景观特色	0.066 8	4.077 7	0.272 390 4
	氛围	整体风貌	0.072 6	4.436 9	0.322 118 9
		整洁卫生	0.058 1	4.160 2	0.241 707 6
环境维总权能					**1.152 341**
休闲维	饮食	餐饮特色	0.044 0	4.072 8	0.179 203 2
		餐饮卫生	0.051 3	4.063 1	0.208 437
	商品	地方特色	0.034 3	4.068	0.139 532 4
		市场秩序	0.051 5	3.640 8	0.187 501 2
	娱乐	娱乐特色	0.052 9	4.417 5	0.233 685 8
		娱乐丰度	0.039 7	4.451 5	0.176 724 6

续表

二级权能	三级权能	旅游权能特征（N）	TI_{ij}	TV_{ij}	TPA_j
休闲维总权能					**1.125 084**
服务维		居民素质	0.075 4	3.364 1	0.253 653 1
		服务态度	0.069 5	3.233	0.224 693 5
		旅游解说	0.068 4	3.577 7	0.244 714 7
		旅游咨询	0.063 2	3.543 7	0.223 961 8
服务维总权能					**0.947 023**
依恋维		舒缓压力	0.043 3	4.587 4	0.198 634 4
		情感陶醉	0.043 8	4.543 7	0.199 014 1
		满意程度	0.045 1	4.281 6	0.193 100 2
		推荐他人	0.039 9	4.325 2	0.172 575 5
依恋维总权能					**0.763 324**

（3）惠山古镇游客旅游空间生产权能 TPA_j 分析

表 6-13　惠山古镇游客旅游权能意愿倾向

二级权能	三级权能	旅游权能特征（N）	TI_{ij}	TV_{ij}	TPA_j
环境维	景观	景观价值	0.080 2	4.089 6	0.327 985 9
		景观特色	0.066 8	3.815 9	0.254 902 1
	氛围	整体风貌	0.072 6	3.139 3	0.227 913 2
		整洁卫生	0.058 1	3.557 2	0.206 673 3
环境维总权能					**1.017 475**
休闲维	饮食	餐饮特色	0.044 0	3.069 7	0.135 066 8
		餐饮卫生	0.051 3	3.681 6	0.188 866 1
	商品	地方特色	0.034 3	2.865 7	0.098 293 5
		市场秩序	0.051 5	3.144 3	0.161 931 5
	娱乐	娱乐特色	0.052 9	1.890 5	0.100 007 5
		娱乐丰度	0.039 7	1.661 7	0.065 969 5
休闲维总权能					**0.750 135**
服务维		居民素质	0.075 4	3.378 1	0.254 708 7
		服务态度	0.069 5	3.199	0.222 330 5
		旅游解说	0.068 4	2.636 8	0.180 357 1
		旅游咨询	0.063 2	2.005	0.126 716
服务维总权能					**0.784 112**

续表

二级权能	三级权能	旅游权能特征（N）	TI_{ij}	TV_{ij}	TPA_j
依恋维		舒缓压力	0.043 3	3.134 3	0.135 715 2
		情感陶醉	0.043 8	3.044 8	0.133 362 2
		满意程度	0.045 1	3.174 1	0.143 151 9
		推荐他人	0.039 9	3.323 4	0.132 603 7
依恋维总权能					**0.544 833**

6.3.4.2 游客旅游空间生产权能 TPA_j 分项情况

（1）周庄古镇游客旅游空间生产权能 TPA_j

从表 6-11 可知，在周庄古镇游客对旅游空间生产的四项指标权能中，环境维（1.147 337）>服务维（1.006 491）>休闲维（0.891 523）>依恋维（0.713 642）。

结合细分指标进一步分析，周庄古镇游客对“景观价值”、“景观特色”、“整体风貌”和“整洁卫生”以及“居民素质”、“服务态度”、“旅游解说”和“旅游咨询”方面处于“高位体验状态”。对“餐饮特色”、“市场秩序”以及“娱乐丰度”、“娱乐特色”方面存在“中位体验状态”。对“舒缓压力”、“情感陶醉”、“满意程度”以及“推荐他人”方面存在“低位体验状态”。

从总体上分析，周庄古镇游客对古镇“整体环境”和“服务”较为认可，而对“休闲”和“地方依恋”较为次之［图 6-6（a)］。

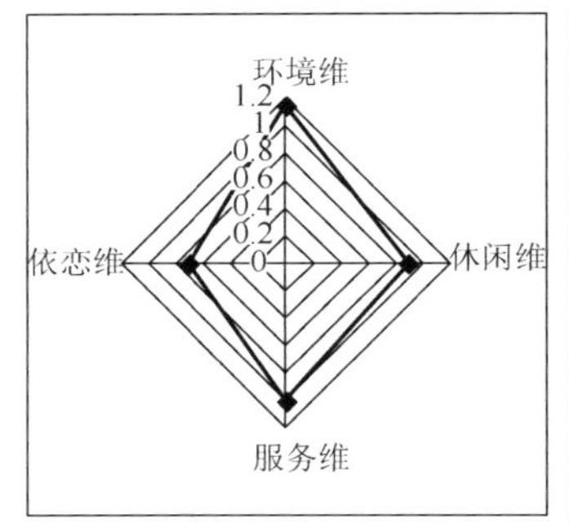

(a) 周庄古镇游客权能意愿倾向

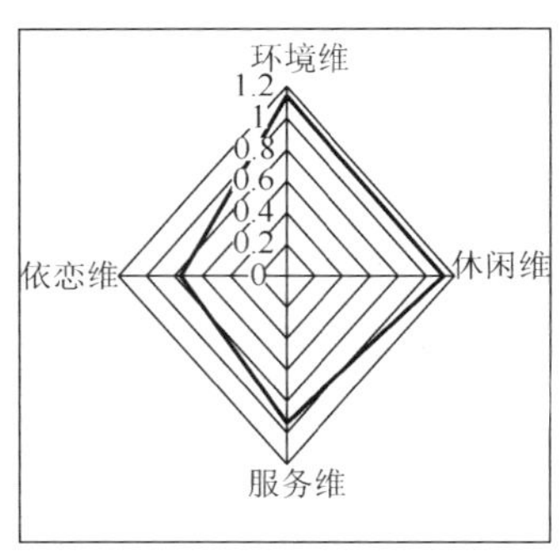

(b) 乌镇古镇游客权能意愿倾向

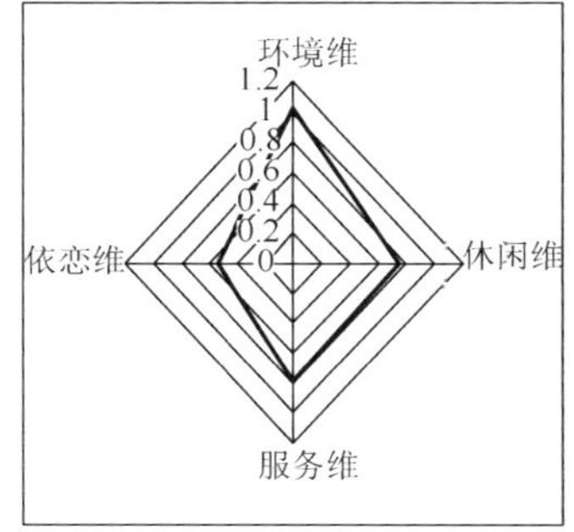

(c) 惠山古镇游客权能意愿倾向

图 6-6　周庄古镇、乌镇古镇和惠山古镇游客权能意愿倾向分项情况

（2）乌镇古镇游客旅游空间生产权能 TPA_j

从表 6-12 可知，在乌镇古镇游客对旅游空间生产四项指标权能中，环境维（1.152 341）>休闲维（1.125 084）>服务维（0.947 023）>依恋维（0.763 324）。

结合细分指标进一步分析，乌镇古镇游客对“景观价值”、“景观特色”、“整体风貌”和“整洁卫生”以及对“餐饮特色”、“市场秩序”以及“娱乐丰度”、“娱乐特色”等方面处于“高位体验状态”。对“居民素质”、“服务态度”、“旅游解说”和“旅游咨询”方面存在“中位体验状态”。对“舒缓压力”、“情感陶醉”、“满意程度”以及“推荐他人”等方面存在“低位体验状态”。

总体上分析，乌镇古镇游客对古镇“整体环境”和“娱乐”较为认可，而对“服务”和“地方依恋”认可度次之［图 6-6（b）］。

（3）惠山古镇游客旅游空间生产权能 TPA_j

从表 6-13 可知，在乌镇古镇惠山古镇游客对旅游空间生产四项指标权能中，环境维（1.017 475）>服务维（0.784 112）>休闲维（0.750 135）>依恋维（0.544 833）。

结合细分指标进一步分析，惠山古镇游客对“景观价值”、“景观特色”、“整体风貌”和“整洁卫生环境”处于“高位体验状态”。对“娱乐丰度”、“娱乐特色”、“舒缓压力”、“情感陶醉”、“满意程度”以及“推荐他人”等处于“低位体验状态”［图 6-6（c）］。

6.3.4.3 游客旅游空间生产权能 TPA_j 总项比较

通过上述分析，可以发现，在周庄古镇、乌镇古镇和惠山古镇旅游空间生产中，存在着旅游空间生产权能的“高位高趋同”、“中位低趋同”和“低位低趋同”现象（图 6-7）。

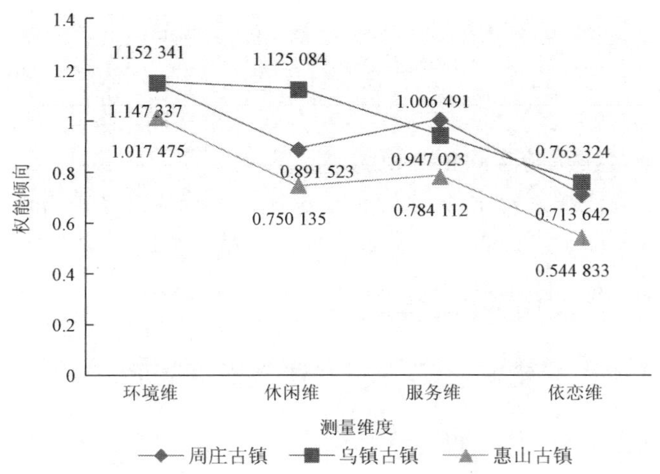

图 6-7　周庄古镇、乌镇古镇和惠山古镇游客旅游权能意愿倾向总项比较

（1）高位高趋同

从分析结果可知，在周庄古镇、乌镇古镇和惠山古镇中，游客对古镇旅游空间生产“环境维”指标，位于高等，基本趋于一致，具有“高位高趋同”认同特点。而在乌镇古镇中，游客对“休闲维”指标，同样属于高认同。

（2）中位低趋同

在案例地三个古镇中，游客对“休闲维”指标评价显示，周庄古镇和惠山古镇要远远低于乌镇古镇，惠山古镇又低于周庄古镇。总体上位于中等，基本趋于一致，属于“中位低趋同”。

（3）中位高趋同

在案例地中，对“服务维”方面的指标处于所测指标的中等位置，基本情况趋于接近（尤其是周庄古镇和乌镇古镇相比），属于“中位高趋同”。

（4）低位高趋同

在游客对地方“依恋维”总体评价中，处于较低等级，基本情况趋于接近，属于“低位高趋同”。

6.3.5 基于 TPA_j 的旅游空间生产权能意愿倾向研究结论

上述分析是基于 TPA_j 模型，采用第一组数据得出的“旅游空间生产权能意愿倾向”结果，据此可以得到如下结论。

（1）不同模式下原住民旅游空间生产权能的反差

原住民旅游空间生产权能呈现明显差异。具体来讲，原住民对于周庄古镇旅游空间生产中的权能优于乌镇古镇，乌镇古镇又优于惠山古镇，呈现“周庄古镇>乌镇古镇>惠山古镇”。证明旅游空间生产模式与原住民旅游权能获取具有较大关联。

（2）不同模式下游客旅游空间生产权能的反差

从游客旅游空间生产权能意愿倾向结果可以看出，游客对乌镇古镇评价优于周庄古镇，周庄古镇又优于惠山古镇，呈现“乌镇古镇>周庄古镇>惠山古镇”。

6.4 旅游空间生产权能空间布局

6.4.1 旅游空间生产权能空间布局分析方法及数据来源

为了进一步提高样本数据所反映事实的信度和效度，以及探索挖掘更精确的旅游空间生产权能分布规律，将第二组数据作为评价“数据来源”，并采用具有较强数据探索优势的 CO-PLOT 进行分析。

（1）CO-PLOT 基本原理

CO-PLOT 由 Lipshitz 和 Raveh（1994）提出，对 $Y_{n\times p}$ 的数据矩阵进行图形展示，n 个对象被确定为 n 个点，p 个属性基于同一轴线和同一原点以 p 个箭头显示。在 CO-PLOT 中，处在箭头相同方向的表明高的正相关，两箭头形成 180°表明两属性高的负相关，成 90°垂直表示不相关。基本原理如表 6-14。

表 6-14　CO-PLOT 基本原理

分组	分析	描述
1）	数据矩阵 $Y_{n\times p}$ 标准化处理	$Z_{ij}=(Y_{ij}-\overline{Y}_{ij})/D_j$
2）	两两研究对象差异性的测量	$S_{ik}=\sum_{j=1}^{p}\left\|Z_{ij}-Z_{kj}\right\|>0$，（1≤$i$，$k$≤$n$）
3）	采用 SSA 最小空间分析法（Guttman）展示 n 个研究对象，并进行拟合度检验	n 个观测值映射到一个多维尺度空间，从原来 P 维空间转换成两维欧几里得空间，地图距离 d_{ik}（二维欧氏距离）和相应相异指标 S_{ik} 之间关系可表示为：$S_{ik}<S_{lm}$ 当且仅当 $d_{ik}<d_{lm}$，并通过关系疏离指数 Θ 判断图形模拟精确性，$\Theta=\sqrt{1-\mu^2}$，式中，$\mu=\frac{\sum_{i,k,l,m}(S_{ik}-S_{lm})(d_{ik}-d_{lm})}{\sum_{i,k,l,m}\|S_{ik}-S_{lm}\|\|d_{ik}-d_{lm}\|}$，$\Theta$ 表示疏离指数，不高于 0.15 或 p 个属性最大相关关系 r_j^{*} 大于 0.40 表示良好
4）	方向辨识	二维欧几里得空间方向确认

（2）模型分组

根据 CO-PLOT 原理，研究可分为“三维八度”模型（差异维）和“多维多度混合”模型（差异与平行混合维），在模型下以刻度标示，不同刻度代表不同属性（表 6-15）。

表 6-15　CO-PLOT 模型分组

模型	维度	刻度	属性	描述
“三维八度”模型	差异维	一刻度	高相关组	实际较高
		二刻度	高差异次高相关组	差异较高
		三刻度	次高相关组	实际和差异均比较高
		四刻度	次高相关次低差异组	期望和实际比较高，但差异不大
		五刻度	次低相关组	差异分值较低，即实际不高
		六刻度	次低相关次低差异组	实际和期望一般
		七刻度	低相关组	实际和差异均最低

续表

模型	维度	刻度	属性	描述
“多维多度混合”模型	差异与平行混合维	一刻度	高相关	相对于临近，实际较高
		二刻度	高异次	差异较高
		三刻度	次高相关	实际和差异均比较高
		四刻度	次高差异	期望和实际比较高
		五刻度	次低相关	差异分值较低，即实际不高
		六刻度	低差异	实际和期望一般
		七刻度	低相关	实际和差异均最低

（3）数据来源

将总样本中第二组数据作为研究数据源。具体为：周庄古镇原住民 330 份（总数 630 份），乌镇古镇原住民 300 份（总数 600 份），惠山古镇原住民 230 份（总数 450 份），共计 860 份。周庄古镇游客 200 份（总数 400 份），乌镇古镇游客 210 份（总数 410 份），惠山古镇游客 190 份（总数 380 份），共计 600 份。

6.4.2 原住民旅游空间生产权能空间布局 CO-PLOT

6.4.2.1 原住民旅游空间生产权能分项空间布局 CO-PLOT

（1）周庄古镇、乌镇古镇、惠山古镇资本维空间布局 CO-PLOT

资本维是旅游空间生产的基本要素。如图 6-8 所示，在对周庄古镇原住民资本维空间体验分析中，“开发利用土地资源”、“开发利用居所程度”、“开发经济投入程度”和“居民情感投入程度”体验均较大；对“有效利用文化资源”体验值较小。

在乌镇古镇分析中，对“开发利用土地资源”、“开发利用居所程度”体验较大；对“有效利用文化资源”、“居民人员投入程度”、“居民智力投入程度”和“居民情感投入程度”较小。

在惠山古镇分析中，对“开发利用土地资源”、“开发利用居所程度”体验最大；对“有效利用文化资源”、“居民人员投入程度”、“居民智力投入程度”、“居民情感投入程度”较低。

（2）周庄古镇、乌镇古镇、惠山古镇生产维空间布局 CO-PLOT

生产维是旅游空间生产拥有的能力及其活动过程。如图 6-9 所示，周庄古镇在“利益主体融洽程度”、“旅游开发主导情况”体验较高；对“生产方式转变程度”、“旅游管理制度”、“开发资源调配能力”体验高且差异较大。

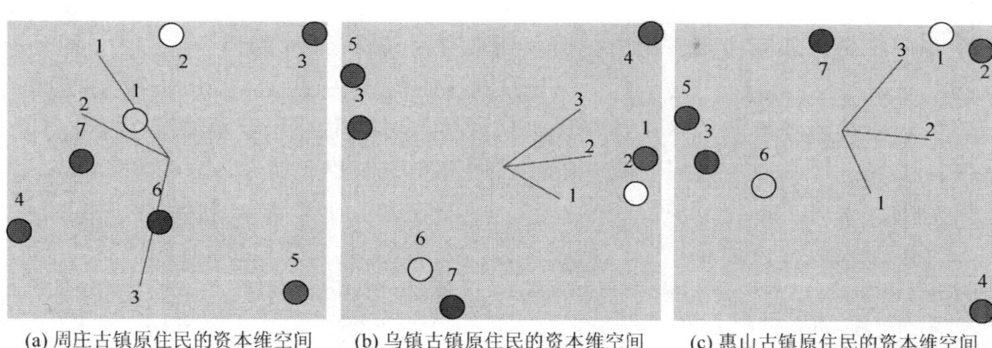

(a) 周庄古镇原住民的资本维空间体验 (Θ和r_j^*:0.995和0.002)　(b) 乌镇古镇原住民的资本维空间体验 (Θ和r_j^*:0.995和0.002)　(c) 惠山古镇原住民的资本维空间体验 (Θ和r_j^*:0.996和0.008)

图 6-8　周庄古镇、乌镇古镇、惠山古镇原住民的资本维空间体验

1. 开发利用土地资源；2. 开发利用居所程度；3. 有效利用文化资源；4. 开发经济投入程度；5. 居民人员投入程度；6. 居民智力投入程度；7. 居民情感投入程度

在乌镇古镇分析中，发现“旅游开发人员素质”、“先进技术投入程度”、“旅游开发管理制度”、“生产要素配置能力”、“开发资源调配能力”、“利益主体融洽程度”等方面体验值较低。

在惠山古镇分析中，除对“开发中有没有利益圈子”（负向取值）体验较高外（惠山古镇至今没有形成稳定的旅游收益），在“旅游开发人员素质”、“生产方式转变程度”、“先进技术投入程度”、“旅游开发管理制度”、“生产要素配置能力”、“开发资源调配能力”、“利益主体融洽程度”和“旅游开发主导情况”等方面体验均较低。

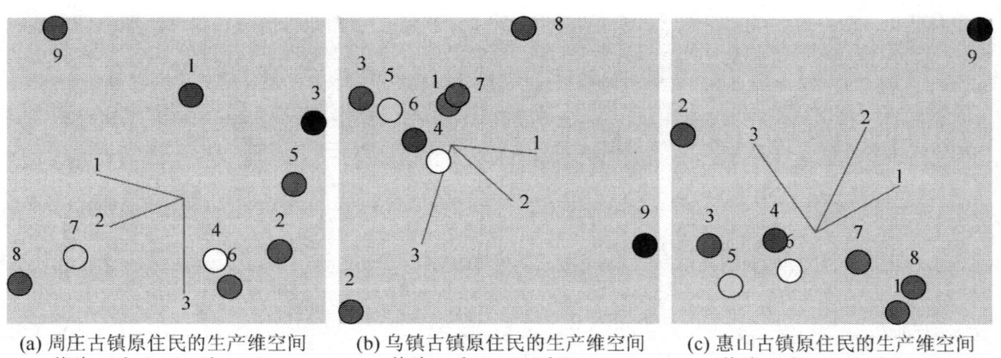

(a) 周庄古镇原住民的生产维空间体验 (Θ和r_j^*:0.995和0.022)　(b) 乌镇古镇原住民的生产维空间体验 (Θ和r_j^*:0.990和0.006)　(c) 惠山古镇原住民的生产维空间体验 (Θ和r_j^*:0.992和0.013)

图 6-9　周庄古镇、乌镇古镇、惠山古镇原住民的生产维空间体验

1. 旅游开发人员素质；2. 生产方式转变程度；3. 先进技术投入程度；4. 旅游开发管理制度；5. 生产要素配置能力；6. 开发资源调配能力；7. 利益主体融洽程度；8. 旅游开发主导情况；9. 开发没有利益圈子

（3）周庄古镇、乌镇古镇、惠山古镇权利维空间布局 CO-PLOT

权利维是旅游空间生产利益享有和获取程度。如图 6-10 所示，周庄古镇原住民可以“带来持续经济收入”、“提高居民的自豪感”、“接受外来教育情况”、“促进社区经济发展”等；原住民对“收入能被社区共享”和“旅游开发保障机制”的期望感知较大；对“参与经济投资程度”、“旅游收益留在本地”、“提高社会身份地位”、“旅游开发充满期望”；在“满足现在开发格局”、“主导方能协调问题”、“参与旅游决策机会”、“发表对旅游的看法”、“重视社区居民意见”、“分配制度规范程度”、“利益协调制度安排”、“旅游开发约束制度”、“社区旅游开发决策”、“社区开发运作程序”等方面体验感知较低。

在乌镇古镇分析中，原住民对“收入能被社区共享”、“促进社区经济发展”、“参与经济投资程度”、“提高居民的自豪感”、“分配制度规范程度”、“旅游开发保障机制”等存在较大期盼；对“带来持续经济收入”、“接受外来教育情况”、“旅游开发充满期望”评价一般；对“旅游收益留在本地”、“满足现在开发格局”、“主导方能协调问题”、“参与旅游决策机会”、“发表对旅游的看法”、“重视社区居民意见”、“利益协调制度安排”、“旅游开发约束制度”、“社区旅游开发决策”、“社区开发运作程序”等感知较低。

在惠山古镇分析中，原住民可以“接受外来教育情况”，对“旅游开发充满期望”感知大，对其余权利指标感知较差。

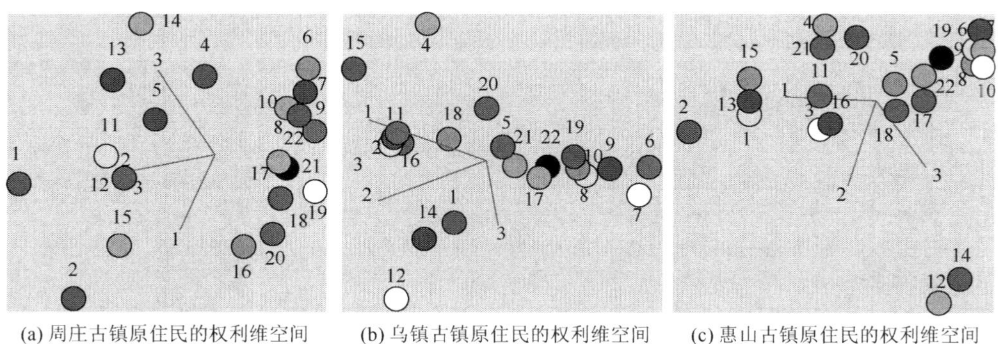

(a) 周庄古镇原住民的权利维空间体验（Θ和r_j^*:0.999和0.046）

(b) 乌镇古镇原住民的权利维空间体验（Θ和r_j^*:0.996和0.025）

(c) 惠山古镇原住民的权利维空间体验（Θ和r_j^*:0.994和0.026）

图 6-10 周庄古镇、乌镇古镇、惠山古镇原住民的权利维空间体验

1. 带来持续经济收入；2. 收入能被社区共享；3. 促进社区经济发展；4. 参与经济投资程度；5. 旅游收益留在本地；6. 满足现在开发格局；7. 主导方能协调问题；8. 参与旅游决策机会；9. 发表对旅游的看法；10. 重视社区居民意见；11. 提高居民的自豪感；12. 接受外来教育情况；13. 提高社会身份地位；14. 旅游开发充满期望；15. 旅游开发保障机制；16. 分配制度规范程度；17. 利益协调制度安排；18. 旅游开发约束制度；19. 社区旅游开发决策；20. 社区开发运作程序；21. 了解旅游总体收益；22. 了解旅游分配情况

（4）周庄古镇、乌镇古镇、惠山古镇社会维空间布局 CO-PLOT

社会维是旅游空间生产生活反映。如图 6-11 所示，周庄古镇原住民对“社区基础设施变化”、“导致社区物价变化”体验较高；对“居民相互交往变化”、“邻里之间猜疑程度”、“社区居民分化程度”体验一般；对“导致社区物价变化”和“先富影响后富情况”评价较低。

在乌镇古镇，原住民对“社区基础设施变化”、“思想观念发生变化”感觉明显；对“邻里之间冲突程度”、“社区居民分化程度”期望较大；对“居民生活节奏变化”、“先富影响后富情况”、“导致社区物价变化”、“居民相互交往变化”、“邻里之间猜疑程度关系”和“邻里之间冲突程度”感知变化较大。

在惠山古镇，原住民对“社区基础设施变化”、“思想观念发生变化”感觉明显；对“居民相互交往变化”、“邻里之间猜疑程度”、“邻里之间冲突程度”、“社区居民分化程度”感知较大；对“居民生活节奏变化”、“导致社区物价变化”、“先富影响后富情况”感知较大。

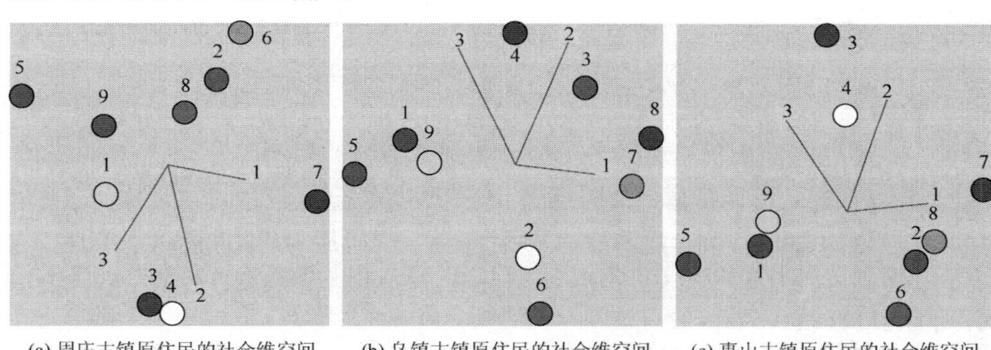

(a) 周庄古镇原住民的社会维空间体验（Θ和r_j^*:0.996和0.034）　(b) 乌镇古镇原住民的社会维空间体验（Θ和r_j^*:0.991和0.009）　(c) 惠山古镇原住民的社会维空间体验（Θ和r_j^*:0.996和0.005）

图 6-11　周庄古镇、乌镇古镇、惠山古镇原住民的社会维空间体验

1. 居民生活节奏变化；2. 居民相互交往变化；3. 社区基础设施变化；4. 思想观念发生变化；5. 导致社区物价变化；6. 邻里之间猜疑程度；7. 邻里之间冲突程度；8. 社区居民分化程度；9. 先富影响后富情况

（5）周庄古镇、乌镇古镇、惠山古镇层级维空间布局 CO-PLOT

层级维是旅游空间生产的资源占有差异及其表现形式。如图 6-12 所示，周庄古镇原住民对“妇女缩小就业范围”、“通过旅游降低地位”等感知值较大；对“改变居民就业方式”实际感知较大；对“从事职业逐渐多元”不仅感知大，而且变化差异也较大；对“社区组织分化程度”、“开发导致贫富程度”、“开发社会等级程度”等感知较小。

在乌镇古镇，对“开发导致贫富程度”、“开发社会等级程度”、“从事职业逐渐多元”感知较大；对“妇女缩小就业范围”、“通过旅游降低地位”、“通过旅游减少机会”分值赋值较大。

在惠山古镇，原住民对“改变居民就业方式”体验较大；对“妇女缩小就业范围”、“通过旅游降低地位”、“通过旅游减少机会”赋值较大；对“开发导致贫富程度”、“开发社会等级程度”的看法差异较大。

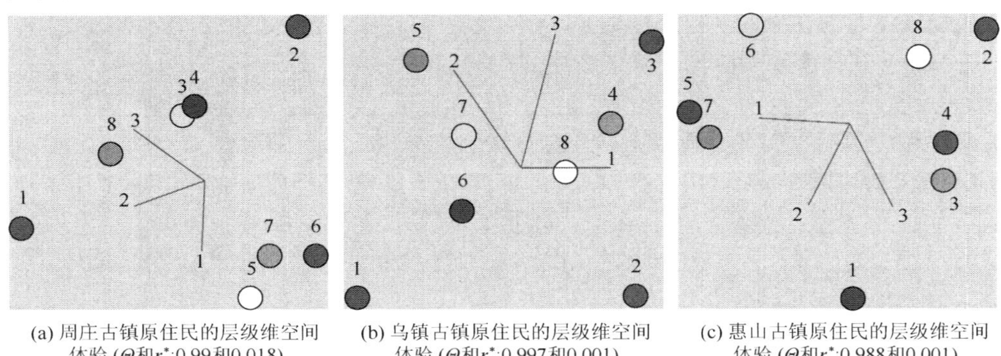

(a) 周庄古镇原住民的层级维空间体验 (Θ和r_j^*:0.99和0.018)

(b) 乌镇古镇原住民的层级维空间体验 (Θ和r_j^*:0.997和0.001)

(c) 惠山古镇原住民的层级维空间体验 (Θ和r_j^*:0.988和0.001)

图 6-12　周庄古镇、乌镇古镇、惠山古镇原住民的层级维空间体验

1. 改变居民就业方式；2. 社区组织分化程度；3. 开发导致贫富程度；4. 开发社会等级程度；5. 妇女缩小就业范围；6. 通过旅游降低地位；7. 通过旅游减少机会；8. 从事职业逐渐多元

（6）周庄、乌镇、惠山效应维空间布局 CO-PLOT

效应维是旅游空间生产的情感倾向。从图 6-13 可以看出，周庄古镇原住民对“引导他人保遗倾向”、“形成文化自觉氛围”、“平时喜欢待在社区”、“对地方的满意程度”等比开发前有较大认同，且差异程度大。

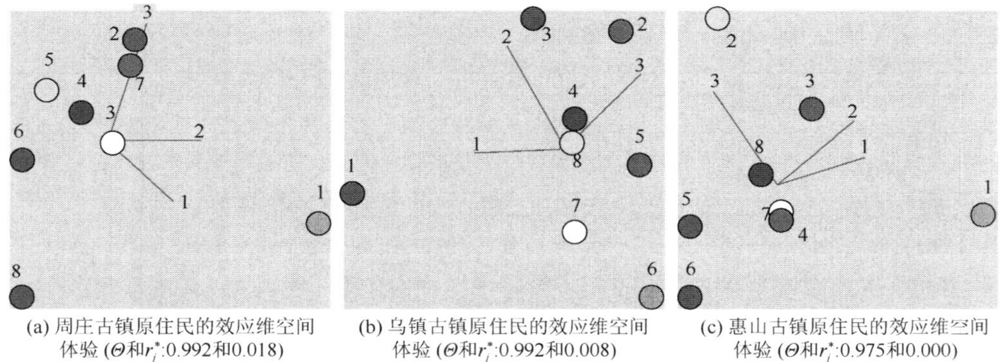

(a) 周庄古镇原住民的效应维空间体验 (Θ和r_j^*:0.992和0.018)

(b) 乌镇古镇原住民的效应维空间体验 (Θ和r_j^*:0.992和0.008)

(c) 惠山古镇原住民的效应维空间体验 (Θ和r_j^*:0.975和0.000)

图 6-13　周庄古镇、乌镇古镇、惠山古镇原住民的效应维空间体验

1. 自身参与保遗倾向；2. 引导他人保遗倾向；3. 参与社会保遗组织；4. 形成文化自觉氛围；5. 平时喜欢待在社区；6. 外出经常想起社区；7. 对地方的满意程度；8. 迷恋这个地方程度

在乌镇古镇分析中，对“平时喜欢待在社区”、“外出经常想起社区”、“对地方的满意程度”认同较低；对“参与社会保遗组织”、“引导他人保遗倾向”认同一般。

在惠山古镇分析中，对“参与社会保遗组织”认同一般；对“形成文化自觉氛围”、“平时喜欢待在社区”、“外出经常想起社区”、“对地方的满意程度”等认同较低。

6.4.2.2 原住民旅游空间生产权能总项空间布局 CO-PLOT

（1）周庄古镇原住民旅游空间生产权能总项空间布局 CO-PLOT

组 1：高相关体验组。本组特点（图 6-14）为实际体验值较高，表明原住民对“开发利用居所程度”、“开发利用土地资源”、“开发经济投入程度”、“居民情感投入程度”、“利益主体融洽程度”、“旅游开发主导情况”、“自身参与保遗倾向”认同程度大。

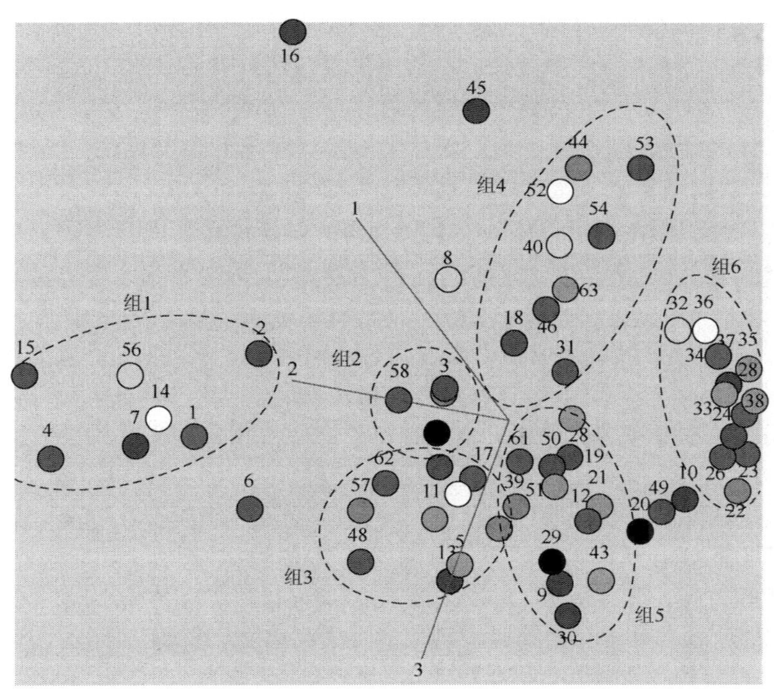

图 6-14 周庄古镇原住民旅游空间生产权能总项空间体验（Θ 和 r_j^*：0.998、0.046）

组 2：次高相关体验组。本组特点为体验值略高。表明在“有效利用文化资源”、“参与社会保遗组织”、“妇女缩小就业范围”认同分值属于比较高的范畴。

组 3：高差异次高相关体验组。本组特点为实际体验的差异值较高，表明原住民对“旅游开发管理制度”、“居民人员投入程度”、“改变居民就业方式”、“引导他人保遗倾向”、“对地方的满意程度”、“从事职业逐渐元化”体验差异大。

组 4：次低相关低差异体验组。本组特点为实际体验分值一般。表明原住民对“收入能被社区共享”、“旅游开发保障机制”、“社区分化程度变小”、“通过旅游降低地位”、“通过旅游减少机会”、“居民相互交往变化”、“迷恋这个地方程度”赋值较低，从反面说明旅游开发对上述指标没有引起较大变化。

组 5：次低相关体验组。本组特点为差异略低，实际体验不高。表明在“生产方式转变程度”、“生产要素配置能力”、“旅游收益留在本地”、“开发导致贫富程度”、“开发社会等级程度”、“接受外来教育情况”、“居民生活节奏变化”、“外出经常想起社区”、“促进社区经济发展”、“提高社会身份地位”等方面体验不高。

组 6：低相关体验组。本组特点为实际体验和差异均较低。表明在“分配制度规范程度”、“利益协调制度安排”、“旅游开发约束制度”、“社区旅游开发决策”、“社区开发运作程序”、“了解旅游总体收益”、“满足现在开发格局”、“主导方能协调问题”、“参与旅游决策机会”、“发表对旅游的看法”、“重视社区居民意见”以及“提高居民的自豪感”等方面有待改善。

（2）乌镇原住民旅游空间生产权能总项空间布局 CO-PLOT

组 1：高相关体验组。本组特点（图 6-15）为实际体验值较高，表明原住民对“开发利用土地资源”、“开发经济投入程度”、“开发利用居所程度”、“居民智力投入程度”、“居民情感投入程度”、“社区基础设施变化”、“改变居民就业方式”、“妇女就业缩小范围”、“旅游降低地位”、“通过旅游减少机会”、“思想观念发生变化”赋值较大。

组 2：次高相关次低差异体验组。本组特点为期望值较高。表明在“邻里之间猜疑程度”、“邻里之间冲突程度”、“社区居民分化程度”、“旅游开发主导情况”、“旅游开发人员素质”、“居民相互交往变化”、“参与社会保遗组织”、“形成文化自觉氛围”、“平时喜欢待在社区”、“对地方的满意程度”等指标的评价方面赋值较大。

组 3：次低相关高差异体验组。本组特点为差异略低，实际体验不高。表明在“开发导致贫富程度”、“开发社会等级程度”、“有效利用文化资源”、“居民人员投入程度”、“生产方式转变程度”、“接受外来教育情况”、“居民生活节奏变化”、“先富影响后富情况”情况评价差异较大。

组 4：低相关体验组。本组特点为实际体验和差异均较低。表明在“先进技术投入程度”、“旅游开发管理制度”、“生产要素配置能力”、“开发资源调配能力”、“利益主体融洽程度”、“开发没有利益圈子”、“带来持续经济收入”、“收入能被社区共享”、“促进社区经济发展”、“参与经济投资程度”、“旅游收益留在本地”、“满足现在开发格局”、“主导方能协调问题”、“参与旅游决策机会”、“发表对旅游的看法”、“重视社区居民意见”、“提高居民的自豪感”、“提高社会身份地位”、“旅游开发保障机制”、“分配制度规范程度”、“利益协调制度安排”、“旅游开发约束制度”、“社区旅游开发决策”、“社区开发运作程序”等赋值较低；对“了解旅游总体收益”、“导致社区物价变化”、“从事职业逐渐多元”、“自身参与保遗倾向”和“引导他人保遗倾向”方面赋值较低。

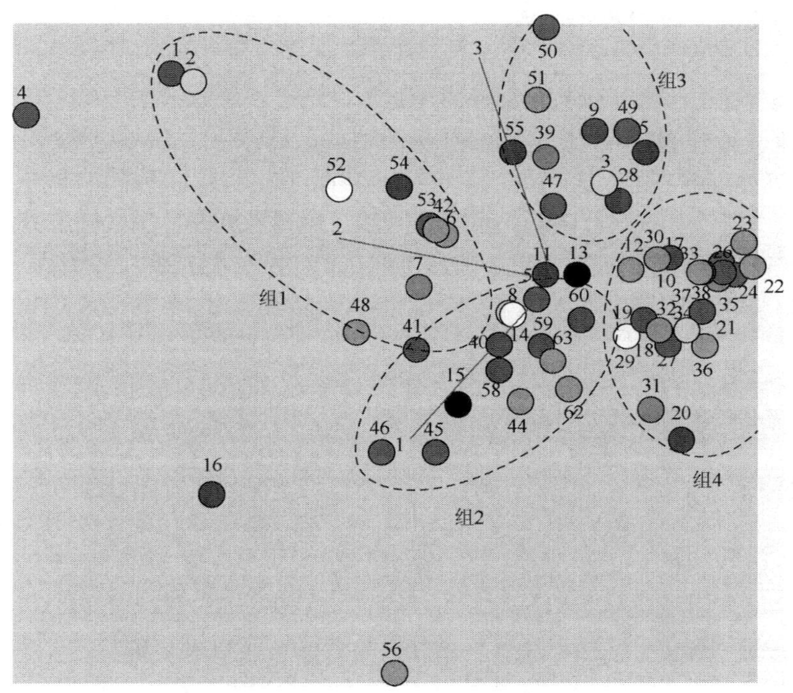

图 6-15　乌镇古镇原住民旅游空间生产权能总项空间体验（Θ 和 r_j^*：0.998、0.038）

（3）惠山原住民旅游空间生产权能总项空间布局 CO-PLOT

组 1：次高相关次低差异体验组。本组特点（图 6-16）为期望值较高。表明在“妇女缩小就业范围”、“通过旅游降低地位”、“通过旅游减少机会”、“自身参与保遗倾向”、“引导他人保遗倾向”、“参与社会保遗组织”、“旅游开发人员素质”、“旅游开发主导情况”、“相互交往变化情况”、“对地方的满意程度”、“迷恋这个地方程度”存在较大期望。

组 2：次高相关高差异体验组。本组特点为差异值较高。表明在“旅游开发管理制度”、“社区基础设施变化”、“思想观念发生变化”、“开发导致贫富程度”、“开发社会等级程度”、“居民生活节奏变化”、“先富影响后富情况”等指标差异值较大。

组 3：低相关地差异体验组。本组特点为期望和差异均小。表明在“带来持续经济收入”、“提高社会身份地位”、“旅游开发保障机制”、“居民人员投入程度”、“促进社会经济发展”、“分配制度规范程度”、“旅游开发运作程序”、“了解旅游总体收益”等认同较小。

组 4：次高相关次低差异体验组。本组特点为感知和差异略小。表明在“生产方式转变程度”、“先进技术投入程度”、“接受外来教育情况”、“旅游开发期望”、“导致社区物价变化”等方面感知和差异略小。

组 5：低相关体验组。本组特点为实际体验和差异均较低。表明在“旅游收益留在本地”、“满足现在开发格局”、“主导方能协调问题”、“参与旅游决策机会”、“发表对旅游的看法”、“重视社区居民意见”、“利益协调制度安排”、“旅游开发约束制度”、“社区旅游开发决策”、“了解旅游分配情况”等方面认同度较低。

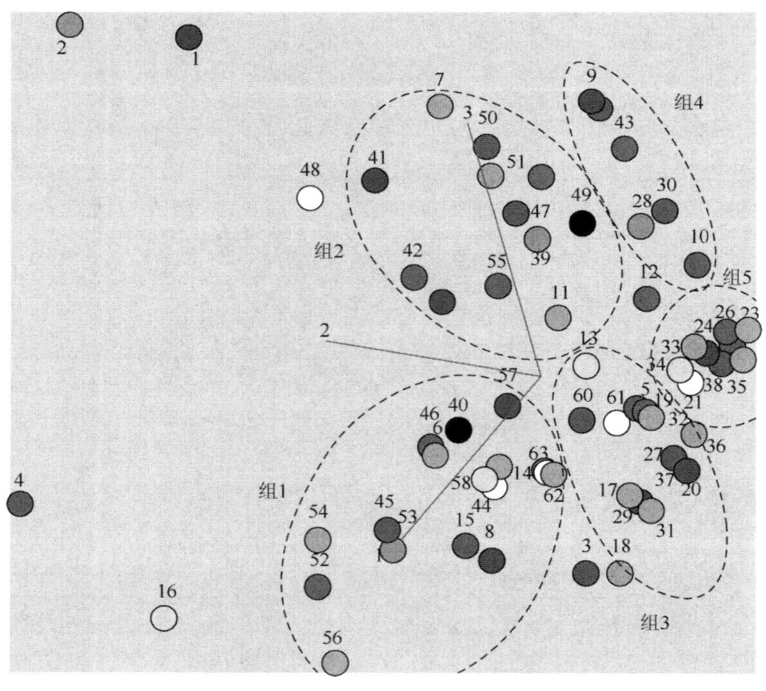

图 6-16　惠山古镇原住民旅游空间生产权能总项空间体验（Θ 和 r_j^*：0.997、0.044）

图 6-14～图 6-16 指标说明见表 6-16。

表 6-16 周庄古镇、乌镇古镇、惠山古镇原住民旅游空间生产权能总项空间体验指标说明

序号	指标说明	序号	指标说明
1	开发利用土地资源	33	利益协调制度安排
2	开发利用居所程度	34	旅游开发约束制度
3	有效利用文化资源	35	社区旅游开发决策
4	开发经济投入程度	36	社区开发运作程序
5	居民人员投入程度	37	了解旅游总体收益
6	居民智力投入程度	38	了解旅游分配情况
7	居民情感投入程度	39	居民生活节奏变化
8	旅游开发人员素质	40	居民相互交往变化
9	生产方式转变程度	41	社区基础设施变化
10	先进技术投入程度	42	思想观念发生变化
11	旅游开发管理制度	43	导致社区物价变化
12	生产要素配置能力	44	邻里之间猜疑程度
13	开发资源调配能力	45	邻里之间冲突程度
14	利益主体融洽程度	46	社区居民分化程度
15	旅游开发主导情况	47	先富影响后富情况
16	开发没有利益圈子	48	改变居民就业方式
17	带来持续经济收入	49	社区组织分化程度
18	收入能被社区共享	50	开发导致贫富程度
19	促进社区经济发展	51	开发社会等级程度
20	参与经济投资程度	52	妇女缩小就业范围
21	旅游收益留在本地	53	通过旅游降低地位
22	满足现在开发格局	54	通过旅游减少机会
23	主导方能协调问题	55	从事职业逐渐多元
24	参与旅游决策机会	56	自身参与保遗倾向
25	发表对旅游的看法	57	引导他人保遗倾向
26	重视社区居民意见	58	参与社会保遗组织
27	提高居民的自豪感	59	形成文化自觉氛围
28	接受外来教育情况	60	平时喜欢待在社区
29	提高社会身份地位	61	外出经常想起社区
30	旅游开发充满期望	62	对地方的满意程度
31	旅游开发保障机制	63	迷恋这个地方程度
32	分配制度规范程度		

6.4.3 游客旅游空间生产权能空间布局 CO-PLOT

6.4.3.1 周庄古镇游客旅游空间生产权能空间布局 CO-PLOT

组 1：次高相关低差异体验组。本组特点（图 6-17）为期望值较高。表明游客在“整洁卫生”、“餐饮特色”、“餐饮卫生”、“旅游解说”、“旅游咨询”等方面寄予较高的期望。

组 2：高相关体验组。本组特点为实际体验值较高。表明游客在“景观价值”和“居民素质”方面评价较高。

组 3：次高相关高差异体验组。本组特点为实际体验差异值略高。表明游客在“景观特色”、“整体风貌”、“服务态度”方面的体验高于期望。

组 4：低相关体验组。本组特点为实际体验值较低。表明游客在“地方特色”、“市场秩序”、“娱乐特色”、“舒缓压力”、“情感陶醉”、“满意程度”、“推荐他人”等方面认同度低于前三组。

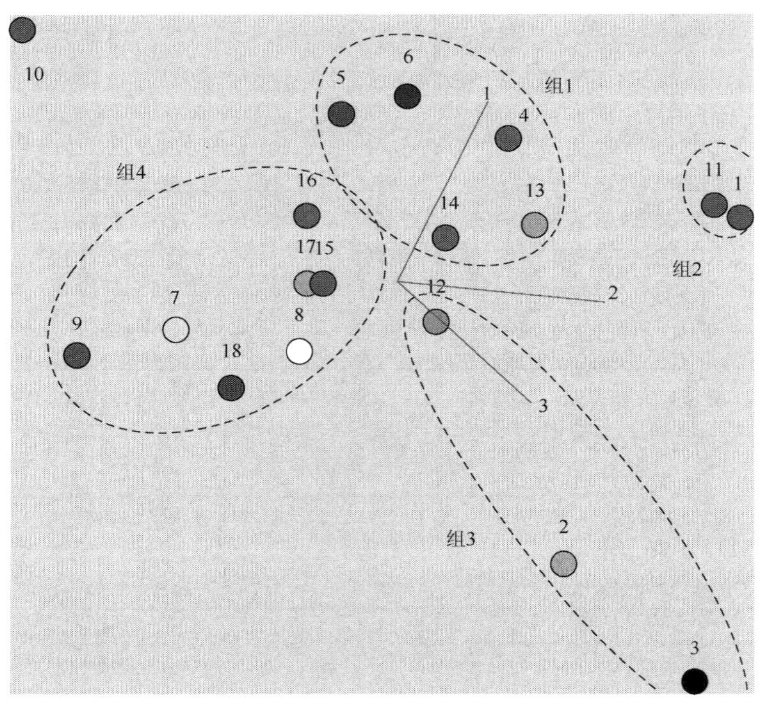

图 6-17 周庄古镇游客旅游空间生产权能空间体验（Θ 和 r_j^*：0.998、0.046）

6.4.3.2 乌镇古镇游客旅游空间生产权能空间布局 CO-PLOT

组 1：次高相关次差异体验组。本组特点（图 6-18）为期望值较高。表明游客对“整洁卫生”、“餐饮卫生”、“居民素质”、“服务态度”、“旅游解说”、“旅游咨询”评价一般，寄予很高期望。

组 2：次高相关高差异体验组。本组特点为实际体验差异值较高。表明游客对“景观特色”、“整体风貌”、“娱乐特色”、“娱乐丰度”等体验较为认可。

组 3：低相关次低差异体验组。本组特点为实际体验和差异略小。表明游客对“舒缓压力”、“情感陶醉”、“满意程度”、“推荐他人”等指标体验认同不高。

组 4：低相关体验组。本组特点为实际体验值较低。表明在“餐饮特色”、“地方特色”、“市场秩序”等方面有待提高。

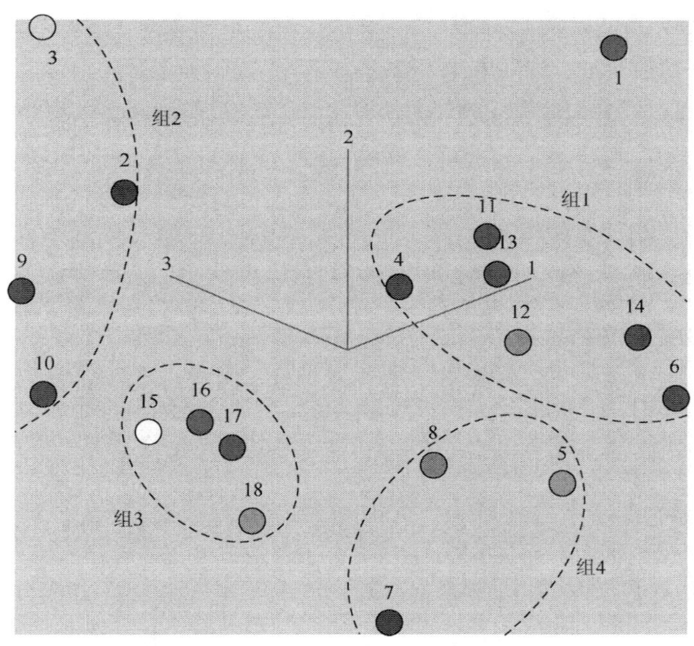

图 6-18 乌镇古镇游客旅游空间生产权能空间体验（Θ 和 r_j^*：0.999、0.053）

6.4.3.3 惠山古镇游客旅游空间生产权能空间布局 CO-PLOT

组 1：次高相关次差异体验组。本组特点（图 6-19）为期望值较高。表明游客对“景观价值”、“餐饮卫生”、“旅游解说”、“旅游咨询”体验一般，并寄予很高期望。

组 2：高相关体验组。本组特点为实际体验值较高。表明游客对“景观特色”和“整体风貌”认同度较高。

组 3：次高相关高差异体验组。本组特点为实际体验差异值较高。表明游客对“整洁卫生”、“居民素质”、“服务态度”略低，但差异不大。

组 4：低相关体验组。本组特点为实际体验值较低。表明在“餐饮特色”、“地方特色”、“市场秩序”、“娱乐特色”、“娱乐丰度”、“舒缓压力”、“情感陶醉”、“满意程度”、“推荐他人”方面认同较低，有待进一步加强。

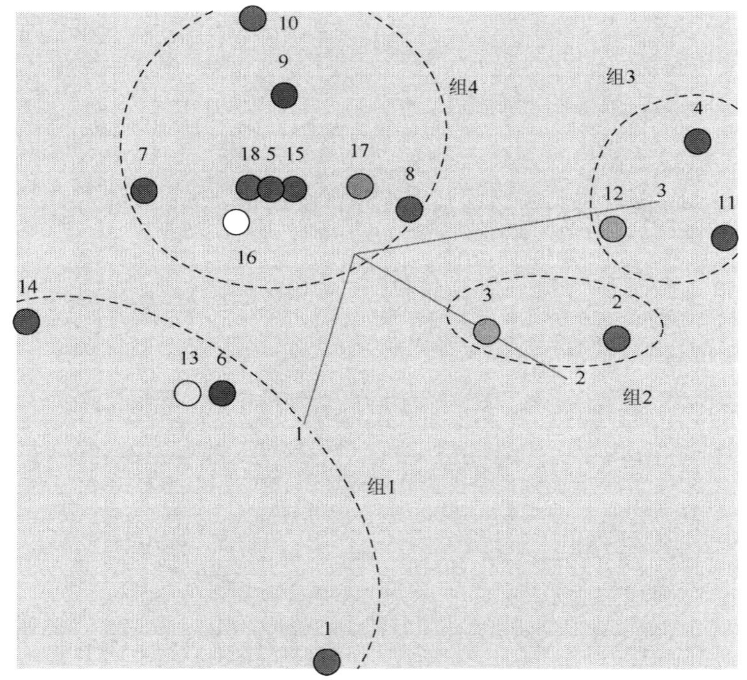

图 6-19　惠山古镇游客旅游空间生产权能空间体验（Θ 和 r_j^*：0.998、0.034）

图 6-17～图 6-19 指标说明见表 6-17。

表 6-17　周庄古镇、乌镇古镇、惠山古镇游客旅游空间生产权能空间体验指标说明

序号	指标说明	序号	指标说明
1	景观价值	4	整洁卫生
2	景观特色	5	餐饮特色
3	整体风貌	6	餐饮卫生

续表

序号	指标说明	序号	指标说明
7	地方特色	13	旅游解说
8	市场秩序	14	旅游咨询
9	娱乐特色	15	舒缓压力
10	娱乐丰度	16	情感陶醉
11	居民素质	17	满意程度
12	服务态度	18	推荐他人

6.4.4 基于 CO-PLOT 的旅游空间生产权能空间布局研究结论

在基于 CO-PLOT 分析的第二组数据结论中，不但可以更精确地发现分析指标中的空间布局差异，同时根据不同刻度变化，也可以发现原住民旅游空间生产权能呈现“周庄古镇>乌镇古镇>惠山古镇”趋势，游客旅游空间生产权能呈现“乌镇古镇>周庄古镇>惠山古镇”趋势。

这说明，无论是基于 TPA_j 分析的第一组数据结论，还是基于 CO-PLOT 分析的第二组数据结论，基本上反映了原住民或游客在旅游空间生产权能获取中具有的相同事实和规律。也就是说“从一部分的事实中得出的结论和从另外一部分事实中得出的结论自然吻合”。

通过上述分析，不仅可以看出不同案例地模式下原住民、游客权能获取状况，而且本书将游客作为分析主体，并以此为参照变量，也较好地分析出了原住民相对于游客而言在旅游空间生产中对旅游空间生产权能获取的状况。由于本书的侧重点是原住民在旅游空间生产中“权能认同结构的差异和偏向”，还需要通过下列分析，进一步提取影响原住民权能获取的“显著性影响因子”。

6.5 旅游空间生产权能显著性影响分析

6.5.1 旅游空间生产权能显著性影响分析方法

（1）建立模型

为了进一步揭示各因子对旅游权能的影响程度，根据问卷调查所收集到的数据，利用多元回归分析构建回归模型。由于 6.3 节建立的评价体系涉及原住民旅游空间生产权能方面，分别为 15 个评价项目、63 个评价因子，根据本书要求，后两项不适合作为权能影响因子，故将其去掉，所以拟定 13 项评价项目。将每个评价项目中的若干评价因子按加权平均法计算出拟评价项目的值，以原住民对古镇旅游空间生产的总体评价为因变量，以 13 个评价项目为自变量，采用多元回归的逐步回归（Method：Stepwise），建立回归模型。

假定对一组变量 x_1，x_2，…，x_p，Y 作了 n 次观测，得到的观测值为 x_{i1}，x_{i2}，…，x_{ip}，y_i，i=1, 2, …, n；其中，x_{i1}，x_{i2}，…，x_{ip} 分别为第 i 次观测时自变量 x_1，x_2，…，x_p 的取值；y_i 为因变量 Y 的观测值，则有

$$Y_i = \beta_0 + \beta_1 x_{i1} + \cdots + \beta_p x_{ip} + \varepsilon_1,\ \ i = 1,2,\cdots,n \tag{6-10}$$

假定 ε_1（$i = 1,2,\cdots,n$）相互独立，且均服从统一正态分布 N（0，σ^2）的随机变量，σ^2 为未知常数。据此可知，因变量 Y_i（$i = 1,2,\cdots,n$）也相互独立，且都服从正态分布 N（$\beta_0 + \beta_1 x_{i1} + \cdots + \beta_p x_{ip}$，$\sigma^2$）。

系数 β_1 表示在其他变量不变的情况下，自变量 x_1 变动一个单位时引起的因变量 Y_{i} 的平均变动单位。从几何意义上讲，多元回归方程式是一个多维空间上的一个平面，线性样本回归方程为：$\hat{y} = \hat{\beta}_o + \hat{\beta}_1 x_1 + \hat{\beta}_2 x_x + \cdots + \hat{\beta}_k x_x$（$\hat{\beta}_0, \hat{\beta}_1, \hat{\beta}_2, \cdots, +\hat{\beta}_k$ 为 $\beta_0, \beta_1, \cdots, +\beta_k$ 的估计值）。

（2）拟合度检验

测定多元线性回归拟合度，使用多重判定系数：

$$R^2 = \frac{\mathrm{SSR}}{\mathrm{SST}} = 1 - \frac{\mathrm{SSE}}{\mathrm{SST}} = 1 - \frac{\sum (y - \hat{y})^2}{\sum (y - \overline{y})^2} \tag{6.11}$$

式中，SSR——回归平方和；SSE——残差平方和；SST——总离差平方和。0≤R^2≤1，R^2 越接近 1，回归拟合程度越高；反之，R^2 越接近 0，回归拟合程度越低。

由于增加自变量个数引起的 R^2 增大与拟合好坏无关，因此在自变量个数 K 不同的回归方程之间比较拟合程度时，R^2 就不是一个合适的指标，必须加以修正或调整。其方法为：把残差平方和与总离差平方和之比的分子分母分别除以各自的自由度，变成均方差之比，以剔除自变量个数对拟合优度的影响。调整的 R^2 为

$$\overline{R}^2 = 1 - \frac{\mathrm{SSE}/(n-k-1)}{\mathrm{SST}/(n-1)} = 1 - \frac{\mathrm{SSE}}{\mathrm{SST}} \cdot \frac{n-1}{n-k-1} = 1 - (1 - R^2)\frac{n-1}{n-k-1} \tag{6-12}$$

（3）回归系数显著性检验（*T*）

回归系数显著性检验是检验各自变量 $x_1, x_2, \cdots, x_k$ 对因变量 Y 的影响是否显著，

从而找出哪些自变量对 y 的影响，哪些重要，哪些不重要。

$$t=\frac{\beta_i}{S_{\beta_i}}\sim t(n-k-1) \tag{6-13}$$

式中，n——样本大小；$n-k-1$——自由度；S_{β_i}——回归系数 β_i 的标准误差。检验基本步骤如下。

第一，提出假设。

$$H_0: \beta_i=0(i=1,2,\cdots,k) \tag{6-14}$$

$$H_1: \beta_i\neq 0(i=1,2,\cdots,k) \tag{6-15}$$

式中，H_0——零假设；H_1——备择假设。如果零假设成立，则说明 x_i 对 y 没有显著影响；反之，则有显著影响。

第二，在 H_0 成立条件下，计算回归系数的 t 统计量。

$$t=\frac{\beta_i}{S_{\beta_i}} \tag{6-16}$$

第三，给定的显著水平 α，确定临界值 $t_\alpha(n-k-1)$，或者计算 t 值所对应的相伴概率值 p 的大小。

如果 $|t|<t_{\frac{\alpha}{2}}(n-k-1)$（或者 $p<\alpha$），拒绝原假设 H_0，接受备择假设 H_1，认为该回归系数与零有显著差异，该自变量与因变量之间存在显著线性关系，变化能较好反映因变量的线性变化，应保留在回归方程中。

如果 $|t|>t_\alpha(n-k-1)$（或者 $p>\alpha$），则不能拒绝原假设 H_0，可以认为该回归系数与零无显著差异，该自变量与因变量之间不存在显著线性关系，变动无法较好地解释说明因变量的变动，应剔除出回归方程。

6.5.2 旅游空间生产权能显著性影响分析数据来源

由于在“意愿倾向分析”和“空间布局 CO-PLOT 分析”结果基本具有一致性，固在此部分分析中将原住民调研数据问卷 1680 份（周庄古镇 630 份，乌镇古镇 600 份，惠山古镇 450 份）作为影响因子分析的全部数据源。

6.5.3 旅游空间生产权能显著性影响因子分析

（1）周庄古镇原住民旅游空间生产权能显著性影响分析

根据相关测量方法及依据，可以得到对周庄古镇原住民旅游空间生产权能显著性影响因子（表 6-18）和回归系数情况（表 6-19）。

表 6-18　周庄古镇旅游空间生产权能总体评价逐步回归过程表（Method：Stepwise）

模型		非标准化系数		T 值	95%置信区间	
		B	标准方差		下限	上限
1	（常数）	3.246	0.061	53.224	3.126	3.367
	心理权	0.111**	0.016	6.958	0.079	0.142
2	（常数）	3.060	0.065	47.205	2.932	3.187
	心理权	0.099**	0.015	6.614	0.069	0.128
	社会流动	0.083**	0.014	5.903	0.055	0.111
3	（常数）	2.905	0.064	45.395	2.779	3.032
	心理权	0.091**	0.014	6.647	0.064	0.118
	社会流动	0.087**	0.013	6.754	0.062	0.113
	信息权	0.076**	0.012	6.415	0.053	0.100
4	（常数）	2.565	0.081	31.481	2.404	2.725
	心理权	0.090**	0.013	7.118	0.065	0.115
	社会流动	0.086**	0.012	7.173	0.062	0.109
	信息权	0.076**	0.011	6.975	0.055	0.098
	邻里关系	0.082**	0.013	6.074	0.055	0.108
5	（常数）	2.188	0.090	24.253	2.011	2.366
	心理权	0.100**	0.011	8.736	0.077	0.122
	社会流动	0.077**	0.011	7.187	0.056	0.099
	信息权	0.076**	0.010	7.732	0.057	0.095
	邻里关系	0.086**	0.012	7.133	0.063	0.110
	人力投入	0.081**	0.011	7.110	0.059	0.104
6	（常数）	1.978	0.091	21.678	1.798	2.157
	心理权	0.099**	0.011	9.362	0.078	0.120
	社会流动	0.070**	0.010	6.923	0.050	0.090
	信息权	0.085**	0.009	9.167	0.067	0.103
	邻里关系	0.084**	0.011	7.505	0.062	0.107
	人力投入	0.081**	0.011	7.608	0.060	0.101
	生产关系	0.053**	0.009	5.826	0.035	0.071
7	（常数）	1.741	0.095	18.385	1.554	1.928
	心理权	0.094**	0.010	9.479	0.075	0.114
	社会流动	0.071**	0.009	7.591	0.053	0.090
	信息权	0.077**	0.009	8.784	0.059	0.094

续表

模型		非标准化系数		T 值	95%置信区间	
		B	标准方差		下限	上限
7	邻里关系	0.086**	0.010	8.215	0.065	0.107
	人力投入	0.082**	0.010	8.270	0.062	0.101
	生产关系	0.061**	0.009	7.155	0.045	0.078
	政治权	0.061**	0.011	5.660	0.039	0.082
8	（常数）	1.547	0.095	16.314	1.360	1.734
	心理权	0.102**	0.009	10.859	0.083	0.120
	社会流动	0.072**	0.009	8.202	0.055	0.089
	信息权	0.081**	0.008	9.910	0.065	0.097
	邻里关系	0.077**	0.010	7.824	0.058	0.097
	人力投入	0.078**	0.009	8.450	0.060	0.096
	生产关系	0.063**	0.008	7.845	0.047	0.079
	政治权	0.068**	0.010	6.766	0.048	0.088
	资源利用	0.044**	0.008	5.604	0.028	0.059
9	（常数）	1.331	0.096	13.815	1.141	1.521
	心理权	0.096**	0.009	10.974	0.079	0.113
	社会流动	0.072**	0.008	8.880	0.056	0.089
	信息权	0.084**	0.008	11.015	0.069	0.099
	邻里关系	0.084**	0.009	9.055	0.066	0.102
	人力投入	0.074**	0.009	8.655	0.058	0.091
	生产关系	0.063**	0.007	8.430	0.048	0.078
	政治权	0.066**	0.009	6.999	0.047	0.084
	资源利用	0.046**	0.007	6.300	0.032	0.060
	社会分层	0.055**	0.010	5.607	0.035	0.074
10	（常数）	0.859	0.117	7.359	0.629	1.090
	心理权	0.099**	0.008	12.335	0.084	0.115
	社会流动	0.073**	0.007	9.718	0.058	0.088
	信息权	0.088**	0.007	12.544	0.074	0.102
	邻里关系	0.081**	0.009	9.457	0.064	0.098
	人力投入	0.074**	0.008	9.342	0.058	0.089
	生产关系	0.058**	0.007	8.466	0.045	0.072
	政治权	0.072**	0.009	8.246	0.054	0.089
	资源利用	0.039**	0.007	5.670	0.025	0.052
	社会分层	0.065**	0.009	7.138	0.047	0.083
	社区变化	0.097**	0.016	6.192	0.066	0.128

续表

模型		非标准化系数		T值	95%置信区间	
		B	标准方差		下限	上限
11	（常数）	0.669	0.113	5.909	0.445	0.892
	心理权	0.108**	0.008	14.140	0.093	0.122
	社会流动	0.072**	0.007	10.416	0.059	0.086
	信息权	0.078**	0.007	11.589	0.065	0.092
	邻里关系	0.091**	0.008	11.221	0.075	0.107
	人力投入	0.071**	0.007	9.726	0.057	0.086
	生产关系	0.062**	0.006	9.626	0.049	0.074
	政治权	0.068**	0.008	8.435	0.052	0.084
	资源利用	0.048**	0.007	7.378	0.035	0.061
	社会分层	0.066**	0.008	7.864	0.050	0.083
	社区变化	0.098**	0.015	6.734	0.069	0.127
	制度权	0.045**	0.008	5.796	0.030	0.060
12	（常数）	0.510	0.102	4.997	0.309	0.712
	心理权	0.098**	0.007	14.383	0.085	0.112
	社会流动	0.070**	0.006	11.344	0.058	0.082
	信息权	0.075**	0.006	12.583	0.063	0.087
	邻里关系	0.080**	0.007	10.986	0.066	0.095
	人力投入	0.074**	0.006	11.359	0.061	0.087
	生产关系	0.063**	0.006	11.049	0.051	0.074
	政治权	0.075**	0.007	10.467	0.061	0.089
	资源利用	0.054**	0.006	9.314	0.043	0.066
	社会分层	0.070**	0.007	9.372	0.055	0.085
	社区变化	0.085**	0.013	6.570	0.060	0.111
	制度权	0.053**	0.007	7.644	0.039	0.067
	生产力	0.056**	0.007	7.529	0.041	0.070
13	（常数）	0.423	0.100	4.219	0.225	0.620
	心理权（x_1）	0.101**	0.007	15.321	0.088	0.114
	社会流动（x_2）	0.073**	0.006	12.280	0.061	0.085
	信息权（x_3）	0.076**	0.006	13.248	0.065	0.087
	邻里关系（x_4）	0.074**	0.007	10.383	0.060	0.088
	人力投入（x_5）	0.076**	0.006	12.100	0.063	0.088
	生产关系（x_6）	0.061**	0.005	11.132	0.050	0.072
	政治权（x_7）	0.073**	0.007	10.618	0.060	0.087

续表

模型		非标准化系数		T 值	95%置信区间	
		B	标准方差		下限	上限
13	资源利用（x_8）	0.053**	0.006	9.447	0.042	0.064
	社会分层（x_9）	0.067**	0.007	9.338	0.053	0.082
	社区变化（x_{10}）	0.082**	0.012	6.582	0.057	0.107
	制度权（x_{11}）	0.057**	0.007	8.448	0.043	0.070
	生产力（x_{12}）	0.053**	0.007	7.396	0.039	0.067
	经济权（x_{13}）	0.031**	0.007	4.221	0.017	0.046

**表示 $p<0.01$

表 6-19　周庄古镇影响因子逐步回归系数

模型	回归系数（R）	多重判定系数（R^2）	修订多重判定系数（$\overline{R^2}$）	估计标准误差（S）
1	0.435^a	0.189	0.185	0.095 27
2	0.553^b	0.306	0.299	0.088 36
3	0.649^c	0.421	0.413	0.080 86
4	0.714^d	0.510	0.500	0.074 62
5	0.779^e	0.607	0.597	0.066 97
6	0.814^f	0.663	0.653	0.062 14
7	0.842^g	0.709	0.699	0.057 87
8	0.865^h	0.749	0.739	0.053 95
9	0.885^i	0.783	0.773	0.050 28
10	0.904^j	0.818	0.809	0.046 15
11	0.919^k	0.844	0.836	0.042 78
12	0.938^l	0.879	0.872	0.037 80
13	0.943^m	0.889	0.882	0.036 28

根据最后一步回归系数，建立回归方程如下：

$$Y=0.423+0.101x_1+0.073x_2+0.076x_3+0.074x_4+0.076x_5+0.061x_6+0.073x_7+0.067x_8+0.082x_9+0.057x_{10}+0.057x_{11}+0.053x_{12}+0.031x_{13}$$

由表 6-18 可以看出，13 个评价项目均进入回归方程，依次为：心理权（x_1）、社会流动（x_2）、信息权（x_3）、邻里关系（x_4）、人力投入（x_5）、生产关系（x_6）、政治权（x_7）、资源利用（x_8）、社会分层（x_9）、社区变化（x_{10}）、制度权（x_{11}）、生产力（x_{12}）和经济权（x_{13}）。每步回归的方程系数见表 6-19，第 13 步 R^2（多重判定系数）为 0.889，说明 13 个变量解释了被解释量的 88.9%，充分表明回归拟合效果良好。13 个评价项目都有显著影响，但显著性有所差异，根据逐步回归的基本原理，先进入的变量是对因变量影响最显著的因子，而最后进入的变量则是影响最小的因子。根据每步的 R^2 可以看出，“心理权”、“社会流动”、“信息权”和“邻里关系”对周庄古镇原住民旅游空间生产权能影响最为显著。

（2）乌镇古镇原住民旅游空间生产权能显著性影响分析

根据相关测量方法及依据，可以得到对乌镇古镇原住民旅游空间生产权能显著性影响因子（表 6-20）和回归系数情况（表 6-21）。

表 6-20　乌镇古镇旅游空间生产权能总体评价逐步回归过程表（Method：Stepwise）

模型		非标准化系数		T 值	95%置信区间	
		B	标准方差		下限	上限
1	（常数）	2.591	0.022	116.345	2.547	2.635
	政治权	0.112**	0.010	11.734	0.094	0.131
2	（常数）	2.398	0.032	75.445	2.336	2.461
	政治权	0.092**	0.009	10.412	0.075	0.110
	信息权	0.140**	0.018	7.715	0.104	0.175
3	（常数）	1.981	0.061	32.672	1.861	2.100
	政治权	0.101**	0.008	12.761	0.085	0.117
	信息权	0.131**	0.016	8.198	0.100	0.163
	社会流动	0.095**	0.012	7.770	0.071	0.119
4	（常数）	1.631	0.071	22.855	1.490	1.771
	政治权	0.110**	0.007	15.393	0.096	0.124
	信息权	0.112**	0.014	7.726	0.083	0.141
	社会流动	0.097**	0.011	8.937	0.076	0.119
	资源利用	0.094**	0.013	7.506	0.070	0.119
5	（常数）	1.511	0.067	22.674	1.379	1.642
	政治权	0.096**	0.007	14.103	0.082	0.109
	信息权	0.121**	0.013	9.236	0.096	0.147
	社会流动	0.091**	0.010	9.232	0.071	0.110
	资源利用	0.090**	0.011	7.915	0.067	0.112
	心理权	0.086**	0.012	6.995	0.062	0.111
6	（常数）	1.441	0.061	23.439	1.320	1.563
	政治权	0.091**	0.006	14.659	0.079	0.103
	信息权	0.104**	0.012	8.450	0.079	0.128
	社会流动	0.084**	0.009	9.349	0.066	0.102

续表

模型		非标准化系数		T值	95%置信区间	
		B	标准方差		下限	上限
6	资源利用	0.081**	0.010	7.749	0.060	0.101
	心理权	0.084**	0.011	7.524	0.062	0.107
	生产关系	0.073**	0.011	6.672	0.051	0.095
7	（常数）	0.919	0.089	10.288	0.743	1.095
	政治权	0.092**	0.006	16.706	0.082	0.103
	信息权	0.107**	0.011	9.744	0.085	0.128
	社会流动	0.082**	0.008	10.182	0.066	0.098
	资源利用	0.076**	0.009	8.197	0.058	0.095
	心理权	0.091**	0.010	9.062	0.071	0.111
	生产关系	0.078**	0.010	7.969	0.059	0.097
	邻里关系	0.110**	0.015	7.399	0.081	0.139
8	（常数）	0.813	0.085	9.607	0.646	0.980
	政治权	0.075**	0.006	12.876	0.064	0.087
	信息权	0.095**	0.010	9.212	0.075	0.115
	社会流动	0.083**	0.007	11.204	0.069	0.098
	资源利用	0.077**	0.009	8.949	0.060	0.094
	心理权	0.084**	0.009	8.922	0.065	0.102
	生产关系	0.077**	0.009	8.529	0.059	0.095
	邻里关系	0.112**	0.014	8.116	0.084	0.139
	人力投入	0.053**	0.009	5.965	0.036	0.071
9	（常数）	0.497	0.090	5.515	0.320	0.675
	政治权	0.092**	0.006	15.671	0.080	0.103
	信息权	0.083**	0.010	8.744	0.065	0.102
	社会流动	0.084**	0.007	12.381	0.070	0.097
	资源利用	0.072**	0.008	9.166	0.057	0.088
	心理权	0.075**	0.009	8.701	0.058	0.092
	生产关系	0.080**	0.008	9.722	0.064	0.096
	邻里关系	0.109**	0.012	8.736	0.084	0.134
	人力投入	0.063**	0.008	7.649	0.047	0.079
	社会分层	0.079**	0.012	6.685	0.055	0.102
10	（常数）	0.514	0.082	6.255	0.352	0.676
	政治权	0.086**	0.005	15.975	0.076	0.097
	信息权	0.077**	0.009	8.777	0.059	0.094

续表

模型		非标准化系数		T值	95%置信区间	
		B	标准方差		下限	上限
10	社会流动	0.086**	0.006	13.870	0.073	0.098
	资源利用	0.072**	0.007	10.007	0.058	0.086
	心理权	0.065**	0.008	8.114	0.049	0.081
	生产关系	0.077**	0.008	10.205	0.062	0.091
	邻里关系	0.098**	0.012	8.473	0.075	0.120
	人力投入	0.069**	0.008	9.201	0.055	0.084
	社会分层	0.074**	0.011	6.895	0.053	0.095
	制度权	0.055**	0.008	6.573	0.039	0.072
11	（常数）	0.467	0.075	6.235	0.319	0.614
	政治权	0.076**	0.005	14.736	0.066	0.086
	信息权	0.073**	0.008	9.252	0.058	0.089
	社会流动	0.076**	0.006	13.246	0.065	0.088
	资源利用	0.075**	0.007	11.565	0.063	0.088
	心理权	0.058**	0.007	7.965	0.044	0.073
	生产关系	0.070**	0.007	10.239	0.057	0.084
	邻里关系	0.093**	0.010	8.907	0.073	0.114
	人力投入	0.059**	0.007	8.322	0.045	0.072
	社会分层	0.079**	0.010	8.095	0.060	0.098
	制度权	0.059**	0.008	7.739	0.044	0.074
	生产力	0.056**	0.008	6.711	0.040	0.073
12	（常数）	0.143	0.088	1.618	−0.031	0.317
	政治权	0.081**	0.005	16.779	0.072	0.091
	信息权	0.073**	0.007	9.916	0.058	0.087
	社会流动	0.076**	0.005	14.232	0.065	0.086
	资源利用	0.068**	0.006	11.034	0.056	0.080
	心理权	0.064**	0.007	9.301	0.050	0.077
	生产关系	0.074**	0.006	11.542	0.061	0.086
	邻里关系	0.094**	0.010	9.672	0.074	0.113
	人力投入	0.064**	0.007	9.741	0.051	0.077
	社会分层	0.079**	0.009	8.702	0.061	0.096
	制度权	0.061**	0.007	8.552	0.047	0.075
	生产力	0.056**	0.008	7.243	0.041	0.072
	社区变化	0.066**	0.011	5.931	0.044	0.088

续表

模型		非标准化系数		T 值	95%置信区间	
		B	标准方差		下限	上限
13	（常数）	0.047	0.083	0.567	–0.116	0.210
	政治权（x_1）	0.079**	0.004	17.757	0.071	0.088
	信息权（x_2）	0.075**	0.007	11.002	0.061	0.088
	社会流动（x_3）	0.076**	0.005	15.369	0.066	0.085
	资源利用（x_4）	0.066**	0.006	11.699	0.055	0.078
	心理权（x_5）	0.061**	0.006	9.738	0.049	0.074
	生产关系（x_6）	0.077**	0.006	12.979	0.065	0.088
	邻里关系（x_7）	0.096**	0.009	10.721	0.078	0.113
	人力投入（x_8）	0.061**	0.006	9.933	0.049	0.073
	社会分层（x_9）	0.076**	0.008	9.058	0.059	0.092
	制度权（x_{10}）	0.056**	0.007	8.553	0.043	0.069
	生产力（x_{11}）	0.051**	0.007	7.118	0.037	0.066
	社区变化（x_{12}）	0.079**	0.011	7.533	0.058	0.100
	经济权（x_{13}）	0.044**	0.007	6.052	0.030	0.059

**表示 $p<0.01$

表 6-21　乌镇古镇影响因子逐步回归系数

模型	回归系数（R）	多重判定系数（R^2）	修订多重判定系数（$\overline{R^2}$）	估计标准误差（S）
1	0.627[a]	0.393	0.390	0.111 89
2	0.725[b]	0.526	0.521	0.099 10
3	0.795[c]	0.631	0.626	0.087 59
4	0.842[d]	0.709	0.704	0.077 96
5	0.874[e]	0.764	0.759	0.070 35
6	0.898[f]	0.806	0.800	0.064 00
7	0.920[g]	0.847	0.841	0.057 05
8	0.932[h]	0.869	0.864	0.052 81
9	0.945[i]	0.893	0.888	0.047 97
10	0.955[j]	0.911	0.907	0.043 68
11	0.963[k]	0.927	0.923	0.039 62
12	0.969[l]	0.938	0.935	0.036 65
13	0.974[m]	0.948	0.944	0.033 79

根据最后一步回归系数，建立回归方程如下。

Y=0.047+0.079x_1+0.075x_2+0.076x_3+0.066x_4+0.061x_5+0.077x_6+0.096x_7+0.061x_8+0.076x_9+0.056x_{10}+0.051x_{11}+0.079x_{12}+0.044x_{13}

由表 6-18 可以看出，13 个评价项目均进入回归方程，依次为：政治权（x_1）、信息权（x_2）、社会流动（x_3）、资源利用（x_4）、心理权（x_5）、生产关系（x_6）、邻里关系（x_7）、人力投入（x_8）、社会分层（x_9）、制度权（x_{10}）、生产力（x_{11}）、社区变化（x_{12}）和经济权（x_{13}）。每步回归的方程系数见表 6-19，第 13 步 R^2（多重判定系数）为 0.948，说明 13 个变量解释了被解释量的 94.8%，充分表明回归拟合效果良好。根据每步的 R^2 可以看出，“政治参与”、“信息权”和“社会流动”对乌镇古镇原住民旅游空间生产权能影响最为显著。

（3）惠山古镇原住民旅游空间生产权能显著性影响分析

同样，根据相关测量方法及依据，可以得到对惠山古镇原住民旅游空间生产权能显著性影响因子（表 6-22）和回归系数情况（表 6-23）。

表 6-22　惠山古镇旅游空间生产权能总体评价逐步回归过程表（Method：Stepwise）

模型		非标准化系数		T 值	95%置信区间	
		B	标准方差		下限	上限
1	（常数）	2.230	0.050	44.189	2.131	2.330
	邻里关系	0.093**	0.011	8.202	0.070	0.115
2	（常数）	1.817	0.063	28.667	1.692	1.942
	邻里关系	0.087**	0.010	8.963	0.067	0.106
	社会流动	0.110**	0.012	8.877	0.086	0.135
3	（常数）	1.653	0.064	25.792	1.527	1.780
	邻里关系	0.084**	0.009	9.468	0.067	0.102
	社会流动	0.110**	0.011	9.640	0.088	0.133
	生产关系	0.079**	0.013	6.151	0.054	0.104
4	（常数）	1.468	0.061	23.961	1.347	1.589
	邻里关系	0.080**	0.008	10.209	0.065	0.096
	社会流动	0.118**	0.010	11.614	0.098	0.138
	生产关系	0.093**	0.011	8.117	0.070	0.116
	政治权	0.084**	0.011	7.758	0.062	0.105
5	（常数）	1.114	0.066	16.833	0.984	1.245
	邻里关系	0.072**	0.007	10.595	0.058	0.085
	社会流动	0.105**	0.009	12.017	0.088	0.123

续表

模型		非标准化系数		T 值	95%置信区间	
		B	标准方差		下限	上限
5	生产关系	0.071**	0.010	6.997	0.051	0.091
	政治权	0.107**	0.010	11.135	0.088	0.126
	社会分层	0.101**	0.012	8.733	0.078	0.124
6	（常数）	0.972	0.066	14.686	0.841	1.102
	邻里关系	0.067**	0.006	10.639	0.055	0.080
	社会流动	0.097**	0.008	11.713	0.081	0.113
	生产关系	0.063**	0.009	6.637	0.044	0.082
	政治权	0.110**	0.009	12.373	0.093	0.128
	社会分层	0.098**	0.011	9.163	0.077	0.120
	资源利用	0.063**	0.011	5.800	0.042	0.085
7	（常数）	0.720	0.072	10.000	0.578	0.862
	邻里关系	0.070**	0.006	12.012	0.058	0.081
	社会流动	0.095**	0.008	12.540	0.080	0.110
	生产关系	0.069**	0.009	7.886	0.051	0.086
	政治权	0.103**	0.008	12.497	0.087	0.119
	社会分层	0.110**	0.010	11.040	0.090	0.130
	资源利用	0.074**	0.010	7.309	0.054	0.094
	人力投入	0.063**	0.010	6.422	0.044	0.082
8	（常数）	0.589	0.070	8.371	0.450	0.727
	邻里关系	0.072**	0.005	13.351	0.061	0.082
	社会流动	0.088**	0.007	12.436	0.074	0.102
	生产关系	0.067**	0.008	8.280	0.051	0.083
	政治权	0.100**	0.008	13.092	0.085	0.115
	社会分层	0.109**	0.009	11.855	0.091	0.128
	资源利用	0.075**	0.009	8.047	0.057	0.094
	人力投入	0.064**	0.009	7.017	0.046	0.081
	生产力	0.063**	0.011	5.858	0.041	0.084
9	（常数）	0.536	0.067	7.940	0.403	0.669
	邻里关系	0.071**	0.005	14.010	0.061	0.081
	社会流动	0.090**	0.007	13.359	0.077	0.103
	生产关系	0.072**	0.008	9.329	0.057	0.087
	政治权	0.095**	0.007	12.950	0.080	0.109
	社会分层	0.101**	0.009	11.333	0.083	0.119

续表

模型		非标准化系数		T 值	95%置信区间	
		B	标准方差		下限	上限
9	资源利用	0.075**	0.009	8.505	0.058	0.093
	人力投入	0.065**	0.009	7.624	0.049	0.082
	生产力	0.058**	0.010	5.668	0.038	0.078
	心理权	0.048**	0.010	4.874	0.029	0.068
10	（常数）	0.471	0.064	7.331	0.345	0.598
	邻里关系	0.071**	0.005	14.945	0.062	0.081
	社会流动	0.092**	0.006	14.599	0.080	0.104
	生产关系	0.077**	0.007	10.572	0.063	0.091
	政治权	0.083**	0.007	11.459	0.068	0.097
	社会分层	0.092**	0.009	10.821	0.075	0.109
	资源利用	0.076**	0.008	9.133	0.059	0.092
	人力投入	0.068**	0.008	8.427	0.052	0.084
	生产力	0.063**	0.010	6.557	0.044	0.082
	心理权	0.052**	0.009	5.535	0.033	0.070
	经济权	0.053**	0.010	5.381	0.033	0.072
11	（常数）	0.467	0.060	7.797	0.349	0.585
	邻里关系	0.068**	0.004	15.165	0.059	0.077
	社会流动	0.087**	0.006	14.595	0.075	0.099
	生产关系	0.071**	0.007	10.333	0.057	0.084
	政治权	0.080**	0.007	11.900	0.067	0.093
	社会分层	0.089**	0.008	11.232	0.074	0.105
	资源利用	0.075**	0.008	9.732	0.060	0.090
	人力投入	0.061**	0.008	7.963	0.046	0.076
	生产力	0.063**	0.009	7.032	0.045	0.080
	心理权	0.056**	0.009	6.400	0.039	0.073
	经济权	0.056**	0.009	6.127	0.038	0.074
	信息权	0.051**	0.009	5.558	0.033	0.070
12	（常数）	0.182	0.069	2.649	0.047	0.318
	邻里关系	0.074**	0.004	17.824	0.066	0.082
	社会流动	0.079**	0.006	14.278	0.068	0.090
	生产关系	0.071**	0.006	11.517	0.059	0.084
	政治权	0.083**	0.006	13.545	0.071	0.095
	社会分层	0.082**	0.007	11.299	0.068	0.096

续表

模型		非标准化系数		T 值	95%置信区间	
		B	标准方差		下限	上限
12	资源利用	0.070**	0.007	10.026	0.057	0.084
	人力投入	0.061**	0.007	8.810	0.047	0.074
	生产力	0.059**	0.008	7.333	0.043	0.075
	心理权	0.064**	0.008	7.981	0.048	0.079
	经济权	0.045**	0.008	5.325	0.028	0.061
	信息权	0.066**	0.009	7.638	0.049	0.083
	社区变化	0.072**	0.011	6.700	0.051	0.093
13	（常数）	0.078	0.063	1.243	0.046	0.202
	邻里关系（x_1）	0.075**	0.004	20.436	0.068	0.082
	社会流动（x_2）	0.075**	0.005	15.348	0.066	0.085
	生产关系（x_3）	0.067**	0.006	12.065	0.056	0.078
	政治权（x_4）	0.080**	0.005	14.818	0.070	0.091
	社会分层（x_5）	0.078**	0.006	12.096	0.065	0.091
	资源利用（x_6）	0.066**	0.006	10.536	0.054	0.078
	人力投入（x_7）	0.063**	0.006	10.319	0.051	0.075
	生产力（x_8）	0.054**	0.007	7.550	0.040	0.068
	心理权（x_9）	0.067**	0.007	9.496	0.053	0.081
	经济权（x_{10}）	0.051**	0.007	6.763	0.036	0.066
	信息权（x_{11}）	0.068**	0.008	8.899	0.053	0.083
	社区变化（x_{12}）	0.087**	0.010	8.928	0.068	0.106
	制度权（x_{13}）	0.058**	0.008	7.327	0.042	0.073

**表示 $p<0.01$

表 6-23　惠山影响因子逐步回归系数

模型	回归系数（R）	多重判定系数（R^2）	修订多重判定系数（$\overline{R^2}$）	估计标准误差（S）
1	0.496^a	0.246	0.243	0.100 39
2	0.675^b	0.456	0.450	0.085 53
3	0.735^c	0.541	0.534	0.078 74
4	0.804^d	0.646	0.639	0.069 33
5	0.862^e	0.743	0.736	0.059 21
6	0.883^f	0.780	0.773	0.054 94
7	0.904^g	0.817	0.811	0.050 15
8	0.919^h	0.844	0.838	0.046 43

续表

模型	回归系数（R）	多重判定系数（R^2）	修订多重判定系数（$\overline{R^2}$）	估计标准误差（S）
9	0.928^i	0.861	0.855	0.043 98
10	0.937^j	0.879	0.873	0.041 17
11	0.946^k	0.895	0.889	0.038 37
12	0.956^l	0.915	0.910	0.034 68
13	0.966^m	0.933	0.929	0.030 77

根据最后一步回归系数，建立回归方程如下：

Y=0.078+0.075x_1+0.075x_2+0.067x_3+0.08x_4+0.078x_5+0.066x_6+0.063x_7+0.054x_8+0.067x_9+0.051x_{10}+0.068x_{11}+0.087x_{12}+0.058x_{13}

由表 6-20 可以看出，13 个评价项目均进入回归方程，依次为：邻里关系（x_1）、社会流动（x_2）、生产关系（x_3）、政治权（x_4）、社会分层（x_5）、资源利用（x_6）、人力投入（x_7）、生产力（x_8）、心理权（x_9）、经济权（x_{10}）、信息权（x_{11}）、社区变化（x_{12}）和制度权（x_{13}）。每步回归的方程系数见表 6-21，第 13 步 R^2（多亘判定系数）为 0.933，说明 13 个变量解释了被解释量的 93.3%，充分表明回归拟合效果良好。根据每步的 R^2 可以看出，“邻里关系”、“生产关系”、“政治权”和“社会分层”对惠山古镇原住民旅游空间生产权能影响最为显著。

6.5.4 旅游空间生产权能显著性影响综合分析结果

通过对周庄古镇、乌镇古镇和惠山古镇旅游空间生产权能显著性影响分析，可以看出案例地三种旅游开发模式下的原住民权能状态和诉求倾向具有差异性。

在周庄古镇，原住民更关心的是“心理权”、“社会流动”、“邻里关系”等，而对“社会分层”、“制度权”、“参与经济开发”等显著性影响相对要小。综合分析，认为原住民“不是缺少参与”，而是“需要在更深层次方面获得旅游空间生产权能”，说明“社会权能诉求大于经济权能诉求”，原住民旅游空间生产权能序列谱系处于“社区社会人→社会社区人”的过渡阶段。

在乌镇古镇，原住民更关心的是“政治权”、“信息权”、“社会流动”等，而对“社会分层”、“生产力”等显著性影响相对要小。综合分析，认为原住民体验最大的是“需要有参与机会”或“获取旅游开发信息”等，说明“政治权能诉求大于经济权能和社会权能诉求”，原住民旅游空间生产权能序列谱系处于“社区人→社区社会人”的过渡阶段，或接近“社区社会人”阶段。

在惠山古镇，原住民更关心的是“邻里关系”、“社会流动”、“生产关系”等，而对“心理权能”、“制度权”等显著性影响相对要小。综合分析，由于该古镇原住民属于全部“异地外迁”情况，所以原住民权能体验更多地反映了对“被迫异地外迁适应新环境的矛盾”，处于“新社区人需求阶段”。

通过对上述三个案例地的对比表明，在古镇社区参与旅游开发过程中，原住民旅游空间生产权能诉求是一个“阶段性的差异层次获取过程”，在“不能参与”（乌镇古镇和惠山古镇）到“能参与”（周庄古镇）的过程中，经济、社会、政治、心理认同等权能获取次序会因参与程度的不同，表现出各个阶段的“层次性”。

6.6 旅游空间生产权能“三向三变”

通过上述“典型个案”质性分析、采用两种定量方式分析和原住民旅游空间生产权能显著性影响因素分析，可以对案例地原住民旅游空间生产权能总结如下。

6.6.1 旅游空间生产与权能结构出现“同向谐变”

（1）空间生产与权能变迁

研究显示，案例地古镇旅游空间生产是在政府计划性主导下进行的，属于政府主导模式，旅游空间生产成为有组织的机构运作形式，这决定了空间生产具有特殊的性质和意蕴，资金投入有别于纯市场化模式或纯自组织模式下的开发。有什么样模式的生产就会有什么样的权能变迁模式。政府主导下的模式极大地推动了空间开发的生产能力，提升了空间生产效率，产生了较大的社会财富；但与原生空间形态相比，古镇旅游空间生产过程在现有体制权力、资本等外力因素下，各类强弱势主体，均会因旅游空间生产而发生变化，出现旅游空间生产与权能获取的“同向谐变”。

（2）空间生产与权能结构

亨利·列斐伏尔认为：“哪里有空间，哪里就有存在。”同理，不同的空间生产结果就会有不同的空间权能获取结构。空间不仅是静止的“场域”，还是再造的产物，空间本身具有社会性。在案例地旅游空间生产过程和空间权能分析中发现，空间生产与原住民权能结构同样存在“同向谐变”的关系。旅游空间权能发生变化的同时，不同主体之间权能获取结构也会因各自力量的差异呈现不同状态。这说明一定的旅游空间生产模式总是带来相应的权能层化结构形态；不同的权能空间形态变化反过来又型塑着空间性质，体现了空间生产与权能结构变化的复杂性。

6.6.2 行动主体的旅游权能获取呈现“逆向冲突”

马克思认为，人们“对于需要和享受是以社会的尺度，而不是以满足它们的物品去衡量的”。美国社会学家斯托夫 1949 年提出的“相对剥夺理论”（relative deprivation feeling theory）认为：“人们将自己的利益得失与其他群体或自己过去的经历进行比较后而产生的心理失衡现象。”默顿（Merton）则进一步认为“当个人将自己的处境与其参照群体中的人相比较并发现自己处于劣势时，就会觉得自己受到了剥夺”。可见，相对剥夺现象是人们进行社会比较的结果。研究可知，案例地旅游空间生产却存在具有相对剥夺性质的“权能城堡”现象，即由于强势权能主体对社会资源的操控性所带来的“权能偏正优势”，形成对弱势权能主体的挤占；优越感权能主体之间的各自诉求、原住民权能自主与强势力量规范的冲突、个体权能的低化与社区信任基础的瓦解，这些均给原住民造成一定程度“相对剥夺感”（表 6-24）。

表 6-24 原住民在旅游空间生产中的“相对剥夺感”

类别	周庄古镇	乌镇古镇	惠山古镇
资本维相对剥夺感	++	+++	+++
生产维相对剥夺感	++	+++	++++
权利维相对剥夺感	+	+++	+++
社会维相对剥夺感	++	+++	++++
层级维相对剥夺感	+	+++	+++
效应维相对剥夺感	+++	++++	+++++

注：“+”表示相对剥夺感程度

进一步提炼，可以清晰地看出新空间中的旅游权能让渡者、旅游权能受益者及其之间的矛盾冲突。

6.6.2.1 多元主体权能位的差异

（1）政府权能高位

政府作为旅游空间生产的决策、运作和管理的主导者，具有调控资源与市场的极大优势。三个案例地中，政府主导者旅游空间生产的过程和权能获取程度。在“开发利用土地资源”、“开发资源调配能力”、“生产方式转变程度”、“旅游收益留在本地”等方面表现明显。

（2）游客的权能高位

在三个案例地中，有两大特点。其一，游客的权能均相应高于原住民的权能。

游客权能与原住民权能存在差异，其根本原因在于政府主导模式下对上述行动主体的权能供给存在差异。其二，不同模式下游客权能存在差异。主要原因是旅游级差收益所至，旅游级差收益的主要创造者是游客，而不是原住民。“景区-游客-收益”成为利益获取的逻辑链条，这是强势主体在旅游空间生产中权能供给偏向游客而不是原住民的基本内在驱动力。

（3）原住民权能低位

三个案例地中，原住民权能表现为两大特点。其一，普遍低于游客和强势主体政府以及开发商。按照权力的“权力结构”理论，低权能原因是因为“强权力”对“弱权力”形成了较大程度的空间挤占。其二，因原住民自身参与程度不同呈现不同差异。结合案例地进行分析，周庄古镇原住民旅游空间生产权能状况反映了“低质权能陷阱①”、乌镇古镇和惠山古镇原住民旅游空间生产权能状况反映了“主体间不相容②”。说明原住民参与程度与权能获取有较大相关性。参与性较强，表明原住民“权能”得到一定程度的体现，空间生产的权能相对体现较多，参与旅游空间生产的权利比较充分。参与程度较弱，则权能体现较少，旅游空间生产的权利就不充分。

6.6.2.2 社区要素秩序的不匹配

从案例地旅游空间生产的实际模式分析，空间生产的资源要素配置呈现偏向强势力主导的配置状态，表现为在社会主义传统制度下空间生产主体采用了自上而下的治理和市场经济配置资源的模式。古镇原住民作为重要的“活化”要素，并未很好配置在旅游空间生产体系中，降低了古镇旅游场域的“地方感”。

6.6.3 空间主体的消费情感判断凸显“悖向同变”

（1）空间生产中的“正向认同”

正向预示正能量，是产生于古镇社区社会之中的、并且能对古镇社区建设产生积极影响的能量。在案例地旅游空间生产中，政府主导旅游空间生产和积极利用社会资本，有利于增强空间资本积累和再生产能力，有利于古镇原生空间的转型发展，也有利于古镇形象和文化的传播，实现旅游的社会功能。按照正能量具有正向作用原则，政府、开发商以及原住民（认同中的一部分）在旅游空间生产中表现出的“正向认同”对古镇和社会来说，无疑具有积极作用。

---

① 有机会参与，但对深入参与有进一步诉求。

② 没有机会参与，弱势力不能进入强势力主导的旅游空间生产系统。

（2）权能认同中的“负向情感”

负向预示负能量，是产生于古镇社区社会之中的、并且对古镇社区建设产生消极影响的能量。实质上，负能量是一种负面态度，原住民在旅游空间生产中一旦感到自身具有负向情感，就会形成“情感（感情基础）-认知（思想基础）-行为倾向（行动基础）”三维结构。在案例地中，原住民对“遗产的自我保护态度”与“地方依恋”表现出的不同程度认同，均可以看出这种三维结构的实际效果。一般来说，正能量具有正功能，负能量具有负功能。负向情感无疑是古镇可持续发展中负能量的组成部分。转化旅游空间生产中空间主体消费情感判断凸显“同变”但“悖向”的现象，关键在于妥善处理“负向情感”向“正向认同”的转变。

6.7 本章小结

以“古镇社区原住民”和“游客”作为观察视角，方法上融合定性和量化混合方法。研究内容和方式一部分以案例地“关键事件中的关键人物”组成，另一部分以案例地广泛参与的原住民和游客组成。

（1）典型个案分析结论

周庄古镇存在“权能结构秩序和层次新构”的问题，对原住民权能的进一步凸显和制度秩序优化的唤醒有待提升。乌镇古镇和惠山古镇原住民的权能维护需要协调行动者间“主体间不相容”状态。

（2）权能意愿测度结论

一是原住民权能的反差。总体来讲，在古镇不同旅游空间生产模式下，原住民和游客权能呈现差异较为明显。原住民对于周庄古镇旅游空间生产中的权能优于乌镇古镇，乌镇古镇的权能又优于惠山古镇，呈现“周庄古镇>乌镇古镇>惠山古镇”。证明旅游空间生产模式与原住民旅游权能获取具有较大关联。二是原住民与游客权能的不一致性。从游客旅游空间生产权能分析，游客对乌镇古镇评价优于周庄古镇，周庄古镇又优于惠山古镇，呈现“乌镇古镇>周庄古镇>惠山古镇”。结合原住民研究结论，证明原住民旅游空间生产权能与游客呈现不一致性。

采用另一组数据，并根据CO-PLOT研究结果对比分析，可以判断：无论是原住民，还是游客，旅游空间生产权能结论基本一致。也就是说“从一部分事实中得出的结论和从另外一部分事实中得出的结论自然吻合”。不同方法测试权能结论，增加了研究的信度。

（3）权能影响评价结论

采用多元回归的逐步回归分析，“心理权”、“社会流动”、“信息权”和“邻里关系”对周庄古镇原住民旅游空间生产权能影响最为显著。“政治参与”、“信息权”和“社会流动”对乌镇古镇原住民旅游空间生产权能影响最为显著。“邻里关系”、“生产关系”、“政治权”和“社会分层”对惠山古镇原住民旅游空间生产权能影响最为显著。在“不能参与”（乌镇古镇和惠山古镇）到“能参与”（周庄古镇）的过程中，原住民政治、经济、社会、心理等权能获取次序会因参与程度的不同，表现出各个阶段的“层次性”。在深层次结构上，周庄古镇原住民旅游空间生产权能状况反映了“低质权能陷阱”、乌镇古镇和惠山古镇反映了“主体间不相容”。

总体来说，旅游空间生产权能结构出现“同向谐变”、行动主体的旅游权能获取呈现“逆向冲突”、空间主体的消费情感判断凸显“悖向同变”特点。

7 古镇旅游空间生产机理及“权能城堡”内涵多语境探究

7.1 网状性权力及权力效应

7.1.1 权力束

“权利束”（a bundle of rights）是产权经济学家经常提到的概念。该理论起源于霍菲尔德（Hohfeld）的权利分析理论，霍菲尔德将“权利”概念分解成一组既可相互对立，也可相互关联的范畴，包括权利（right）、无权利（absence of right）、特权（privilege）、义务（duty）、权力（power）、无权力（disability）、豁免（immunity）和责任（liability）等。

由此可以看出，“权利束”是一个“总量”概念，理想状态是“完备产权”，包括资源利用的排他性、收益性、可让渡性、可分割性等所有权利；同时，也是一个“结构”概念，即不同权利束的排列与组合决定产权的性质和结构。“权利束”常常附着在一种有形的物品或服务上，在其他情况不变时，任何物品的交换价值都取决于交易中所包含的产权束。概言之，“权利束”本质是可为权利主体带来不同利益的权利的集合。

在我国，土地产权性质的特殊性决定其本身肩负着的社会目标与个人权利价值目标同时存在，拥有土地权能指数的大小反映着对权能束的支配程度。在旅游面向的市场经济体系中，承载旅游资源的土地和旅游资本等旅游空间生产要素都属于“可交换的商品”。可以看出，谁占有此商品就将意味着谁“拥有此商品产权的集合”和价值支配权。在旅游空间生产过程中，不同主体对“权力束”的拥有程度，体现了不同主体之间对旅游空间生产权能和权益支配的程度。

7.1.2 权力主体的虚无与生产性

在传统观念中，权力观是单一中心论，是社会或国家的统治者的主权，是一种压制性或否定性力量。在米歇尔·福柯看来，传统权力观没有很好地把握权力的核心问题，没能真正说清楚权力的本质到底是什么。他认为“权力是无主体、流动的，是一个无中心的网络”。权力的各种力量弥散在社会的各个角落，在不同的领域中充分展现自身运作的机理，每一个主体只是权力网中的一个小的节点。

从米歇尔·福柯的观点可以看出，他反对把权力看做某些人或统治阶级的所有物，权力是“相互交错的复杂网络”。在这个网络中，不会是谁有权力，谁就有自由，而是人人都有权力，人人都有自由，这充分表达了权利主体的虚无性。他同时认为，权力及权力关系不是一成不变的，社会可以主导权力的形成，可以对政治权力施加影响，可以与知识（各种知识、话语、真理、规范等）结盟、提取、占用、分配或保存，通过“对权力的抵抗”生产出自身运作的逻辑和图式。

米歇尔·福柯对“权力主体的虚无与生产性”的本质思想，不但回应了亨利·列斐伏尔关于“空间不是单调的被支配和被生产，还可以参与生产，是一个动态实践过程”①的论述，而且这一认识还更有利于帮助我们深刻理解空间中“权力②”的角逐本质。

7.1.3 权力效应的充分性

（1）权力的“场力结构”模型

按照米歇尔·福柯的观点，可以尝试模拟出权力的“场力结构”运作模型图（作者将此抽象并命名为“无限多边形的有限模拟”）。在该模型中，假设在 *A*、*B*、*C*、*D*、⋯、(*N*–2)、(*N*–1)、*N* 个行为主体构成的权力的“场力结构”中，有来自 *A*、*B*、*C*、*D*、⋯、*N* 个方向的行为主体，每一行为主体均代表“某一方向的权力”，*N* 个方向的权力会以单个（*N* 中的某个）或团体[*A*+*B*+⋯+(*N*–1)]的方式组合，并根据不同方向权力的大小、方向和作用点（本质上是“力”得以产生的三个要素），将“权力框 1”在虚线框限定的“权力效能边界”（框 2）内运动（其动力来自对立面的同一和斗争推动），形成“权力框 *n*”（图 7-1）。

①可参见：Lefebvre. 1976. The survival of capitalism：reproduction of the relations of production.translated by Frank Bryant.London：Allison & Busby。

②“权力”在此属于广义概念，可以理解为“产生某种特定事件的能力或潜力”，或理解为“一种与理解的预测行为特别有联系的动机”。

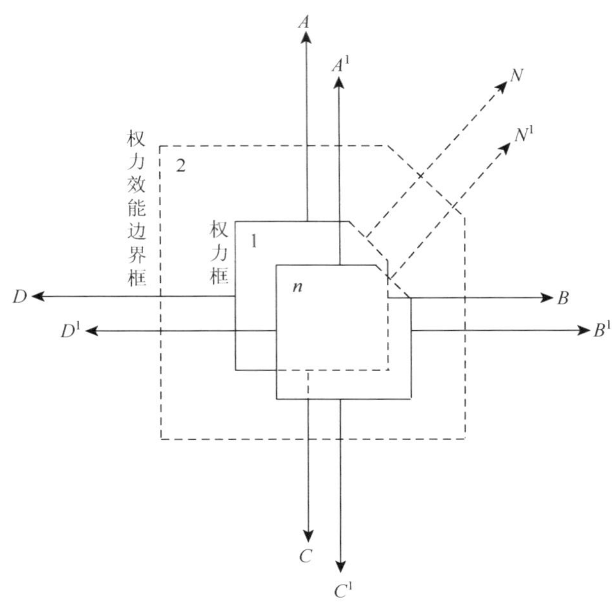

图 7-1 权力的“场力结构”模型

权力框 1：均衡理想模型；权力框 n：非均衡非理想模型

在“权力框 n”中，A^1、D^1、…、N^1 属于“弱权力”，B^1、C^1 属于“强权力”；但是 A^1+D^1+、…、$+N^1$（依靠以各种知识、话语、真理或规则结盟的权力）没有使 B^1+C^1（结盟的另一权力）足够大到使 n 接近于权力边界框的底部，而是处于某一位置。这可以认为，在权力的“场力结构”中，权力是各种力量的关系，具有广泛性；权力并非简单的线性关系，具有流动性。权力在“权力效能边界”（框 2）形成的无数个“权力框 n”中，每一个“方向权力”都只是权力的一个“结点”，而非绝对操纵权力的主体。广泛存在的权力不仅流动，而且“强权力”和“弱权力”同时依靠某些知识或规则，存在一定张力，“强权力”和“弱权力”都在运用权力构筑自己的轨迹。

（2）权力效应的体现

米歇尔·福柯权力观点的生产性可以概括为“没有人会一直享有权力，也没有一直被权力抛弃的人”。权力的“场力结构”模型给我们启发：权力实施者越多，那么权力效能将体现的越充分。尤其是对于“弱权力”而言，权力同样具有生产性，可以通过“知识-权力”的结盟，动态地创造出“场力结构”关系张力的新联系，更加显示“自我”，并达到一个具有独特生命的、理想的存在状态。

在旅游空间生产中，作为权力代表的政府和资本（如旅游开发企业）无疑属于“强权力”，原住民属于“弱权力”。“强权力”具有对“弱权力”的绝对支配力，从而形成对“弱权力”的挤占，当“弱权力”没有生成足够抵抗“强权力”的力量，同时也缺乏或没有“第三权力”支持时，旅游空间生产“权能城堡”无疑成为必然。但“弱权力”可以通过“知识-权力-自我”逻辑，并在“第三权力”[非强弱权力者，如NGO（非政府组织）等]的协同下，形成对“强权力”的某些张力，使旅游空间生产的“权力框”更加均衡。旅游空间正义的实现需要通过“非强权力者”在自我构建权力体系中，形成对“强权力”的制约，这也是空间正义达至安全的重要途径。

7.2 全球化体系及旅游空间作为资本进行地方参与

7.2.1 “地方”积极参与经济全球化的诉求

在资本循环及其构成的网络化中，资本塑造了全球空间体系，资本、信息等在全球范围开始流动，引领着全球空间生产，世界的竞技场已经被夷为平地。这一现象告诉我们一个事实：全球竞技场变平了，世界变平了！

认识到世界逐渐变平的事实，也让人们开始思考来自平坦世界的挑战。人们必须比以往任何时候更加客观地看待自己，寻找自己在世界资本体系中的位置，或反思自己处于体系的什么阶段。正如大卫·哈维（David Harvey）在其著作 *A Brief History of Neoliberalism* 中所言“改革开放以来的中国……，其道路是以有史以来罕有的持续发展速度，把中国从一个封闭落后的国家转变成为一个开放的市场经济活动中心”。[①]在这一背景下，“地方”已经准备或正在准备随时参与全球化体系。“地方必须跟上全球化的现实”在一定程度上意味着人们认同或说不得不认同全球化体系，也意味着作为“地方”，将或迟或早卷入到资本循环构成的网络中。在这一网络中，资本在大尺度空间的生产过程和逻辑，同样也可以复制到区域较小的空间，“地方空间”发展的核心动力建立在了资本主义的生产方式之上，无论是旧有的生产方式，还是已经形成的空间实践，一切均需要接受资本的考验，符合资本运作的特性和逻辑，则生存下来；反之，即遭淘汰。

我国改革开放的本质就是逐步融入市场的过程。1992 年后的市场经济体制改

① 参见大卫·哈维在 *A Brief History of Neoliberalism* 中关于“历史学家或许会把 1978～1980 年视为世界社会史和经济史的革命性转折点”的相关论述和判断。

革，更是调适生产和流通空间在世界体系中的不断发展。摆在我们面前的一个事实是：在世界规则中，建设更加有竞争性的市场是摆脱落后的唯一手段，而发展的唯一途径是不断进行改革，并继续融入大的体系中。这从事实上证明了，在世界体系全球化时代“地方必须跟上全球化的现实”。在现代性背景下，旅游作为综合性的产业具有多动能属性，空间流动和“旅游凝视”也成为“地方跟上全球化”必然的和重要的选择之一。

7.2.2 旅游空间的资本性及其地方参与

资本参与的现代性社会是马克思思想出场的历史语境。在全球化背景下，判断马克思思想是否具有当代性和本土性，关键看其与历史语境的关联性。毫无疑问，在当下我国社会主义市场经济这一新的历史条件下，我国任何发展与全球相连，旅游的现代化发展为资本嵌入旅游场域提供了历史舞台，资本裹挟自身特性与权力的制度安排有机结合，推动了旅游空间的生产，塑造了全新问题谱系，造就了新的“竞技场所”。

7.2.2.1 马克思对土地地租的论述

马克思认为：“地租是土地使用者由于使用土地而缴给土地所有者的超过平均利润以上的那部分剩余价值。”在土地私有制框架下，地租是“被土地所有者无偿占有的那部分”（由直接生产者创造的剩余产品形成），甚至是“一种剥削形式”。在土地公有制下，地租既是一种土地管理方法，也是国民收入的组成部分。土地所有权的形式不同，与此相联系的地租的性质、内容、形式及其所体现的生产关系也不尽相同。

（1）地租产生的三种形式

马克思曾在《资本论》里以农业为例，全面研究了级差地租、绝对地租和绝对地租等形式。

1）级差地租。级差地租是指由于耕种较优等土地（高于劣等地的各级土地）而获得的超额利润的转化形式。形成级差地租的条件有三种：其一，土地肥沃程度的差别；其二，土地位置的差别；其三，在同一地块上连续投资产生的劳动生产率的差别。土地的等级差别只是级差地租产生的条件，而以土地有限性为前提的经营垄断才是它产生的原因。由于土地的经营垄断的存在，农产品的社会生产价格就不得不由劣等地产品的个别生产价格决定。这样，较优等地的产品的个别生产价格低于社会生产价格的差额，便形成了一种稳定的超额利润，转化为级差地租。级差地租分为级差地租Ⅰ和级差地租Ⅱ。前者以土地肥沃程度不同和土地距离市场或交通线远近不同为条件；后者以对土地的连续追加投资所形成的劳动生产率的差别为条件。

2）绝对地租。绝对地租是指土地所有者凭借土地所有权垄断所取得的地租。由土地私有权的垄断产生的、租种任何土地都必须一样缴纳的地租形式。它与土地的好坏和劳动生产率的差别无关。绝对地租产生的条件是农业资本有机构成低于工业等部门。这样，农产品的生产价格便低于其价值。而由于土地私有权垄断的存在，农产品价值超过生产价格（即剩余价值超过平均利润）的差额部分，就不参加或不完全参加利润的平均化过程。正是这部分超额利润成为绝对地租的源泉。

3）垄断地租。垄断地租是指由产品的垄断价格带来的超额利润而转化成的地租。在资本主义农业中，不同于级差地租和绝对地租的垄断地租，是在特殊有利条件下，由于农产品按高于其价值的垄断价格出售形成的地租。

（2）土地级差收益的生成

通过对地租类型的分析，可以得知级差地租的产生逻辑。级差地租的产生，是由于个别资本利用了有利于提高生产力的自然条件，而比其他一般资本具有相对较高的生产率。因为土地这种生产条件的自然力是有等级差别的，等量资本投在相等面积土地上的生产率也是有等级差别的，从而由此产生的超额利润和由它转化的地租也是有等级差别的，所以这种地租叫做级差地租。

可见，由土地自然力的等级差别性而引起的资本生产率的等级差别性，是级差地租的形成条件，主要包括以下方面。

1）自然力。自然力是特别高的劳动生产力的自然基础，从而也是超额利润产生的自然基础，而不是超额利润的源泉。级差地租的实体是超额利润，它是雇佣工人为产业资本家创造的平均利润以上的部分，其实质是雇佣工人创造的剩余价值的一部分。

2）超额利润产生的原因。超额利润产生的原因是个别资本对土地自然力等有利生产条件的经营垄断。因为有利的自然条件是有限的，对它的经营垄断会阻碍竞争，使它产生的利润不参加社会资本的利润平均化，因而获得的超额利润具有稳定性。

3）超额利润转化为级差地租的原因。超额利润转化为级差地租的原因是土地所有权垄断本身。土地所有权并不是这个超额利润创造的原因，而是使它转化为级差地租的原因。

7.2.2.2 旅游空间的资本特性

一般认为，构成旅游运行的基本要素有旅游需求者——游客，旅游供给者——旅游服务诸行业及相关社会因素，旅游的目的物——旅游吸引诸因素，以及旅游的保障因素——社会的支持因素。上述关系的运作需要社会生产部门和商业部门提供所需要的建筑物、设备和设施，需要金融信贷、资金运作等提供支持。那么，旅游的资本特性如何表现出来呢？

（1）运动性

一般来说，在谈到“旅游的运动”时会认为是主客（游客与当地居民）互动构成的过程。实际上，在此过程中，运动的不仅仅是来来往往的“人流”或基于古镇原生空间的社会动态构建关系，还存在大规模的“物流”、“信息流”、“资金流”和“技术流”等，这些要素均是围绕旅游而运动起来并持续存在的。“流动”不仅推动了旅游社会空间组织要素的变化，还支配着旅游社会空间经济、政治和生活空间的形成。“流动”是资本在旅游空间形成的重要步骤。

（2）增值性

旅游的市场增值性是将旅游作为具有像商品一样的特征来看待，商品的两个重要因素——使用价值和价值（价值实体和价值量）同样存在于旅游运动过程当中，可以满足人们的欲望（如体验、怀旧、赎罪、权能、利润……）。人们欲望的存在使旅游空间作为消费性产品的增值性存在。“流”的集聚使旅游的各类社会活动在“流空间”中得以完成，使用价值和价值的存在使“流空间”结成的网络组织越来越多地参与到旅游经济交换和各种旅游社会要素置换中，旅游的增值性（无论是旅游者，还是投资主体）表现在它能带来更大的价值差额。

在“流”促成的场域中，旅游资源具有资本属性，包括三个层次。

其一，旅游资源区的土地资本。土地的价值，因资源禀赋、吸引力大小以及开发的潜在性不同而不同。土地一般是与土地本身及其附着其上的人文景观连接在一起，土地的级差利用是旅游空间作为增值工具的前提。

其二，旅游资源及其物化的人文资本。这是构成旅游资源极为特殊的主体，具有自然物理特性和人文物化特性。这些资源的价值对于旅游吸引力的建构具有核心作用。在旅游活动中，当行为主体转让土地使用权时，相应的资源也就随之转移。不存在脱离土地使用权的旅游资源权属。

其三，旅游的历史文化资本。一般来说，作为旅游资源，往往积淀了深厚的文化内涵。例如，江南古镇中的民俗风情、习俗、神话传说、历史事件等。这些资源是使旅游开发得以深化，并获得灵魂的基础。

可以看出，旅游资源是由有形资产（土地、景观的使用权）和无形资产（景观利用权）构成的，具有增值性。从资本视角来分析，旅游资源可以作为被进行生产和再生产的对象，同时也构成为资本循环中的再次投入，其结构可区分为土地形态、景观形态和历史文化形态等不同类型的资本形式。其利用方式则表现为土地使用权和旅游开发经营权。

（3）竞争性

旅游参与市场竞争具有多维性。从游客的角度讲，产品的竞争是其主要因素，随着观光旅游转向休闲度假旅游渐成事实，旅游产品的内涵也发生了深刻变化。从旅游运作的角度讲，产品诉求转变背景下资本介入旅游，并进行必要包装成为隐藏在旅游开发中的内在逻辑，产品的市场配置法则是“包装过的产品（景观）”则获得市场青睐，竞争即会胜出；若获得市场遗弃，则竞争失败。现代化的持续和人们原始理性的回归使得旅游的竞争性长期存在；同时也不可否认，旅游的竞争性特征为各种“流”嵌入旅游提供了对接可能，旅游具有了增值性的竞争产品。

综合以上三点可以看出，旅游具有复杂的市场运动性、增值性和竞争性。综合考虑三者的内在逻辑关系，旅游及其具有的增值性成为游客或投资者青睐的、不折不扣的现实选择，这也是旅游空间生产出场的哲学语境之一。

7.2.2.3 资本的旅游空间表达

在当下全球化和市场化语境中，资本通过空间表达比以往任何时候更加紧密，全球化本质上是资本的空间存在样态。在这一背景下，古镇成为了新全球化的历史语境，占有并生产空间成为资本在新时代古镇空间的表达方式。

（1）空间成为资本增值工具

在持续深化的旅游开发背景下，古镇不仅仅作为人们聚合和消费的场所存在，而且成为资本积累和增值的重要途径；占有并利用空间资源，生产空间关系成为资本增值的新方式，空间不再是简单的容器，而是变成了可以增值的工具。在此逻辑下，古镇原生空间的物理属性渐渐消隐，并被借助成为新的消费领域和生产领域，因争夺空间资源而使空间本身成为极具增值的竞争性商品。应该看到，资本在今天的古镇以旅游景观来表征和发展自己，资本根据自身需求改变空间形态和某些文化景观，在某一特定的时空建设了适宜于自身的空间载体，空间是资本发展的必然选择和资本维持自身运作的一种重要方式，在这样以资本逻辑为内在动力的空间再造和生产过程中，古镇空间成为增值的重要工具就会不断被构建和生产出来。

（2）旅游促使空间形成级差利益

资本逐利是其本性，而资本逐利的方式就是获取级差利益。当代旅游的大众消费性使资本看到了极大商机，旅游空间生产被看做特殊的生产部门，原生空间作为古镇原住民生活的容器被用作旅游空间生产的基底，资本介入使旅游空间生产具有二重性，一方面生产出具有使用价值的旅游空间产品，另一方面是旅游空间本身的价值，即旅游空间产品使用价值掩盖下多元行动主体的具体社会关系，而这正是形成旅游级差收益的生产关系基础。也就是说，旅游空间生产蕴含着社会关系，其本质在一定意义上是资本关系的物化。资本通过占有空间、分配空间和消费空间诸环节，促使旅游空间能够成为具有级差收益的载体。

7.2.2.4　旅游空间成为资本场

上述分析看到古镇旅游空间具有使用价值，是能够满足人们需求的客体；同时也具有价值，可以成为交换的凝结物，这说明古镇旅游空间具有增值性。从中可以看出，空间的使用价值、价值及其级差收益的存在是空间成为中介的先决条件，在这一条件下各利益行为主体就会以古镇旅游空间为中介，以各自诉求为标尺，不断占有并利用旅游空间，使旅游空间的生产和再生产成为一种必然，成为实现使用价值和价值的重要平台，成为连接各种社会关系的载体，成为权力、资本等要素的博弈中介。空间的中介性成为利益诉求者最大化空间利益的选择。

7.3　古镇旅游空间生产的“中国式”政治经济动因

7.3.1　央地财政分权与地方发展型政府的导向

上述分析为认知资本嵌入古镇旅游场域提供了学理路径。如何进一步解释案例地旅游空间生产呈现出的本土特征，需要回归“中国式”政治经济制度来寻找答案。通过研究发现，具有中国特色的“政治经济制度”及其带来的后果是造成案例地旅游空间生产的重要原因。

7.3.1.1　央地财政分权

（1）出台背景

改革开放之后，“属地管理”和“行政包干”是国家政府治理体系的典型特征，这意味着国家与地方之间采取了一种“委托-代理”职能。1980年以后，我国出现持续性的高速经济增长。据《中国统计资料年鉴》1995 年相关数据显示：1980～1990 年，我国国内生产总值平均增率为 9.5%。但是，经济的高速增长并没有带动和促进国家财力的同步增长。税收收入的增长速度明显落后于税源的增长速度。从 1979～1993 年，我国财政收入占国内生产总值（GDP）的比重逐年下降。1979 年，财政收入在国内生产总值（GDP）的比重为 28.4%，到 1993 年已经下降到 12.6%[①]。地方政府巧妙地运用“分灶吃饭”财政体制的制度机会空间，实行某种程度上的地方保护，以增加预算外收入等方法来实行地方财政利益最大化，中央政府的财政窘境为分税制改革埋下了伏笔。

（2）分税制本质

从 1980 年起，国家对长期以来实行的“统收统支”财政体制进行了改革，实行了“划分收支、分级包干”的财政体制。1985 年改为“划分税种、核定收支、分级包干”财政体制。1994 年，我国开始实行分税制[②]，基本路径是财政分权[③]。作为一种财政管理体制，分税制给央地政府间在财政分配关系上的博弈提供了新的制度环境。分税制的实施，既是政府行政的需要，又是国家财政、税收等政策在税收管理方面的体现，同时也是一国财政管理体制在税收方面的体现。实行分税制，形成了中央税和地方税（中央和地方共享税）。在税收实践中，某些税种的收入并不一定完全归属于中央或地方政府，而且按照一定的比例在中央政府和地方政府间进行分配，收入共享，从而出现共享税类。分税制的本质在于运用商品经济的原则处理央地财政收支权限的界限，把中央与地方的预算严格分开，实行自收自支、自求平衡的“一级财政、一级事权、一级预算”的财政管理体制。

（3）分税制中隐性博弈的化解

分税制的实施在实现既定目标的同时，也带来央地政府间财政分配关系中的隐性博弈。地方财政困难的现象日益普遍和严重。潘明铭（2012）研究认为：1993～2004 年，地方政府财政收入占整个财政收入的比重从 78%下降到 42.7%，但中央政府比重却由 22%上升到 57.2%。而地方政府的财政支出占整个财政支出的比重却一直维持在 70%的水平。中央政府按照固定的比例（75%）上收了地方政府的主体税种——增值税（国税），留给地方政府的是一些规模较小、征收成本较高的

① 参见 http://www.360doc.com/content/11/0215/10/5762444_93163725.shtml。

② 我国财政税收体制大致分为三个阶段：第一阶段从新中国成立后到 1978 年之前，主要实行统收统支的财政集中体制；第二阶段 1978～1993 年，中央政府逐步放权，实行分层而后财政包干体制；1994 年后实施分税制，实行财政分权。

③ 财政分权是指财政资源在各级政府间的分配，是中央政府给予地方政府一定的税收权和支出权责任范围，允许地方政府自主决定其预算支出规模和结构。

小税种（地税）。从中可以看出分税制使地方政府财源变得减缩。

分税制后一个普遍现象就是事权、财权划分不清，事权维持了改革前的状况，而财权却主要划归中央。这样就导致事务上的管理由地方政府负责但却没有相关管理支出的收入来源。研究表明，1990～2013 年，我国地方政府的财政自给能力在分税制后总体趋势一直低于中央政府，但是对应支出却高于中央政府（图 7-2，图 7-3）。

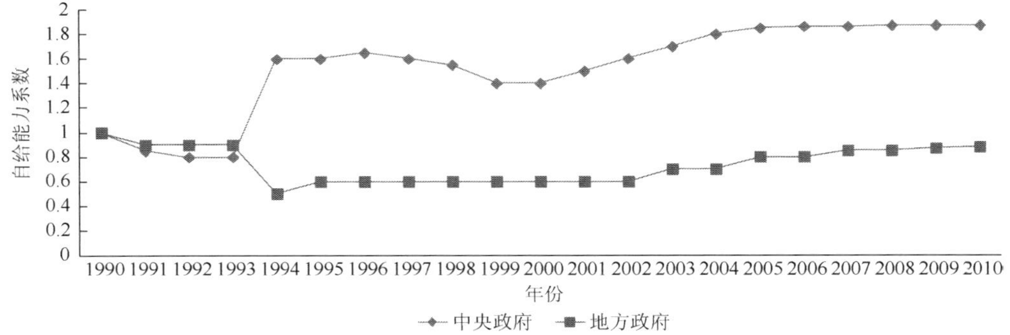

图 7-2　财政自给能力系数动态变化（通过相关统计年鉴进行数据整理）

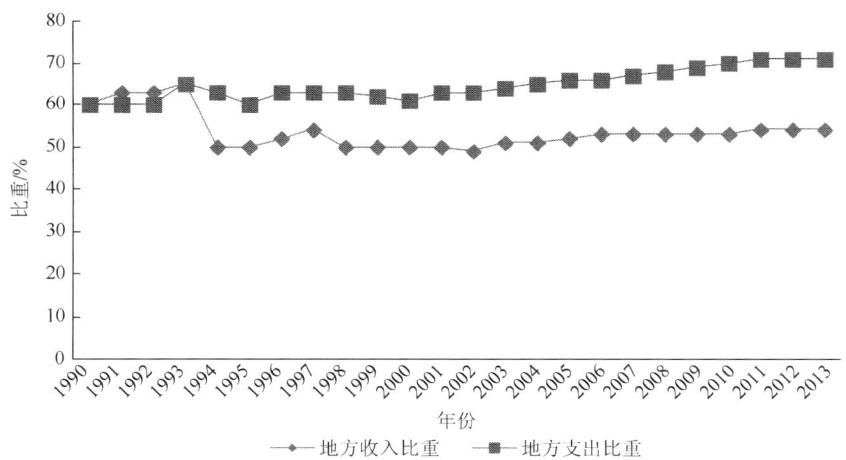

图 7-3　地方财政收入与支出比重动态变化（通过相关统计年鉴进行数据整理）

众所周知，财权与事权相对称是建立财政管理体制的一个重要原则。但是，分税制后地方政府财政收入占全部财政收入由改革前的 75%降到 25%～30%，承担的事权及公共服务的事务确没有减少，出现“财政上移”和“事权留置”并存的现象。周飞舟（2006）引用顺口溜“中央财政喜气洋洋，省市财政勉勉强强，县级财政拆东墙补西墙，乡镇财政哭爹叫娘”形容了各级政府财政状况。财政分权不仅重构了央地权力关系，也使地方财政压力的化解变为更为积极履行发展经济职能。土地收益成为营业税、城建税、土地增值税等多个地方税收的来源，地方政府机构的运转、公共服务支出、民生保障支出等，都依赖于土地经济的收益，创收指向了包括“搜集土地出让金”在内的一切渠道，“分税制—事权不匹配—财政压力—土地财政”似乎成为地方解决增收困境的新途径（图 7-4）。

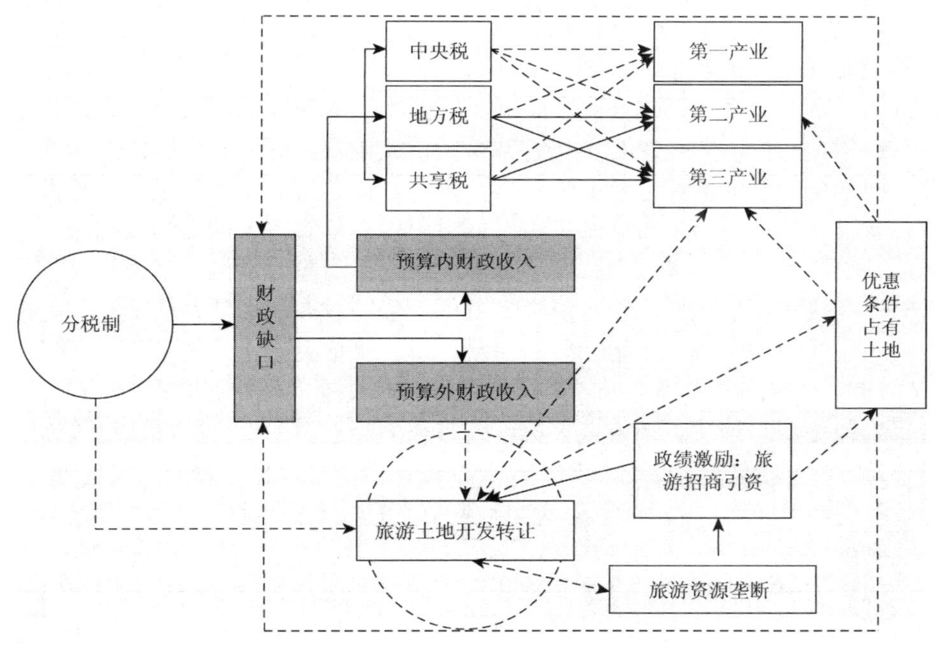

图 7-4　分税制与旅游土地占用的内在逻辑

贺雪峰（2012）在《城镇化进程中的土地财政问题思考》一文中，曾对地方财政分配状况及其问题所在进行了详细描述，在此部分摘录如下。

当前……中央财政收入大约占到公共财政总收入的一半。地方公共财政主要用于养人，要想做事，就得靠土地财政，这就是所谓‘公共财政养人，土地财政做事’。地方政府正是有了土地财政收入，才能建设相对良好的城市基础设施，才能更好地经营城市、发展经济……。

事实上，财政分权赋予了地方政府发展经济事务的权限，某一种程度上成为地方政府经济发展的激励机制。但是从中也可以看出，分权导致了国家利益和地方利益的潜在矛盾，地方政府的财权与事权极不对称是其明显表现，这又必然形成在既定约束激励机制条件下，迫于财政压力、辖区间竞争和政绩显示压力，产生创造强有力的逐利动机，并在一定程度上形成地方政府的“效用偏好行为”。1994年后，我国主要来自建筑业和第三产业的营业税对地方税收的贡献不断增加，地方政府基于“相比增值税来讲效益更加直接”，在行为倾向于以“土地寻租”方式追求国内生产总值（GDP）增长，达到增加财政收入的现实有效途径。

7.3.1.2 财政分权压力下地方发展型政府的旅游土地寻租

（1）旅游级差地租的产生

旅游级差地租的产生主要包含两个方面。一是旅游资源本身创造级差收益。旅游资本，最基本的由风景资源与文化资源组成。旅游资源的天然赋存或资源禀赋是旅游土地本身能够创造级差收益的基本前提。在旅游空间生产体系中，旅游资源本身级差收益的推动力来自旅游产业发展对附着有稀有资源的土地的需求。一般来说，天然赋存或资源禀赋高，旅游资源本身创造级差收益的可能性就高；反之，天然赋存或资源禀赋低，旅游资源本身创造级差收益的可能性就低。二是旅游土地转移造成级差收益。土地无疑是财富之母。土地财政本质就是通过“低买高卖”（低价征地，高价卖出）方式形成并获得级差收益。在旅游空间生产过程中，利用“土地使用”和“土地增值”给区域带来的利益更加直接。在实际操作中，资本（开发商）在投资旅游地块时，常常面临旅游本身增值与否的现实问题，为了协调资本利益可能造成的不平衡，地方政府以“旅游土地转移”来与资本（开发商）达成协议。

可见，解决旅游土地转移造成级差收益的实质是资本投资于等面积的不同级土地所产生的利润不同，并实现地尽其利的现象。级差收益的产生是由于资本利用了有利于提高利润的土地条件，并通过旅游实现了具有相对较高的生产率。旅游级差收益的实现取决于两个方面：一是旅游资源价值的市场实现程度；二是旅游土地转移造成的级差收益。

（2）旅游虚拟经济的产生

旅游虚拟经济的产生主要包括以下几点。其一，分税政策阶段调节依然存在财事权错位现象。面对分税带来的压力，2005 年，江苏省政府下发了《省政府办公厅关于做好市县财政管理体制稳定工作的通知》（苏政办发[2005]68 号），准备实行省直管县财政管理体制。2007 年，又出台《省政府关于实行省直管县财政管理体制改革的通知》（苏政发[2007]29 号），标志着省直管县财政管理体制改革全面推行。这一政策取消了市与县之间的财政往来制度，建立了省与市、省与县之间的财政往来制度。2008 年，江苏省委、省政府联合下发《关于调整分税制财政管理体制的通知》（苏发[2008]15 号），重新划分了省、市、县之间地方共享税的分享范围。例如，规定地方营业税、个人所得税、城市维护建设税、资源税增量和预算内非税收入增量，省均不再集中。而在浙江省，分税制后乡镇同样面临“财政收入规模将大大下降，而以经常性开支为主的预算内支出刚性很强”的现象（牟晨辉，1994）；杨格来（2004）认为，1994 年分税制财政体制改革后，浙江省省级与市县财政收入实行“二八”分享。1995 年起先后出台的具有特色的“两保两挂”等财政政策，以逐步完善市县分税制体制。近年来，浙江省实施“省管县”制度。但是，从实效分析，现阶段江浙“省直管县”财政体制改革中，基层政府依然面临“市级事权与财权不对称，市、县事权、财权未能理清，市、县管理关系不顺”等现象（骆祖春，2010）。说明分税政策阶段调节依然存在财事权错位现象。

其二，分税压力转移经济结构投资。在历史视域中，本书案例地周庄古镇是一个以粮食、丝绸及多种手工业品的集散地和交易中心，最突出的产品有丝绸、刺绣、竹器、脚炉、白酒等。而在乌镇古镇，长期以来工业以农副产品加工和成衣制造、出口为特色。蚕茧为乌镇古镇特产之首，小湖羊皮、杭白菊享誉中外，近年又大力发展猪、羊、鸭、淡水鱼等养殖业。实体经济的不发达致使地方政府热衷寻找新的财源，积极调整产业结构，旅游作为广义上的虚拟经济，成为当地用以开发集观光、休闲、生产于一体的产业。

其三，旅游生产要素禀赋和旅游经济空间具有优势。政府对旅游发展前景预期十分乐观和对旅游资产盈利模式在某种程度上导致对旅游资产价值的看法有过度的预期。与发达国家相比，在我国劳动力素质低下，旅游标准和服务标准较低等要素封闭条件下，理性旅游主体必然会通过利用廉价劳动力，利用圈地获取利益。与此同时，旅游规模经济存在空间巨大。根据国家旅游局相关资料显示，2002～2011 年，国内旅游人数从 8.78 亿人次增长到 26.4 亿人次，增长了 200.8%，国内旅游收入由 3878 亿元增加到 1.93 万亿元，增长了 398%，形成全球最大的国内旅游市场；2013 年，国内旅游人数达 32.5 亿人次。这意味着案例地地方政府在此期间面对如此大的旅游市场规模，意识到通过旅游发展规模经济存在理论上的较大利益空间。

基于上述综合因素影响，政府在财政压力和实体经济薄弱情况下，为了扩大“自身利益最大化”，会热衷于利用旅游土地、旅游资源或利好政策带动虚拟经济发展，以“弥补财政缺口”。在周庄古镇、乌镇古镇和惠山古镇，政府采用对旅游圈地并进行垄断开发，外在行为背后隐藏着的内在逻辑便是补充分税制带来的预算财政外收入，“想办法”增加地方经济。

（3）土地寻租中对游客消费决策影响的环境营造

在“工具理性”思维下，政府在旅游空间生产中的土地寻租采用资本投资的方式，为游客营造适宜的环境，以此最大限度吸引游客到访，保证资本的累积和循环。按照边际效用理论，游客消费同样会遵循最大边际效用原则，“边际效用最大”成为消费者决策和选择行为的重要准则（图 7-5）。

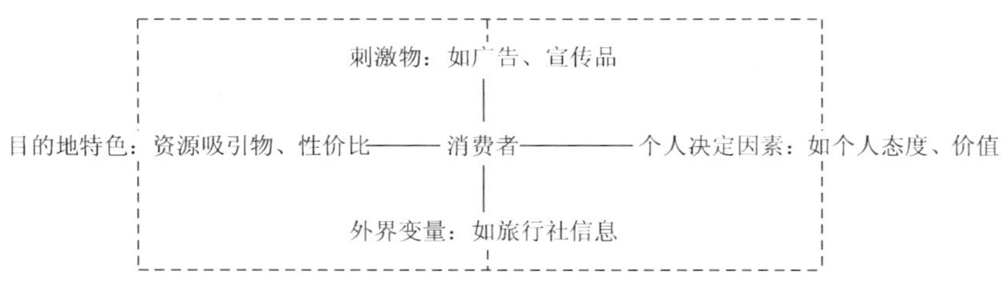

图 7-5　Schmoll 旅游决策模型

根据此模式，人们在游览中总是希望在一定的资金和闲暇时间限制下，实现最大的边际效用。在同质的旅游目的地中，游客总是选择能满足自身最大需求的地方，综合性强的目的地自然吸引力最大。“用脚投票”（voting by foot）形象地说就是游客作为消费者能够充分流动，将流向那些能够更好地满足他们既定偏好的旅游目的地，其本质是“自由选择”。“用脚投票”现象的产生是众多原因导致的结果。

这就较好地解释了游客的现实情况。资本利润最大化逻辑需要进行最大限度为生产服务。在案例地，游客在“环境维、休闲维和依恋维”指标出现“乌镇古镇（1.152 341，1.125 094，0.763 324）>周庄古镇（1.147 337，0.891 523，0.713 642）>惠山古镇（1.017 475，0.750 135，0.544 833）”倾向，实质符合了游客最大边际效用原理；这也是土地不同资本化模式中，旅游空间生产这利用旅游级差收益原理的结果，反映了旅游空间生产的市场动力机制。开发方首先要考虑旅游产品“要卖给谁”，如果要卖给普通游客，就会考虑社会管理成本；如果卖给文化体验者游客，就会考虑不轻易动迁原住民。事实上，结合研究调研情况，可以对上述情况作出合理解释，乌镇古镇（中青旅控股股份有限公司投资）进行了大规模商业开发，公司前期投资较大，为追求利润最大化，经营商采用垄断方式进行开发；又由于将原住民迁出，景区产权关系较为明确，管理团队具有丰富的旅游营销经验，大规模的资本生产了短暂迎合游客（低端普通游客）需求的“休闲吧”、“霓虹灯”

以及其他娱乐场所。旅游空间生产主体“将现代景观理念嵌入到古镇水体景观保护与建设中，使人工景观池塘、园林造景水体、花园等水体景观艺术化的现象广泛存在”。所以在景区的外在营造方面要高于周庄古镇和惠山古镇。而在周庄古镇，旅游开发考虑更多的是社会综合效应的最大化，平衡多方权能的诉求要比单纯追求经济最大化诉求大的多，因此在景区旅游开发中，不是简单以追求游客数量、强化游客诉求，建设大规模的商业化旅游设施，而是更多采用了“社区型文化古镇”概念来演绎旅游空间实践行为，体现了深刻的社会意蕴。

7.3.2 分权化权威主义对旅游经济增长的诉求

改革开放以来，我国经济体制发生了深刻变革，分权化、市场化、对外开放等制度变迁因素大量注入社会经济各个领域，政府激励机制也发生较大变化。改革开放后，我国政府的评价标准由“经济绩效”取代了过去的“政治至上”原则。财政分权必然伴随着社会经济领域的市场化进程。在上述分析分税制背景和实质中，可以看出财政分权直接改变了中央和地方对财政资源再配置的权力结构，地方政府和中央政府具有分享财政权力的极大机会，地方财政收入越高，地方政府分得的财政也就越高。这样的激励体制无疑使各地方政府有着极高的热情去发展经济市场[①]。

7.3.2.1 分权化权威主义与晋升锦标赛

事实上，除分税制外，引起地方政府热心发展经济的动因还与分权化权威主义有较大关系。Landry（2008）认为“这种模式是中央政府在赋予地方一定权限的同时，通过新的治理机制对地方决策者的制约”，形成了中央对地方的“纵向问责机制”。这说明在我国上级政府和下级政府形成的财政分权“委托-代理”关系中，还存在着上级政府对下级政府决策权的监督和控制，其核心本质就是“党要管干部”。

“党要管干部”无疑对地方官员政绩行为形成激励，甚至产生“政治寻租”。在契约理论发展中，Lazear 和 Rosen（1981）提出了著名的锦标赛理论（tournament theory）。主要思想是“企业通过晋升来激励员工是有效的”。周黎安等（2004）研究也发现，自改革开放以来我国上级政府在考核下级政府官员政绩时，一般都会

---

① 就实际情况来看，自中央政府将权力下放到各地方政府以后，中央与地方之间的管理范围一直在变动和调整，虽然有时的调整影响到了各地政府的所得利益，但就总体确实而言，并没有因此打消各地政府发展经济的总体积极性。

用到绩效评估的方法来保证误差最小，政府官员变迁与该地区国内生产总值（GDP）增长速度通常成正比关系。这其实是上级领导部门对下一级部门设计的晋升竞赛，竞赛的标准由高一级政府部门制定，较多用国内生产总值增长率来衡量（也可以是其他方面的经济指标），最后的“冠军”将获得晋升的权力，这一现象被很多人称为“晋升锦标赛”模式。

7.3.2.2 分权化权威主义与政治寻租模式

从本质上讲，官员竞标赛制度根源在分权化权威主义的存在。根据该理论，集权型政治体制倾向于依据地方经济发展绩效来从政治上奖惩地方官员，从而使地方官员有很强的积极性发展经济和选择经济的发展方式。经济增长指标作为考核地方政绩、决定官员升迁与否的关键，地方政府自然而然地将财政支出更多地投入到能够直接产生经济效益、或推动经济增长、或能拉动经济增长的领域，地方政府成为有别于其他国家的“地方发展型政府[①]”（developmental state）（表 7-1）。

表 7-1 发展型政府与其他类型的区别

类型	内涵	举例
监管型	政府不直接干预市场，不与企业进行直接合作，而是提供环境来影响市场运行	美国
掠夺型	统治者与利益集团联结，盘剥社会，对公共利益侵犯，不鼓励私企发展，倾向增长政府自身收入	部分非洲国家
发展型	介于计划和自由市场之间，通过政策选择来发展经济，地方政府具有公司化性质	东北亚，中国地方政府
服务型	在公民本位、社会本位理念的指导下，在整个社会民主秩序的框架中，把政府定位于服务者的角色，是一个实现了合理分权的政府	—

在发展型政府模式中，地方政府表现为以追求经济增长为主，并以此作为财政收入的最大动力，容易忽略社会利益的平衡，即利用国家体制资源，又逃避了体制的约束。

众所周知，乡镇是我国行政等级中最低的一级，也就是在晋升锦标赛中提出要求最高的一级。缘于晋升的潜在驱动，上对下考核的主要依据成为经济指标，地方政府对实现这一动机所采取的行为方式有所不同，对区经济资源配置的方式存在差异，一切“能在市场体系中进行配置的资源”都可以成为经营资本。特别是在实体经济实力不太强的古镇，利用旅游的资本特性无疑是旅游资源富集区看到发展经济的新的增长点。为了实现自身利益最大化，旅游资源富集区政府对内

① 该概念为约翰逊（Chalmers Johnson）于 1982 年分析日本通产省在经济发展的作用时提出。

加大对本地经济资源的汲取，对外则加强与其他地区争夺区外的经济资源，旅游开发中权力协调，资本推动成为普遍做法。

7.3.2.3 政府在旅游空间生产中的机会主义

（1）政府行为具有制度机会主义倾向

其一，机会主义本质是制度的缺陷。Williamson（1985）认为“机会主义来源于制度的缺陷”。制度作为典型意义上的公共物品，在特殊环境中，其所具有的非竞争性特征使制度生产的动力弱化，这种状态无疑会延长旧制度的运行时间，也将会延缓新制度的完善过程。其二，旅游开发中存在机会主义制度缺陷。在我国政治环境中，政府机会主义呈现出与西方社会不同的特点，实行的是一种间接民主的形式，形成国家管理上的委托代理关系（图 7-6）。

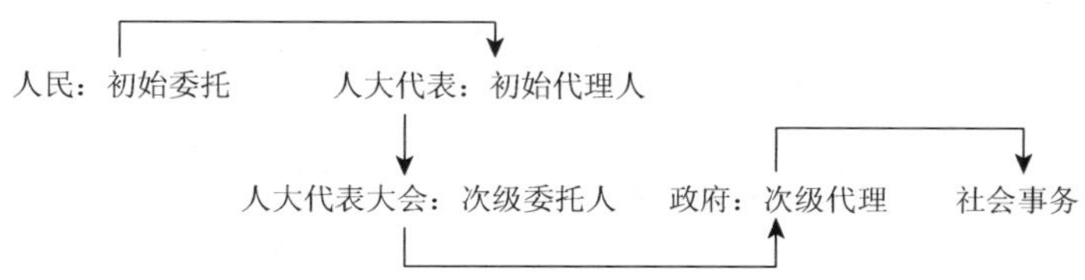

图 7-6 公共权力委托代理运行的理论模型

在这种模式中，官员晋升的逻辑根源在于“上下级之间的权力不对称”，主要表现为上级是权力的优势方，下级是权力的劣势方，上级有任命下级的权力，下级则缺乏对上级的有效制约和监督机制。基层政府存在的“晋升逻辑问题”同样会影响到旅游空间生产的价值和行为取向。

（2）旅游开发中的“委托-代理”关系

Jensen 和 Meckling（1976）认为“委托代理关系实质是在让渡某些决策权的基础上，一个人或一些人（委托人）委托另一些人（代理人），按照其管理意愿和利益提供服务”。面对这一现象，有研究者认为“我国社会没有形成一个能够对公权进行有效监督和制约的机制，使得公权扩张的可能成为现实，必然会造成与民争利现象，损害整个社会的互惠互利关系”。

在社区型文化古镇旅游开发中，地方政府作为“经济人”，其委托人来自上级而非古镇原住民，这较为容易地造成精英之间的利益结盟，并形成排他（原住民）的旅游空间生产权能占有关系，通过支配旅游空间生产中的社会资源空间和获利机会，从中寻租、获得暴利而排斥原住民的发展机会，形成旅游权能表达以“内输入”为主的机制。

此外，地方横向问责的不完善也导致了机会主义制度的存在。根据 1982 年《中华人民共和国宪法》规定，我国地方人民代表大会享有“在本行政区域内，保证宪法、法律、行政法规的遵守和执行”、“决定本行政区域内各项工作的重大事项”、“审查和批准本行政区域内的国民经济和社会发展计划、预算及其执行情况”、“监督本级人民政府的工作，听取和审查本级人民政府的工作报告”等职能，但在实际实践中，地方人民代表大会大多嵌入于地方政府之中，对地方公共政策制定缺乏较强影响力，功能难以完全发挥；加之司法体系也存在弱约束力现象，这些问题的存在限制了地方政府从发展型向服务型转变的进程，实质上是在横向角度缺少了对地方政府的制约因素。

由此可见，地方政府事实上占有了对资源处置的权力和制定公共政策的权力。

7.4 作为弱权力主体的原住民旅游空间生产权能享有不充分

7.4.1 政府主导下不同生产模式造成权能效应差异认知

“用手投票”（voting by hand）原指在产权明晰的股份公司中，投资者以其投入资本的比重参与公司的利润分配，享有所有者权益；通过股东代表大会、董事会，参与公司的重要决策，这就是所谓的“用手投票”。本书借用此理念来分析原住民在各种“外在势力”作用下，不能为自身进行“用手投票”的缘由。

（1）政府介入使原住民权能享有不充分的分析

从田野调研得知，在周庄古镇、乌镇古镇和惠山古镇三种不同开发模式中，“政府主导”是其共性。旅游开发作为一项综合性很强的古镇保护与旅游开发活动，只有沟通强有力的管理和实施主体，整合资源，才有能力实现古镇的可持续开发。李昕（2006）认为“古镇区产权的模糊性会诱发大量的机会主义行为，政府以行政手段对各利益相关者的责权边界加以界定，解决了转型过程中微观市场不愿或不能进入文化消费市场领域进行古镇保护活动的基本难题”。这说明政府参与古镇旅游空间生产强化了政府的宏观调控能力。在经济转型中，扮演了非常重要的角色，具有经济学上的集约化优势，旅游开发的外部性在政府规划引导、开发相关要素与管理协调互动、形象宣传、产品促销等方面起到了积极作用；也正是政府的参与，使得古镇保护事业得以启动和发展。但是应该看到，市场经济背景下的旅游开发本质是政府在“众多因素的综合作用下”，将古镇空间视为了交换和符号价值，经济增长的后面为原住民空间的被挤占作了隐性铺垫。

（2）不同模式下多元要素比较

案例地旅游空间生产采用不同开发模式，其“现实背景”、“发展资金”、“市场结果”、“强调重点”和“开发主体”等基本内涵也存在一定区别（表 7-2）。

表 7-2　周庄古镇、乌镇古镇和惠山古镇旅游开发模式比较

比较因素	政府+企业+社区	政府+企业	政府
现实背景	利益博弈主体力量相对均衡	利益博弈主体力量相对失衡	利益博弈主体力量比较失衡
发展资金	多渠道汇合	企业为主	政府融资
市场结果	权能发挥综合，利用旅游资源所创造出来的总价值重新分配在该地区内	权能发挥向强主体倾斜，利用旅游资源所创造出来的总价值以政府和企业分配为主	权能发挥向强主体倾斜，利用旅游资源所创造出来的总价值以政府分配为主
强调重点	技术内外兼备	立足于企业	立足于政府
开发主体	政府主导、企业开发、社区参与	政府主导、企业开发	政府主导开发

（3）不同模式下旅游空间生产动力耦合性比较

在周庄古镇模式中，凝聚了“企业和社区力量”，形成主要利益连接的“共生模式”，重视本地社区原住民利益，注重本地积累，旅游开发利用乡土资源把创造出来的总价值又重新分配在该地区内，这一特性决定了其旅游开发通过内部机理，形成互利机制，构成动力来源，从而获得共同生存发展，自我主导性和动力耦合性较强。

在乌镇古镇模式中，以依靠外来资本投入而形成“外生性”开发模式，这种模式具备了现代企业组织结构性质，开发资金主要以外部注入为特点，关注的是外来管理和技术引导，开发中具有明确的产权关系，更具“现代性的经营理念”。旅游开发中，将原住民全部外迁，主要是考虑社会管理成本问题。但是，也正是此种模式通过消费主义式空间改造，瓦解了古镇核心区原住民日常生活空间的多样性，人脉的断裂割裂了人文环境的地方感，地方传统在旅游空间生产过程中为资本逻辑所占据，只剩下了同质性，造成空间感遗失；在利益分享方面，导致发展利益不能完全留在本地，这些特性从根本上决定了社区旅游开发主导权由占资本量较大的外来企业主导。

而在惠山古镇模式中，政府将自身视为“完全经济人”，以完全追求旅游级差收益作为目的而进行经济活动，通过外部寻找“合作者”（如开发企业）的成分较低，“政府失灵”程度比周庄古镇和乌镇古镇明显，投融资效能力较差，生产动力滞后；再加上在旅游开发中，社区居民的“异域分离”，隔断了古镇文化的“根”，致使旅游目的地营造失去“文化地格”。从机制体制上来说，惠山古镇如何既适应市场经济的旅游开发，又能惠及古镇原住民，应该通过变换模式寻求新的突破口。

7.4.2 不同模式下原住民权能效应的充分性程度分析

政府参与古镇旅游空间生产不仅具有一定的权力优势，还具有一定的经济独立性，存在较为特殊的复杂利益偏好，这种自身利益的驱动可能会使政府在和企业联结过程中，忽视或侵犯原住民应有的权能，出现“政府逐利、公司谋利、原住民失利”的“权能城堡”现象，通过分析可以提炼出上述模式作用于社区权能建设的一般性规律。本书认为古镇社区旅游开发模式对原住民社区权能建设效能及推进力度之间存在较大关联，回答本书提出的三个古镇社区旅游开发中权能建设呈现出的差异问题，归根到底是在追问不同模式下社区权能建设中是“效率优先”还是“公平优先”，是“做大蛋糕再分配”，还是“边做蛋糕边分配”的问题，具有较为复杂而深刻的社会含义。

（1）周庄古镇模式

一般来说，在周庄古镇模式中，社区权能建设的主导者虽为政府主导，但由于具有“本地人”的参与，“本地人”最具“乡土性”，也最熟知自己家园想要改变的方向和参与旅游开发的最佳形式。原住民在自身发展诉求中具有对旅游开发主导或掌控的强烈愿望，旅游开发的领导者（社区精英或自组织团体）具备很强的经营能力，辅之以较好的自组织契约作为制度铺垫，旅游业在一定程度上、一定时间内会得到很好的可持续发展，社区旅游开发在一定程度上有利于形成“参与决策”和实现“利益分配”的协商机制。

（2）乌镇古镇模式

在乌镇古镇模式中，旅游开发属于“增长主义模式”。社区权能建设的主导角色由“外来者”担任，这在大框架内决定了权能建设事务诸多“话语权”由“外来者”主宰，经济利益分配的流向和流量也取决于主导者一方，社区权能发展存在对“外来者”事实上的依存性；在没有外力因素介入干涉下，社区发展中经济权能的飞地性质会更加明显，这使得经济权能与其余权能如政治、社会、心理等协调发展受到局限，正如“生产力”与“生产关系”之辩证关系。需要注意的是，在这种“外生”发展模式中，由于缺乏对旅游开发领导者（社区精英或自组织团体）的有效监督，常常也会出现不能实现“公平参与决策”和“利益平均分配”的现象。

（3）惠山古镇模式

在惠山古镇模式中，政府具有的强制力特性得到了发挥，但由于政府在古镇旅游开发中的包办性，以行政手段和计划方式配置资源，与市场之间没有形成分工；加之对古镇社区原住民对旅游开发特性的错位认识，全部异地外迁原住民，不仅经济性不能及时体现出来，集中资源优势的效能也未能发挥出来。

由此可见，在社区权能建设过程中，开发模式与利益相关者的利益诉求存在辩证关系，模式选择后利益相关者之间力量平衡程度又常常影响着权能建设的推进程度。“政府+企业+社区”模式中社会性表现突出，社会意义大于经济意义，原住民权能得到一定保障；“政府+企业”模式中经济性表现突出，企业没有作为政府机构的附属物，而是自身主导市场运作，导致经济意义大于社会意义，对经济效能的追求超越了其他社区建设内容；“政府”单一开发模式中，由于其自身的局限性，“社会性”和“经济性”在市场经济背景下效果均不如前者。模式的组织形式决定了模式的实践内容，模式对权能建设的影响首先由模式的本质特性及主导者通过该模式在社区旅游开发中的实践而形成，其次取决于社区开发内外部利益相关者之间力量的平衡程度，再次为社区经济收益分配形式及其渗透性的广度和深度等，这些因素影响着社区权能建设的协同程度，也决定着社区权能建设的最终结果。

7.4.3 制约原住民权能效应的不充分性因素分析

7.4.3.1 原住民“土地使用权”的不清晰

（1）产权的功能

“产权”是作为财产权或财产权利的简称。从本质上来讲，它不是指人与物之间的关系，而是指由物的存在及关于它们的使用所引起的人们之间的相互认可的行为关系。产权在资源稀缺的情况下，可以通过选法条款、成文法以及非正式的惯例或习俗，起到“约束功能”、“外部性内在化”和“资源配置”等功能，从而有利于规定社会中的财富分配。

（2）土地作为产权的法律解释

在我国，土地政策实行城乡分离，城市土地属于国有制，农村土地为集体所有制。我国《宪法》、《土地管理法》均有对农村土地性质作了明确规定（表

7-3)。问题在于“土地集体所有”中的“集体所有到底是谁所有？”,“农民集体”是何种性质民事主体？权利主体该如何行使土地所有权？政府代行职责应如何避免错位？现行法律体系中对“农民集体”这一民事主体含义宽泛，表述不清,“集体”难以在我国法律制度中进行准确定位，对于原住民来说这一概念在现实中找不到对应的载体，显示了“集体产权”在法律上的模糊性。所有权主体构造上存在缺陷，也就是说真正的权利主体难以按照自己的意志，在法律规定的范围自由支配其所有物、行使其所有权，由此带来的是农地所有权制度的失效。

表 7-3 我国法律对农村土地的界定

法律	相关描述	评价
《中华人民共和国宪法》	第十条：农村和城郊土地，除由法律规定属于国家所有外，属于集体所有；宅基地和自留地，也属于集体所有	如何理解“集体所有”中“集体”的含义？概念比较宽泛
《中华人民共和国土地管理法》	第十条：农民集体所有的土地依法属于农民集体所有的，由村集体组织或者村民委员会经营、管理	村集体经济组织应该理解为农村中土地所有权的农业集体经济组织
《中华人民共和国物权法法》	对于旅游资源中，旅游吸引物没有涉及	所规定的权利种类，尚难以完全适应于旅游吸引物情形

原住民的土地在城市（镇）化过程中牵涉到集体所有制和全民所有制的博弈和谈判。但是实际上往往没有，所以引发案例地抵抗事件。“集体的土地”使土地变成人人都想吃的“唐僧肉”，旅游空间生产中政府、资本等一方面有维护者“集体所有”的法理，另一方面又在不断吞噬着“集体所有”。唯独作为土地主人的原住民权能无法得到很好保障。

7.4.3.2 现行旅游规则的“偏向”

在我国现行旅游法律、法规及相关条文规定中，虽然强调“把旅游业培育成为人民群众更加满意的现代服务业”，在评价价值上也要求逐步建立以游客评价为主的旅游目的地评价机制。但是，总体来讲社区参与旅游发展的权利仍未完全得到法律保障，社区参与的主体地位在法律法规层面上没有得到很好确立，相关内容在保障社区参与旅游开发方面的法律效力比较低，尤其缺少对具有社区型旅游景区“原住民权利”的探索（表 7-4）。这无疑成为旅游开发中的导向只能“顾忌一方，而忽略另一方”的脚注。

表 7-4 现行旅游规则中的“偏向”

文件	相关描述	评价
《国务院关于加快发展服务业的若干意见》（国发[2007]7 号）	加快发展服务业是解决民生问题、促进社会和谐、全面建设小康社会的内在需求	作为宏观文件，谈到强调“民生问题”
《旅游服务质量提升纲要（2009～2015）》（旅办发[2009]49 号）	提出“以提升服务质量为核心，以满足旅游者的需求为导向，提升旅游产业在经济社会发展中的地位和国际竞争力”	作为对 2007 年《国务院关于加快发展服务业的若干意见》的回应，重点在旅游者，没有涉及原住民
《国务院关于加快发展旅游业的意见》（国发[2009]41 号）	在“指导思想”中提出“把旅游业培育成为国民经济的战略性支柱产业和人民群众更加满意的现代服务业。”明确“逐步建立以游客评价为主的旅游目的地评价机制”	作为目前旅游业最重要、最高层次的文件，未明确针对原住民的论述
《国务院关于印发质量发展纲要（2011～2020 年）的通知》（国发[2012]9 号）	在“发展目标”中指出“质量发展成果要惠及全体人民”；在“生活性服务业质量显著改善”中指出“顾客满意度达到 75%以上”	没有对具有原住民的旅游社区中，原住民利益的相关规定
《中华人民共和国旅游法》（2013 年 4 月 25 日通过）	对旅游者权利、经营者权利等均有详细论述	未见涉及有“目的地居民”权能的描述

资料来源：根据相关文件整理

7.4.3.3 原住民公民意识短缺无法形成“共同体”

公民意识是指公民个人对自己在国家中地位的自我认识，体现为保障与促进公民权利，合理配置权力资源的各种理论思想。与西方悠久的公民社会建构历史相比，我国属于“没有公民基础的公民社会”，公民的社区理念尚不清晰，公民社区所应该具备的公民意识、公民参与尚未形成整体意识，公共与私人的边界比较模糊，公民意识的长期短缺导致依附性人格的形成。这就不难理解为什么在乌镇古镇和惠山古镇原住民在与政府协商过程中，原住民大多形成“原子化式的抗争”，这无疑降低了原住民作为整体的自我团结。原住民公民意识短缺无法形成“共同体”，也无法制衡强势主体的“单边行为”，某种程度上也更加加剧了政府的机会主义行为取向。

7.5 第三权力主体“知识”在地方空间中的缺失

7.5.1 旅游规划者

旅游规划者是权力的“场力结构”中的重要权力主体，一般通过旅游规划方式体现自身意志。从理论上说，旅游规划者从事的旅游规划是基于旅游目的地的资源特点，以旅游市场的社会需求变化和产品设计为重点，实现可预期的经济、社会及生态目标而进行的筹划活动。旅游规划专业技术知识是‘域化’的过程，出发点应按客观规律而非某个特殊群体的利益。但是旅游规划也常常成为“为权力讲述真理”，而非“向权力讲述真理”的过程，“知识”在旅游规划的社会化过程中，某种程度上“迎合”多于“结合”，“混同”多于“交融”。成海（2011）研究认为：旅游规划文本的权威性缺乏可靠的制度性保障，加上中国现阶段普遍存在权大于法、干部评价的唯经济论等现象，使得本来应有的法定权威不敌权力的更迭带来的政治生态波动，文本命运往往呈现不确定状态。这说明在我国政府主导旅游发展模式中，政府作为“一把手”常常控制旅游发展的方向，规划“能否落地”在一定程度上是“看规划文本是否符合政府的意志”。

在利益主体权力协调中，由于在强势利益压迫下，古镇居民一般处于弱势地位。即使迫于社会和道德的压力，规划者也会考虑类似 Murphy“社区方法”（community approach）理念与旅游发展思路相结合的思想。但是，由于受特殊政治体制下特殊发展阶段的主要社会发展理念导向，政府部门和旅游开发商往往出于自身利益的考虑，在实际操作中有意地弱化东道主的应得利益。这使得作为“第三权力”重要组成部分的“旅游规划者”成为强势权力“需要的知识”的助推者，“公共知识分子”的“公共性表达”和“超越性批判”等话语权的受到限制。

7.5.2 INGO等

国际非政府组织（INGO）属于非官方或民间的组织，由宗教、科学、文化、慈善事业、技术或经济等方面的民间团体组成。如“NGO”（non-governmental organization，非政府组织），工作是在特定法律系统下，不被视为政府部门的协会、社团、基金会、慈善信托、非营利公司或其他法人，不以营利为目的的非政府组织。它的原始动力“不靠经济利益驱动，而是志愿精神”，主要目的是通过社会动员活动唤醒人们的意识，捍卫和促进某一目标。

普遍的观点认为，“INGO”一方面需要保持自身独立性和自主性宗旨，如果进入我国有需要“因地制宜或和更多磨合”。杨柳（2008）认为：国际非政府组织所提出的各种建议或文件，不具有当然的法律效力，而只是“尊重民意”的一种表现，关键在于有关国家是否愿意赋予它们相应的权利能力和行为能力。

郭占锋（2012）认为：INGO 在中国特殊的政治背景和社会文化结构中，呈现被动性“入场”与依附性“运作”的特征。结果可想而知，将陷入“地方性知识”的控制之中，最终导致发展项目在“实践上扭曲和变形”或项目根本无法落地。

在我国，INGO 等进入旅游场域同样存在上述问题。复杂的环境和准入制度的缺失，使其进入“异乡”变得困难。即使一些具有技术和道德水准的文件、理念等，也常常在本书案例地因“发展价值诉求扭曲”得到忽略，INGO 等的力量无法体现出来。

7.6 旅游空间生产中多元主体“权利悖论”行为认知

客观且理性评价案例地旅游空间生产是理解事实本身的基础。在调研中，作者体会到政府、企业和原住民主要权能主体具有各自的认知逻辑。

7.6.1 政府

（1）“一业兴，百业旺”

古希腊哲学家亚里士多德认为“任何一种社会团体其目的总是为了完成某些事业”。在案例地旅游空间生产中，“某种善业”首先被用于解决社会经济问题。旅游是当地促进社会经济发展最好的产业。作者采访过周庄古镇里的一位管理者，从中可以看出政府完成“善业”的自我逻辑。

政府组织作用超越了个体力量的极限，完成了许多在个体看来根本无法完成的任务。例如，与其他行业相比较，旅游可以创造级差收益，增加地方税收；可以派生上下游很多岗位，缓解当地就业危机；集中社会力量和财力，完成对古镇的修复。（GLZFT02-WT-A①，2012 年）

在与乌镇古镇当地一位不愿透露姓名的管理者接触中，也得到了类似旅游促进社会经济发展认知逻辑的答案：乌镇古镇某年耗电 7000 多万 kW·h，仅相当于一个当地传统化纤企业生产线一个半月的用电量，旅游没有污染，只有净产，是潜力较大的替代性产业，是自信产业，更是区域战略产业。（GLZZS01-DSD-A，2012 年）

在另一位管理者看来：与古镇开发前相比，古镇闲置在那里太可惜了，是巨大的资源浪费，只有让土地资源活起来动起来，才能发展古镇经济，解决三农问

① GLZ 即管理者。

题。（GLZFT01-TR-A，2012 年 8 月）

毫无疑问，上述认知契合了国家对发展旅游的战略思维，是国家旅游战略在地方实践的现实脚注。从中也可以看出，旅游的工具性功能较为明显。

（2）“旅游是平衡器”

与“一业兴，百业旺”和“旅游是当地促进社会经济发展最好的产业”对应的另一项功能是“旅游还是区域社会经济发展的平衡器”。在采访一位熟知古镇旅游空间生产运作的管理者时，他认为：政府主导古镇旅游开发，其实还有更深刻的内涵在里面。就是“通过旅游可以推动地产生意，通过地产带动城市（镇）建设，通过城市（镇）建设树立区域形象”。现实中，旅游确实具有“经济社会发展功能”，但是政府好像更愿意打“旅游”和“地产”的组合牌。（GLZFT02-DGT-C，2012 年 10 月）

在惠山古镇调研中，作者证实了上述论述的现实逻辑，一位不愿透露姓名的管理者认为：事实上，古镇面积太小，单纯搞旅游并不赚钱，但是政府有政府的考虑，文化是时代特征，大家都在利用资源来包装，也容易看得见。但是政府有权没钱，往往要借助开发商的力量，如何平衡开发商的利益？政府推行“土地财政”，不断扩大“公共利益”边界，在其他地方用土地来平衡。这样一来，既能达到旅游开发的目的，又能在城乡建设中得到效果。原住民无法公平分享土地资本化后的升值收益，实际上被甩出了工业化、城镇化的进程。（GLZZS02-TTR-B，2012 年 10 月）

不难看出，政府和开发商利用各自优势，将权力和资本结合，借用旅游形成了社会治理的“委托-代理”关系。其逻辑关系是政府授权开发商，并与开发商一起从事社会治理活动。

7.6.2 企业

（1）“现代化生产”逻辑

现代企业制度主要是以产权制度为核心的企业组织制度。企业管理组织的现代化包括管理组织高效化和管理人员的专业化，要求从最大限度的整体出发，领导和指挥统一原则合理组织机构。按照科斯定律，在正交易费用的世界中，产权的配置是非常重要的，实现企业管理组织的现代化最主要是能够实现单一产权结构，所有权、剩余控制权和剩余索取权高度统一，这有利于在内部利用权威和行政命令配置资源。一位古镇企业经营者认为：开发商作为自利的经济人，都有自己的“私人利益”，需要通过合理的产权配置尽量减少私人利益和集体利益的冲突。

（KFSFT02-GRE-B[①]，2012 年 11 月）

很明显，上述“私人利益”指的是旅游开发中的“开发商”；而“减少私人利益”中的“私人利益”代指“想积极参与旅游开发的原住民”。结合马克思主义政治经济学和西方新古典经济学理论认知，这里很容易看出，资本企业其实就是“资本家”的企业，这是资本企业的逻辑起点。

（2）“利益最大化”逻辑

在“委托-代理”关系中，代理人是一个独立利益和行为目标的经济人，其行为目标具有自利的特性。政府在这一关系中事实上多以“股权形式”与开发商形成“绑定关系”，使“委托-代理”关系变为更加结实的经济“联盟关系”。

这种“联盟关系”其实又是存在强弱的。在开发商进入旅游场域之前，政府似乎存在为了结成联盟而进行谈判的“主导权”；而在开发商进入旅游场域后，便会更多地按照企业开发逻辑进行旅游空间生产。

7.6.3 原住民

从前述研究可知，旅游给古镇社区带来的现代性特征主要表现在“个体联结的理性”和“传统共同体的脱域”。在这一背景下，古镇原住民对参与旅游空间生产权能和价值诉求开始变得“社会性”，这种力量的驱使使其产生了参与旅游的热烈表现，另一方面也使其比以往任何时期更加“在意”旅游空间如何生产。

（1）“有感增长”

在古镇原住民的调研中，作者并未得到更多关于对“古镇旅游空间生产目的”的质疑。相反，原住民认为：古镇旅游开发是文化的重要传承载体，折射了水乡文化传承特色，不仅是旅游目的地如何推介地域文化的问题，也有利于游客在猎奇经历中对话“他文化”；无疑会增加古镇旅游活动的“文化化”，呈现给游客的是集时空、地方、景物和古镇社会叙事等多重边界的“文化地图”；在建构文化旅游过程中，也确立了自身最佳的形象定位。（YZMZS01-TI-B，2012 年 11 月、YZMZS01-HGF-C，2012 年 11 月、YZMFT02-BNX-B，2012 年 12 月）这充分说明，原住民对旅游开发的目的较为认同，能够感觉到古镇的发展和变化。

（2）“无感发展”

针对旅游空间生产中的“权能城堡”现象，更多原住民认为自己并没有太多感受到旅游开发带来的变化（乌镇古镇和惠山古镇较为明显），政府应该多承

① KFS 即开发商。

担原住民的社会责任，在公共政策中协调“委托-代理”关系中原住民的“权能缺失”。

事实上，现代政府不能仅仅以经济作为考核指标，原住民的参与和权能分享也应成为主要考核内容，毕竟古镇社区不同于传统景区，较为特殊。（YZMFT01-FR-B，2012年10月）

而更多的原住民认为，解决原住民的“权能缺失”，仅有“道德呼吁”还不行，根本上还是要建立比较完善的制度。

制度在相当大的程度上可以克服旅游空间生产知识上的构成局限，减低面临的不确定性，增强可预见性，预见性的提高则可以增强主体之间合作的可能性。（YZMZS01-GUO-C，2012年11月）

在一些古镇原住民看来，增强旅游空间生产的制度性，还具有更为深刻的社会政治意义。

共同约定可以平衡旅游开发中权能主体关系以及以此为基础的其他社会关系和政治关系，实现社会政治生活的公平和正义。（YZMFT01-WU-B，2012年11月）

上述政府、企业和原住民三种视角分别基于各主体自身逻辑，每一个主体都从自身利益（各自有各自定义的政治效益、社会效益、经济效益或民生效益）出发，形成偏利于自己的行为认知“悖论”。如果按照各自认知逻辑去推理，在看似“公说公理，婆说婆理”的背后透露着“政府行为是依据政府意志、旅游开发商行为是市场行为，原住民是生计”各行各事的逻辑。事实上在深层次隐藏着是“经济合理性”，还是“伦理合理性”之争的旅游空间生产核心价值取向问题。这正如斯考切波（2007）在评价政府行为中所认识的那样：“国家作为一种组织制度系统是一个自主的行动主体，国家有自身的利益追求和偏好。”如果把这一思维逻辑视角伸至旅游空间生产其他主体，如开发企业等，又何尝不是以此作为行动逻辑？

“权利悖论”反映了多元主体之间的行为逻辑，在权力的“场力结构”不平衡状态下，强权力主体的“工具理性”占据旅游空间生产和权益分配的支配地位，弱权力主体处于权能缺失的位置。

7.7 旅游空间生产机理及“权能城堡”内涵分析

7.7.1 旅游空间生产的PRS模式

结合前述“旅游开发背景下古镇空间的构建”（第5章）、“古镇旅游空间生产权能多视角分析与评价”（第 6 章）和“多主体旅游空间生产认知逻辑”、“多语境下古镇旅游空间生产探究”（第 7 章）的分析，可以对现代背景下案例地旅游空间生产模式做个系统总结。

本书认为，旅游空间生产机理和“权能城堡”形成（详细分析见 7.7.3 节）的原因主要来源于：20 世纪 70 年代末改革开放以来，我国作为发展型国家对新自由主义（Neoliberalism）的探索性实践和进展动力因时因地作出调整，形成具有中国式的混合型新自由主义实践模式。其中，实用主义和机会主义的考虑扮演了重要角色。具体可以阐述为如下因素。

1）全球化下的“旅游凝视”——“地方”被发现。这是案例地旅游空间生产逻辑的起点。

2）中国式政治经济的“推-拉”体制——“地方”被生产。这是在我国特殊背景下，旅游空间得以生产并形成“权能城堡”问题的重要分析切入点。

3）资本循环周期中的“自利性”——原住民“空间”被挤占。这是旅游空间生产中资本快速聚集的途径，也是分析案例地形成问题域实质的重要视角。通过此视角，能更加明确案例地“积累经济资本、忽视社区原住民权能获取结构”的机理。

4）权力“场力结构”的不均衡性——原住民“空间”被边缘。这是分析原住民“权能城堡”问题和构建旅游空间正义的基础。

通过上述分析，可以对案例地旅游空间生产机理进行图式描述。本书认为存在“旅游空间生产—旅游空间分配—旅游空间消费—旅游空间再生产”的路径，进一步归纳为“旅游空间的实践（P）-旅游空间的表征（R）-表征旅游的空间（S）”框架，即“PRS 模型”（图 7-7）。

7.7.2 旅游空间生产“结构转向”的逻辑

7.7.2.1 旅游凝视与“地方”被发现

在现代性背景下，“凝视”是一种重要的“发现形式”。在某一种程度下，“凝视”确立了我们周围的世界，个体行为的“观看”行为［到达具体空间（摄影、绘画、微博、……）发表］，如陈逸飞《故乡的回忆》之于周庄古镇，以及个体凝视有价值的地方往往成为“更多人”关注的地方，且逐渐演变为“集体凝视”（游客驱动、官方打造、舆论造势，……）的重要旅游地，空间成为消费的重要场所。在本书中的三个案例地，周庄古镇既是“被发现”的旅游地（我国最早古镇旅游形态诞生地），又是旅游空间生产中带来“结构转向”的起点。

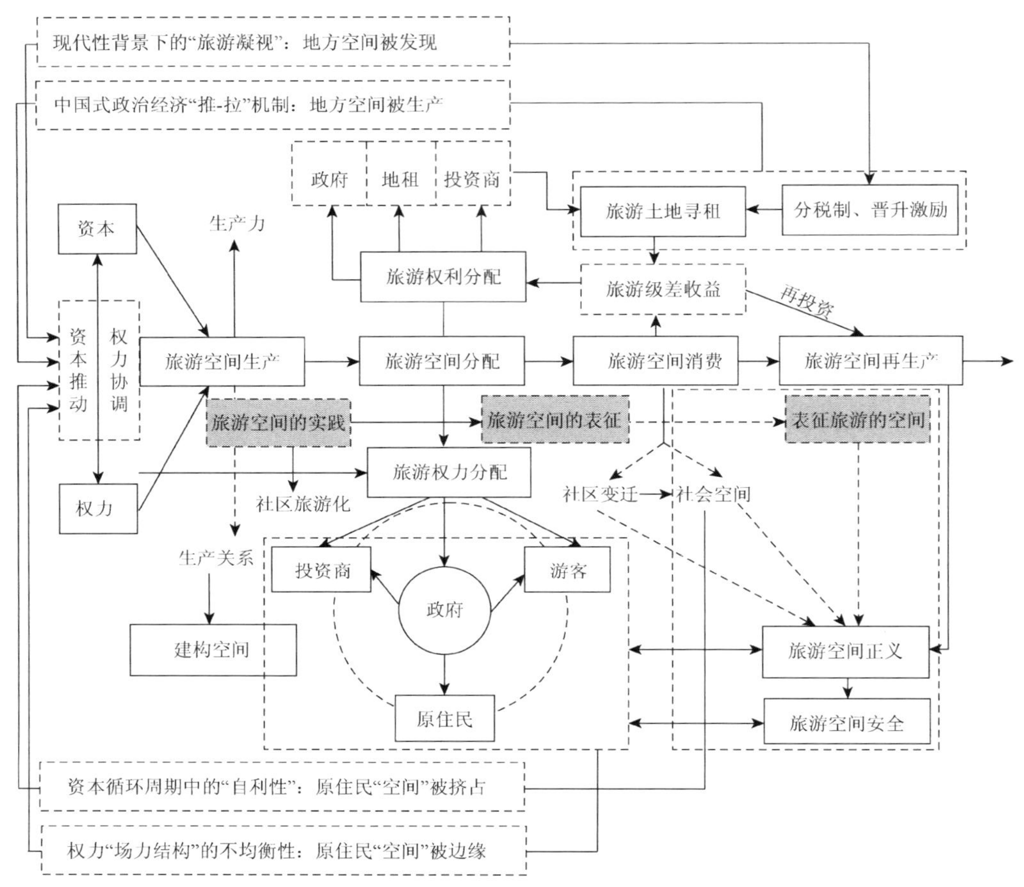

图 7-7　旅游空间生产的 PRS 模式

7.7.2.2　中国式政治经济"推-拉"体制

（1）旅游空间生产的政治经济学

一是财政分税——"推"。"推"的主要本质是财政压力（压力性层层加码体制）。在现有政治经济体制背景下，"央地财政分权"最直接的代价是造成了地方政府公共支出结构的偏倚或扭曲，以及经济增长方式的偏好选择。这种选择迫使地方政府"更加以经济为中心"，不断扩大收入规模，不断加大对地方资源的攫取，甚至造成急功近利。二是晋升体制——"拉"。"分化化权威主义"的存在，形成了官员晋升锦标赛，考核的焦点实质上变为"具有显性考核尺度的经济发展"。"财政上分权"和"政治上纵向问责并存"的体制，是造成旅游空间生产中激励扭曲的主要原因。

在上述体制中，那些“不能分担财政忧愁”和“不在考核和政绩评审范围的事情”往往隐蔽性地被忽略了，导致地方政府价值和行为重视产业数量，忽视社会质量，降低了公共服务和原住民权能供给。

（2）旅游空间生产的土地政治学

其一，土地政策具有寻租的优越性。我国土地“公有性质”使政府主导的土地资本化模式依托垄断一级土地市场和放开二级土地市场，实现了攫取土地级差收益的巨大优势。在此过程中，政府谙熟“土地财政”及游客旅游收入对地方财政增加的道理，通过政府权力和资本结合，低价征地（乌镇古镇和惠山古镇）或对土地占有的资本优势（周庄古镇），主观上完成了旅游空间生产的必要准备，客观上形成土地财政。其二，土地（旅游资源）具有资本的增值性。包括案例地“旅游资源区土地资本”、“旅游资源及建筑等物化的人文资本”和“旅游历史文化资本”。从资本的角度看，旅游资源作为被开发利用的对象，同时就构成为资本的投入，具有可增值的可能性。旅游经济因税收政策的特殊性能较大生产旅游级差收益，从而增加财政收益；反过来，旅游空间生产产生巨大级差收益的前提一是第三产业对土地的需求，二是附着土地上的资源（产品）对游客的吸引程度。政府与资本结合在进行旅游空间生产时，本质上是资本的旅游空间化过程，微观上既是旅游资源资本增值的需要，宏观上又是资本在空间循环的需要。旅游空间生产的土地政治学响应了中国式政治经济“推-拉”机制。

从上述旅游空间生产的政治经济学和土地政治学可以看出，地方政府为了扩大自身利益，具有两种偏好：其一，会选择经济收益最大化行为决策。其二，会从政治决策中利用机会主义进行寻租。具体为：一是“政府采购”，这一方式实现了在旅游开发过程中的包办行为。二是“政府特许”，采用有利于“推-拉”机制的最优开发模式，选择的结果必然青睐于能够培育和发展经济效益高的市场机制来进行资源配置。

作者进一步总结认为：全球化背景下的“旅游凝视”使古镇作为“地方”被外界逐步认知，这是空间转向和旅游空间生产的重要前提；中国式的政治经济“推-拉”机制是空间转向及其生产的重要原因。

7.7.3 旅游空间生产“权能城堡”的逻辑

7.7.3.1 循环周期中的“自利性”——选择性转移和节奏控制

就案例地旅游空间生产的主导者——地方政府（及开发商）来说，资本必须不断地从流通领域进入生产过程，再从生产过程进入流通领域，才能实现价值的增值。在此过程中，最核心的是“资本周转的时间”和“周转的速度”。通过“空间生产理论的实质解析——资本三重循环”分析，资本在第一循环过程，主要完成了“社会经济空间的生产”，资本的“无止境积累性”，最终出现“过度积累危机”。按照资本循环的内在规律，化解危机一是可以采用“时间转移”，投资以“原住民”为基础的众多项目或原住民本身，以最终在下一轮循环中服务于资本自身；二是以“空间转移”，投资旅游资源配套项目。与资本急速聚集的天性相比，这两种转移存在“周期过长”和“投资有限”的问题，具有一定程度的局限性，不利于短期循环。虽然亨利·列斐伏尔认为：“资本生产的兴盛是由于在空间生产无限扩展和自我突破。”但资本更愿意选择“不推迟未来重新进入流通领域的时间”。旅游空间生产中偏向于古镇社区的公共福利性行为据此将大为削弱，这是造成古镇原住民不能很好分享旅游成果的重要原因之一。

7.7.3.2 原住民权力的“场力结构”不均衡性——权力固化对权利表达的排斥

“权利”是为了满足特定利益而自主享有的权能和利益。权能是实现利益的基础，是权利的组成部分，权利的实现又是权力的重要来源。在案例地中，周庄古镇原住民“低质权能陷阱”的本质是“低权能”，其原因既与“政府的粗放型开发系列政策”（经济为主导向）有关，又与“外来资本的挤占就业空间”有关。乌镇古镇和惠山古镇“主体不相容”的本质是“无权能”，其原因主要是“政府的粗放型开发系列政策”导致。根据权力效应的充分性——权力的“场力结构”模型理论，造成古镇原住民“权能的不充分性”主要有三个因素。

（1）权力的大小

在旅游空间生产中，不同模式的土地资本化形式决定了不同主体之间权能均衡程度，这是构成强势主体与弱势主体之间产生矛盾的主要根源和关键点。从权力和权利之间的辩证关系可以看出：一是权利是权力的本源。二是权力是权利的保障。无论案例地旅游空间生产是“低权能”，还是“无权能”，本质上是原住民旅游空间生产权能的不充分，导致了旅游空间生产权益获取的不充分性，最终影响了旅游空间生产权利的实现。权利的“缺位”（“无权能”的乌镇古镇和惠山古镇）和“弱化”（“低权能”的周庄古镇）一方面使案例地古镇原住民无法或没有更充足的力量制约强权力的旅游空间生产形式、内容和过程；另一方面，又难以形成原住民自身的“权力”，去制约和保障自身诉求。

（2）权力的方向

造成旅游空间生产“权能城堡”现象的第二个原因是权力的方向问题。权力大小不同导致权力方向发生变化，主要表现在权力的方向偏于强权力。例如，地方人民代表大会制度和司法体系的横向制约不完善、古镇原住民公民意识的松散、原住民“共同体”和公民因素的缺失等，这些因素重合叠加，促使地方政府具有“机会主义倾向”和主导旅游空间生产的绝对权力。在自上而下没有有效制度规制和社会道德理论约束前提下，作为强势主体的食利集团不能带给原住民参与旅游，形成权能指数均衡的理想状态。这也很好解释了案例地内部纵向比较“游客权能>原住民权能”，外部横向比较原住民因参与程度不同出现“周庄古镇>乌镇古镇>惠山古镇”和游客依吸引程度不同呈现“乌镇古镇>周庄古镇>惠山古镇”的道理。

（3）权力的作用点

权力的大小作用于案例地旅游旅游生产中，表现为“权力的方向”，而“权力的作用点”是解释“权力大小作用于空间方向”的重要依据。通俗来讲，就是要分析案例地强权力是通过什么机制（作用点）成为可能的？研究认为，最主要的因素表现在：一是中国式政治经济“推-拉”机制是最重要的原因，其中既有政治经济行为的机会主义作用，又有对土地性质“合法性”和“合理性”的利用。二是缺乏抵制强权力单方面行为的力量，其中既有“第三方力量”的缺失，又有最主要的原住民公民社会的培育。

综上分析，可以看出空间是权利和权力的对象和目标，社区型文化古镇具有主体构成的特殊性，旅游空间生产引发的利益诉求多元化也是一个必然趋势。旅游空间生产之后出现的新空间形态正是一种以原住民“私有空间”和旅游形成的“公有空间”并存，及与其对应的原住民“私有产权”和“共有产权”同置的多元利益复合共同体。如果说，在原生空间是作为原住民生活来运用的话，与先前截然不同的是，共同体在自身行为逻辑中使古镇社区维持原住民初源平凡日常生活形态的同时，也成为各种利益、矛盾、冲突、博弈得以展开和进行的“操练场”。旅游开发将原住民用地转化为旅游空间生产用地后，如何合理补偿征地带给原住民的损失，消除原住民不能很好或根本不能分享旅游成果的现状，是旅游空间生产引发的关注焦点。

旅游空间正义的实现在政府和市场介入的背景下，更需要尊重来自民间的动力参与和 INGO 等组织的协助。多股动力的融合本质上为我们提出多主体权力均衡如何达成一致的问题，需要抛弃由特殊经济政策导向的“唯效率论”和分权化权威导向的“唯晋升竞标”，在权力的“场力结构”框中，发展并构建原住民权力和第三方权力，建立多个方向权力均衡的协调机制，维护“弱权力”表达的充分性。所以，可以这样认为，旅游空间生产权能不充分的根本原因，在于在权力的“场力结构”中“权能的不充分性”导致了“权力的不均衡性”，进而又导致“权利的缺失”，突破口需要在“权能→权益→权利→权力”和“权力→权利”的双向逻辑中实现。

7.8 本章小结

本章围绕下列问题展开研究。其一是案例地旅游空间生产的动因是什么？其二是案例地旅游空间生产权能为何会出现原住民普遍低于游客现象？基于原住民视角的“权能城堡”是一种必然还是偶然？

（1）“地方”积极参与经济全球化的诉求

在资本循环及其构成的网络中，资本塑造了全球空间体系。“地方必须跟上全球化现实”意味着作为“地方”也将或迟或早卷入到资本循环构成的网络中。在这一网络中，资本在大尺度空间的生产过程和逻辑，同样也可以复制到区域较小的空间，“地方空间”发展的核心动力建立在资本主义的生产方式之上，无论是旧有的生产方式，还是既存实践，一切均需要符合资本运作的特性和逻辑，建设更加有竞争性的市场是摆脱落后的唯一手段，而发展的唯一途径是不断进行改革，并继续融入大的体系中。毫无疑问，在当下我国社会主义市场经济这一新的历史背景下，我国任何发展与全球相连，旅游的现代化发展为资本嵌入旅游场域提供了历史舞台，资本裹挟自身特性与权力的制度安排有机结合，推动了旅游空间的生产，塑造了全新问题谱系，造就了新的“竞技场所”。

（2）央地财政分权的“推”与“拉”

分税制导致了地方政府“事权与财不匹配”现象，也带来央地政府间财政分配关系中的隐性博弈。财政分权赋予了地方政府发展经济事务的权限，在某一种程度上成为地方政府经济发展的激励机制。地方政府的财权与事权极不对称是其明显表现，这又必然形成在既定约束激励机制条件下，迫于财政压力、辖区间竞争和政绩显示压力，产生创造强有力的逐利动机，并在一定程度上形成地方政府的“效用偏好行为”，进而演变为更倾向于以经济增长为重点的发展型政府。

除分税制外，引起地方政府热心发展旅游经济的动因还与分权化权威主义有较大关系。分权化权威主义即中央政府在赋予地方政府一定权限的同时，通过新的治理机制对地方决策者的制约。这种模式事实上形成了中央政府对地方政府的“纵向问责机制”。这无疑对地方官员政绩行为形成激励，甚至产生“政治寻租”。特别是在实体经济实力不太强的古镇，利用旅游的资本特性无疑是旅游资源富集区官员发展旅游经济，并将其视为新的经济增长点的重要途径。

（3）旅游空间生产“权能效应不充分”

一是资本生产危机中的选择性转移，具有一定程度的局限性，不利于短期循环。“时间转移”和“空间转移”存在“周期过长”和“投资有限”的问题，资本更愿意选择“不推迟未来重新进入流通领域的时间”。这成为古镇原住民“权能效应不充分”的重要原因之一。二是案例地旅游空间生产从本质上来讲，反映了空间生产主导者按照“内输入”方式进行生产的特性，也反映了古镇社区原住民旅游空间生产权利的缺失导致对权力监督的失效。旅游空间生产权能不充分（突出表现为原住民的权能低化）的根本原因在于权力的“场力结构”中“权力的不均衡性”导致了“权力的不充分性”。

8 基于"知识–权力–自我"的旅游空间正义探索

8.1 古镇社区达到"自我"的"知识"和逻辑是什么

8.1.1 需要厘清的"知识"

"知识"（价值观、意念、习俗、……）是行为逻辑构建的基础。有多少种"知识"，将会有多少种"行为逻辑"。从米歇尔·福柯[①]"知识-权力-自我"的逻辑理念思考古镇社区"如何建设"，首先需要厘清建设的"知识"有哪些。

1）案例地旅游空间生产应秉持什么核心价值观？除了经济取向之外，还有什么？

2）案例地旅游空间生产和社区建设，应该是基于"共同体"还是"社会"？

3）基于什么样的制度设计，才能解决资本在案例地循环中的"自利性"和原住民在权力的"场力结构"中权能表达的不充分性？

4）在旅游空间生产中，是继续采用强权力体制的"内循环"？还是应该结合弱权力社区社会的"外循环"？

5）应该思考"用现代去整合现代的问题"，还是"现代应该去整合传统的问题"？

6）调适案例地旅游空间生产，有没有适合"个体"的模式？

8.1.2 达到"自我"的思考

"行为逻辑"是"知识"的现实投影。哪一种"行为逻辑"取胜，决定于哪一

① 米歇尔·福柯微观政治学是微观政治哲学的一种重要范例。其最大特点是把关注从中心化的宏观权力转向了多态化的微观权力，深入日常生活世界之中，凸显出政治与文化的关联。作者认为，从某种意义上讲，这一价值取向是回归生活世界的文化哲学。

种“知识”更符合社区建设的现实。找到正确的答案，必将成为实现旅游空间正义的重要理据。反之，未来古镇社区建设的目标和方向就将不会明确。

1）古镇社区的可持续发展，是依靠“传统联结经验向现代的延伸”？还是依靠“现代社会的治理方式”？抑或“需要二者的有机融合”？

2）发展是不断“自我”的过程，古镇原住民的更加“自我”，是靠“对既存社会惯习的修修补补”，还是靠根本性的“制度建设”？

3）古镇从传统“官-绅”治理结合（以儒为主）、社会主义改造和计划经济、中国式市场经济到新马克思主义及相关批判理论的出场，有哪些经验可作为旅游空间生产的依赖？

4）除制度建设外，从旅游开发的“各美其美”，到未来“美人之美”，再到“美美与共”，依靠“行为者的自主性”，还是“人文价值的渗透、关怀和引领”？

8.2 正义诉求拷问旅游空间生产的核心价值取向

价值观是人们的利益关系在价值领域的反映。旅游空间生产的价值观反映了公平和效率的哲学思辨，其价值诉求是一个理论逻辑的发展进程和实践进程。旅游空间正义诉求拷问下的旅游空间生产核心价值[①]取向，需要我们在“工具理性”、“价值理性”和“治理理性”三方面谋取平衡，正确看待不同时期的价值序列。

8.2.1 旅游空间生产的“工具理性”与“旅游为何生产”

德国社会学家和经济学家马克思·韦伯继承康德的理论理性和实践理性二分的概念，将（合）理性（rationality）二分为“工具理性”（instrumental-rational）和“价值理性”（value-rational）。他认为前者是指行动只由追求功利的动机所驱使，且借助理性达到自己需要的预期目的，行动者出于效果最大化考虑，常常在一定程度上漠视人的情感、体悟，甚至精神价值。后者强调行为人采用正确的方式去实现自己的目的，而不管其结果如何。

在我国改革开放后的旅游发展历程中，旅游被赋予了很多重要功能，由于特殊的环境背景，旅游的“经济性”工具理性长期占据主导地位，以旅游推动经济发展被赋予其重要的社会功能。古镇旅游作为我国旅游类型的重要补充，在现实空间实践中无疑也将经济发展作为主要目标。从发展状况看，案例地不同模式下的旅游开发确实极大地推动了空间开发的生产能力，提升了社会知名度；但通过

① 作者认为，一个较为完整的核心价值体系，应该包括价值目标、价值主体、实现途径、行为准则和社会控制五个方面。

调研也发现一个不可回避的事实，案例地被征地或被强势空间挤占的原住民所面对的问题往往被旅游空间生产的“正当性”所屏蔽，古镇旅游空间生产过程在面对权力、资本、文化等外力因素时，工具理性抛弃了价值理性的约束进而取得了统治地位，“看得见的”经济增长速度成为发展的指导方针，政府主导仍然以经济发展为导向。

旅游空间生产的社会发展拷问“旅游为何生产”。从学理上分析，在历史的特殊阶段，发展旅游经济对效率的追求的工具理性有其“历史合理性”，先有效率追求，才能为公平追求奠定基础，只要有一种价值理性的存在，就必须有相应的工具理性来实现这种价值的预设。应该看到，权力与资本结合在现实环境中对旅游空间生产的积极作用。空间作为一种潜在的生产力，在当代旅游发展和“中国式政治经济”体制背景下，旅游空间生产的主要推动者——政府在旅游发展中更加看重旅游的经济目标。原生空间的本体状态是空间存在的最佳状态，但却不是“有用的状态”。功能论的观点认为“社会只支持那些有用的空间形态”。也就是说，能够维系社会系统的空间行动将得到鼓励。以政府为主导的旅游空间生产方式，能够集中大量的资本和物力，调动多方面资源，在短时间内达到发展目标。古镇原生空间的改造是改造者将其作为特殊“生产部门”进行的文化经济化的过程，这种生产有利于资本获得更高附加值，是旅游经济增长和繁荣的引擎。

但是，“工具理性”的统治无疑会带来人的异化和物化，古镇旅游空间生产中空间变迁和重构并非一个均质化的过程，过多关注经济结果将导致社会效能缺失。原住民的情感失落、隔离、漠视、仇视等现象让我们深思，旅游空间生产效率在得到极大改善的同时，更应该更多关注旅游社会空间效能的提升。

8.2.2 旅游空间生产的“价值理性”与“旅游为谁生产”

（1）旅游经济发展的社会伦理学

伦理经济学观念认为，人类经济活动只有遵循一定的道德规范运行，才能良性循环和健康发展。18 世纪著名思想家亚当·斯密在其著作《道德情操论》中以“利他主义”为出发点，揭示出“人类社会赖以维系及和谐发展的秘密”。20 世纪初，马克思·韦伯在《新教伦理和资本主义精神》中明确提出：“资本主义精神和道德力量比单纯鼓励资本积累重要得多……它是养育现代经济人的摇篮的护卫者。”这其实从伦理学的角度提出人们不能仅以经济的合理性为满足，还要追求是否有伦理的合理性问题；不仅要思考经济活动的高效益，还要思考经济活动的人道原则和公正原则。

进入21世纪的今天，经济活动的伦理学问题依然面临严重的挑战。尤其是作为发展中国家的我国来说，更是面临诸多问题。由于长期以来我国以“经济建设为中心”，势必在人们头脑中形成“经济优先主义”，甚至成为一种固化思想。随着越来越多“以市场经济思路处理社会问题方式，并不断带来难以调解的社会矛盾”的现象出现。人们也越来越达成共识，即道德理想虽然必须根植于现实，不能脱离社会发展阶段论规律，但道德理想的导向作用不能否认。美国学者罗伯特·所罗门认为：“市场经济并非在原始丛林中，而是在它所服务和赖以生存的社会中进行的，人类的经济活动必须有‘伦理呼吸’。”应该说，义利统一、见利思义，是经济社会活动中应该有的价值取向。这种价值观蕴含着我国经济活动发展的逻辑起点，是指导并推动经济活动的必然要求。

所以，在看到旅游空间生产带来积极效益的同时，也应该注意旅游空间生产带来的“问题域”。由于空间高附加值的反馈能力又使（尤其是在不改变现行特定政治经济制度背景下）权力与资本形成更加牢固的关系。旅游空间权能分配存在的不公平等诸多现象，势必造成强势和弱势主体之间的“权能城堡”。由于强权政治和制度的缺失，原住民消费者的边缘空间带来了边缘权能；在没有新的空间生产逻辑产生之前，主导空间生产的强势主体则会持续有利于自身利益的逻辑进行旅游空间生产。“权能城堡”将强势主体与弱势主体隔离是一种客观现实，这种隔离催生了一个“陌生人世界”的形成，并且逐步侵蚀着古镇社区社会空间的稳定。

进一步追问旅游空间生产带来的社会“问题域”，归根结底是由于我国在社会建设和管理方面的经验和实践明显滞后于经济发展，以及在其过程中空间公正的缺失造成的。维护旅游空间生产的正义，有必要加强对社区社会管理理念和实践的探索，形成正确的旅游空间生产核心价值观。社区型文化遗产地旅游空间生产的伦理问题就是要坚持把地方原住民权能放在首位，保证原住民在旅游空间生产中的优先权利，在此基础上再协调多元主体之间的权能指数均衡和权能分享问题。

（2）价值理性缘由（Ⅰ）——谁的遗产

在现代语境下，对文化遗产的挖掘是利益群体（尤其是强势者）参与文化遗产的表述、生产与管理的过程。无论在中方语境，还是在西方语境中，对遗产的表述均将其认定为“一种继承（inheritance）关系”，这充分说明遗产是“保持群体延续的重要载体”。虽然在空间实践中“每一行动主体都宣称自己对遗产具有继承、租借、使用、处置、管理、保护、改造等某种权力，并不断寻找谋求自身的权力话语”，但从遗产的生产来看其所有权，古镇旅游社区具有与一般旅游景区不同的特殊性。它首先是由原住民世居而成，是在语言、风俗和艺术中形成的“情感聚集区”；而古镇旅游得以成为旅游吸引物不只基于物理空间的要素，还有生于斯长于斯的原住民在历史的长河中，将自身智慧融于特殊地域，形成并创造了遗产的奇迹，他们的生活、民俗、习俗应该成为比外在物质更重要的吸引要素。可以说，原住民创造了古镇的文化景观，在古镇遗产的归属权中原住民是不可或缺的主体之一，古镇旅游开发中保留部分原住民是保证地方文化脉络延续的必要条件。按照遗产的继嗣原则，遗产是一种典型的地方性知识，遗产的创造者理应是遗产传承的主体。

（3）价值理性缘由（Ⅱ）——谁的旅游

在现代旅游开发中，常常出现这样的情况，当发觉旅游资源可用作创造级差收益的载体后，相关强势多元利益群体“相拥而上”，弱势方却往往排除在核心利益之外。通过前述分析，本书案例地在旅游开发中存在政府、开发商和社区原住民之间的权能协调问题。作者认为，不管这类社区型文化遗产地如何开发，前提是原住民要受益，要分享发展成果，这是旅游开发和价值诉求的根本目的。基于此，我们首先有必要先厘清社区型文化遗产地遗产旅游的主人身份问题，分清古镇文化是谁的文化，古镇旅游是谁的旅游，只有这样才能明确回答“旅游为谁生产”的问题，也才有利于形成古镇遗产旅游的保护与发展共识。

马克思主义认为，社会就是人的社会，社会秩序就是人的秩序。作为社会实践的行为主体和社会秩序的相应载体，人的自由全面发展是社会秩序的价值所趋与真实归宿，应该让社会主体真正成为社会和自身的主人。而抗拒理论（reaction hypothesis）则认为，如果经济社会变迁与人们最初的价值观不相符，他们就会对不平等现象表示出强烈的不满和抗拒。原住民对旅游空间成果的差异分享或不能完全分享，这其实彰显出旅游空间生存论的旨趣。健康空间的发展需要多思考旅游发展为了什么，一个地方的旅游经济发展如果不能给原住民带来较满意的生活品质的改善和提升，发展旅游需要的人文关怀意义就没有实现。

8.2.3　旅游空间生产的“治理理性”与“旅游何以生产”

8.2.3.1　旅游空间理性生产需要具有自身核心价值观

（1）空间转向的制度联结

核心价值观简单来说就是某一社会群体判断社会事务时依据的是非标准和遵循的行为准则。在研究古镇社区旅游空间转向的结论中，可以看出古镇原生空间秩序的联结（或整合）依靠权威、血缘、地缘（建国前和建国后兼有），或是集体化（主要是建国后）等作为整合纽带；而在建构空间中，古镇社区变为多元异质社会，空间转向不仅引发旅游权能变动和权能分享变动，甚至空间联结（或整合）纽带也发生变动，原生空间的纽带作用机理在异质的公共社会空间中很难发挥社区联结（或整合）作用。

这给我们带来了深层次思考：经济高增长背后存在着治理或管理职能的错位和失衡，面对旅游空间生产带来的工具理性（主要是经济依赖），事实上是难以继续以原生空间整合纽带作为新的纽带的。那么，作为旧秩序破解、新秩序尚未有合理纽带作为维系的古镇社区，依靠什么来维系旅游空间的理性生产？这是古镇作为社区型文化遗产地必须面对的理论问题。

事实上，不同的空间形态处于历史的不同阶段，不同阶段需要不同的社会联结（或整合）纽带。无论是作为原生空间形态，还是作为建构空间形态，作为“联结纽带”本身来说，均是能维系多元主体之间权能平衡的有效工具，古镇空间转向后的空间持续生产，需要建立适合新空间的权能制度化的安排，这是整合古镇社区的关键和方向，也是旅游空间生产面对“转向事实”首先需要解决的第一个核心价值观。

（2）权能共享的价值本位

作为旅游空间正义的理性治理，不能任由工具理性自由发展。从这个理念出发，旅游空间的安全生产原则必须是旅游空间生产不能以损害任何一方的权能获取机会为前提，解决旅游权能共享的问题，尤其是要调节多元主体之间，特别是强势主体和弱势主体在权能分享上的伦理约束秩序，这是旅游空间生产面对“权能城堡”需要解决的另一核心价值观。

由此可以认为，解决旅游空间生产“权能城堡”问题的本质是要解决旅游为什么生产。众所周知，我国旅游发展自20世纪80年代起经历了“外事接待”、“创汇”、“经济增长”和“重要产业”等不同阶段。结合我国旅游发展历程、背景，以及《国务院加快发展旅游业的意见》（国发[2009]41号）和《关于促进旅游业改革发展的若干意见》（国发[2014]31号）文件精神，旅游空间生产在实现“国民经济战略性支柱产业”的同时，也应该同时更深刻考虑如何实现“人民群众更加满意的现代服务业”的目标。社区型文化遗产地旅游空间生产核心价值观应当营造两种模式的价值归一，避免为短期目标服务，同时应当关照弱势群体如原住民的现实需求。强调社区型文化遗产地旅游空间生产核心价值观，本质上是在强调旅游发展既要考虑生产力的提升，又要顾及生产关系的和谐发展，实现多主体协调互惠的终极目标。

8.2.3.2 旅游空间生产中多元主体具有“结构和建构”的理论辨析

在理论界，社会结构分析范式和社会网络分析范式一直受到特别关注。英国学者 Radcliffe-Brown（1965）曾提出“结构功能论”，认为一切文化现象都具有特定的功能，无论是整个社会还是社会中的部分，都是一个功能统一体。之后，新一代学者南非的格拉克曼提出了不同于以上表述的“新功能论”，认为“平衡论”才应该是社会结构的核心。实证主义开创者 Durkheim（2009）认为要对社会现象进行充分解释，功能分析不可或缺，并告诉我们特定事项而不是其他事项能在特定的历史背景中发挥特定作用，揭示我们思考特定事项会给整个组成部分的运作带来什么结果。人文主义方法论集大成者韦伯（Weber）非常重视事件过程及其认识方法的特殊性，强调对某一社会环境中社会历史过程中个别人物及其行为的深刻认识，着眼于对综合的概括作要素的分析。奥古斯特·孔德（Auguste Comte）和赫伯特·斯宾塞（Herbert Spencer）认为社会和生物体一样具有结构，社会要延续就必须满足结构的基本需求，这样社会系统中的各个部分才能协调发挥作用，使之连续运行。从以上关于对社会结构经典的论述可以看出，“结构”是深层秩序的逻辑总体，决定了栖居其上物体的位置和功能；行动者在结构上具有意蕴和隐喻，社会存在有赖于社会个体或群体在互动中形成纽带关系，这其实是强调关系展现的结构化社会行为的建构。

8.2.3.3 旅游空间生产中“结构和建构”实践分析

（1）多元主体之于旅游空间的真实性分析

作者认为，古镇于当代的意义在于其文化载体和古镇先祖的创造印迹。从社会角度分析，无论是原住民、游客还是政府等，均属于古镇旅游社会空间的重要组成要素，相辅相成，协调统一。

原住民是旅游社会空间中一种具有独特文化的群体，代表着游客旅游经历中“他文化”的地域文化符号。作为古镇“活态文化”（living culture）的传承人，他们是千年古镇文化的真正拥有者，传统文化遗产的继承者。许多被遗忘、甚至快消失的非物质文化遗产通过原住民得以再生产。对于来自不同社会、不同种族、不同国家或地区，有着不同文化背景的游客，他们更多是来参与“异文化”体验，是承载文化资本化、文化传承和古镇经济社会发展的外部力量。从此意义讲，原住民所承载的文化符号就是一种不折不扣的“旅游文化”符号，无疑增加了古镇旅游活动的“文化化”，呈现给游客的是集时空、地方、景物和古镇社会叙事等多重边界的“文化地图”。原住民所代表的主体性文化与游客代表的客体性文化通过互动而产生关联，双重文化碰撞之中更重要的是地域文化因此得以维系和传播。政府和开发商是空间再现的推动者和搭建者，在市场资源配置中有利于古镇空间的再生产。由此可见，古镇的“活态性”和“真实性”既由多元主体组成，又是多元主体建构之物，具有结构和功能意蕴。

（2）正确处理多元主体权能诉求的辩证关系

按照结构论、功能论视角，多元主体于古镇旅游空间生产是“结构”与“建构”的辩证统一，旅游空间生成的理性治理，需要正确处理相互之间的权能诉求关系。

也就是说，我们需要更加重视和平衡原住民、游客和政府等强权力和弱权力之间的旅游权能获取结构。作者认为，社区型文化遗产地旅游空间生产需要关照游客和政府权能获取，更需要关照为坚守历史文化底蕴付出贡献的古镇原住民。可以肯定的是空间的动力学来自于场域结构及其运作原则，忽视空间者或空间偏向者终将被空间忽视。当我们认识到原住民是需要和游客一样重视的旅游空间生产要素时，就极有必要立足当下旅游社会空间实践的本土经验，鼓励并营造良好氛围，允许原住民参与古镇文化遗产保护，充分发挥其积极作用；并自觉充当研究和实践的行动者，从古镇系统整体发展的结构化和功能化视角投入更多的目光，正视多元主体之间的辩证统一和存在的社会意义。

旅游空间正义是一个颇具时代感的概念，对我国社区型文化遗产地旅游空间生产来说，当下难以找到与西方社会科学相对应的实现路径。本书认为，“到哪里去”需要回归于“从哪里来”的原点上分析。从本质上讲，皮埃尔·布迪厄的场域动力生成机理、亨利·列斐伏尔的“空间生产”以及福柯的“知识-权力-自我”逻辑，为我们提供了较强的思想武器和探寻旅游空间正义的路径图式（图 8-1）。

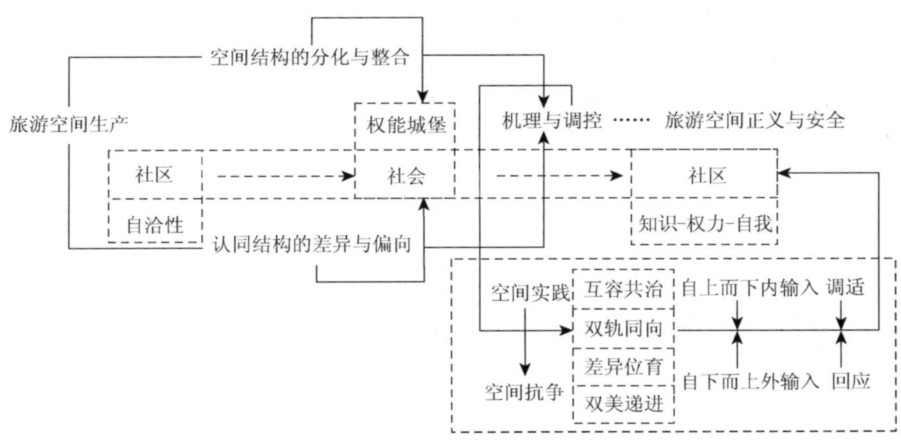

图 8-1 古镇旅游空间生产的“双轨同向”轨迹

8.3 互容共治：旅游空间正义的理念诉求

8.3.1 “互容”的价值诉求：理解斐迪南·滕尼斯的共同体理论

（1）社区作为共同体

社区是一种历史悠久的社会形式，在不同社会背景下具有各自符合自身逻辑的解释，但是一直以来人们对社区共性的描述则具有特定的内涵。德国学者斐迪南·滕尼斯（Ferdinand Tonnies）在1881年首次提出“社区”（community）概念，指出社区是“由具有共同的习俗和价值观念的同质人口组成的，关系密切的社会团体或共同体”。斐迪南·滕尼斯在回答“我们是什么，我们在哪里，我们什么时候来到这里，我们将到那里去”时认为，人们间的关系是意愿创造的，社会性关系、集群以及社会性组织是最重要的三种实体形式。可以看出，社区的核心特征是社会关系性。

从斐迪南·滕尼斯那里可以看出，社区是由自然意志形成的，是具有“本质意志”（表现为本能、习惯和记忆）的，是以熟悉、同情、信任、相互依赖和社会粘着为特征的社会共同体组织，默认一致是对一切真正的共同生活、共同居住和共同工作的内在本质和真实情况的最简单的表示。通过考察斐迪南·滕尼斯的学术遗产，这里可以从以下三个维度来理解社区：其一，社区是人类结合方式，主体间具有情感和谐（emotional cohesion）和延续（continuity）特点；其二，社区是一种情感，具有温暖、亲密和共性特征；其三，社区是一种价值，具有参与（participation）和聚集（coherence）特性。

（2）社区共同体与社会

斐迪南·滕尼斯还研究了“共同体”和“社会”的区别，在“认同”、“联结”等方面进行了系统阐述（表8-1）。

表8-1　共同体和社会比较

项目	共同体（community）	社会（society）
①感知	认同感（identity）：包容性群体，成员能够感觉到亲密的、秘密的、单纯的共同生活，大家处于“共同体”中	异化感（alienation）：排斥性群体，成员感觉属于“公众性的”、“世界的”，亲密的联系被切断，仿佛走进了“异国他乡”
②联结	联合（unity）：在自然基础上的群体中实现，成员之间被理解为“关系的组合”，或是“有机的生命”，或是“历史的联合体”，或是“思想的联合体”，具有非常强烈的“我们感”（we-feelings）	碎片（fragmentation）：在个人的思想和行为的有计划中实现，成员追求不同目标，按照“契约”进行联结，属于机械的形态，具有碎片性，不具有强烈的“我们感”

续表

项目	共同体（community）	社会（society）
③意志	本质意志（consensus）：相互之间作为一个共同体自己的意志，“个人”是整体团结在一起的特殊力量，具有生命的内在统一性	选择意志（inconsistent）：人们以相互关系结合，以由理智构想出来的目的形式为基础，在思想上人们会权衡利害关系
④效能	完整性（wholeness）：血缘、地缘以及宗教是基本的形式，有共同的社会记忆，是一种持久的、真正的共同生活	分裂性（segmentation）：按照个人预计聚合在一起，属于“分离的共同体”，个体不具有共同体中的价值和意义

资料来源：根据斐迪南·滕尼斯对“共同体与社会”的相关论述整理

通过对社区经典概念和内涵的还原，作者认为，社区是一个有着丰富内涵和外延的“地方”，具有极强的“社区性”，是一个“大家的联合体”，表现在生活融洽的共同体、社区交织的共同体、互爱的精神共同体和“自治”的文化共同体，而非“单方面的管理单元”，本质上是一个“结构”和“情感”融合的“社区融合体组织”，共同关系和社区互动是社区典型的组成要素，这对我们理解什么是社区以及如何连接社区提供了思想动员，告诉了我们“什么是社区”，我们“需要什么样的社区”以及我们“如何构造自己的社区”。强调“共治”需要回到社区理论的创始人斐迪南·滕尼斯，需要回到“社区的本意”。

（3）社区共同体的当代境遇

虽然斐迪南·滕尼斯的理论具有合理性。但是还需要考虑“社区传统联结的当代境遇”，这是回归社区本意的同时，实事求是地回到现实。在案例地古镇旅游空间生产形成的新型社区中，古镇社区的“属地运行”格局使联结自身的纽带变得异常复杂，传统道德社区的特征正在退化，大众社会的特点不断涌现。

作者认为：①在这一背景下，理解“社区共同体知识”当然重要，这是维系社区基因（内容层次）的前提。②但仅有此还不够，还需要在技术上（方法层次）考虑“传统（价值）的当代联结”，在维系传统纽带的同时面对现代空间生产现实，找到“社区共同体”与“社会”的结合模式。从米歇尔·福柯“知识论”角度出发，这就是古镇社区共同体的当代境遇下，应然和实然的“知识”，也是作者根据现阶段古镇旅游空间生产问题域，提出必须准确把握古镇社区建设突破口，进行“互容”理念的重要理据。

8.3.2 “共治”的学理溯源：理解资本循环规律及对抗消解

（1）资本循环中的“自利性”

从第 3 章的 3.2 节“空间生产理论的实质解析”得出，资本具有无止境积累特性；同时也可以看到，在第一循环中出现过度积累后，资本通过时间转移（长期投资社会公共事业，如教育、科技等）和空间转移来消解资本盈余。但是，在第二循环和第三循环中，同样也会出现过度积累危机（如投资的饱和现象）。按照资本循环的道理，采用时间转移资本的过度积累有利于资本的重新循环，因为社会性公共福利的空间生产最终将为资本体系服务。不过，从另一个角度分析，长期项目投资在一定程度上延缓了资本重新进入循环领域的时间（图 8-2）。

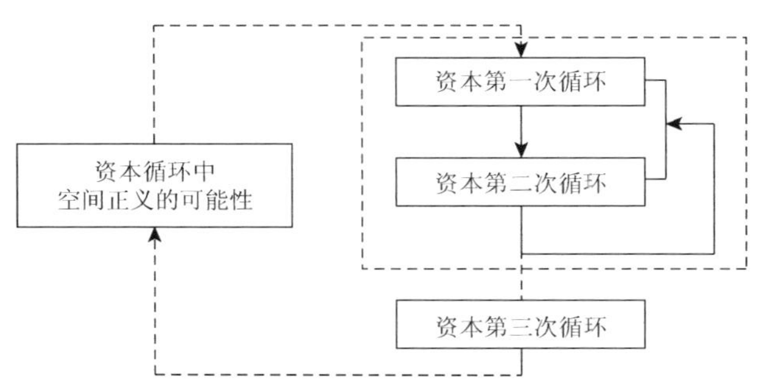

图 8-2　资本循环中的“自利性”

这就不难理解，原住民及其附着的传统文化基因本质上应该有利于资本在循环中的利用，但资本却在案例地古镇无限制扩展中，不计后果地将原住民“清场”并排除在旅游开发体系之外。因为在短期内来说，投资“这些”并不能使资本迅速循环起来。这是资本循环中隐含在其过程中的“知识”，理解此原理，有利于理解案例地“权能城堡”的存在。

（2）资本循环中的“对抗性”

哈维指出“资本积累的生产方式充满对立和矛盾”。在古镇旅游空间生产过程中，资本的“自利性”行为，使资本在古镇中繁衍出了不同程度规模的“对抗行为”。化解“对抗性”行为需要强调“空间正义性”（作者认为，这种正义性是“一方不对另一方造成入侵”）。在旅游开发中，“正义性”是一个基于行动导向的概念。在发展方式上，倡导“广泛基础的增长（broad-based growth）”；在发展对象上，支持“对穷人（弱势）友善的增长（the growth friendly to the poor）”；在发展结果上，强调“共享式增长（public-benificial growth）”。从本质上看，这种理念是具有“共治”的基础理念。

实现这一理念的逻辑起点在哪里？作者认为，本质上依赖于两个方面：①政府应彰显其公共性，即强调政府责任。在“国家”与“社会”（古镇社区）之间必须具备一定的弹性和相应的包容性，确保多元主体间平等的权能获取和利益分享。

②弱势者应彰显其共识性，即形成自我行动。费孝通认为，人的社会有三层秩序：第一层是经济的秩序；第二层是政治上的共同契约，有共同遵守的法律；第三层是大众认同的意识。旅游空间生产正义性表现的是旅游空间生产的价值取向和目标，是作为弱势方的基本诉求，应在上述三个层次方面达成共识，体现合法性、合理性、可操作的“行动自觉”，维护权利的正当性。

（3）“共治”的学理

综上所述，理解资本循环中的“自利性”及其带来的“对抗性”行为，需要正视“旅游空间正义”，在国家、市场、社会（古镇原住民）之间探索新的具有价值共享和利益共享的治理机制。

其一，融入是正义实现的前提。这一理念对于深受发展不均衡和社会分化困扰的古镇旅游空间生产来说，就是：促进古镇社区旅游公正、保障古镇原住民旅游空间生产权能的充分实现、消除古镇旅游空间生产关系间的隔阂与裂隙。与之前古镇旅游发展的概念不同，正视“旅游空间正义”需要实现旅游回归发展本意，也就是发展的目的不再是单纯追求国内生产总值（GDP）的增长，而是在使旅游增长的情况下，实现原住民有均等机会，有共享旅游开发成果的体制机制。

其二，制衡是正义实现的根本。资本因缩短循环周期无法及时投入公共福利，这种“自利性”决定“第三循环”总是推迟实现，或不去实现（如核心区域建设效果较好，镇域其他区域较为滞后，说明了资本在循环中的局限）。由此带来的“忧伤”（周庄古镇）和“抵抗”（乌镇古镇和惠山古镇）将会在一定的时间范围内存在。根据权力的“场力结构”原理，没有“自下而上”的参与以及横向的实质监督等力量的介入，弱力对强力的制约将无法形成，原住民的对抗行为也将难以消解，旅游空间正义最终将难以实现。所以，行为上实现“共治”，保证了社区建设既有现代动力，又能使社区具有“道德感”和“我们感”。

8.4 “双轨同向”：旅游空间正义的制度探索

8.4.1 “双轨同向”旅游开发模式的应然选择

8.4.1.1 我国现行政策中的“社会建设”导向

“社会建设”是一个历史概念[①]。在我国特色的管理体制背景下，社会建设既

① 孙中山在“民国”六年（1917 年），曾为《建国方略》之三《民权初步 社会建设》一书作序中提到该概念。社会学家孙本书指出：“依社会环境的需要与人民的愿望而从事的各种社会事业，谓之社会建设。”

区别于西方，又区别于传统概念。我国社会建设体制的特色就是政府主导，多方参与，根本目的是完善社会功能、促进社会发展，形成相互协调的社会秩序。近10年来，我国现行社会管理的政策导向，越来越重视创新社会建设的内涵(表8-2)。

表8-2 十六大以来关于社会建设方面的表述

报告、文件等	关于社会管理方面的表述
2003年7月28日的讲话	提出“发展绝不只是指经济增长，而是要坚持以经济建设为中心，在经济发展的基础上实现社会全面发展”
2003年中共十六届三中全会	提出“坚持以人为本，树立全面、协调、可持续的发展观，促进经济社会和人的全面发展”
2004年中共十六届四中全会	加强社会建设和管理，推进社会管理体制创新
2005年政府工作报告	我国政府首次提出建设“服务型政府”的重要目标
2006年中共十六届四中全会	加强社会管理，维护社会稳定，是构建社会主义和谐社会的必然要求
2007年中共十七大报告	必须在经济发展的基础上，更加注重社会建设，着力保障和改善民生，推进社会体制改革，扩大公共服务，完善社会管理，促进社会公平正义……要健全党委领导、政府负责、社会协同、公众参与的社会管理格局，健全基层社会管理体制
2008年中共十七届三中全会	把建设社会主义新农村作为战略任务，把走中国特色农业现代化道路作为基本方向，把加快形成城乡经济社会发展一体化新格局作为根本要求……创新体制机制……增加农民收入，保障农民权益，促进农村和谐，充分调动广大农民的积极性、主动性、创造性，推动农村经济社会又好又快发展
2010年中共十七届四中全会	在当代中国，坚持发展是硬道理的本质要求，就是坚持科学发展，更加注重以人为本，更加注重全面协调可持续发展，更加注重统筹兼顾，更加注重保障和改善民生，促进社会公平正义
2012年中共十八大报告	加快形成党委领导、政府负责、社会协同、公众参与、法治保障的社会管理体制，加快形成政府主导、覆盖城乡、可持续的基本公共服务体系……加快形成源头治理、动态管理、应急处置相结合的社会管理机制。改进政府提供公共服务方式……增强城乡社区服务功能……引导社会组织健康有序发展，充分发挥群众参与社会管理的基础作用。“形成政社分开、权责明确、依法自治的现代社会组织体制”

资料来源：参考中国共产党第十六次全国代表大会以来的部分政策文件

在我国特殊国情和现行社会管理政策导向下，社会管理是一个具有中国特色的范畴和事业，理想的管理体制应该是“一个完善的能够凝聚各方社会力量的管理主体结构”，基本管理体制应该是“党委领导、政府负责、社会协同、公众参与、法治保障”的制度体系。

8.4.1.2 “治权”与“治理”的现实悖论

(1)“治”的学术话语解释

在学术语境中，“治”更强调“治权”，凸显“谁占主体”。在此可以将“治”

的模式抽象为如下两个命题。

命题一：在某一场域中，M 以某种方式决定社会行动，称为 X_1 行动，对另一行动者 N 而论，意味着 N 在某种程度上不控制 M 的 X_1 行动。

命题二：在某一场域中，M 与 N 一起以某种方式决定社会行动，称为 X_2 行动，对行动者 M 和 N 而论，意味着 M 和 N 在某种程度上同时控制 M 和 N 的 X_2 行动。

根据以上命题原则，解析社区旅游开发中的“治”，可以从“主体”和“程度”进行划分，类型不同其含义和理解则不同（表 8-3）。

表 8-3 “治”的学术分析

分类	类型一	类型二	类型三
从主体划分	自治	他治	共治
从程度划分	纯自治	纯他治	共治，有偏向

在案例地古镇社区旅游开发中，从治理主体角度讲，“治”大概可以分为“自治”、“他治”和“共治”三种类型。治理理论视域中的“自治”是一种有效的、内生的协调机制，即为“自行管理或处理”，在权能上“有权自己处理自己的事务”。“他治”主要依靠人们承认自己从属的地位，同时承认上级的权威。“共治”是“多元主体一起承担事物且分享权能”。根据上述分类，在古镇社区旅游开发中，“自治”主要指“原住民实现自组织进行旅游开发”；“他治”主要指“原住民以外的力量实现控制”（如政府+企业）；“共治”主要指“基层政府、企业与原住民等协商共同开发”。

从治理程度角度讲，“治”大概又可分为“纯自治”、“纯他治”和“共治，但有弹性”三种类型。“纯自治”倾向人们参与公共生活的动力源于自己对共同体（旅游社区）的认同，外部势力不干涉内部事务；“纯他治”强调外部主体的绝对控制和干预，行动目标以外部命令的形式出现而不是由原住民自己确定；“共治，但有弹性”属于“纯自治”和“纯他治”之间的中间模式。具体到古镇社区旅游中，“纯自治”可以理解为“绝对根据原住民自组织进行开发，有权能决策权”；“纯他治”可以理解为“绝对的原住民以外的力量控制，原住民没有参与的可能”；“共治，但有弹性”可以理解为“原住民在混合模式中有不同程度参与”。

（2）“治权”与“治理”的理论统一

米歇尔·福柯认为“争夺知识的话语权和掌控权就是获得和践行权力的重要合法性基础”。这里明确“治权”指“统治权”，隐含“某一方对事物的主导”。

但有“治权”并非能够很好“治理”。从政治学的角度讲，“治理”的基本假设是：社会（社区）的有效治理并不取决于政府单边的自上而下的管理，而是取决于各种力量的共同协商参与。“治理”理念更多强调“通过某些途径用以调节的行为方式”，更突出“多主体”、“多中心”，以及“互动”、“协调”等特质，不能反映“治理”的特质的“治权”则会出现“治理困境”，甚至出现对“治权合法性”的质疑。这其实说明了一个道理：“治权”和“治理”的有机结合才更有利于目标的实现。

（3）“治权”与“治理”的现实矛盾

作者在案例地调研时发现，无论在周庄古镇、乌镇古镇还是在惠山古镇，存在着“社区横向机制制度性缺位”和“纵横机制间结构性断裂”的现实。旅游空间生产重政府管理，轻社会（社区）管理；重权力控制，轻权能释放。从根本上分析，“只存在一条自上而下的贯彻轨道”的旅游空间生产运作高度依赖政府主导模式下的运作系统，社区的社会自治能力差，缺少自下向上的沟通能力，基层的意见凝聚缺少向上输入的载体，属于典型的“国家-社会”结构的“单轨旅游开发政治模式”。在这种模式下，“治权”由权力精英占有，利益的表达由权力精英认定，并输入到旅游开发公共政策中。

而在“治理”效能角度，由于古镇体量过大，存在基层社区无法拿出足够的力量维护文化遗产的整治和维护的事实。

在这种“单轨旅游开发政治模式”中，占有“治权”优势的一方往往会按照自己的逻辑行事。周庄古镇选择资本进入的同时，尽量保持古镇原有风貌，更重要的是留住代表具有原生态符号的原住民，并将此作为吸引游客的卖点；游客依附于政府营造的运作模式有限参与。乌镇古镇在中青旅控股股份有限公司控股乌镇古镇保护与旅游开发有限公司后，将古镇打包进行整体规划与重塑，全面进行商业开发，在镇内整体开发景点、酒店、房产、旅游纪念品等，大量被迫外迁原住民与此绝缘。惠山古镇作为后发景点，采用了同乌镇古镇相似的做法，政府操作，全部外迁原住民。

可以看出，有“治权”并非能很好地“治理”，而治理意味着一系列相应措施来自政府，但又不限于政府的公共机构和行为者，相对于强调“治权”，“治权”与“治理”的结合才是古镇社区走出困境的实然选择。无论在案例地哪一种模式中，占有权力中心的政府和具有资本优势的企业结合是旅游空间生产的主导力量，旅游开发中的“内输入”特性明显，决策过程中原住民的权能诉求属于“体系外力量”。从古镇的现实情境来看，案例地当前具有典型的“强政府-弱社区”结构特征。通过对上述“互容共治”的旅游社区空间正义理念导向的分析，不难看出古镇作为特殊的社区，如何开发才能不颠覆古镇的原貌风情？在现阶段，古镇社区依然是城市化进程中现代文明对传统文明的守望与凝视，如何从经济之外的视角更加理性地审视古镇社区旅游现状？如何从人文关怀的视角来关注古镇社区旅游发展？如何从旅游发展的终极目标来引导古镇社区旅游未来，成为实践需要转向的自觉性理据。很显然，随着案例地矛盾的日益显现化，相对于具有“内输入”特点的“单轨旅游开发政治模式”，需要立足于古镇社区旅游，从社情出发，进一步探讨“治权”与“治理”现实统一，更重要的是“让民间话语本身获得一种对输入的话语及理论对抗的权利。然后根据它来修正一些概念，来解释一些现象”，倡导“内外输入”相结合的“双轨同向”旅游开发模式。

8.4.1.3 “双轨同向”旅游空间生产具有优势

反思我国旅游资源开发过程中的路径和特点，总体上经历了从“自然”到“人文”（或“自然”与“人文”并重）的历程。尤其是 21 世纪以来，涌现出一批社区型旅游景区，由于资源禀赋的特殊性，形成了政府、开发商、原住民等不同组合开发模式（表 8-4）。

表 8-4 社区型旅游景区开发模式

开发主体	开发内涵	决策行为	模式本质	社会信任
政府	以政府投资决策、投资开发为主	自上而下	“单轨”	++
政府+开发商	权力协调，资本推动，政府决策并利用融资等形式形成股份制关系或租赁形式，具有资本投入优势；但有可能形成“政府与开发商的一致性或不一致性”；此外，原住民参与空间很容易受到挤占，隔断社会风情和历史文脉，摧毁社区记忆	自上而下	“单轨同向”或“单轨异向”	++
原住民	以原住民自我决策、管理和投资为主，没有外界力量的干涉容易实现“自我管理”，但是经济投入和开发的社会体量较小	自组织	“单轨”	+++
政府+开发商+原住民（+旅游协会+NGO 等）	多方共同参与，分工协作，理论上解决了决策、资本和原住民参与问题；实际开发中，力量介入力度（“有所为与有所不为”）会呈现“各方的一致性或不一致性”	上下结合	“双轨异向”或“双轨同向”	++++

注：“+”表示“原住民信任程度”，数量越多表示越高

不难看出，我国社区型景区旅游开发过程中，存在着“单轨”、“单轨同向”或“单轨异向”和“双轨异向”或“双轨同向”等不同情况。虽然不同地域、不

同阶段需要采用不同开发模式，但是从“哪种模式更适合社区型旅游景区开发”角度分析，“双轨同向”旅游开发模式具有较强的优势。

8.4.1.4 “双轨同向”旅游空间正义具有传递“正能量-正功能”的现实基础

马克思主义观认为，和谐秩序和核心价值的实现不仅需要具有持续发展的伦理价值观念，而且需要核心价值实现的宏观导向。社区型文化遗产地旅游空间生产的核心价值观，既要体现现实性的价值要求，更要包含理想性的价值诉求，二者统一是古镇旅游理性发展的最高目标。

旅游空间正义何以实现？从马克思主义的辩证关系出发，这里可以从“能量-功能”框架帮助解释旅游空间生产如何修复的哲理依据。作为一种新的社会分析变量，“能量-功能”分析框架可分为旅游空间生产“正能量-正功能”、旅游空间生产“正能量-负功能”、旅游空间生产“负能量-正功能”和旅游空间生产“负能量-负功能”四种类型（表 8-5）。

表 8-5 旅游空间生产“能量–功能”矩阵

维度	旅游空间生产正功能	旅游空间生产负功能
旅游空间生产正能量	旅游空间生产“正能量-正功能”	旅游空间生产“正能量-负功能”
旅游空间生产负能量	旅游空间生产“负能量-正功能”	旅游空间生产“负能量-负功能”

站在案例地旅游空间生产伦理的制高点审视，目前古镇旅游空间生产同时存在正、负两种能量。正能量是一种建设性的力量，如长期旅游开发的物质财富累积、古镇社区的本质特性（情感、文化等聚集区）、多元主体对古镇旅游开发的积极呼吁与期盼等；负能量一种破坏性力量，如“权能城堡”现象的存在等。一般来说，正能量具有正功能、负能量具有负功能。

作者认为，立足现实性是旅游空间正义实现的基础，具有理想性是旅游空间正义实现的根本意义所在。旅游空间生产核心价值实现，就是要合理发挥正能量的作用，有效规避负能量带来的负面功效，实现负能量向正能量的转化，把旅游空间生产规则所预设的秩序构架通过“消除负能量、发挥正能力”转化为理想的正义秩序。据此，需要重视正负能量对旅游空间生产的积极性作用和消极性作用，客观处理好二者之间在某一时期存在的结构比例和在另一个时期实现转化的可能性以及路径，也只有如此，才能有效地杜绝旅游空间生产中的“权能城堡”，消除原住民的“社会隐蔽性危机”或“社会愤怒”。

基于上述认识，作者认为在学理基础和基本国情、社情背景下，借鉴国内外社会（区）建设的优秀文明成果，回到社区本质，强化旅游空间生产中的弱权力，优化升级旅游空间生产关系，重新定位并创新旅游空间生产模式，是维护古镇旅游开发秩序的现实要求，也是古镇社区更加“自我”的必然途径。

8.4.2 “双轨同向”旅游开发模式的内涵解析

8.4.2.1 “双轨同向”旅游开发的理念：内外输入

在现行旅游空间生产组织结构体系中，事实上存在两条治理结构线。一条是国家组织结构在基层社区的延伸线，形成“国家—……—镇政府—（街道）—居委会—原住民”格局；另一条是旅游空间生产组织结构线，形成“镇政府—旅游开发公司—（街道）—居委会—原住民”格局。从古镇社区视角看，链条中的“镇政府”是社区的“管理最高单位”，在此基础上，形成旅游空间生产“基层政府主导”或“基层政府主导+旅游开发商”的空间生产格局，也即旅游空间生产决策、信息等要素“在体制内循环”的基层强势主体。

德国学者哈贝马斯（Habermas）曾经指出：“任何一种政治系统，如果不抓其合法性，那么，它就不可能永久地保持住群众（对它所持有）的忠诚心。”费孝通在其著作《中国绅士》也曾作过类似论述，他认为“政治体系是不可能在一根从上向下的单轨上发展起来，在任何体系下面，人民的意见都不可能被完全忽略。”在马克思看来，制度需要形成和谐秩序建设的“硬调节”与“软调节”。上述经典论述给了我们很大启发，在社区旅游开发中，基层政府不能仅仅依靠自上而下的方式执行和实施，还应该在此基础上寻求一种自下而上的、有利于原住民利益的表达和保障开发机制。

从根本上说，良好的古镇社区社会管理应是“国家”和“社会（社区）”的有机结合。案例地古镇社区旅游权能建设可以理解为多元主体根据社区需要进行的一种有目的、有计划、有组织地改善民生和推动社区旅游开发进步的行为和过程，这一行为和过程就是要在现行体制“内输入”的基础上，增补体制“外输入”因素，重视原住民参与旅游开发。

增补体制“外输入”旅游社区建设路径，绝不是要否认当下政府、企业在古镇社区的主导性地位，而其核心是要通过“外输入”与“内输入”的融合，增加原住民旅游空间权能的主体性，加强强权力与弱权力之间的合理对话，寻找旅游空间生产更大程度上的合法性，使古镇社区旅游空间生产更具有“柔性”。

8.4.2.2 “双轨同向”旅游开发的模式：共生[①]模式

那么，在“内输入”和“外输入”框架下，建设什么样的社区社会旅游开发与管理模式呢？苏联管理学家奥马罗夫（1987）认为“社会管理是与经济、政治和精神管理并列的管理活动，其目的是实现社会一体化”。这一概念的重点是强调“在塑造社会秩序和消弭阶级差异而对社会进行干预”。很显然，作为社会管理范畴的社区管理是其重要组成部分，奥马罗夫的社会管理思想具有较好的借鉴意义。

根据上述思想，立足于古镇社区本质（即本书强调的“社区知识”），本书认为有必要构建“双轨同向”旅游开发模式（图 8-3）。在此模式中，从承担主体讲，政府是核心主体、企业是市场主体、原住民是参与主体、社会组织是协同主体，各方发挥各自优势，形成合力；从框架上讲，强调“上下结合”；从内容上讲，强调社区建设的综合性。

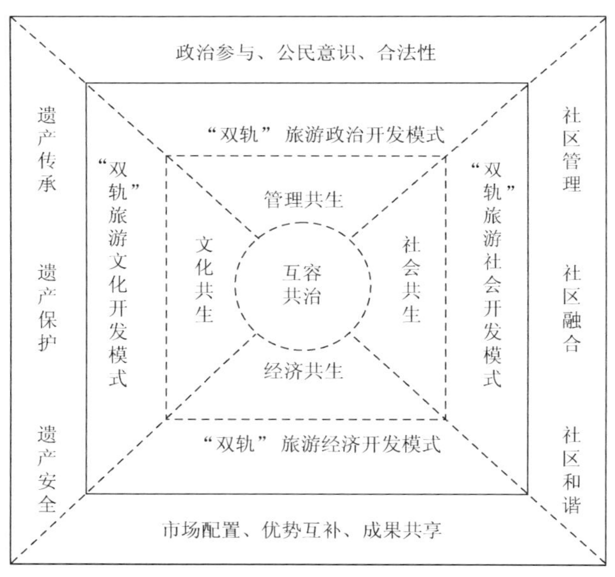

图 8-3 “双轨同向”旅游开发模式

① 共生（commensalism）是指两种不同生物之间所形成的紧密互利关系。在共生关系中，一方为另一方提供有利于生存的帮助，同时也获得对方的帮助。共生可分为以下几种形式：寄生：一种生物寄附于另一种生物身体内部或表面，利用被寄附的生物的养分生存；互利共生：共生的生物体成员彼此都得到好处；竞争共生：双方都受损；偏利共生：对其中一方生物体有益，却对另一方没有影响；偏害共生：对其中一方生物体有害，对其他共生线的成员则没有影响；无关共生：双方都无益无损。本书强调的是一种“互利共生”关系。

在上述“双轨同向”旅游开发模式中，主要强调四种价值取向：其一，管理共生。强调管理主体的多元性及原住民社区旅游的参与性。其二，经济共生。在增强旅游资源市场配置能力的同时，融入作为民间资本的社区原住民力量。其三，文化共生。形成文化共管态势。其四，社会共生。强调社区旅游开发和社区建设的共治。最终形成古镇社区“双轨”旅游政治开发模式、“双轨”旅游经济开发模式、“双轨”旅游文化开发模式和“双轨”旅游社会开发模式。

“双轨同向”旅游开发不是要追求一个无差别、无矛盾的旅游社区，而是要在古镇旅游空间生产过程中建立多元利益主体之间的有序关系，在“国家-社会（社区）”治理框架下，强调政府主导和古镇社区社会参与相结合，具体表现在政治框架、经济框架、文化框架和社会框架等方面（表 8-6）。

表 8-6　“双轨同向”旅游开发模式建设内容

基本面向	要素参与	治理结果	治理意义
政治框架	多元主体的政治参与、原住民公民意识的形成	内外输入	增强旅游开发的合法性
经济框架	政府主导、社区参与	成果分享	市场更有效进行资源配置、形成优势互补
文化框架	上下力量互动与合流	地方繁荣	增强传统文化遗产传承和保护，使文化遗产达到安全
社会框架	多元主体之间的融合	互容共治	促进社区和谐共生，具有更强活力

这一模式是从理论预设走向现实选择的结果，符合多中心互嵌下古镇社区旅游可持续开发，是对社区型文化遗产地旅游空间生产中“国家-市场-（社会）社区”构建良性关系的一种新尝试。

8.4.2.3　“双轨同向”旅游开发的机制实现：纵横结合

（1）既存机制结构的分析

通过调查分析，案例地旅游空间生产依然借助等级化的科层架构和相对封闭的命令体系，基本上只存在“自上而下”的命令式协调机制，属于“纵向秩序整合机制”。但是，从古镇旅游开发的现实分析，存在一个不争的事实，在资本嵌入古镇，进行旅游开发后，古镇社区社会结构形态中多元主体性在不断增强，自主性不断萌生，而在横向秩序协调机制方面的发展空间却极为有限。由此判断，旅游空间正义的实现远远超出线性逻辑推演，事实上面临着两条主线。其一，在古镇旅游空间生产带来的主体间分化情境中，发展“横向秩序协调机制”；其二，在纵向秩序协调机制建立起一种“纵横结合的秩序整合新框架”（表 8-7）。

表 8-7　两种协调机制

机制类型	资源配置结构	组织环境	组织结构
纵向秩序整合机制	集中配置	封闭环境	垂直
横向秩序协调机制	分散配置	开放环境	网状

可以看出，“双轨同向”旅游开发模式适合了上述判断，它强调多中心的社区治理，扩大了既存旅游社区“治权”主体范畴，超越了传统“治权”的制度内涵，能使不同利益主体得以调和并有利于联合行动，消除旅游空间生产带来的权能分层和社区紧张现象。

（2）理想的目标体系

法国社会学家埃米尔·迪尔凯姆（Emile Durkheim）在《社会分工论》中提出一组对立的“机械团结”和“社会团结”概念，并将“社会团结”分成“机械社会”（mechanical solidarity）与“有机社会”（organic solidarity）两种模式。所谓“机械社会”就是通过外力干预而运转，只有管理者有积极性，老百姓没有积极性，仅仅处在被管理的位置上。而在“有机社会”中，社会成员依赖于活动层面的互补性和意识层面的共生性（功能上互补，意象上共生），老百姓是有活力的能动者和积极参与者。可以想象，作为社区型文化遗产地的古镇旅游社区，是具有“人类活动”的旅游社区，更适合建设成为正义且具有活力的“有机社会”。

作者认为，案例地社区社会建设目标应为：更加公平合理地配置古镇社区社会资源和社会机会，既要保持古镇旅游经济社会可持续发展，又要使原住民合理参与旅游开发，分享旅游发展成果。

实现这一目标，“双轨同向”旅游开发基本格局面临着两条相互影响的主线：第一条为如何适应当前旅游空间生产带来的“问题域”客观情境，发展有本土特色的旅游空间生产纵向秩序整合机制，使政府为主导的旅游开发体系（框架）更具有“合法性”；另一条主线是如何在多中心互嵌下形成的属地格局中，建立有效的横向秩序协调机制，使古镇旅游开发多元主体更具有“协商性”。在此基础上，进而形成纵横匹配的“双轨同向”旅游开发基本格局，使古镇社区旅游空间生产更具有“活力性”，形成“自上而下”的政府推动与“自下而上”的社区基层参与良性互动格局，构建一个由“多个、多层、多界和多域”行为主体联合的旅游空间生产综合体系（图 8-4）。

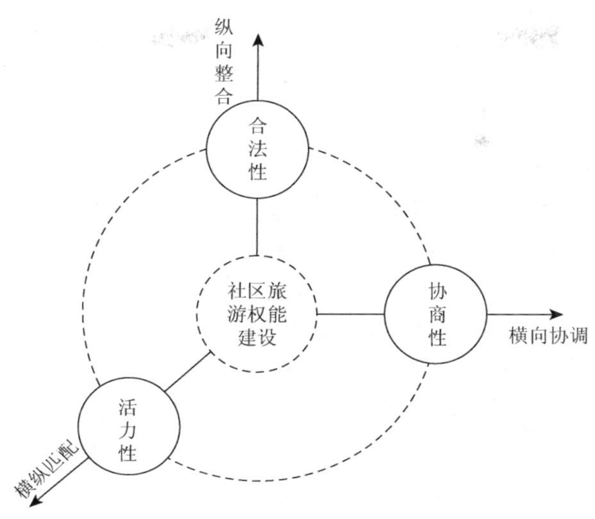

图 8-4 “双轨同向”旅游开发基本格局

8.4.3 “双轨同向”旅游开发模式的制度安排

制度是社会的游戏规则。更规范地说，它是决定人们相互关系的系列约束。“双轨同向”旅游开发模式即强调了“自上而下的主导”，也强调“自下而上的参与”，总体思路强调在具有中国特色的政治经济体制中，通过因地制宜的“底层设计”，辅之以“顶层设计”，在强势主体和弱势主体之间进行对话，建立新旅游协调发展模式。

8.4.3.1 形成上下贯通的双轨同向治理结构

（1）合作式社区共同体

在体制“内循环”中，原住民旅游空间生产权能主体性很难得以落实。如何把分散的原住民组织起来，还需要成立互助组织，赋予原住民经营制度权、组织制度权和政治制度权，使原住民成为熟练的旅游产业人员。其中，原住民经营制度权强调“互容共治”；组织制度权强调“国（家）社（区）一体”；政治制度权强调“尊重集体所有、尊重权能获取、尊重社区公共事务、尊重共同治理”；在治理结构中，改变原有“政府-（开发商）-原住民”结构，变为“政府（领导）-共同体（最高权力决策）-居民委员会（执行机构）-（开发商）-社区”结构，各司其职，互容共治。很显然，一个偏向于原住民“旅游空间生产共同体”的存在，是实现“社区经济发展、社区建设、社区治理”三位一体格局的有效途径，既有利于解决旅游空间生产存在的“权能城堡”现象，也有利于通过旅游渠道落实国家倡导的社区治理政策，这对社区制度和内容建设，以及社会效应来讲，意义较大，影响深远。

（2）纵向多级复合嵌套

理论分析如何从“应然”价值判断走向“实然”操作路径，需要避免研究中的“循环解释”[①]现象。纵向多级复合嵌套共治模式应该包含两层含义。其一，需要在现有“国家对地方体制延伸的多层级中”或“旅游空间生产结构体系中”，每层次均有多元利益主体参与，形成不同层次的权威等级，把政府（包括开发商）和社会（社区）多主体纳入到一个纵向秩序层次治理框架中。其二，在“双轨同向旅游开发模式”理念指导下，积极推进“旅游空间生产社区共同体”组织体系的形成。

通过上述制度构建，使各层次能够很好汲取各自意见，通过协商使权能诉求得到沟通和协调，形成“旅游开发价值互容、旅游决策互通、社区行为界域分明、旅游发展成果互惠”的纵向多级复合嵌套共治模式。

（3）横向效率公平统筹

体制机制重构是一个寻求适合本地发展的过程，研究的呼吁和制度的创新必须建立在全面研究古镇社区社情、旅游态势和尊重现实科学规律的基础上。实践和研究表明，在本书的案例地，社区权能建设的转型升级和空间正义的实现依靠任何一方力量都难以实现，更多的情况下取决于包括政府、开发商和社区原住民等之间的合力，或社区和外界力量之间的政治博弈和权力较量。

扩展现有开发瓶颈，可以探索一条旅游开发和权能建设的创新之路，需要完善地方人民代表大会、司法体系以及社会组织横向问责机制。合理限制地方政府央地财政分权带来的“财政收益最大化”和分权化权威主义带来的“官员政治竞标赛”偏好行为，超越发展型政府粗放式发展经济的行为逻辑，有效保证纵向多级复合嵌套共治模式的生成和运作，逐步建立服务型基层政府。

（4）制定相关组织条例

在上述体制机制基础上，应制定类似《旅游开发决策程序条例》、《旅游开发政务公开法》、《旅游参与组织法》等法律法规，并辅之以必要的“制度设计”作为保障，探寻权能平衡，建立新旅游协调发展模式，让决策体制化、行为公开化、参与公众化、信息透明化、效能良性化，在强弱势主体之间形成对话机制，减少

① 例如，在旅游空间生产中，认为原住民旅游权能缺失阻碍了旅游空间正义的实现，就简单认为解决原住民权能缺失的途径是“增强原住民社区参与”。这其实在学理上和实践中都无法提供富有洞见的知识累积。

市场扭曲和负的外部性，降低旅游空间生产风险与成本，从体制机制根本上重新定位并探索一种社区文化遗产保护和原住民“互容共治”的合理方式。

8.4.3.2 合理界定“国家-社会（社区）”权能边界

（1）优化地方政府财政税收事权配置比重

财政管理体制是调节和促进经济社会发展的重要杠杆。在我国形成的“财政分权”体系中，造成了地方政府的“财权上移”和“事权留置”，这种分配政策促使经济发展注重“快”，这直接导致了地方政府的收入来源不断紧缩，不利于地方更好地推进统筹发展。为了摆脱财政困境，旅游资源开发成为地方增收的重要财源渠道之一；在经济重压及政绩诱导之下，收入采用“不被分散且最大限度聚集”的形式符合现行体制运作潜规则。

从现行制度本身分析，地方政府“没有能力”做到原住民平等享有旅游资源权利的保障。要想实现原住民的平等权能，需要在遵循在“权随事走，财由事定”的原则下，从体制机制上触及问题的症结之所在，通过财政转移支付和税收方面的协同创新调整财税体制，改革营业税和增值税分配政策，对营业税、增值税集中政策作出调整，积极引导地方加快转变经济发展方式，尤其要科学合理划分县乡事权和各自财政收支范围，建立有利于推动又好又快发展的新型财政管理体制，并成为运作过程中的制度性导向。

（2）明晰差异化的社区利益诉求

在社区旅游开发中，着眼解决并平衡利益相关者的利益关系是旅游权能建设和社区整体权能建设的关键。通过在案例地调研和分析可知，原住民利益诉求存在“底线型”诉求（乌镇古镇和惠山古镇）和“增长型”诉求（周庄古镇）两种形式。前者指旅游空间生产中原住民的参与机会和利益分享的可能性；后者指随着旅游空间生产的推进，原住民参与分享旅游权能的程度逐步增强。实现这两种类型的利益诉求，需要在多元行动主体之间建立起对话、协商、谈判的博弈制度。可以将利益分配和旅游生产要素利用有机结合，让生产要素在市场机制作用下自由流动与组合，形成利益让渡机制和原住民有效参与的路径（图 8-5）。

8.4.3.3 增强社区旅游开发中公共性空间生产

（1）增强现代性危机下权能认同的公民性建构

社会转型所带来的社区型文化遗产地旅游开发及其“空间转向”，带来了原住民的权能风险或缺失。作者认为，在我国现行政治体制、制度框架和特定历史背景下，“公民社会”的发育面临着来自权力、资本和市场的制约，原住民缺少参与旅

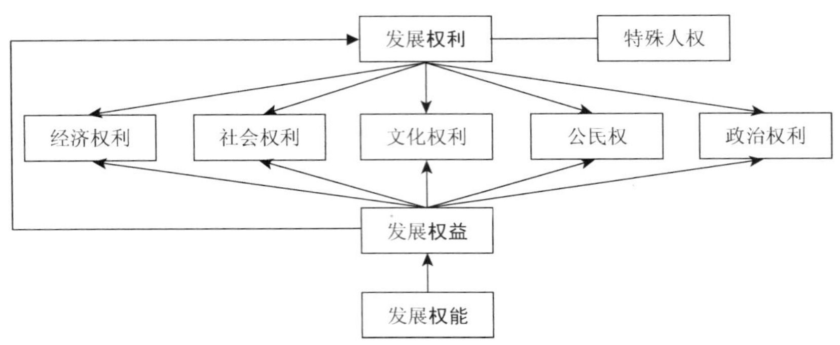

图 8-5　原住民权利实现路径

游空间生产的机会，“公民社会”发育的迟缓使古镇在现代性背景下陷入可持续发展危机。本书认为，理念先于行动，信任是一种观念，与其纠结模式本身，不如去探讨在迈向古镇现代化过程中，原住民如何融入旅游开发的关系和体系，并以此作为平台，提升原住民在现代危机中权能认同的地位。因此，广泛调动古镇原住民有计划、有秩序地参与旅游空间生产，使之具有参与意识（经济、政治、社会、文化……）、监督意识（参与公权力运行、决策、制衡……）、责任意识（义务、担当……）和规则意识（认知、行动……），是培养古镇社区原住民公民意识的有效途径和目标所在。

（2）培育和发展社区旅游的自组织能力

首先，搭建旅游权能博弈的公共平台。社区旅游发展秩序中的核心秩序是多元主体之间的利益关系秩序，创新旅游空间生产管理能力意味着要建立与市场经济相适应的旅游利益分享秩序。在案例地乌镇古镇和惠山古镇中，原住民的利益诉求基本上是以“个体化诉求”来呈现，这导致了博弈双方的力量不对称。由此可见，个体利益不能以群体表达或组织代表方式来呈现，博弈的结果就很难有公平可言。基于此，需要探索适合于案例地利益诉求的群体表达机制，培育具有社会认同的旅游自组织代表机制。其次，搭建累积社会互信的公共平台。旅游空间生产促使案例地多元主体之间产生互信危机，尤其是在代表强势方的权力和资本结合联盟与代表弱势方的原住民群体之间更为显著。在一个不信任的旅游社区网络组织中，利益分享机制难以建立；累积社区信任资本，需要建立促使多元主体之间良性互动的秩序化交往机制，以此缩小信任隔阂，形成累积社会互信资本的人文环境。

（3）提升旅游权能建设的自主参与能力

社区居民参与能力的提升是将社区外部赋能（empowerment）和原住民自身增

能相结合的过程，也是权能建设的有效保障。综合田野调查情况分析，社区居民参与能力的提升必须适合新业态变化，有必要树立“增权必先增智”的理念，加强居民教育培训，更新居民思想观念，培养与新模式相适应的新型社区居民，增强居民参与的主观能动意识。此外，还可以在制度激励方面，通过新体制机制模式运作，将强势力量和弱势力量均衡地安排在一个限制框架内，解决社区居民信息不对称问题，增强居民话语权、自信心和对社区权能建设的认可感。

8.4.4 “双轨同向”旅游开发模式的法律保障

（1）监督公共权力，增强旅游开发协商实效

在旅游空间生产中，权力制约监督的要义在于空间生产主导者是否坚持科学决策、民主决策和依法决策。对旅游空间生产公共权力的监督和制约，唯有法律方能使其扬长避短和趋利避害。在我国目前政治体制背景下，把旅游空间生产事务协商机制纳入决策程序，健全权力运行制约和监督体系，一是要把发挥地方政府在旅游开发协商中的主导作用和增强古镇原住民协商能动性有机统一起来。二是要把旅游开发协商制度化和程序化有机统一起来。三是要把旅游开发协商的实体制度建设和程序制度建设有机统一起来。

（2）强化土地“集体所有”概念，在分散地权的基础上集中经营权

土地是人类生存和生产的源泉。我国《宪法》、《土地管理法》、《物权法》等文件都有对农地产权的相关规定。但是，法律规定的模糊性与非逻辑性使得农地产权主体始终处于虚置状态。在集体土地所有权制度前提下，尊重原住民土地“集体所有”概念（并非强调私有），明确集体所有制边界，不能藐视原住民对“土地是生存发展第一需要”的诉求。原住民对富集旅游资源土地权利的实践，决定了自身权利实现的成败。解决存在的问题，需要在立法上理顺原住民与“原住民集体”之间的权利义务关系，尊重现行法律中“农民集体”概念和内涵（无论是具有所有权还是使用权，需要有规范制度），克服“集体所有”缺陷，明确所有主体之间、多元行使主体之间的权能边界。在具体制度设计上，需要以法律形式明确“集体独立”的民事主体地位（例如，是否可以对地权进行登记，并以“地权证”的形式存在），使“集体”成为真正的所有权人，变“国家集中地权用作旅游开发”为“分散地权的基础上集中经营”，允许原住民以“集体所有”的形式参与旅游开发，保障原住民在土地征收和使用过程中有足够的“集体”话语权，实现集体土地所有权主体的民主决策和顺利运行，既让原住民有地权集体所有概念，又使原住民有参与旅游开发权空间，切实维护原住民的权利。

（3）建立合理法规，保障原住民平等享用旅游资源权

作为社区型文化旅游遗产地，案例地古镇所依托的旅游资源与传统大多数旅游景区所依托的资源有所不同，古镇之所以有灵气和得以保存是因为原住民生活在其中，他们作为古镇的主体，既是旅游资源的所有者，也是旅游资源的一部分。从根本上来说，社区型文化遗产地旅游资源属于包括原住民在内的公共旅游资源，其所有权和使用权也应当属于包括原住民在内的“全民共有”，排除原住民的所有权和使用权属性，实质上是强势利益集团侵吞“全民共有”的“旅游福利”。

与过去我们经营其他类型旅游景区相比，经营旅游社区的社会复杂度和难度相对较大，这就要求我们的开发理念从开发景区向经营社区提升，从“旅游景观”向“旅游景观+人文环境”的高度提升。在此背景下，要想实现原住民的旅游资源平等享用权，除了具有旅游景区开发的社会经验外，还需要国家在财税体制方面以及中央、地方政府在事权配置方面创新理念和模式，降低地方政府通门票扩大地方收入的冲动，出台保障处于弱势方原住民的社会旅游制度，保障原住民旅游权能的实现，还原“社区型景区”的内涵。

（4）加强法律支撑，增补现行旅游规则中权能表述内容

一般而言，社区型文化遗产地原始产权原属于包括原住民在内的人民所共有，而管理和开发社区旅游的政府单位仅是代理人民行使管理和开发的权力。产权是一种决定资源该被怎样利用的排他性权力。江南古镇社区型景区的公共产品资源配置制度是由政府或政府指定其代理人拥有对该文化资源的产权，而并非把文化产权不顾原始产权分配方式的私有化，或按照市场配置资源的方式进行配置。基于此，有必要完善现行法律中规范原住民旅游权能的内容，增补现行旅游规则中权能表述内容，加强对旅游地原住民的政策扶持。

8.5 差异位育：旅游空间正义的模式优化

《中庸》中曾有“致中和，天地位焉，万物育焉”的描述。潘光旦通过对传统中和位育思想的发挥，确立了位育和位育论的思想。在潘光旦的思想中，位育是一个具有高度综合性或概括性的概念。“位者，安其所也；育者，遂其生也。”所以，“安所遂生”，不妨叫做“位育”。潘光旦认为讲位育要有两个条件：一是“个体或团体所处的环境”；二是“个体或团体选择环境中不同的部分加以迁就”。综合起来，也就是“人文环境与事的协调”。

作者认为，“位”即“秩序”，“育”即“进步”。基于此，在上述“制度安排”之外，案例地旅游社区发展需要突破具有唯一、最优的理想主义或科学主义的陷阱。立足社区，释放被压抑束缚的社会生产力，找到打破僵局的新动力。研究认为，案例地不同旅游空间生产模式下的权能状态实质为“不同权能发展势中的权能位点”，需要对不同模式进行差异位育，探索符合自身发展的旅游空间生产模式（图 8-6）。

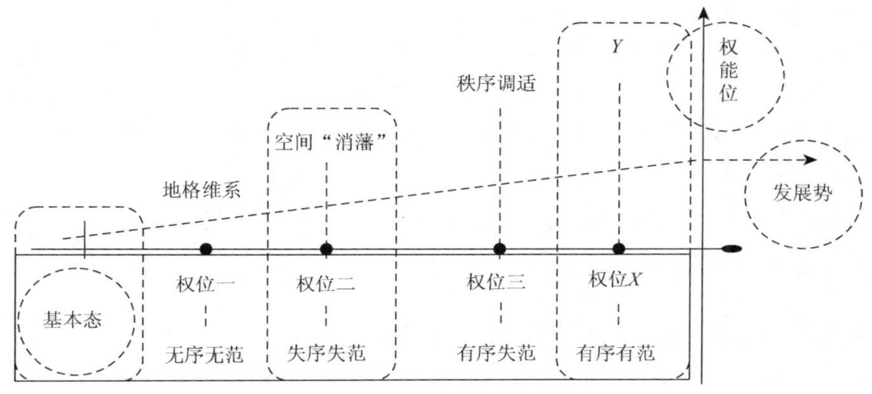

图 8-6　不同阶段的权能位点

8.5.1　周庄古镇：秩序调适——规避低质权能陷阱

周庄古镇旅游业的发展较好地处理了旅游空间生产和原住民之间的关系。开发方式上重现并部分恢复原住民原生空间的生活形态，理念上在原住民的参与下展示了原汁原味生活场景；效能方面，在“保护古迹风貌、整治历史环境、提高旅游质量、改善居民生活”的思想下，再现了周庄古镇原生空间活生生的生活状态。但是，从深层次分析，周庄古镇原住民参与方式和内容存在“低质权能陷阱”。

8.5.1.1　低质权能陷阱

（1）概念

“低质权能陷阱”是指原住民在参与旅游发展中，有参与机会但不能深入其中的实践现象。其本质是旅游空间生产权能“形式大于内容”的低质化表现，属于“权能城堡”类别之一。

（2）内涵

“低质权能陷阱”的存在从表面看解决了原住民不能参与的问题，站有社会公平的道德制高点。但是，从实际参与的方式和内容看，却存在不能深入其中的现实困境。跨越“低质权能陷阱”的关键是以优化秩序为切入点，为维护原住民更大程度上的实质参与培育新的基础。

（3）特征

主要表现在：一是“有参与，但不深入”。原住民被允许以各种形式参与各类旅游开发事项，但是在参与旅游开发决策、内容和利益分享方面，实质不能深入到古镇旅游空间生产体系中。二是“有机会，但少能力”。原住民有参与的环境和形式，但是，由于原住民本身身份的特殊性，尤其是知识的限制，使其缺少高水平的参与，导致“跟风”和“低水平建设项目”现象严重。三是“有平台，但缺引导”。作为政府主导模式，周庄古镇政府在“有参与”和“有机会”的实践中，事实上为原住民提供了参与旅游发展平台，但是由于存在上述“不深入”和“少能力”的现象，本质上证明政府对原住民参与旅游的引导和培育不足。

8.5.1.2 低质权能陷阱现实表征分析

（1）原住民参与事项的“同质化”与“伯川德竞争”[①]

“同质化”是指同一大类中不同品牌的商品在性能、外观甚至营销手段上相互模仿，以至逐渐趋同的同质化竞争现象。在周庄古镇旅游空间生产模式中，原住民参与旅游空间生产的诸多权项同质化主要表现为：大规模同质化的万三蹄店、具有地方特色但缺少层次的家庭餐饮，以及到处充斥着同一类型的旅游商品小店。在实际调研中发现，这些同质化现象属于“填充型同质”，而非“替代型同质”。也就是说，从产品创新的角度讲，技术进步并不明显。

这一现象的市场效果其实很容易陷入“伯川德竞争”（Bertrand competition）。在这种模式下，旅游产品竞争策略的选择空间较小，原住民行为主体间“搭便车行为”和旅游产品的“无专利化”使价格成为其博弈的主要变量。“伯川德竞争”的持续发展，会降低旅游产品质量的提升，影响新产品的投放，进而影响地方的原生空间感。

（2）原住民参与事项的“无能化”与“增能缺失”

“无能”是“没有办法去做”，或“没有办法做到”的一种表现形式。周庄古镇原住民参与旅游项目的“无能行为”表现在：如原住民只能经营传统工艺和“力所能及的”项目，对现代文化传承方式的创新和嫁接能力较弱。“无能行为”的后果事实上在经营权能方面造成了对自身空间的让渡，这为外来各类型商业务工者提供了空间占有可能。

① 伯川德模型的核心在于不同厂商之间产品是完全替代的，因此哪位寡头的定价更低，则哪位寡头将赢得整个市场，而定价较高者则完全不能得到任何收益，从而亏损。

“无能”的持续导致了“无能化”的出现；“无能化”是“无能”的持续过程和结果。如果说“无能化”与“增能缺失”有关，那么“增能缺失”又使“无能化”进一步得到了固化。

（3）原住民参与事项的“无序化”与“秩序偏向”

“无序化”暗指“系统结构和过程的不规律性”。作者在实地调研时，曾询问过多家经营小店的原住民，得到的答复为“小店不允许把旅游物件挂沿街墙面即可，这是管理公司的规定”；在几家开家庭旅馆的原住民那里，他们“正谋划花一点费用，等下一个淡季对房间再重新改造一下”，甚至还在询问作者“划不划算”等事宜。从这些事实可以看出：其一，有能力即可经营（开小店），只要符合基本规范。其二，有想法即可创新（如开民宿旅馆方面），只要符合市场需求。

原住民参与旅游项目的自主化本质是政府作为主导者未能进行秩序干预和项目引导，这很容易导致项目同质化和装修格调的异化。古镇旅游空间生产的深化发展，有待于在原有理念和模式基础上作进一步制度优化。

8.5.1.3 规避低质权能陷阱的途径

从学理上分析，规避周庄古镇旅游空间生中原住民“低质权能陷阱”的途径在于“秩序调适”，即解决原住民在古镇空间营造中参与秩序的引导问题。

（1）秩序优化的关键是提高空间治理理念

从实践效能考虑，秩序优化不是要解决原住民的参与治理问题，而是要进一步提升既有治理理念的问题。从结构和功能角度分析，原住民既是古镇旅游场域的组成部分，又在其中发挥着特殊的角色功能。这一事实要求旅游空间生产主导者更多关注原住民之于旅游场域的秩序生成问题。提升空间治理理念，需要将原住民及其所经营的产业接纳在古镇空间生产的大体系中通盘考虑，并树立旅游空间生产的系统思维理念。

（2）秩序优化的核心是提升原住民权能层次

解决原住民“低质权能陷阱”诸问题，就是要解决原住民过分依赖低水平劳动投入的发展方式，有必要加强对原住民旅游知识和市场经济知识的认知、培养和转化，更新思想观念，培养与新秩序相适应的新型社区原住民，增强其参与的主观能动意识，引导原住民从事的旅游产业结构转型升级。

（3）秩序优化的保障是强化社区凝聚能力

增进旅游空间生产的社会凝聚能力，可以通过体制机制模式运作，进一步强化强势力量和弱势力量的合理融合，在“双轨同向”旅游开发模式指导下强化政府和原住民之间的深层互动，进一步发挥政府自上而下的引领功能和协调功能，以此优化空间秩序。

8.5.2 乌镇古镇：空间“消藩”——增强主体间包容性

从乌镇古镇旅游空间生产的实践研判，旅游开发路径本质上是“成熟一期开发一期”的渐进式开发。即先东栅（1999～2006年），后西栅（2006年后）。乌镇古镇旅游空间生产本质上是不允许原住民参与决策和从事旅游商业活动，这势必造成强势主体对弱势主体不兼容的“权能城堡”现象。

8.5.2.1 主体间包容性

从社会角度讲，包容性意为“不排斥”，强调的是“一方对另一方的容纳”。主体间包容性需要多元主体在旅游空间生产共生实践和共生规范方面达成共识，突出强势主体对弱势主体间的容纳性和互动性。

8.5.2.2 主体间不包容性的实践本质

（1）物理空间的“不在场”

作者在调研中了解到，在强势力量的挤占下，乌镇古镇原来核心景区外迁原住民被置换在镇域附近，居住空间形态和生活方式与原生空间相比发生了极大变化。而在未开发的南栅、北栅聚集了越来越多原住民的“小型商业店铺”，企图依赖核心区游客的“溢出”来偶尔关注这些“原始社区”，并能带来“事实上并不可观的实惠”。蹊跷的是，在这些“原始社区”，强势主体在公共场合书写的“南栅非景区、游客慎入”标语，再一次凸显了空间权力的不平衡性。这说明无论在核心区，还是未开发的“原始社区”，原住民的物理空间形态事实上处于“不在场”状态。

（2）社会空间的“脱离场”

在乌镇古镇旅游空间生产模式中，原住民属于“无参与权、无决策权、无成果分享权”的“三无原住民”。从社会分层角度讲，旅游开发后原住民的社会空间受到严重挤占，处于古镇社会层次的较低端。原住民“马拉松式上访”和“旅游权能低化”是对该模式的抵制。乌镇古镇旅游空间生产并未将原住民纳入生产体系，这成为原住民质疑旅游开发具有合法性的理由之一。说明乌镇古镇原住民在旅游空间生产体系中，处于边缘空间地带，这一处境导致的结果是旅游成果分享的困难，强势与弱势主体间不包容的实践是造成“空间藩篱”的成因。

（3）文化空间的“难在场”

乌镇古镇和其他江南古镇一样，在上千年的历史传承中，积淀了厚重的地方物质文化和非物质文化。旅游空间生产中文化空间的混合化和原住民物理空间的“不在场”，致使原生文化形态受到强势文化的挤压和“文化无人愿意传承”的困境。原住民的“不在场”使古镇缺少了传统文化意蕴，缺少了游客难觅的富有人情味的世俗生活场景。乌镇古镇旅游空间生产的尴尬正面临一个重要命题：原住民“皮之不存”，文化空间“毛将焉附”？传统文化与现代性共生难题其实成为主体间不包容的文化后果，原住民物理空间的“不在场”是进一步加剧文化空间的“难在场”的重要威胁之一。

8.5.2.3 增强主体间包容性的措施

（1）重构旅游空间生产的体制机制

体制机制重构是一个寻求适合本地发展的过程，研究的呼吁和制度的创新必须建立在全面研究社区态势和尊重现实科学规律的基础上。作者认为，在社区型文化遗产地当地原住民的积极参与是旅游可持续发展的重要依托，需要通过因地制宜的“顶层设计”，辅之以必要的“制度设计”，在强势主体和弱势主体之间进行对话，消除强势与弱势主体间的空间藩篱，减少市场扭曲和负的外部性，降低旅游空间生产风险与成本，寻找权能平衡体制机制，建立新旅游协调发展模式，重新定位并探索一种古镇文化遗产保护和原住民现代生活质量提升需求之间的最佳解决方案。

（2）逐步形成权能参与和分享协调机制

从实质上讲，乌镇古镇目前是保护区、居住区和景区的“三合一”空间形态，原住民与古镇的关系可以描述为“离开核心区，但未脱离镇域”，而且资源富集的南栅和西栅还未统一开发，随着国家相关制度的完善和成熟，继续“外迁原住民，独自经营”的做法将使旅游开发变得空前困难，那种将“古镇买下来，再出租给外来商家”的做法，不符合历史文化名镇保护中“要充分重视原住民生活的基本原则和考虑弱势主体权能的原则”[①]。协调三者之间的关系，允许原住民参与并分享旅游发展成果，既有现实性，又有必要性，意义重大。

着眼解决并平衡利益相关者的利益关系是旅游权能建设和社区整体权能建设的关键。可以发挥政府协调作用，通过各方利益让渡形式，建立社区旅游合作方利益分配协调机制，保证各利益主体获得的利益大于其合作成本。其中，可以将利益分配和旅游生产要素利用有机结合，原住民可将资源经营权入股，形成有利

① 参见《布鲁日决议：历史文化名镇保护控制原则》。

于分享旅游成果的保障体系。

（3）提升原住民旅游空间生产权能参与能力

原住民并非天然的旅游经营家，对于乌镇古镇原住民来说，参与旅游空间生产的经验较为欠缺，自然在参与能力、行为和效果方面需要培育。尤其需要政府和社会组织的介入，在政治权能、经济权能、社会权能等方面得到支持和引导，以解决社区原住民能力不对称问题，话语权缺失问题和如何树立自信心问题。

从长远角度看，提升原住民旅游空间生产权能参与能力不仅仅关系到空间实体“真空化”问题，而且还能对包括文化遗产传承和保护的问题形成促进作用，这既有利于增强主体之间的包容性，实现“旅游惠民”和旅游空间正义，又有利于旅游空间生产的可持续发展。

8.5.3　惠山古镇：地格维系——还原地方的原真性

惠山古镇的权能具有同乌镇古镇相同的“主体间不相容”境遇。根据惠山古镇实际情况，作者认为可在“还原地方原真性”的原则下进行权能位育。地理学的“人与地”关系在今天被更多的学者表述为景区的人脉与地脉。事实上，人脉与地脉之间的最优结合即为景区的“地格维系”。由于惠山古镇旅游空间生产采取了对原住民异地外迁，致使原生空间完全成为异质空间，探索把地方原真性还原与原住民权能修补结合起来的发展新路，是旅游空间生产得以有效持续的重要保障。

8.5.3.1　地方原真性

原真性（authenticity）意味着一种“本原的”或是“原始的”社会文化特征。在旅游开发中，原真性是吸引人们前往旅游目的地的重要因素和前提。王宁将原真性分为“客观主义、建构主义、后现代主义和存在主义”四种形式。更多的研究者认为原真性是一种“存在主义真实性”。近年来，一些研究者的新认识，改变了对原真性的看法。Yaniv 等（2008）认为：目的地的影响力创造即为原真性。Yvette 等（2006）则认为：从概念的高度探讨，原真性应该被抛弃。Martin（2010）研究认为：与其争论什么是真实性，不如尝试去弄清社会情境下的支持或反对的真实性意义。其实，早在 1994 年的《奈良原真性文件》（Nara Document on Authenticity）中便有“必须依据文化遗产价值的信息源的可靠性和真实性程度”规定[①]。无论原真性的理论被如何扩大或解读，可以肯定的是原真性将是未来旅游研究的新课题，

① 参见“中华人民共和国国家文物局网. 2005-02-24. 世界遗产原真性和完整性原则及其在实践中的发展完善”. http：//www.sach.gov.cn/tabid/301/InfoID/4435/Default.aspx.

同样也是旅游空间生产存在的现实新问题。回归理性思考，作者认为，原真性是地格维系的本质属性，是存续文化遗产保护方式合理性的基础。

8.5.3.2 地方原真性缺失的内涵

（1）动态原真性的缺失

在调研中，作者发现惠山古镇原住民与古镇割裂、传统文化被混合文化置换、地方文化“再文化”的模糊等动态性原真性缺失是阻碍惠山文化得以可持续传承的现实问题。原住民作为文化传承的活载体，随大规模的外迁而无法回到社区；古镇文化传承的社会氛围和民间机制，随商业化的店铺置换失去土壤。动态原真性的缺失使惠山古镇面临严重的“文化沙漠化”现实。一个连根拔掉、且被异质文化置换的传统文化古镇，如何承担文化遗产传承的历史责任？

（2）静态原真性的缺失

大规模的旅游空间改造不仅铲除了文化生态的“根”，甚至连承载文化记忆的静态空间形态均置于“旅游空间生产改造的范围”，必须按照权力和资本协商的结果和方式进行“外观修饰”。从地格角度分析，不仅文脉是其重要组成部分，地脉也是不可忽视的因素。静态原真性的缺失本质上来说是空间生产者按主观意志对空间进行的“人造式再造”，商业化的凶猛不仅挑战着原真性的概念，而且挑战着人们对原真性构建的现象能力。惠山古镇旅游空间生产中的地格维系，极有必要“还原”地方原生空间的原真性。

8.5.3.3 原真性还原与权能修补结合方式

（1）群体传承与文化集体记忆

惠山古镇得以传承的主要缘由是“惠山祠堂文化”。惠山古镇祠堂文化体现了忠、孝、节、义等中国传统文化的精华和儒文化的价值观，也是吴地族群文化的集中体现。恰逢传统祭祀节日，惠山古镇人群络绎不绝，祭祖仪式成为惠山古镇祠堂群不可或缺的活动。除此之外，惠山古镇一带还会举办一年一度的群众性的“八谢”祭祀活，吸引众多百姓前来参（观）会。集体文化传承是一种前后相继的集体文化复活活动，很大程度上通过依靠集体的合力构成原真性还原机制。再造集体空间，营造集体氛围，以适当的方式恢复集体记忆，以群体方式传承古镇祠堂文化是其不被历史淹没的重要渠道。

（2）家庭（家族）传承与权能修补

惠山祠堂群的形成与延伸，衍生出了一种带有鲜明地域族群文化特征的民间艺术——惠山泥人。在历史进程中，惠山泥人工艺日渐精湛，造型日趋完美，产量日趋扩大，家庭（家族）传承是其延续的重要方式。但是，随着旅游嵌入古镇社区以及原住民的全部外迁，这种传承方式受到前所未有的压力，泥人手工艺的传授和修习失去重要土壤和载体。研究认为，非物质文化遗产是人类文明的瑰宝，非遗传承人是民族精神家园的守护者。政府应出台政策，鼓励并扶持原住民以家庭（家族）方式传承泥人文化，参与旅游开发，探索把地方原真性还原与原住民权能修补结合起来的发展新路，做到既有利于维护文化传承，又能积极修补原住民旅游权能缺失的问题。

（3）场景传承与空间再现

以“祠堂文化”和“泥人文化”组成的古镇文化体系，具有整体性和系统性。为了克服传承中的“文化碎化式传承”，有必要在古镇区域内以适当方式建立类似于文化博物馆、文化展演平台的新型文化传承载体或展演载体，还原古镇原生文化空间形态。把群体传承机制和家庭（家族）传承机制采用制度方式加以保护，以此为基础创造整体场景再现。

（4）社会传承与地格维系

惠山古镇文化的修复和保护应站在“突破社区自身”的视角去考虑。古镇旧文化中包孕着社区文化传统基因、特征与个性，文化系统的再造不可能脱离社会环境进行修复，需要强化“社会内”和“社区外”的联合，争取获得有效的社会支持。这就极有必要厘清古镇文化传承人的历史关系及流派脉络，培植类似于以师徒制方式传承的文化空间载体。有必要重启建设地方感的制度措施，突破原有传承模式的局限性，探索新的模式，并对地方价值和精神进行挖掘，有效恢复与地方宏观、微观文化身份相适应的集体记忆和价值观念，促进地方遗产传承的社会机制能够顺畅形成。

8.6 双美递进：旅游空间正义的人文关怀

8.6.1 正义的道德呼唤

费孝通先生在2004年面对“文化话题”和“时代的呼唤”时提出“美人之美[①]”的设想。其含义为“人们要懂得各自欣赏自己创造的美，还要包容地欣赏别人创造的美，这样将各自之美和别人之美拼合在一起，就会实现理想中的大同美”。从本质上而言，“美人之美”就是要“尊重同一空间的不同之美”，“拼合不同的美而达到的一种平衡”，实质上是“不同文明的价值共享”。

① 完整表述为：各美其美，美人之美，美美与共，天下大同。

虽然费孝通提出此设想具有特定的时代背景和内容特指，但在今天看来，“美人之美”无疑具有更为深刻的社会意蕴，其内涵是在倡导一种内在的“和而不同”和“包含差别于自身的同一”。反思案例地旅游空间生产造成的原生空间重组和社会空间的重构，以及在强势主体和弱势主体之间造成的“权能城堡”现象，我们需要具有容“他人之美”的道德呼唤和正义的人文关怀，需要在互容和共治的视角导向下，在适当的制度安排中达至旅游空间正义和安全。

8.6.2 行动者网络同构

从根本上来提炼，形成“权能城堡”现象的本质原因是由于旅游空间生产中“单轨”体制机制思维降低了原住民参与旅游空间生产的权利，进而剥夺了原住民的参与权力。经过研究可知，原住民参与社区旅游空间生产的信任感知取决于两个维度，一是感知能力，二是感知善意。旅游权能的参与机会测量原住民对基层政府的社区旅游管理能力；资源的社会分配反映基层政府旅游开发的善意。针对出现的旅游空间生产问题，容纳原住民参与的核心是解决以“互容共治”为导向和“双轨同向”制度安排下的多元主体合作问题。从此角度讲，“美美与共”就是要强调“包容他人之美”，以及“不同标准融合的结果”；而达致目标的途径就是理解社区、还原社区、正确表达社区，实现行动者网络同构。

在现代性语境下，旅游空间生产和旅游空间正义存在着互塑关系，原住民权能参与层次的提高和合理分享旅游收益、缩小分配差距是旅游产业结构升级的重要基础。现代性重构与理解的一个重要因素是集体认同的不断重新定向。在我国，社区研究是社会研究的起点和具体化，社区建设是我国社会建设的起点，也是构建社会主义和谐社会的重要基石。社区型文化遗产地旅游空间生产秩序的重构和安全生产问题，取决于各主体的力量、资源占有结构、博弈策略等，需要协调国家、市场和社区社会的资源与治理结构，进行合理而富有成效的制度安排和人文关怀，在实现“各美其美”的前提下达致社区社会的“美美与共”。

8.7 本章小结

本章是对旅游空间正义的探索，研究认为不仅需要坚持“到哪里去”，而且需要回归到“从哪里来”的原点上进行分析。古镇社区经过“去社区化”后的“再社区化”，需要正确理解社区知识、表达社区内涵，寻找基于本土的、适合社情的制度安排和人文关怀。

（1）旅游空间生产核心价值取向

原住民、游客之于古镇旅游空间生产是“结构”与“建构”的辩证统一，需要正确处理二者之间的权能诉求关系。从发展的伦理角度看，案例地旅游空间生产深受困扰的不是经济的发展，而是社区社会的发展、道德的进步和空间的正义。需要立足当下旅游社会空间实践的本土经验，鼓励并营造良好氛围，允许原住民参与古镇旅游空间生产，充分发挥其积极作用，从古镇整体发展的“结构化”和“功能化”视角，正视二者之间的辩证统一和存在的社区社会意义。

（2）旅游空间正义的价值诉求需要互容共治

强调“互容”的原因是基于案例地是一个有“结构”和“情感”相结合的“人的社区”，是一个“大家的联合体”和“一个社会交织的共同体”，这说明共同体关系和社区互动是社区典型的组成要素，空间正义的实现需要多元主体的“全部在场”和“社区传统联结的当代境遇”，这是在回归社区本意的同时，回到现实的实事求是。这为我们理解“什么是社区”，我们“需要什么样的社区”，以及我们“如何构造自己的社区”提供了学理和现实支撑。

从正义的内涵来讲，“正义性”强调“一方不对另一方造成入侵”。在旅游开发中，“正义性”是一个基于行动导向的概念。在发展方式上，倡导“广泛基础的增长”；在发展对象上，支持“对弱势者友善的增长”；在发展结果上，强调“共享式增长”。旅游空间生产正义性表现的是旅游空间生产的价值取向和目标。

（3）空间正义的探索需要寻找新的制度安排

反思我国旅游资源开发过程中的路径和特点，总体上经历了从“自然”到“人文”（或“自然”与“人文”并重）的开发历程。这其中很多基于“单轨”开发模式，结果不是以失败告终，就是不尽如人意。本书构建了有利于解决问题困境的“双轨旅游开发模式”，将承担主体、核心主体、市场主体、参与主体和协同主体进行了合理界定。从框架上强调“上下结合”；从内容上强调社区建设的综合性。这符合多中心互嵌下古镇社区旅游开发的模式，有利于社区型文化遗产地旅游空间生产的可持续推进。

（4）空间正义的模式优化需要突出空间的个体差异性

案例地不同旅游空间生产模式下的权能状态实质为“不同权能发展势中的权能位点”。据此提出，周庄古镇旅游空间生产的治理情况，不是要解决原住民的参与治理问题，而是要优化既有的治理秩序，解决“低质权能陷阱”。乌镇需要“消除强势与弱势主体间的空间藩篱”，寻找权能平衡机制，重新定位并探索一种古镇文化遗产保护和提升原住民空间参与的最佳解决方案。惠山需要以地格维系为目标，探索把地方原真性还原与原住民权能修补结合起来的发展新路，在群体传承、家庭（家族）传承、社会传承和场景传承等方面，让事物恢复到原来的形态，还原古镇的原生空间形态，解决“主体间不相容”的问题。

（5）空间正义的人文关怀需要双美递进

案例地旅游空间生产造成的“权能城堡”现象，需要具有容“他人之美”的道德呼唤和正义的人文关怀，强调不同标准融合的结果，理解社区、还原社区、正确表达社区，最终实现行动者网络同构。

综上所述，本书基于“知识-权力-自我”的旅游空间正义探索，认为古镇旅游空间正义需要在“互容共治、双轨同向、差异位育、双美递进”的综合模式中实现。这是改变原住民“有感增长”,“无感发展”，变“被动旅游社区”为“能动旅游社区”，最终达至高质量、有活力的新型社区型文化遗产旅游社区的理想渠道。只有把原住民发展和福利置于社区旅游开发的宏观目标和远景规划里，以制度公平和激励机制为目标指向的旅游开发体系才能真正实现，社区以及社区原住民才能变得更加“自我”。

9 结论与展望

9.1 研究结论

本书基于对“空间生产”历史脉络中经典理论的梳理和提炼、对旅游业界关于“空间认识和实践具有阶段性”的判断，以及作者对案例地旅游空间生产系统调研的深刻体会等基础上，对“空间”内涵之于案例地（或放大于案例地“旅游领域”）旅游实践的重要性，在理论上形成对旅游空间实践中如何深化认识空间的三点结论。同时，针对经济全球化的外部环境影响下，当代中国进入空间生产的聚集时代，并因此给案例地带来各种社区社会问题的现状，在实证研究方面形成四点结论。

9.1.1 理论研究结论

1）空间辩证法是旅游实践中的新哲学。由于受时代和社会制度等各因素的局限，旅游实践在初期阶段并不太会出现复杂的旅游社会组织和社会空间关系，人们对“空间是社会的产物”的认识还未进入理论研究视野①。当旅游实践深化并引起复杂的社会现象，且既存理论又无法有效解决这些问题时，人们对空间的认识应从“空间中生产”转向“空间的生产”。

尽管理论界对“空间转向”这种提法在20世纪90年代开始流行起来，但这并不意味着人们真正认识和理解了“空间”的本质。马克思主义观的空间辩证法告诉我们，事物发展由主要矛盾的主要方面推动，矛盾在不同阶段又会表现出不同特性。基于此，得出上述认识的主要原因是人们对旅游空间的复杂化实践和对空间本质认识的不同步。

随着人们对旅游空间实践的深化，旅游空间的复杂化渐趋凸显，空间实践带

① 通过文献研究与实践的匹配度判断。

来了政治、经济和社会等方面的型塑、杂化和异化，以往“空间中的矛盾”逐渐变为“空间本身的矛盾”，甚至一些隐蔽性危机也变得逐渐明显起来。但是，作者通过前期文献梳理和实地调研，发现学界和业界对旅游空间生产成为当代资本、权力等要素在空间实践中的渗透、弱势群体话语权和生存空间的边缘化，甚至因旅游空间生产引发的社区社会隐蔽性危机（如周庄古镇的“低质权能陷阱”）、显性危机（如乌镇古镇和惠山古镇的“主体间不相容”）和社区、社会以及国家之间的结构性紧张等，这些非空间中的“事情”，而是“空间本身”的认识，并没有引起应有的重视，对问题如何解决的指导理念过多停留在“空间就是研究空间之中的事物”层面上。

在至今 30 多年的旅游开发中，人们也常常把旅游场域更多看做“空间是容器”进行思考，并没有上升为“空间本身弥漫着因旅游介入引起的社会关系”、“空间被社会关系支持，同时也生产社会关系”的高度。通过对案例地旅游空间生产的研究证明，旅游空间实践暗含着空间关系的重构，我们对空间认识也应该跟着空间实践内涵的变化进行“理论的另辟蹊径”，并重新诠释空间本质。旅游空间不只是静止之物或容纳旅游资源的容器，它还是动态的空间实践工具；旅游空间形态不仅是只具有旅游资源的物质性场所，还是一种旅游的社会建构关系；旅游空间也不仅仅是空间之中“资源本身”的事情，还是“包括旅游资源在内的旅游社会空间本身的事情”。一言以蔽之，在旅游推向纵深发展过程中，旅游空间是一个“辩证性的存在概念”。

2）空间生产论是旅游研究中的新视野。空间是一种生产力和生产资料相统一的社会资源，“空间本身”是可以参与生产的现实存在。资本、权力等因素介入旅游空间实践会引起原生空间的杂化和异化；但因各主体之间权力失衡，造成弱势主体空间边缘化时，同样可以通过“空间生产理论”的指导和制度的优化，生产出与自身知识和逻辑相符的空间。

通过对案例地的实证研究和探索，我们认识到资本、权力与空间的结合使“空间辩证法成为旅游实践中的新哲学”的同时，也应该看到“空间本身具有生产性”。这是本书认为“空间生产论是旅游研究中的新视野”的基本前提。也正如亨利·列斐伏尔和米歇尔·福柯等认识的那样，空间不是单调的被支配的存在，它本身还可以参与自身的生产。

同样，根据案例地的旅游空间生产实践，我们可以看到，案例地旅游开发中资本的增值性必须寻求合适的空间（物理空间）作为支撑，而当资本在自身循环中的欲望进一步显现时，就会将空间本身作为商品或媒介，或在本地，或在异地，进行资本的增值。在此情况下，空间生产成为了资本得以表达的空间。这种正面的生产对于作为原生空间的古镇形态来说，是一种时代的进步和必然，在当代我国社会主义初级阶段社会建设中存在着一定的合理性。

与此同时，我们也应该看到，正是“空间具有生产的特性”造成了本书提到的古镇主体之间存在“权能城堡”的现象。如果深入反思和认识米歇尔·福柯关于“权力生产”相关论述和本书在权力的“场力结构”模型中构建的理论思想，我们同样可以在某种程度上将“空间的生产特性”作为“空间修复”的工具，使“空间”参与到改变弱势群体现状的生产过程，并在体制机制、法律保障和人文关怀中构建出理想的空间形态。

上述认识在理论上打通了理论界某些“概念漂浮”、“话语空转”、“理论滞后于实践需求”或“理论无力服务旅游空间可持续发展”的困境，也为旅游空间正义的实现带来了新的理论铺垫。这需要我们在旅游空间生产中，立足本土实情，确立“理论自觉”意识，深刻理解空间生产论的内涵，关注空间中空间的生产，并将此作为旅游空间生产中的知识旨趣，在更深层次、更全面、更科学地诠释空间变化对时代提出的新要求，更好地服务于旅游空间的生产。

3）空间正义论是旅游发展中的新诉求。随着旅游空间生产中社会空间问题的不断深化，空间矛盾的累积导致了旅游资源和参与旅游机会配置过程中的不公平和不正义，自然也带来了对旅游空间实践的反思和批判。针对我国国情和资本对空间占有中的生产狭隘性，理论导向中坚持什么，反对什么，不仅是立场问题、道德问题，还是社会主义空间实践的伦理价值问题。

合理诉求是认识的基础，理论认识是行动的指南。可以说，解决旅游空间生产存在的深层矛盾，不能只从空间的经济性视角去解决问题，本质上必然要指向旅游空间正义的伦理诉求。在旅游空间实践中，针对旅游空间生产蕴含着权力的不均衡和资本对弱势力的强势占有，以及带来“使一部分（人的权益）得到满足的同时，又使一部分（人的权益）失去”的旅游空间生产“权能城堡”现象，如何正确认识、诠释旅游空间的正义性和旅游正义的空间性，同样也是需要面临的一个深层时代问题。需要我们用马克思主义新思维和新的哲学理念，建立合理的解释框架，正确去解释新兴事物表现出的复杂特性，调节旅游空间生产中经济原则和政治原则不匹配、经济结构和社会结构不匹配的现象。

旅游空间正义论有利于我们明晰资本在旅游空间中积累带来的空间异化和原住民之间的矛盾，有利于我们从“人的角度”出发，匡正旅游发展从“片面”走向“全面”的过程，有利于我们改变权力和资本结合为导向的“见地不见人”的

"增长主义模式",更有利于我们解放旅游空间生产力,合理调节旅游空间生产关系,重组旅游社区社会新秩序。

毫无疑问,旅游空间正义论是旅游发展中的一个新诉求。实现旅游可持续发展的理论旨趣,正视空间辩证法,重视空间生产论,呼吁空间正义性,是时代的呼唤,更是空间正义论之于当代旅游空间实践的时代要求。

9.1.2 实证研究结论

1)旅游空间生产蕴含时空属性,空间置换是空间实践的具体表征。古镇从"原生空间"到"建构空间"的生产是古镇社区社会"结构的分化和与之相应的整合方式变化"的"历史过程"。在此转向中,古镇社区形态从"内源自生本体空间"变为"外源嵌入建构空间";空间结构从"一元同心并置结构"变为"多元同心嵌套结构"。

历史视域中古镇原生空间形态是一种栖居型的或适于栖居的传统社区社会,物理空间、社会空间和文化空间三个维度均隐喻着古镇农耕时代的一种"桃源主义式"的空间形态。在这种"向内性"古镇空间中,物理空间的"生存性"、社会空间的"地域性"和文化空间的"自洽性",决定了附着在其上的整体原生空间形态交往半径有限,各类空间形态存在于相对较小的地域,古镇原住民生活面向是"向内性的",基本在"社区共同体"之内谋发展,基于此形成长期稳定的互惠关系和共同体意识,形成基于情感的人际信任和权威信任,具有"在域性"。

资本、权力等要素介入古镇旅游空间生产,使古镇"原生空间"变为具有网络特性的"建构空间",古镇经济活动、旅游空间消费、旅游空间交换等行为已经全面卷入旅游市场化网络之中。在现代性及旅游背景下,人员、资本、信息、组织性互动的流动……不仅成为古镇社区组织的要素,而且成为社区变迁的支配形式,旅游改变了空间结构变化,使"地方空间"渐趋转变为"流动的网络空间",相对于原生空间,变迁后的空间更具有"脱域性"。

如果说在原生空间中古镇社区的社会活动属于"家庭人"社会,那么在新空间中则属于"社会人"社会。在新的古镇结构中,以业缘、协议等为纽带的"属地运行"模式取代了原生空间中以血缘、地缘为纽带的"差序运行"模式。

2)旅游空间生产具有双重特征,要素配置程度凸显社会生产能力。古镇旅游空间生产是"一枚硬币的两面",在促进古镇社区社会经济大幅增长的同时,也带来了"权能城堡"困境。按照"旅游空间生产要素越是集中,生产综合效率越是

容易提升”的规律，古镇社区社会能持续扩大再生产的前提必然是以包括原住民在内的所有要素的集中配置来保障，旅游空间生产要素配置程度是古镇社会生产力发展程度的标志。

事物的性质，主要是通过由取得支配地位的矛盾的主要方面所规定的。研究发现，案例地空间无论作为何种形态存在都具有使用价值，是能够满足人们需求的客体；空间又具有价值，可以成为交换交织的凝结物。以“政府主导”[①]的旅游空间生产，正是在全球化背景下的“旅游凝视”和中国式政治经济“推-拉”体制下，利用古镇社区的价值，将其作为支撑经济发展的重要场所，并将旅游空间生产中资本的空间化或空间的资本化结合，通过资本化过程带来更大的旅游级差收益。包括两个方面，一种方式为“本地获取”，即通过“旅游资源价值赋存高低来获取”。首先，在举国城镇化热潮中，案例地旅游资源区土地资本是获取级差收益的重要因素。其次，案例地旅游资源及遗产式建筑等物化的人文资本，这是古镇区别于其他景区的又一重要因素。再次，案例地古镇历史文化资本（旅游资源）作为被开发利用的对象，同时就构成为资本空间化中重要的利用对象。另一种方式为“异地获取”，即通过“异地城（镇）市化弥补古镇开发投资来获取”。表现为通过原住民外迁或平衡旅游景区开发投资获得土地权益，进而在城（镇）市化过程中获取级差收益。资本的累积不仅使空间本身发生变化，同时也使空间通过旅游开发，促进经济增长，创造更多财富成为可能。

同时也应该注意到，从本质上来讲，案例地旅游空间生产导向是以“旅游”[②]为基底的资本优先主义，古镇社区空间转向的实质反映了“空间的资本化”表征，凸显了“政府主导”模式下对经济社会发展的“粗放方式”。由于资本循环周期中的选择性转移和节奏控制，以及原住民在权力的“场力结构”中的不均衡性，呈现原住民参与权利的“周庄古镇>乌镇古镇>惠山古镇”的格局。从空间正义的伦理价值角度分析，针对社区型文化遗产地来说，由于案例地的特殊性和独特性，古镇社区社会真正生产能力的提升需要资本顺应古镇发展的同时，兼顾原住民旅游空间生产权能的高质量获取。也就是说，审视旅游空间生产的历史发展需要阐明旅游空间生产的发展规律，同时需要将旅游空间生产和古镇社区社会生活辩证地统一起来，在多维空间被置换的同时，建构更加符合“人”（原住民）的需要的发展空间，真正树立“不能忽视原住民”的旅游空间生产理论和实践观。

① 通常意义上，“政府主导”的完全表述应是“以政府为主导，以市场为主体”。

② 并非指“旅游”概念，包括引起旅游社会事实的潜在资源、旅游流、旅游土地……组成的广义概念。

上述“一枚硬币的两面”分析给我们带来了深入思考。旅游空间生产的要素配置问题同样需要理性批判。作为古镇社区的主人，无疑一定也是旅游空间生产中的应然和必然的“要素配置”内容，降低（周庄古镇）或排除（乌镇古镇和惠山古镇）原住民“要素配置”的旅游空间生产模式，是需要修复的空间实践模式。

3）原住民主体存在权能低化性，实践尤须关注弱势主体空间权益。资本与权力的结合，出现了“原住民的低权能化”现象，不仅导致古镇在转型背景下无法形成广泛的“互容利益”，还造成了多元主体之间以“权能层化、认同碎化”以及“低质权能陷阱”（周庄古镇）、“主体间不相容”（乌镇古镇和惠山古镇）为特征的“权能城堡”困境，弱势原住民的空间修复需要引起重视。

在案例地旅游空间生产中，旅游空间生产权能表现为政府高权能、企业高权能、游客高权能和原住民“低权能”现象。究其原因，认为资本的选择性转移和转移过程中的节奏性控制是造成原住民权能低化的原因之一。按照资本循环理论，资本本应经流通领域进入生产领域，再进入流通领域的不断反复循环，才能实现其价值增值。但是经过对案例地的研究发现，资本为了达到“过度积累”，在第三循环“投入社会”环节发生了不同程度的中断，表现出了资本循环中的“自利性”，从而造成原住民空间被挤占。

引起原住民权能低化的另一原因是原住民的权力在“权力的‘场力结构’”中处于弱势地位造成的。周庄古镇原住民“低质权能陷阱”的本质是“低权能”，其原因既与“政府的粗放型开发系列政策”（经济为主导向）有关，又与“外来资本的挤占就业空间”有关。乌镇古镇和惠山古镇“主体不相容”的本质是“无权能”，其原因主要是“政府的粗放型开发系列政策”所导致。

无论是上述哪一种情形，本质上反映了原住民因参与程度不同，情感认知呈现出空间生产与权能结构出现“同向谐变”，行动主体的权能获取呈现“逆向冲突”等心理状态，总体上具有“情感（感情基础）-认知（思想基础）-行为倾向（行动基础）”三维结构。

按照马克思主义的观点，社会发展最终目标应该体现为人的发展。具体到本书案例地，古镇社区社会是“结构”与“建构”的辩证统一，社区型文化古镇旅游空间生产需要关照游客权能获取，更需要坚守历史文化底蕴和原住民生活方式的传承，正确处理多元主体之间权能诉求关系，旅游空间生产应该顾及古镇原住民权能获取的可能性及层次性，关注不同主体之间权能获取结构和比例。

4）旅游空间生产拷问伦理关怀，活力空间再造依赖多元主体同构。目前深

深困扰案例地旅游空间持续生产的问题不是“社区社会的资本化”问题，而是如何实现“资本的社区社会化”，如何使社会社区融入旅游空间生产体系，以及如何实现旅游空间生产道德的进步和空间正义的问题。旅游空间生产效能提升和活力空间的再造，需要包括原住民在内的多元主体之间权能的同构和综合协调发展。

从古镇社区综合发展效能角度讲，古镇社区空间的旅游化本质不仅是空间土地的旅游化，更应该是“原住民本身的旅游化”①。这不仅符合道德社区的建设，更符合古镇社区旅游空间正义和安全生产的实现。

旅游空间生产批判问题的提出既是一个理论逻辑的发展进程，更是一个实践发展的进程。在旅游空间生产中，“正义性”是一个基于行动导向的概念。研究认为，基于福柯的权力理论视角是指导旅游空间安全生产，实现空间正义的重要途径，这会从本质上揭示作为弱势群体的原住民摆脱权力的“场力结构”不均衡性的内在意蕴。在发展方式上，应该倡导“广泛基础的增长”；在发展对象上，支持“对穷人（弱势）友善的增长”；在发展结果上，强调“共享式增长”。这是实现旅游回归发展本意的基本立场。

作为一个有着丰富内涵和外延的重要概念，社区是“结构”和“情感”的融合，是一个“大家的联合体”。古镇的社会发展并非顺着现代性的逻辑单线“进发”，而是在传统与现代、内部与外部的多重力量的胶着缠绕下运行着。在未来古镇社区旅游发展中，极有必要立足社区，正确表述社区，考虑古镇作为社区共同体及其当代境遇，允许原住民有机会充分参与古镇旅游开发和文化遗产保护，充分发挥其积极作用，并自觉充当研究和实践的行动者，从古镇系统整体发展的结构化和功能化视角投入更多的目光，正视二者之间的辩证统一和存在的社会意义。其中，政府应是空间修复的核心主体、企业是市场主体、原住民是参与主体、社会组织是协同主体，不同主体需要在“互荣共治”导向下，有效平衡强权力与弱权力关系，再造活力空间。

9.2 研究创新

1）将新区域主义的空间生产理论应用于江南古镇旅游开发实践，理论上提出了由“旅游空间生产”核心概念、“旅游空间生产权能”测量概念、“旅游空间正义”目标概念和“旅游空间安全”结果概念组成的、具有普遍解释力的“旅游空

① 本书认为，“原住民的旅游化”是附着在古镇空间旅游化的一种社区社会存在，本质上是原住民平等享有旅游开发的机会，享受旅游开发的成果，并由此带来对社区社会空间的认同。

间生产理论”研究框架。在该框架中，包括了对四个概念本身的定义、概念之间“内涵自洽性”和“结构逻辑性”的论证。

旅游空间生产。作者通过研究认为，“旅游空间生产”是资本、权力和利益等政治经济要素和力量对旅游空间重新塑造，并以其作为底板、介质或产物，形成空间的社会化结构和社会的空间性关系过程。该概念是对资本嵌入旅游古镇，引起古镇“空间结构的分化与整合”以及“认同结构的差异与偏向”的一种深刻认识，其内涵更能较为准确地反映旅游深化后空间实践的本质。

旅游空间生产权能。该概念强调“旅游空间生产中行动主体权利表达的可能性和实现程度”。在学理上，“旅游空间生产权能”是“旅游空间生产权利”的要素和具体内容之一。在旅游推向纵深的复杂旅游空间实践中，“旅游空间生产权能”一直是一个亟须探索的问题，本书提出此概念，可用作测量旅游空间生产的行为和结果，能为深化分析“旅游空间生产权益”、“旅游空间生产权利”等提供较好的突破口。

旅游空间正义。该概念实质上是强调“一方不对另一方造成侵入”，不同主体可以平等享有旅游权能，分享发展成果。概念的提出有利于形成良性互动的旅游空间生产关系，是判断旅游空间安全的基础，也是旅游空间安全制度安排的重要依据。

旅游空间安全。作为旅游空间生产理论的“结果概念”，旅游空间安全是对旅游空间生产的方向性指向，是旅游空间生产中旅游空间正义的有效性和多元行动主体形成的良性动态平衡结构。旅游空间安全的实现依赖于四个子概念在四个层次上的内在循环。在第一层次中，旅游空间生产产生“空间结构的分化与整合”（空间结构）与“认同结构的差异与偏向”（空间关系），这两者是分析旅游空间权能的依据；在第二层次中，旅游空间权能在“互容”和“共治”中达至旅游空间正义；在第三层次中，旅游空间正义的有效性和良性平衡性是达到旅游空间安全的途径；在第四层次中，“制度安排”和“人文关怀”是空间得以再生产的前提。

以上初步归纳能更客观、更准确地解释或解决案例地旅游空间生产带来的现实困境，也可为研究国内其他类似旅游地的空间生产提供研究思路。

2）将马克思主义三维时空观的“时间”（不可逆性）、“空间”（物质在空间中的位置）以及“时空特性”（依赖于运动着的物质特性）等要素内涵融入研究分析过程，并具体化为“纵向”、“横向”和“综合”三方面，在方法上融合唯物史观和实证主义，形成了对旅游空间生产问题域具有可操作性的“旅游空间生产的三

维分析视角”（图 9-1）。

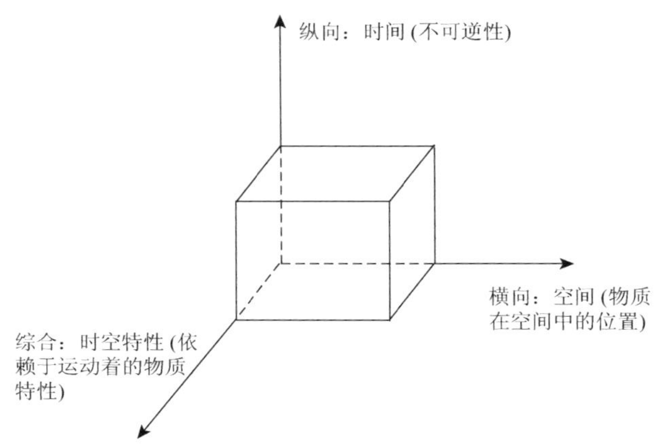

图 9-1 旅游空间生产的三维分析视角

纵向演进维。利用“时间”（不可逆性）要素，从古镇旅游空间生产的转向角度，建立旅游空间生产纵向维的“原生空间-流动空间-建构空间”研究框架，此创新体现了研究的唯物史观，在更深层次上诠释了案例地古镇社区空间特征、空间形态等要素变迁的内在机理。

横向观察维。利用“空间”（物质在空间中的位置）要素，从古镇旅游空间生产的形态角度，建立旅游空间生产横向维的“物理空间-社会空间-文化空间”研究框架。通过上述三分法，创建了分析古镇旅游空间生产的三维空间形态分析法。

综合评价维。利用“时空特性”（依赖于运动着的物质特性）要素，建立“旅游空间生产”综合评价的原住民维度（资本维、生产维、权利维、社会维、层级维和效应维）和游客维度（环境维、休闲维、服务维和依恋维），采用实证主义对旅游空间生产权能分析，在方法和内容上是一次新的尝试，综合指标的构建更能较好地测量出案例地旅游空间生产权能的结果。

与以往其他研究分析视角比较，旅游空间生产的“三维分析视角”能够体现古镇旅游空间生产的“顺序性”和“延伸性”，也能体现古镇“具体特性的可变性”。从研究的认识论上，将古镇时空坐标的有限性（原生空间）和无限性（建构空间）有机统一，形成“前者是后者的基础，后者基于前者而存在”的分析认识思维，即所谓“矛盾的普遍性即寓于矛盾的特殊性之中”。此外，该创新价值的实际应用不仅仅体现在对本书案例地的实践，在后续研究中可将此作为一种研究方法或工具，根据不同案例地采用不同内容进行分析。

在对旅游空间生产权能分析时，本书采用的 CO-PLOT 分析方法，对 $Y_{n\times p}$ 的数据矩阵进行图形展示，此方法比传统因子分析、层次分析、聚类分析、散点分析等，更具有图形展示和判断要素之间关系的优势。

3）基于对以往现实中不同旅游开发模式优势与劣势的回顾，以及对社区型文化古镇旅游空间生产“互荣共治”内涵的分析，从学理上阐述了“自上而下”与“自下而上”（内输入与外输入的结合）结合的必要性，提出了有效治理古镇社区旅游空间生产的“双轨同向旅游发展模式”。

在以往实践中，旅游开发存在“单轨同向”、“单轨异向”、“单轨”、“双轨异向”等模式，这些模式的局限性较大。作者在对本书案例地旅游空间正义的探索研究中，也认识到无论是案例地的哪一种模式，占有权力中心的政府与具有资本优势的企业结合是旅游空间生产的主导力量，旅游开发中的“内输入”特性明显，这种模式带来的结果是在超越旅游初级发展阶段后，非常不利于古镇旅游空间生产的可持续发展。

从内涵角度分析，创新旅游空间生产模式是维护古镇旅游开发秩序的现实要求。案例地社区旅游权能建设需要多元社会主体根据社区有目的、有计划、有组织地改善民生，推动社区旅游开发行为的进步，通过“外输入”与“内输入”的融合，加强与社区对话，进一步诉求旅游开发的合法性，使古镇社区旅游开发更具“柔性”。既保持古镇旅游经济社会可持续发展，又使原住民合理参与旅游开发，分享旅游开发成果。

“双轨同向”旅游开发的创新性价值体现在，第一条主线为如何适应当前旅游空间生产带来的“问题域”客观情境，发展有本土特色的旅游空间生产纵向秩序整合机制，使政府主导旅游开发更具有“合法性”；另一条主线是如何在多中心互嵌下形成的属地格局中建立有效的横向秩序协调机制，使多元主体更具有“协商性”。

上述探索，相对于目前学界和业界的研究域认识，更侧重于对体制机制的制度建设，既有利于克服理论研究的“概念引进”和“概念漂浮”，又立足实际，形成了具体的古镇旅游社区参与范式，具有一定的可操作性。当然，“双轨同向”旅游发展模式依然属于基层古镇社区的“顶层设计”，不同旅游空间生产模式下的权能状态获取，还需要结合“不同模式下权能发展势中的权能位点”进行分析。

需要说明的是，将“互容共治、双轨同向、差异位育、双美递进”整体结合理解，是正确理解本书提出的“双轨同向旅游发展模式”的重要前提，也是全面理解此模式作为一种新的创新方案的前提。

9.3 不足与展望

1）对案例地旅游空间实践研究中，能结合本土国情，秉持“理论自觉”原则。但研究还只是一个“有限的探索”，深化本书提出的一些新思想或实践创新，还需要继续坚持理论自觉，不断完善研究内涵。

对于社会科学研究，理论界一直存在对实证主义、人文主义和批判主义等方法论倾向的探讨。作者认为，每一种范式都构成了认识社会的途径和书写的话语体系。但是，有一点需要引起注意，在当下我国大规模社会空间实践和社会转型中，生搬硬套地使用基于西方土壤生成的一些概念或理论，并用来解释发生在我国大地上的社会现象，或多或少会存在“食洋不化”的困境，甚至有可能存在为西方概念或理论寻找实验田的尴尬。吸纳而不被西方概念或理论牵着走，深入发掘本土经验，构建自主性知识体系，是“理论自觉”①的表现，也是研究者需要长期坚守的学术素养和规范。

基于上述理念，本书秉持“宁幼稚而试图创新”的精神，在对案例地旅游空间实践研究中，能结合本土国情，无论在旅游空间生产理论的构建、原生空间结构的分化与整合、权能认同结构的差异与偏向等分析框架，还是在探索实现旅游空间正义的体制机制等方面，均对秉持“理论自觉”原则作了努力。但是，作者深知空间思想博大精深，空间实践过程复杂，无论是对空间的认识，还是对案例地的研究，也只是“涉略了一部分”，是一个“有限的探索”，还存在比如“对多维空间的继续深化认识”、“对案例地不同发展阶段空间形态深化的探索”、“如何指导‘双轨同向’旅游开发模式的具体实施”，以及“进一步把旅游空间生产理论中国化”等一系列问题需要继续研究。

上述问题的解决，需要进一步立足国情和案例地社情，继续跟踪古镇旅游空间生产由封闭转向流动后带来的物理形态、社会形态和文化形态的“能动性”②，填补研究不足，深化研究内涵。

2）个案研究始终存在“个案如何更好为全局服务”或“个案要不要代表整体”的争议。本书作为“个案研究”得出的结论，最终是否可对其他旅游目的地空间生产提供借鉴，需要在拓展个案范畴的基础上，重视研究成果的检验。

马克思主义者认为，判定认识或理论之是否真理，不是依主观上觉得如何而

① “理论自觉”的说法受到费孝通“文化自觉”的影响而提出。

② 面对空间形态转向的场域，空间自身所具有的转化能力。

定，而是依客观上社会实践的结果如何认定。“个案如何更好为全局服务”也回应了费孝通先生所说的“社区研究只能了解局部的情况，汪洋大海里的一滴水，怎能不落入以偏概全的弊病”问题；“个案要不要代表整体”回应了一些研究者认为的“个案研究并不是‘抽样’与‘整体’的问题”。针对上述名家之言，作者认为一是需要树立“真理的标准只能是社会实践”的理念，这是方法论问题；二是认为上述个案处理的两种情况，均存在“太过抽象”的问题，因为这并没有厘清案例地（个案）“外推”时，到底“推些什么”。

本书通过立足案例地研究，认识和体会到旅游空间生产是一个非常复杂的政治、经济、社会现象的杂化过程，也是在特定人文、社会环境和一定的社会历史发展阶段中，各种“人—地”综合因素相互作用的结果，同时还是在我国特殊的国情框架下的区域特殊实践，自然要深受特殊体制机制的影响。作者意在说明，针对特殊案例地研究的结论虽然往往基于个案本身，但必然也存在“超越个案本身之上”形成的理论、规律以及经验等共性知识。这些“共性知识”（如本书结论中，超越个案形成的“旅游空间生产理论研究框架”和“三维分析视角”等）的价值如何体现，是否适合于其他旅游目的地的空间生产，这更需要将“共性知识”进行外推实践，在拓展个案中重视研究成果检验。正所谓“只有在实践社会过程中，人们达到了思想中所预想的结果时，人们的认识才被证实了”。

马克思主义哲学认为，认识不在于懂得了客观世界的规律性，因而能够解释世界，而在于拿了这种对于客观规律性的认识去能动地①改造世界。从现实角度讲，由于我国土地的广袤性和国情的地域特殊性，目前存在着众多如城市型、自然景区型等不同于本书案例地的旅游空间生产模式，上述类型的案例地事实上同样存在旅游空间生产众多“问题域”。这些“问题域”的排解，也迫切需要具有较强解释力的理论作为指导。在后续研究中，本书将会在案例点的累积中，采用反思性方式，或借助类型学的研究范式，深入总结个案，不断超越个案，继续检验并完善“旅游空间生产”研究成果，使之更具指导性和易操作性，从而得到系统的旅游空间生产模式和规律性特征，这是本书在今后需要持续关注的问题。

3）在民生成为思维主轴的时代，面对未来旅游空间生产中一些“正当性”或“非正当性”危机、参与情况、主体间利益冲突，尤其是弱势群体权能低化和机会的丧失，需要进一步厘清解决问题的着力点，在如何突破现有政策、制度和价值导向瓶颈等方面多做探索。

---

① 在此所说的能动性，不但表现于从感性的认识到理性的认识之能动的飞跃，更重要的是还需表现为从理性地认识到实践的飞跃。检验理论和发展理论，是整个认识过程的继续。

随着资本的全球化运作、市场经济的深化以及未来我国新一轮城镇化的建设，一些资源富集的社区型文化古镇仍将持续大规模开发，或将纳入国家的旅游开发计划行列，这意味着旅游领域卷入“空间生产的聚集时代”将成为一个必然事实。在作者看来，我们应该清醒地看到，现阶段旅游开发中的价值取向、现行中国特色政治经济制度、社会响应程度等综合因素的叠加与互动方式，既是构成“中国式奇迹”的重要条件，也是形成特有社会问题的关键所在。

马克思主义观认为，和谐秩序的构建需要国家与社会之间的良性互动。从政府层面来说，处理好国家、市场和古镇社区社会的关系，制度建设是核心，需要积极营造有利于社区社会发育的空间，并能使互融共治具有政策、制度和法律保障；作为旅游空间实践者而言，需要在具有较强解释性理论的支撑下，调适旅游空间生产规则所预设的秩序构架，并能将此转化为现实旅游空间的正义秩序，修复旅游空间生产带来的分异和隔离。作为研究者而言，应该具有引导旅游空间生产实践的价值理念和方法论转型的学术抱负，除了道德呼吁外，更重要的是需要树立笔耕为“民”［研究中的“底层视角”（一种价值观和研究方法）］的学术理念和情操，敢于“向权力讲述真理”，提升对社区社会弱势原住民参与机会和有效分享旅游发展成果的关注，以及加强旅游开发中对“人”的自身发展的关注，这应该是今后积极倡导的方向。

回顾并总结，本书通过对江南文化古镇——周庄古镇、乌镇古镇和惠山古镇旅游空间生产的系统分析，可以简约为以下“知识”，以此来引起更多实践者和研究者的关注。

在我国加快建设社会主义和市场化不断深化的进程中，旅游开发常常深刻地渗透到一些具有社区特性的文化古镇，并成为推动古镇社会演变的重要力量。案例地旅游空间生产的过程是从具有“熟人社会”性质的社群（community）到“半熟人社会”再到“无主体熟人社会”的转变。古镇旅游空间生产中的分化和整合（或曰解构与结构）不同步和不均衡性，简单地把经济政策“嵌入”（embeddedness）到社区社会领域①的做法，是社区、社会与国家之间引起结构性紧张和内在深层矛盾的主要原因。

需要注意的是，在这些旅游嵌入并占据主导地位的古镇旅游空间生产中，旅游空间生产权能建设事实上与古镇社区权能建设存在较大的叠置性；甚至在某种

① 这一模式本质是在坚持经济的机械历史决定论，在一定阶段内的某种程度上是一种否定人的自曰和创造性的社会历史理论。但是，我们确实需要认真思考一下，社区文化古镇不应该是一种经济机械决定论（线性决定），不能仅用人的活动（特指原住民）之外的绝对力量来裁剪历史，我们面临的是如何进一步丰富和完善关于社区文化古镇类型的旅游空间生产的正确的唯物史观的理解。

程度上，旅游空间生产权能建设基本等同于社区权能建设。如果旅游发展所获得的效益，不能弥补反面带来的补偿，就需要反思旅游发展追求的到底是什么。事实上，从结构功能视角分析，现代社区旅游开发是一个经济、政治、社会和文化等相互交织的复杂体系，那种“简单的现代性思维”是不能承担“旅游的中国责任和中国梦”的，是一种“尚未完成的设计”。在现阶段，社区型文化古镇依然是城市化进程中现代文明对传统文明的守望与凝视，当“谋求经济的发展”成为国家接纳市场经济制度和体系的主流选择时，我们应该从经济之外的视角更加理性地审视古镇社区旅游现状，从人文关怀的视角来关注古镇社区旅游发展，从旅游发展的终极目标来引导古镇社区旅游未来，更应该通过权力和利益格局的调整，建设一套适合社区型文化古镇空间转向后的社区社会管理体制机制和法律保障措施，在古镇实现“社区社会资本化”的同时，能够兼顾“资本的社区社会化”。

也就是说，我们应该对“离开人”的活动的物质性和纯粹自然存在有重新的认知，“工具理性”是社区人幸福的必要非充分条件，比起目前现状，还有远为高尚的前景有待我们去实现；比起允许的治理体系，还有更为有价值的治理体系有待我们去建立。这正如匈牙利哲学家卡尔·波兰尼（Karl Polanyi）认为的那样：“市场经济是‘撒旦的磨坊’，任其泛滥必然会碾碎人类生存所需要的土地、劳动和货币等要素，防止和扼制市场破坏，必须坚持社会的自我保护，……，建立一个新的能够把‘人’和‘社会要素’纳入其中的包容社会。”可见，在未来社区旅游开发中，经济市场化、政治民主化、社区社会化和社会社区化是一个不可分割的整体。

由此我们可以断定，江南文化古镇在未来旅游持续推向纵深发展中，如果旅游开发的工具理性将占据主导地位，旅游空间生产非正义性将最终取胜，“去社区化”将由“过程”变为“终结”，社区型文化古镇作为遗产地的可持续性将会受到质疑；如果旅游空间生产的价值理性诉求占据主流，正义性将会获胜，社区也会更富诗意，社区型文化古镇作为遗产地也将成为现实中的“田园牧歌”。

参 考 文 献

埃米尔·迪尔凯姆. 2009. 社会分工论. 北京：生活·读书·新知三联书店.
埃米尔·迪尔凯姆. 2009. 社会学方法的准则. 北京：商务印书馆.
埃米尔·涂尔干. 1999. 宗教生活的基本形式. 上海：上海人民出版社.
安东尼·吉登斯. 1998. 社会的构成. 北京：生活·读书·新知三联书店.
奥马罗夫. 1987. 社会管理：某些理论与实践问题. 王思斌，宣兆凯，潘信芝编译. 杭州：浙江人民出版社.
白理刚. 2007. 成都周边古镇特色及古镇开发中的问题初探. 科技咨询，(29)：183.
保继刚，孙九霞. 2008. 雨崩村社区旅游：社区参与方式及其增权意义. 旅游论坛，(1)：58-65.
鲍蕊. 2011. 浅析古镇旅游产品的深度开发. 绵阳师范学院学报，30 (6)：50-52.
彼得·洛弗尔（Peter Lovell）. 1997. 历史建筑与历史地段的保护方法. 国外城市规划，(3)：9-10.
曹灿明. 2008. 基于旅游景区拓展创新的江南古镇研究——以江苏周庄为例. 特区经济，(11)：162-164.
曹春梅，陈范华，常智敏. 2009. 李庄古镇的文化价值与旅游开发探究. 宜宾学院学报，(11)：31-34.
曹锦清. 2010. 如何研究中国. 上海：上海人民出版社.
常蓓. 2011. 安徽乡土古民居及聚落研究——以绩溪石家村和肥西三河古镇为例. 安徽建筑，(3)：36-38.
常青，齐莹，朱宇晖. 2008. 探索风土聚落的再生之道——以上海金泽古镇“实验”为例. 城市规划学刊，(2)：77-82.
车玉玲，袁蓓. 2012. 空间的多重维度——作为政治与资本表达的空间. 社会科学辑刊，(2)：18-22.
陈汉波. 2000. 论江南古镇的文化特征及其成因. 中共浙江省委党校学报，(5)：72-78.
陈蕴茜. 2008. 城市空间重构与现代知识体系的生产——以清末民国南京城为中心的考察. 学术月刊，(12)：134-148.
陈忠，爱德华·索亚. 2012. 空间与城市正义：理论张力和现实可能. 苏州大学学报，(1)：1-6.
成海. 2011.“圈子”的构建与实践——旅游规划的民族志. 昆明：云南大学博士学位论文.
戴彦. 2002. 渝东南传统街区的人文解读及其现实启示. 规划师，(4)：45-48.
戴彦. 2007. 对巴渝古镇聚居形态的整合思考. 重庆建筑大学学报，29 (2)：34-37.
丁世忠. 2009. 渝东南地区古镇开发与民俗文化产业的发展. 重庆社会科学，(3)：92-95.
杜涛. 2010. 重庆中山古镇场镇空间解析. 大众文艺，(8)：131-132.
段进军，胡火金. 2011. 资本新型空间扩展的批判//陈忠. 2011. 空间理论与城市秩序——中国特色城镇化研究报告论文集. 哈尔滨：黑龙江人民出版社：95-96.
费迪南·滕尼斯. 2010. 共同体与社会——纯粹社会学的基本概念. 北京：北京大学出版社.
费孝通. 1998. 乡土中国生育制度. 北京：北京大学出版社.

费孝通. 1999. 费孝通文集（第十二卷）. 北京：群言出版社.
费孝通. 2001. 费孝通文集（第十五卷）. 北京：群言出版社.
费孝通. 2006. 中国绅士. 北京：中国社会科学出版社.
风笑天. 2005. 社会学研究方法. 北京：中国人民大学出版社.
冯雷. 2008. 理解空间：现代空间观念的批判与重构. 北京：中央编译出版社.
冯生尧，谢瑶妮. 2001. 扎根理论：一种新颖的质化研究方法. 现代教育论丛，（6）：51-53.
冯旺舟，吴宁. 2010. 论资本的空间生产与中国的住房问题——以亨利·列斐伏尔的空间批判理论为基础. 武陵学刊，35（6）：55-59.
伏六明. 2011. 湖南古城、古镇、古村旅游开发对策思考. 中南林业科技大学学报（社会科学版），5（3）：25-27.
福柯. 1997. 权力的眼睛——福柯访谈录. 严锋译. 上海：上海人民出版社.
福柯. 1998. 知识考古学. 谢强，马月译. 上海：生活·读书·新知三联书店.
傅娅. 2003. 传统·积淀·重生——邛崃平落古镇保护与发展. 四川建筑，23（8）：39-40.
甘丽. 2008. 古镇文化资源保护性开发的保障体系. 经济论坛，23（12）：19.
高承. 1989. 事物纪原（第七卷）：州郡方域部·镇. 北京：中华书局.
高梧. 2006. 四川古镇文化的传承与创新. 绵阳师范学院学报，25（1）：62-66.
高宣扬. 2004. 布迪厄的社会理论. 上海：同济大学出版社.
高银彦，姚翔，王宁. 2007. 以江南古镇为例谈古镇旅游. 山西建筑，33（18）：29-30.
格奥尔格·齐美尔. 2002. 社会学——关于社会化形式的研究. 北京：华夏出版社.
龚炼钧. 2012. 略论消费社会下的城市空间异化. 山西建筑，38（3）：27-28.
古镇书编辑部. 2004. 江苏·上海古镇书. 海口：南海出版公司.
管维良. 2008. 骚道文化：走马古镇的保护、开发与利用. 重庆社会科学，（8）：88-91.
郭伟和，徐明心，陈涛. 2012. 社会工作实践模式：从“证据为本”到反思性对话实践——基于“青红社工”案例的行动研究. 思想战线，38（3）：35-36.
郭文. 2010a. 乡村居民参与旅游开发的轮流制模式及社区增权效能研究——云南香格里拉雨崩社区个案. 旅游学刊，25（3）：76-83.
郭文. 2010b-05-10. 雨崩社区参与旅游开发中的增权问题（上）. 中国旅游报，第 7 版.
郭文. 2010c-05-17. 雨崩社区参与旅游开发中的增权问题（下）. 中国旅游报，第 7 版.
郭文，黄震方. 2011. 乡村旅游开发背景下社区权能发展研究——基于对云南傣族园和雨崩社区两种典型案例的调查. 旅游学刊，26（12）：83-92.
郭文，王丽，黄震方. 2012. 旅游空间生产及社区居民体验研究——江南水乡周庄古镇案例. 旅游学刊，27（4）：28-38.
郭文，黄震方. 2013. 基于场域理论的文化遗产旅游地多维空间生产研究——以江南水乡周庄古镇为例. 人文地理，28（2）：117-124.
郭一丹. 2007. 古镇旅游开发对当地居民的影响——洛带个案调查研究. 长江师范学院学报，23（6）：132-134.
郭占锋. 2012. 被动性“入场”与依附性“运作”——对一个国际 NGO 在中国工作过程的社会学分析. 中国农业大学学报（社会科学版），29（1）：51-59.

哈贝马斯. 2002. 重建历史唯物主义. 郭官义译，北京：社会科学文献出版社.
韩欣. 2008. 中国名镇. 北京：东方出版社.
何建华. 2004. 经济正义论. 上海：上海人民出版社.
何雪松. 2006. 社会理论的空间转向. 社会，26（2）：34-46.
何雪松. 2012. 迈向中国的社会工作理论建设. 江海学刊，（4）：142.
贺雪峰. 2012-12-05. 城镇化进程中的土地财政问题思考. http：//www.chinareform.org.cn/Economy/Agriculture/Report/201211/t20121105_154182.htm.
黑格尔. 1980. 自然哲学. 北京：商务印书馆.
侯全华，邱茜，胡向东. 2006. 传统古镇聚居形态的传承——西安楼观古镇规划设计. 城市规划，（3）：93-95.
胡柏翠，周良才. 2008. 发展社区旅游：推进社区建设的有效途径. 云南行政学院学报，（2）：167-169.
胡大平. 2009-09-01. 空间生产：当代人文社会科学新的理论生长点. http：//sspress.cass.cn/paper/4658.htm.
胡静. 2009. 交通巨变后古镇旅游的可持续发展——以陕西省柞水县凤凰镇为例. 小城镇建设，8（1）：97-100.
黄斌，吕斌，胡垚. 2012. 文化创意产业对旧城空间生产的作用机制研究——以北京市南锣鼓巷旧城再生为例. 城市发展研究，19（6）：86-90.
黄江平. 2003. 上海古镇文化保护与开发的宏观思考. 社会科学，（9）：120-128.
黄锐，文军. 2012. 从传统村落到新型都市共同体：转型社区的形成及其基本特质. 社会，（4）：75-77
黄巍. 2009. 黄龙溪古镇建筑空间形态分析. 旅游论坛，（2）：26-27.
黄喜林，潘立文. 2003. 论黄姚古镇的文化与旅游价值. 经济与社会发展，1（8）：15-17.
黄玉理，何方永. 2009. 社区参与与洛带古镇的可持续发展. 成都大学学报（自然科学版），28（2）：170-173.
惠红，程乙昕. 2010. 社区居民对旅游业经济影响感知研究——以千年古镇磁器口为例. 重庆科技学院学报（社会科学版），（6）：87-89.
吉登斯. 2011. 现代性的后果. 南京：译林出版社.
贾佳，周波. 2009. 贵州青岩古镇空间形态解析. 贵州民族学院学报（哲学社会科学版），（2）：120-122.
江泓，张四维. 2009. 生产、复制与特色消亡——“空间生产”视角下的城市特色危机. 城市规划学刊，（4）：40-45.
江五七，陈豫. 2003. 江南水乡古镇旅游传统遗韵的开发与保护. 商业研究，（8）：178-180.
姜楠. 2008. 空间研究的“文化转向”与文化研究的“空间转向”. 社会科学家，136（8）：138-140.
蒋坤富，张述林，唐为亮，等. 2010. 古镇旅游心理商业容量研究——以重庆磁器口古镇为例. 顺德职业技术学院学报，8（2）：29-33.
蒋志杰，吴国清，白光润. 2004. 旅游地空间意象分析——以江南水乡古镇为例. 旅游学刊，（2）：32-36.

金敏丽，谢巧红. 2008. 江南水乡古镇的保护与发展研究——以湖州市新市古镇为例. 黑龙江科技信息，(25)：204-205.

金轶，张健. 2008. 南浔古镇滨水建筑外部空间研究. 华中建筑，(6)：178-184.

卡尔·科恩. 2008. 自治——民主的本质. 王建勋编. 自治十二讲. 天津：天津人民出版社.

康德. 2004. 纯粹理性批判. 邓晓芒译. 北京：人民出版社.

康玉庆. 2012. 青龙古镇旅游开发研究. 太原大学学报，13 (1)：20-24.

柯丽芳，邓学芬，刘传辉. 2008. 古镇开发的理性思考——以成都为例. 中国建设信息，(6)：49-52.

郎友兴，汪锦军，徐东涛. 2011. 社会管理体制创新研究论纲. 浙江社会科学，(4)：66-70.

李春敏. 2009. 城市与空间的生产——马克思恩格斯城市思想新探. 中共福建省委党校学报，(6)：19-24.

李琮. 2009. 政治经济学视角下的旅游空间生产——消费模式. 湖北经济学院学报（人文社会科学版），6 (1)：39-40.

李贺楠. 2002. 天伦之居，古韵悠然——江南水乡名镇周庄民居的艺术特色. 中国房地产，(11)：75-76.

李建伟，朱菁，尹怀庭. 2008. 历史古镇空间格局的解读与再生——以华阳古镇为例. 人文地理，(1)：43-47.

李蕾蕾. 2005. 当代西方“新文化地理学”知识谱系引论. 人文地理，(2)：79.

李鹏，杨桂华. 2010. 社区参与旅游发展中公平与效率问题研究——以云南梅里雪山雨崩藏族村为例. 林业经济，(8)：120-124.

李倩，吴小根，汤澍. 2006. 古镇旅游开发及其商业化现象初探. 旅游学刊，21 (12)：52-57.

李强. 2011. 社会分层十讲（第二版）. 北京：社会科学文献出版社.

李秋零. 2010. 康德著作全集（第九卷）：逻辑学、自然地理学、教育学. 北京：中国人民大学出版社.

李胜兰，于凤瑞. 2011. 农民财产权收入的土地财产权结构新探——权利束的法经济学观点. 广东商学院学报，(4)：85.

李晓明. 2008. 浅谈古镇的文化运作——以平乐与黄龙溪为例. 理论研究，23 (12)：9-10.

李昕. 2006. 转型期江南古镇保护制度变迁研究. 上海：同济大学博士学位论文.

梁莹. 2011. 文化旅游产业：湘西凤凰古镇文化软实力提升途径研究. 中国城市经济，(8)：39-41.

廖丹. 2010. 古镇的情感空间、管理空间及其旅游开发——以天府古镇黄龙溪为例. 四川建筑科学研究，36 (3)：226-230.

林密. 2011. 马克思资本主义生产方式批判的空间视域. 天津社会科学，(1)：22-25.

绫部恒雄. 1988. 文化人类学的十五种理论. 中国社会科学院日本研究所社会文化室译. 贵阳：贵州人民出版社.

刘炳献，潘夏宁，周永博. 2005. 旅游地居民对旅游影响的感知——广西扬美古镇的个案研究. 社会科学家，(7)：131-133.

刘成，朱创业，王绍东. 2011. 社区参与理论的古镇旅游商业模式设计——以广元市青溪古城为例. 企业导报，(3)：123-124.

刘德谦. 2005. 古镇保护与旅游利用的良性互动. 旅游学刊，20 (2)：47-53.

刘宏梅，周波. 2006. 乡土聚落的多元文化融合——泸州市福宝古镇范例. 工业建筑，(4)：40-44.
刘家明，杨新军. 1998. 生态旅游地可持续旅游发展规划初探. 自然资源学报，14（1）：79-82.
刘俊，袁红. 2010. 1998-2009年重庆市磁器口古镇旅游用地空间结构演变. 地理科学进展，29（6）：657-662.
刘亮. 2010. 相对剥夺感与“精英犯罪”. 江苏警官学院学报，25（5）：113.
刘蓬春. 2006. 洛带古镇的开发及客家文化的保护. 四川省情，(8)：15-16.
刘婷，张阳生，高连海. 2009. 古镇非物质文化遗产的搜救保护与活力复兴——以山西大阳古镇为例. 人文地理，(3)：97-100.
刘旺，王汝辉. 2008. 文化权理论在少数民族社区旅游发展中的应用研究——以四川省理县桃坪羌寨为例. 旅游科学，22（2）：63-68.
刘旺，吴雪. 2008. 微观机制研究——以丹巴县甲居藏寨为例. 四川师范大学学报（社会科学版），35（2）：140-144.
刘旺. 2010. 民族社区旅游发展的困境：理论阐释与实证分析——以丹巴县甲居藏寨为例. 云南师范大学学报（哲学社会科学版），42（1）：142-146.
刘纬华. 2000. 关于社区参与旅游发展的若干理论思考. 旅游学刊，(1)：47-51.
刘炜，李百浩. 2008. 湖北古镇的空间形态研究. 武汉理工大学学报，30（3）：99-102.
刘喜梅，卢润德，潘立军. 2008. 基于旅游影响感知的南岳古镇居民类型划分. 安徽农业科学，36（28）：12432-12435.
刘小方. 2006. 世界遗产视野下的洛带古镇保护问题. 成都大学学报（社会科学版），(5)：108-109.
刘洋，陶庭马. 2012. 列斐伏尔日常生活批判的空间哲学转向. 长安大学学报（社会科学版），14（1）：68-72.
龙彬，易德琴. 2006. 浅论复兴后的重庆瓷器口古镇的持续发展. 重庆建筑，(8)：23-25.
卢现祥，朱巧玲. 2008. 新制度经济学. 北京：北京大学出版社.
陆扬. 2008. 空间何以生产. 马克思主义美学研究，(1)：198-209.
陆益龙. 2011. 定性社会研究方法. 北京：商务印书馆.
吕贵彦，吴章文，王晋. 2008. 湘西里耶古镇旅游资源开发探析. 经济论坛，(9)：158-159.
吕宛青、陈红. 2010. 旅游目的地利益均衡机制构建——以腾冲县和顺古镇为例. 人民论坛，(20)：216-217.
罗伯特·诺奇克. 2008. 无政府、国家和乌托邦. 姚大志译. 北京：中国社会科学出版社.
罗超，楚超超. 2011. 欠发达地区古城镇历史文化保护与发展的一种模式评价——以云南束河、黑井古镇为例. 建筑与文化，(9)：102-103.
罗成. 2007. 社区治理中市民空间的生产. 法制与社会，(10)：650-651.
罗永常. 2010. 论少数民族传统社区旅游开发中的六大关系——以黔东南民族旅游村寨为例. 中国商贸，(29)：167-168.
骆祖春. 2010. 江苏省直管县财政体制改革成效、问题及对策. 地方财政研究，(4)：38-41.
马克思，恩格斯. 1997. 共产党宣言. 北京：人民出版社.
马克思，恩格斯. 2003. 马克思恩格斯全集（第二卷）. 北京：人民出版社.
马克思. 1995. 马克思恩格斯选集（第一卷）. 北京：人民出版社.

马克思. 2012. 资本论（第一卷）. 郭大力，王亚南译. 上海：上海三联书店出版社.
马克思. 2012. 资本论（第三卷）. 郭大力，王亚楠译. 上海：上海三联书店出版社.
马克思・韦伯. 2002. 新教伦理与资本主义精神. 西安：陕西师范大学出版社.
马克思・韦伯. 2006. 经济与社会（上卷）. 北京：商务印书馆.
马凌若夫斯基. 2011. 西太平洋上的航海者. 北京：中国社会科学出版社.
马秋穗. 2010. 符号想象与表征：消费理论视阈下的古镇景观生产. 社会科学家，（10）：85-87.
马戎. 2001. 民族与社会发展. 北京：民族出版社.
马学广，王爱民，闫小培. 2010. 广州市城市居住空间的社会生产研究. 中山大学学报（自然科学版），49（5）：122-126.
马学广. 2010. 城中村空间的社会生产与治理机制研究——以广州市珠海区为例. 城市社会学，17（2）：126-132.
毛泽东. 1991. 毛泽东选集（第一卷）. 北京：人民出版社.
梅振华. 2010. 商业古镇休闲旅游产业发展路径探索. 商业时代，（24）：128-129.
明庆忠，段超. 2014. 基于空间生产理论的古镇旅游景观空间重构. 云南师范大学学报（哲学社会科学版），46（1）：42-48.
牟晨辉. 1994. 分税制对浙江省乡镇财政收支影响分析. 浙江财税与会计，（7）：37-38.
聂元飞. 1989. 地位象征和相对剥夺：主观分层的二律背反. 社会，（7）：9.
农兴强，杨荣翰，韦祖庆. 2007. 古镇旅游发展与生态文化理念——以贺州黄姚古镇为例. 广西社会科学，（4）：21-25.
欧阳谦. 2012. 福柯的新政治观：一种微观权力的谱系学建构. 中国人民大学学报，（2）：57.
潘光旦. 2000. 潘光旦文集（第八卷）. 潘乃穆，潘乃和编. 北京：北京大学出版社.
潘明铭. 2012. 浅析分税制改革及其引致的地方财政问题. 当代经济，（6）：88-89.
潘秋玲，李九全. 2002. 社区参与和旅游社区一体化研究. 人文地理，17（4）：38-41.
潘绥铭，黄盈盈. 2012-03-05. 怎样做好“观念调查”. http://theory.people.com.cn/GB/49154/49156/17291779.html
潘泽泉. 2007. 空间化：一种新的叙事和理论转向. 国外社会科学，（4）：42-47.
彭靖. 2006. 江南水乡古镇的桥文化解读. 科教文汇，（1）：100-101.
彭林绪，李卫红. 2007. 武陵古镇民俗的演变及其特点. 三峡大学学报（人文社会科学版），29（6）：22-27.
皮埃尔・布迪厄，华康德. 2004. 实践与反思——反思社会学导论. 北京：中央编译出版社.
普雷斯顿・詹姆斯. 1982. 地理学思想史. 李旭旦译. 北京：商务印书馆.
钱雅妮. 2005. 浅析传统建筑的伦理功能——从同里古镇看起. 华中建筑，（4）：156-159.
钱玉英，钱振明. 2012. 走向空间正义：中国城镇化的价值取向及其实现机制. 自然辩证法研究，28（2）：61-64.
秦晖. 2004. 传统十论. 上海：复旦大学出版社.
秦容，易英霞. 2008. 古镇旅游资源特色及开发分析——以重庆偏岩古镇为例. 现代经济信息，（5）：249-250.
邱盼，李为之. 2009. 把握自身特色，合理适度开发——以安仁镇为例谈我国古镇开发. 安徽建筑，（6）：22-23.
屈德印，黄利萍. 2006. 浙江古镇聚落空间类型分析. 装饰，（6）：22-23.
权小勇. 2008. 江南古镇南浔旅游资源开发刍议. 湖州师范学院学报，30（1）：96-101.
任道丕. 2007. 贵州古民居保护策略探析——以郎岱古镇为个案. 贵州教育学院学报（社会科学），23（5）：47-52.
任黎秀. 2004. 旅游规划. 北京：中国林业出版社.
阮仪三，王景慧，王林. 1998. 历史文化名城保护理论与规划. 上海：同济大学出版社.
阮仪三. 2002. 江南六镇. 石家庄：河北教育出版社.
阮仪三. 2005. 保护周庄古镇的艰辛历程. 衡阳师范学院学报，（2）：1-8.
申葆嘉. 2010. 旅游学原理——旅游运行规律研究之系统陈述. 北京：中国旅游出版社.
斯考切波. 2007. 国家与社会革命. 何俊志，王学东译. 上海：世纪出版集团.
宋祁，欧阳修. 1975. 新唐书・兵志. 北京：中华书局.
宋伟轩，朱喜钢，吴启焰. 2009. 城市滨水空间生产的效率与公平——以南京为例. 国际城市规划，24（6）：66-71.
宋玉蓉. 2008. 洛带古镇游客行为特征分析. 乐山师范学院学报，23（8）：71-73.
苏贾. 2004. 后现代地理学：重申批判社会理论中的空间. 北京：商务印书馆.
苏尚锋. 2008. 空间理论的三次论争与“空间转向”. 人文杂志，（4）：23-29.
孙大江，刘建，孙大远. 2008. 传统古镇文化旅游研究与发展建议——以雅安市上里古镇为例. 四川建筑，28（4）：15-17.
孙江. 2007. 当代中国空间生产的现实语境及其矛盾分析. 苏州大学学报（哲学社会科学版），（3）：12-15.
孙江. 2008. “空间生产——从马克思到当代”. 北京：人民出版社.
孙立平. 2002. 实践社会学与市场转型过程分析. 中国社会科学，（5）：83-95.
孙萍. 2008. 江南古镇旅游文化资源评价. 今日科苑，（2）：145-146.
孙小龙，郜捷，赵萍萍. 2011. 古村镇旅游发展模式的比较研究——以青岩古镇和镇山村为例. 武汉职业技术学院学报，10（1）：87-91.
孙艺，李秀. 2009. 古镇保护方法实证研究——以成都市青白江区城厢古镇规划为例. 新西部，（9）：136-137.
孙艺惠，陈田，张萌. 2009. 乡村景观遗产地保护性旅游开发模式研究——以浙江龙门古镇为例. 地理科学，29（6）：840-845.
谭志蓉. 2007. 浅议社区参与与古镇旅游可持续发展的关系. 宜宾学院学报，（12）：47-49.
唐春媛，刘明，黄东海，等. 2007. 古镇保护与更新模式探析——以闽北和平古镇为例. 华中建筑，25（11）：173-175.
唐家路. 2006. 民间艺术的文化生态论. 北京：清华大学出版社.
唐顺铁. 1998. 旅游目的地的社区化及社区旅游研究. 地理研究，17（2）：145-148.
唐小飞，黄兴，夏秋馨，等. 2011. 中国传统古村镇品牌个性特征对游客重游意愿的影响研究——以束河古镇、周庄古镇、阆中古镇和平遥古镇为例. 旅游学刊，26（9）：53-59.
唐晓云，赵黎明. 2005. 社区旅游资源产权困境及其改善. 旅游科学，19（4）：11-16.

田海宁. 2009. 浅谈青木川古镇旅游资源开发. 科技信息，(18)：573.
田喜洲. 2002. 巴渝古镇旅游开发与保护探讨. 重庆建筑大学学报，(7)：17-20.
田喜洲. 2003. 古镇旅游开发与保护探讨. 经济问题探索，(2)：90-93.
田喜洲. 2004. 论古镇旅游开发中的问题与对策. 社会科学家，(3)：93-98.
田毅鹏，张霁雪，陶宇. 2010. 空间生产、资本接续与权力介入的实践逻辑——对东北C市马路劳工生存状态的调查. 社会科学，(5)：67-73.
汪民安. 2006. 空间生产的政治经济学. 国外理论动态，(1)：46-52.
汪民安. 2006. 空间与后现代性. 南京：江苏人民出版社.
王朝辉. 2011. 洛带古镇的开发模式与思考. 旅游纵览，(4)：40-41.
王成超. 2010. 我国社区旅游实践的扭曲与反思. 海南师范大学学报（自然科学版），23（1）：104-107.
王大悟，郑世卿. 2010. 论古镇旅游开发的五种关系. 旅游科学，24（4）：60-65.
王荻，袁尽辉，许劼. 2010. 历史城镇非物质文化遗产的旅游开发模式浅析——以码头古镇为例. 上海城市规划，(3)：53-57.
王剑，彭建. 2011. 相对剥夺视角下的旅游地社区居民态度研究——以茂兰自然保护区为例. 生态经济（学术版），(2)：35.
王娟洋，郃巍. 2011. 历史文化古镇的保护和开发实践——以浙江省廿八都镇为例. 现代装饰，(1)：40-42.
王莉，陆林，童世荣. 2003. 江南水乡古镇旅游开发战略初探——浙江乌镇实证分析. 长江流域资源与环境，12（6）：529-534.
王林. 2008. “原真性”民俗文化之于古镇旅游的价值——以广西大圩古镇为例. 青海民族研究，19（1）：40-43.
王琳. 2012. 全球空间生产对中国和平发展的影响研究. 重庆科技学院学报（社会科学版），(2)：33-34.
王如东. 2005. 苏州古镇旅游进一步发展的对策建议. 经济师，(2)：285-286.
王三北，高亚芳. 2008. 价值理性的回归：民族社区旅游发展中文化传承功能的升级演进——以红柳湾和官鹅沟为例. 民族研究，(3)：31-40.
王涛. 2008. 新制度经济学视角下潜规则产生原因及遏制途径研究. 青岛：中国海洋大学硕士学位论文.
王艳，张捷，史春云，等. 2007. 基于公众媒介信息的水乡古镇景观意象研究. 北京第二外国语学院学报（旅游版），(9)：1-9.
王艳云. 2012. 博弈论、官员晋升锦标赛理论与农村财务管理模式. 财会通讯，(5)：127-128.
王勇，李广斌，王传. 2012. 基于“时空分离”的苏南乡村空间转型及其风险. 城市研究，(27)：53-57.
王苑，邓峰. 2009. 历史街区更新中的社会结构变迁与空间生产——以苏州山塘历史街区为例. 现代城市研究，(11)：60-64.
王云才，李飞，陈田. 2007. 江南水乡古镇城市化倾向及其可持续发展对策——以乌镇、西塘、南浔三镇为例. 长江流域资源与环境，16（6）：700-703.

王云才，石忆邵，陈田. 2007. 江南古镇商业化倾向及其可持续发展对策——以浙北三镇为例. 同济大学学报（社会科学版），18（2）：49-53.

王志刚. 2012a. 民生幸福：社会主义城市空间生产的价值旨归. 社会主义研究，（1）：33-37.

王志刚. 2012b. 论社会主义空间正义的基本架构——基于主体性视角. 江西社会科学，（5）：36-40.

韦浩明. 2009. 古镇旅游资源开发与社区和谐机制的构建——以广西贺州市黄姚古镇为例. 桂林师范高等专科学校学报，23（1）：67-70.

韦祖庆，陈才佳. 2009. 黄姚古镇旅游开发现状分析与保护对策. 广西社会科学，（1）：10-14.

韦祖庆. 2009. 生态美学是古镇文化旅游的重要依托——以贺州市黄姚古镇为例. 旅游论坛，2（2）：295-299.

魏皓严，许靖涛. 2010. 旅游小城镇传统空间景观风貌的“布景式”认知——从“空间生产”的视角出发. 室内设计，（2）：8-14.

魏开，许学强. 2009. 城市空间生产批判——新马克思主义空间研究范式述评. 城市问题，（4）：83-87.

魏柯. 2011. 四川古镇街道空间文化价值解析. 西南民族大学学报（人文社会科学版），（9）：149-152.

吴传钧. 2008. 发展中的中国现代人文地理学——吴传钧院士学术报告选辑. 北京：商务印书馆.

吴启焰. 2011. 新自由主义城市空间重构的批判视角研究. 地理科学，31（7）：769-773.

吴忠军，叶晔. 2005. 民族社区旅游利益分配与居民参与有效性探讨. 广西经济管理干部学院学报，17（3）：51-55.

吴忠民. 2012. 以社会公正奠定社会安全的基础. 社会学研究，（4）：17-22.

向明. 2010. 社区旅游视角下古镇可持续发展研究——以四川平乐古镇为例. 商业文化，（10）：296.

肖坤冰. 2012. 遗产的“文化公权”与“发展私权”之争论——对遗产运动中几组行动主体的权力话语分析. 徐州工程学院学报（社会科学版），27（4）：61-65.

谢雄. 2009. 从黄龙溪古镇保护看传统的继承. 四川建筑，29（9）：130-140.

辛金，袁红，廖波. 2012. 当代中国城市形象及内部空间结构变迁——基于空间生产理论视角的分析. 室内设计，1：36-39.

熊明均，郭剑英. 2007. 西部古镇旅游发展的现状及开发模式研究. 西华大学学报（哲学社会科学版），26（3）：75-78.

亚当·斯密. 2006. 道德情操论. 蒋自强，钦北愚，朱钟棣，等译. 北京：商务印书馆.

亚里士多德. 1981. 政治学. 吴寿彭译. 北京：商务印书馆.

闫宏秀. 2007. 建构主义、知识的空间生产与历史性. 江西社会科学，（4）：54-57.

颜婺. 2007. 广西扬美古镇的旅游开发. 边疆经济与文化，（11）：21-23.

羊笑亲. 2010. 从文化心理模式的角度探寻江南古镇居住空间的成因. 美与时代，（8）：78-80.

阳建强，冷嘉伟，王承慧. 2001. 江南水乡古镇同里保护与发展的探索研究. 城市规划，（5）：50-55.

阳立军，杨波. 2005. 江南水乡古镇文化景观变异与社会网络结构变迁——以上海郊区古镇金泽镇与练塘镇为例. 福建建筑，（2）：24-26.

杨大春. 2005. 杨大春讲梅洛·庞蒂. 北京：北京大学出版社.

杨格来. 2004. 财政转移支付理论及浙江省财政转移支付实践的探讨. 杭州：浙江大学硕士学位论文.
杨柳. 2008. 浅析 INGO 在世界政治中的地位与作用. 科技信息，(4)：515-516.
杨明华. 2008. 人类学视野下的洛带古镇旅游. 成都大学学报（社科版），8（4）：95-97.
杨婷. 2008. 古镇旅游开发策划新模式的探索——以上海市青浦区金泽水乡为例. 城市发展研究，192-196.
杨云源. 2008. 云南楚雄州古镇旅游开发初探. 广西城镇建设，(10)：114-116.
姚斌. 2006. 关于大圩古镇保护性开发的思考. 广西城镇建设，(10)：85-87.
姚春雷. 2009. 苏州古镇古村保护的实践与探索. 苏州科技学院学报(社会科学版)，26(1)：15-18.
叶超，柴彦威，张小林. 2011. “空间的生产”理论、研究进展及其对中国城市研究的启示. 经济地理，31（3）：408-412.
叶超. 2012. 社会空间辩证法的由来. 自然辩证法研究，28（2）：56-59.
叶素文. 2005. 古镇（村）旅游经济开发与人文价值协调发展的对策——以柿林古村丹山赤水风景区为例. 生态经济，(10)：307-311.
阊柏. 2007. 古镇的兴衰对滇中社会经济发展的影响——以云南楚雄黑井和石羊盐业古镇为例. 云南民族大学学报（哲学社会科学版），5（24）：37-41.
雍振华，钱达. 2008. 周庄古镇建筑空间形态分析. 苏州科技学院学报（工程技术版），21（3）：57-60.
游海鱼，杨桂红. 2009. 旅游空间商品化过程中的政府职能研究——以云南省为例. 云南财经大学学报（社会科学版），(2)：46-49.
余丹. 2005. 我国古镇旅游的开发利用. 资源开发与市场，2（4）：377-378.
余琪. 2008. 从体验经济视角探求古镇旅游产品的深度开发——以西塘古镇为例. 江西科技师范学院学报，(4)：40-43.
余琪. 2010. 转型期上海城市居住空间生产模式及布局形态演变. 城市规划学刊，(5)：15-24.
余向洋. 2005. 古村落社区旅游的另一种思路——借鉴台湾社区营造经验. 黄山学院学报，7(5)：42-44.
袁久红. 2012. 历史——地理唯物主义视域下的城市空间生产——哈维的理论范式及个案研究. 东南大学学报（哲学社会科学版），14（3）：5-9.
约翰·罗尔斯. 1988. 正义论. 何怀宏译. 北京：中国社会科学出版社.
曾超. 2009. 巴渝古镇非物质文化遗产形态及其影响因素. 重庆社会科学，(4)：84-90.
张安民. 2009. 南浔古镇游客满意度前因研究. 北方经贸，(11)：99-101.
张斌. 2012. 大众传媒与少数民族乡村政治生活——对湘黔桂毗邻边区三个民族村寨的民族志调查与阐释. 武汉：华中科技大学博士学位论文.
张冬婷，邱扶东. 2011. 国内外古镇旅游研究综述. 旅游学刊，26（3）：86.
张佳. 2012. 大卫哈维的空间批判理论论析. 江汉论坛，(2)：57-61.
张京祥，耿磊，殷洁，等. 2011a. 基于区域空间生产视角的区域合作治理——以江阴经济开发区靖江园区为例. 人文地理，26（2）：5-9.
张京祥，罗小龙，殷洁，等. 2011b. 大事件营销与城市的空间生产与尺度跃升. 城市问题，(1)：

19-23.
张品. 2010. 空间生产理论及其对我国城市建设的启示. 前沿，(7)：96-99.
张松. 2001. 历史城市保护学导论——文化遗产和历史环境保护的一种整体性方法. 上海：上海科学技术出版社.
张新克. 2011. 嘉兴传统古镇民居聚落的空间构成特征. 华中建筑，(8)：132-135.
张新荣. 2006. 焦溪古镇的文化与景观研究. 常州工学院学报（社科版），24（6）：5-9.
张兴华，韩宝平，史春云. 2010. 基于旅游影响感知与态度的居民类型划分——以周庄古镇为例. 淮海工学院学报（自然科学版），19（3）：63-66.
张一东. 2007. 江南水乡古镇空间形态与行为的互动性研究. 浙江万里学院学报，20（4）：24-29.
张之沧. 2004. 科学哲学导论. 北京：人民出版社.
张之沧. 2007. 论空间的创造与生产. 自然辩证法研究，23（2）：5-8.
赵万里，穆滢潭. 2012. 福柯与知识社会学的话语分析转向. 天津社会科学，(5)：62.
郑庆杰. 2011. “主体间性——干预行动”框架：质性研究的反思谱系. 社会，(3)：229-230.
郑震. 2010. 空间：一个社会学的概念. 社会学研究，(5)：1-25.
中华人民共和国. 2007. 中华人民共和国土地管理法. 北京：法律出版社.
中华人民共和国. 2011. 中华人民共和国物权法. 北京：法律出版社.
中华人民共和国. 2011. 中华人民共和国宪法. 北京：法律出版社.
《中国古镇游》编辑部. 2006. 中国古镇游. 西安：陕西师范大学出版社.
周飞舟. 2006. 转移支付何以解救县乡财政. 南风窗，(10)：18-19.
周根红. 2010. 博物馆与城市文化的空间生产. 东南文化，(6)：108-111.
周浩明，冯道刚. 2007. 江南水乡古镇“灰空间”解析. 装饰，(1)：85-87.
周建明，詹雪红. 2005. 中国古镇旅游资源的保护与利用——兼谈北京模式口镇旅游保护规划要点. 小城镇建设，(6)：74-77.
周黎安. 2004. 晋升博弈中政府官员的激励与合作——兼论我国地方保护主义和重复建设问题长期存在的原因. 经济研究，(6)：33-40.
周尚意，龙君. 2003. 乡村公共空间与乡村文化建设——以河北唐山乡村公共空间为例. 河北学刊，23（2）：72-76.
周婷. 2012. 乌镇古镇传统空间研究. 北京：北京林业大学硕士学位论文.
周星. 2011. 乡土生活的逻辑. 北京：北京大学出版社.
周越，梁斌. 2010. 江南民居建筑美学特征研究——从角直古镇民居群落看江南民居生态理念. 美术向导，(3)：82-83.
周中之. 2004. 伦理学. 北京：人民教育出版社.
朱竑，钱俊希，封丹. 2010. 空间象征性意义的研究进展与启示. 地理科学进展，29（6)：643-648.
朱松节，刘龙娣. 2010. 江南古镇旅游可持续发展的困境与对策——以周庄古镇为例. 高职论丛，(2)：1-3.
朱桃杏，陆林，李占平. 2007. 传统村镇旅游发展比较——以徽州古村落群与江南六大古镇为例. 经济地理，27（5)：842-846.
庄孔韶. 2010. 人类学概论. 北京：中国人民大学出版社.

庄友刚. 2012. 西方空间生产理论的逻辑、问题域趋势. 马克思主义与现实，(6)：116-122.

邹丹丹. 2012. 现代性怀旧和记忆的空间生产——以上海新天地为例. 现代城市研究，(2)：24-29.

左静，袁犁. 2012. 基于“空间生产”视角的古城镇再生模式探析——以丽江古城为例. 安徽建筑，(2)：45-46.

左晓斯. 2010. 可持续乡村旅游研究——基于社会建构论的视角. 北京：社会科学文献出版社.

Alfred Schutz. 2001. The Problem of Sociay Reality. Beijing：Huaxia Press.

Ashworth G，Bruce D M. 2009. Town walls，walled towns and tourism：paradoxes and paradigms. Journal of Heritage Tourism，4（4）：299-313.

Bachelard. 1984. The New Scientific Spirit. Boston：Beacon Press.

Brenner N，Theodore N. 2001. Cities and the geographies of actually existing Neoliberalism. Antipode，3（34）：349-379.

Brunt P，Courtney P. 1999. Host perceptions of sociocultural impacts. Annals of Tourism Research，26（3）：493-515.

Burns P M，Monica M S. 2003. Local perceptions of tourism planning：The case of Cuellar，Spain. Tourism Management，24（3）：331-339.

Castells. 1983. The City and Grassroots. London：Edward Arnold.

Christina A J，Annad A，Kavoori. 2001. Mediated resistnaee-tourism and the host community. Annals of Tourism Research，28（4）：998-1009.

Cochrane J. 2008. Tourism，partnership and a bunch of old fossils：management for tourism at the Jurassic Coast World Heritage Site. Journal of Heritage Tourism，3（2）：156-167.

Cohen E. 1972. Toward a sociology of international tourism. Social Research，39（1）：164-182.

David A F. 2008. Birthplace of baseball or village of museums?the packaging of heritage tourism in Cooperstown，New York. Journal of Sport & Tourism，13（2）：135-153.

Dogan G，Jurowski C，Uysal M. 2002. Resident attitudes：a structural modeling approach. Annals of Tourism Research，29（1）：79-105.

Durkheim E. 2009. The Rules of Sociological Method. Beijing：The Commercial Press.

Erving G E. 1959. The Presentation of Self in Everyday Life. New York：Doubleday Anchor Press.

Foucault M. 2003. The Essential Foucault：Selections from the Essential Works of（3）Foucault 1954-1984. New York：The New Press.

Harvey D. 1982. The limits to Capital. Oxford：Blackwell.

Harvey D. 1985. The Urbanization of Capital. Oxford：Blackwell.

Harvey D. 2005. A Brief History of Neoliberalism. London：Oxford Press.

Heidegger M. 1999. Being and Time. Trans by john macquarrie and edward robinson. London：SCM Press.

Horn C，Simmons D. 2002. Community adaptation to tourism：Comparisons between Rotorua and Kaikoura，New Zealand. Tourism Management，23（2）：133-143.

Huttasin N. 2008. Perceived social impacts of tourism by residents in the OTOP tourism village，Thailand. Asia Pacific Journal of Tourism Research，13（2）：175-191.

Jensen M，Meekling W H. 1976. Theory of the firm：managerial behavior，ageney costs and OwnershiP Structure. Journal of Financial Economies，305-360.

John C，Moweu. 1990. Consumer Behavior. New York：Macmillan Publishing Company.

Jones A. 1997. Urban conservation issues in Brunei Darussalam：the case of Brunei's water villages. Planning Perspectives，4（12）：457-475.

Kneasfey M. 2001. Rural cultural economy——tourism and social relations. Annals of Tourism Research，28（3）：762-783.

Koscak K. 1998. Integral development of rural areas，tourism and village renovation，Trebnje，Slovenia. Tourism Management，19（1）：81-86.

Lazear E，Rosen S. 1981. Rank-order tournaments as optimum labor contracts. Journal of Political Economy，8（5）：841-864.

Lee S H. 2012. Evaluating spatial centrality for integrated tourism management in rural areas using GIS and network analysis. Tourism Management，3（5）：1-11.

Lefebvre H. 1976. The Survival of Capitalism. London：Allison and Busby.

Lefebvre，Henri. 1979. Critical Sociology：European Perspective. New York：Irvington.

Lenski. 1984. Power and Privilege：A Theory of Social Stratification. Chapel Hill：The University of North Carolina Press.

Li P，Cai A. 2002. Cooperative banding for rural destinations. Anals of Tourism Research，29（3）：720-742.

Lipshitz G，Raveh A. 1994. Applications of the Co-plot Method in the study of socioeconomic differences among cities：a basis for a differential development policy. Urban Studies，31（1）：123-135.

MantecónA and Huete R. 2007. The role of authenticity in tourism planning：Empirical findings from southeast Spain. Tourism. 3（55）：323-333.

Marks R. 1996. Conservation and community：The contradictions and ambiguities of tourism in the Stone Town of Zanzibar. Habitat International，2：265-278.

Martin J R. 2004. Positive discourse analysis：solidarity and change. Revista Canaria de Estudios Ingleses，（49）：179-200.

Martin K. 2010. Living pasts：Contested tourism authenticities. Annals of Tourism Research，37（2）：537-554.

Matthew J. WalPole，Haorld J G. 2000. Loeal Economic Impacts of Dragon Tourism in Indonesia. Annals of Tourism Research，27（3）：559-576.

Medsn L K. 2003. Commoditiing culture——tourism and maya identity. Annals of Tourism Research，30（2）：353-368.

Murphy. 1985. Tourism：A Community Approach. New York：Methuen.

Oren U，Woodcock D G，Var T. 2002. Sustainable tourism development：a case study of cumalikizik，Turkey. Tourism Analysis，3-4（6）：253-257.

Pierre F. Landry. 2008. Decentralized Authoritarianism in China：The Communist Party's Control of

Local Elites in Post-Mao Era. Cambridge：University Press.

Polanyi K. 1957. The Great Transformation. Boston：Beacon Press.

Popenon D. 2009. Sociology（Eleventh Edition）. Translated by Li Q. Beijing：Renmin University of China Press.

Radcliffe-Brown A R. 1965. Structure and Function in Primitive Society. Translated by Pan J. Beijing：Minzu University of China Press.

Roland S M. 1995. Gender and alcohol use in a Greek tourist town. Annals of Tourism Research，22（2）：300-313.

Sacks H. 1992. Lectures on Conversation. Oxford：Basil Blackwell.

Smith N. 1984. Uneven Development：Nature，Capital and the Production of Space. Oxford：Blackwell.

Tosun C. 2002. Host perceptions of impacts：a comparative tourism study. Annals of Tourism Research，29（1）：231-253.

Wang N. 1999. Rethinking authenticity in tourism experience. Annals of Tourism Research，26（2）：349-370.

Webber M M. 1964. Culture，Territoriality and the Elastic Mile. Papers and Proceedings of the Regional Science Association，（13）：59-69.

Wiekens E. 2002. The sacred and the porafne——a tourist typology. Annals of Tourism Research，29（3）：834-851.

Williamson O E. 1985. Economic institutions of capitalism. New York：Free Press.

Yaniv B，Kellee C，William P S. 2008. The search for authenticity in the pilgrim experience. Annals of Tourism Research，35（3）：668-689.

Yuksel F，Brmawel B，Atila，et al. 1999. Stadtholder interviews and tourism planning at PamukkaLe. Tourism Management，（20）：351-360.

Yvette R，Carol J S. 2006. Reconceptualizing object authenticity. Annals of Tourism Research，33（1）：65-86.

Zhuang K S. 2010. Introduction to Anthropology. Beijing：Renmin University of China Press.

后　记

“旅游空间生产”是旅游研究中的前沿领域。选择此主题进行研究的目的之一是完成国家委托于我的一项课题任务，其二是唤醒人们对空间社会性重要程度的认识。黑格尔（Hegel）曾经说过：“熟知常常非真知。”这对我们具有反思作用。如果说在时间中寻找过去的我们是一种历史乡愁，那么在乡村社会寻找所谓真正的中国则是现实的一种文化乡愁。用人类学的术语来说，这是另一种“对异邦的想象”；用亚当斯（Adams）的话来说，这是一种类似于“高贵的野蛮人”的原始论的想象。在极端城市中心主义论者的观念中，乡村在社会发展上是落后的、不足的、迟缓的、有碍“城市化”的、是“需要救赎的”。但是，在我的理解中，乡村“野”，“礼失”还需“求诸野”，它在文化上或道德上是“高贵的”、“有传统的”，可以救赎现代社会中“已经严重堕落的我们”。

在空间里

二十多年前，伴着泥土野于乡里，因此熟知乡土中国之“草木荣枯”及其运作之逻辑。十岁后随父进城，初见世间之风月；又十岁后文旅他乡，入梁溪河畔，衔泥筑屋，思立足；赴彩云之南，沐身褪尘，谋驻足；复金陵探知，弃满足。寒窗卅载，幸乎痛乎；个中滋味，五味杂陈；沦肌浃髓，没齿难忘。期间，一共轮转了大小 5 处乡村和 9 处城市居住生活，识得人间多彩之脸谱，听得丝竹悠扬管弦疾。沉浮漂流忧苍生，感慨社稷最为大。

我深深体会到，我们生活在一个社会大转型的时期。变动的中国充满历史的厚重与当代轻浮。在“空间里”，体悟了“不在空间”所不会体悟的事情；在“空间里”，感悟到“不在空间”所感悟不到的情怀。过去之复杂与未来之思索，空间记载了或将记载一切，激情、狂热、迷失、反思、中国梦……。以空间观乎民族，用空间审视国家，假空间叙述社会伦理，空间就成了滤镜，照亮了一切。空间中的人就成了历史的参与者和见证者，空间就是一种生产的现实。我们在生产着空间，也都在消费着空间！

消费“空间”常常带来痛苦。书生报国无他物，唯有手中笔如刀。不畏浮云遮望眼，力举千斤纸一张。多年来，因不太信任“三分统计、七分估计”的数据，坚持著文田地间。常常反思，不同时不同代，不同文不同化，上古竞于道德，中世逐于智谋，当今争于气力。今日国民和国家，至远者在心，至久者在情，至善者在乐，至美者在朴，讲的都是“道理”。道生之，德畜之，物形之，器成之，事物之规律，万物莫不尊道而贵德；道之尊，德之贵，夫莫之命而常自然。所谓道德云者，合仁与义言之也，天下之公言也。人在体大复杂的空间中行走，实感事无远虑，必有近忧。

看见田野

在我国，现代旅游的兴起是市场经济的产物。旅游中的田野及田野中的文化，只有行走于脚下，才能存在于心里。那些日子，只要醒着，不在田野上，便在去田野的路上。当看见风掠过河流，心里便祈福着，那河流对岸就是我的村庄。我很清楚，那被镀上了某种看得见摸不着的膜，是另一种存在，却慢慢失去了本真，与我心里的世界，横亘着天壤。无论喜欢与否，田野中的很多“社会”是客观存在，并不断变化生产的。

据官方统计，2011 年时我国的城镇化率达到 51.27%[①]，这意味着有史以来我国城镇人口首次超过农村。但是，从本质上说，我国社会性质依然是具有“乡土性”的。而且，自国门敞开，我们一直在对这具有乡土性的土地不间断地进行着“中国实践”。

与大社会相比，“社区”（“大社会中的小社会”）俱全，亦具体。立足社区，可见微知著，可小题大做，可顶天立地，看见了田野也就能看见社会。认识从哪里来呢？我需要到田野里去，需要在社会工作实践中与受访者交朋友、聊天、“吹牛”、喝酒、喝茶、承受孤独、折磨心灵……需要帮助他们分析旅游发展困境、在强势方的威胁中斗智斗勇；需要学会如何听官员的话、如何听老百姓的话、如何听学者的话、如何听 NGO 的话；需要学会分辨新闻联播里面的中国、微博、微信和 QQ 里的中国以及自己社会调查中的中国；更需要将这些进行合体来综合理解。正如米尔斯（Mills）认为的那样，要有“穿透个体经验与社会结构的能力”和“对转型的独特逻辑和微妙运作进行解析”。

我知道，空间实践在促进经济发展和财富积累的同时，也藉此间接促进着“社区共同体”发生哀歌，一边是热热闹闹的“新农村建设”，一边是凄凄凉凉的“村落的终结”。轰轰烈烈的空间运动使乡村所代表的生活方式和价值观正被或将被完整置换，充斥着茫然的中国体验的“乐”与“痛”，之间却是阶层中物质和精神分

① 参见《中国城市发展报告（2012）》。

化的痕迹。焦虑、弱势、浮躁、甚至仇恨的社会心态在细微、生动的中国体验的世界里相互交织。“异化”伴随着资本逻辑致命地渗透到社会的微观层面、社会生活和日常生活角落。我深知实践者们绝对没有任何证据表明原住民想要改变他们的生计和经济，但是这些项目却在他们的土地上按照原住民不理解的方式实施着。遗憾的是，理性、敬畏与感恩，今天人们在一定程度上失去了这些东西。不要问我从哪里来，因为我已经没有故乡！

乡土文明在这些地方几乎快要消失殆尽，除非它被重新改造。然而，如今以一种人们构筑的风景观光的方式，已成为乡村生活之外的另一种魔幻了。空间存在是将万物相隔，还是一种诗意？在未来重建底层社会之秩序中，何以有效吸收本土知识与传统经验，构筑一个更符合实际的现代基层之乡土中国？有人说国家与社会之间没有终极模式，只有适应现实政治和社会发展需要的关系架构才是最好的模式。其实，当代人文社会科学和实践的转型很大程度是基于对人文、政治和社会的重新诠释。在高速奔向全面城市化和现代化的国度，值得反思的是我们对待传统的方式在一定程度上是一个遭到人们不太欢迎的方式，如果缺乏包容，即使再好，是否会变得孤立？时间已经或将会证明，淤泥中的莲花是圣洁的莲花，乡土文明是我们文化记忆中最坚实的部分，是我们文化的根基。谁逃避生活，谁将封闭自身通往自由的道路；谁逃避责任，谁将凝固未来美好的明天；谁逃避信仰，谁将埋葬永世难以成行的圣地；谁忽略空间，谁终将被空间无情忽略！向着太阳出生的地方，既是最大的政治，也是最大的社会。

他们和我

多年来，我深感读万卷书不如行万里路，行万里路不如阅人无数，阅人无数不如名师指路。在我的概念图式里，太行山的风，江南岸的花，梅里山的雪，古镇夜的月，我因他们的成全而美丽。

感谢我的博士生导师南京师范大学黄震方教授。先生学高为师，身正为范，研究中常常教导我不受学界理论羁绊，要做根植于中国土壤之中的学术研究。先生深厚的学术造诣和谦逊的为人风范是学生学习的楷模。感谢我的硕士和博士后导师云南大学杨桂华教授。多年来，先生常常忙中取闲，多次长途电话嘱咐我“何以学术”和“为何而术”，我深知这是责任与担当。恩师难忘，师恩如海，报答先生们恩惠的途径唯有日后更加努力地好好学习，天天向上。

南京师范大学张小林教授、沙润教授、陆玉麒教授、杨山教授、吴启焰教授等对本书给予了充分肯定，并在空间生产的价值判断和写作技巧方面给予了指导；中科院南京地理与湖泊所虞孝感研究员、南京大学张捷教授、南京师范大学赵媛教授对本书进行了肯定并提出了完善建议。感谢叶超副教授、吴江副教授、姜国定副研究员、周年兴副教授、侯国林副教授、靳诚博士、周安宁等老师的帮助！

感谢周庄古镇全功路社区居委会高仙英主任、迮厅客栈老板王瑜、以接待各国政要而闻名的“明星船娘”徐美珍，我每一次进入古镇都得到了他们热情的接待；乌镇古镇居民 GAY、惠山古镇祠堂文化研究会主任秦岩先生等对本书提供了帮助，这让我获得了宝贵的原始资料！所有接受我访谈的古镇原住民，出于学术规范考虑，将永远“隐姓埋名”。在实地调查中由于多次巧遇江南高温伏天，我的学生用 50%的拒绝率换来 100%的千余份访谈和问卷。

感谢学术界朋友们对我多年的关心和厚爱。感谢科学出版社编辑对本书的出版提供的大力支持和付出的辛勤劳动。

特别感谢含辛茹苦的父母和荣辱与共的妻子王丽。多年来，他们操持家务、抚育幼子，使我有精力投入课题研究。亲人是命运的共享者，更是空虚灵魂的缝补者，他们无怨无悔编织了我生命中的春夏秋冬，一次，又一次，推我上山顶！

赶走虱子

两千某年伏月某日，南山问道。曰：古文文叙中三元，喜喜喜，春风桃李，鹊噪檐前；锦衣归里，酉戌相看，天佑好子。凡事大吉。又曰：马进徐行似有程，月沉西海日东升；运来何必劳心力，风送江湖万里清。据此，与山更结缘，择日小登之。遇农贩商贾，查五谷杂粮，读世之画卷，知社会缩影；凡牛羊人群，皆往来斜径，念山谷幽幽，体天下大事；感步移景换，得真空妙相，悟心旷神怡，冀真合道兴；壮观天地间，看山还是山；茫茫去不还，看山不是山；下山又上山，看山还是山。

天地之大德曰“生”，生生之谓“易”，成象之谓“乾”，效法之谓“坤”。天地最根本的功能是“生成发育凡俗万物”，谓之“易凡”。五年前的深冬，我将此取名给出生的儿子。儿子从此成了我的天空，儿子的名字也成了我日常生活批判的“空间之思”！

万千世界，无奇不有。我想，族群认同是地方认同的基础，地方认同是国家认同的前提。社会需要合理的结构和关系，人类需要时空中的广博和厚重，人生需要“我思故我在”，也需要“我在我不在之处思”。尊重多样，生机活力；美美与共，天下大同！遗憾我们常常被“魅”遮住了双眼，有时还狭隘地自得其乐。看来，破除障碍并获得真知是多么的重要。

智慧和期待，将成为善良和美丽的生命线。为了原乡的可爱，就勇敢地打开华丽的睡袍吧，赶走那些愚昧的虱子！

2014 年 10 月